全国职业教育规划教材·电子电工系列

电路与模拟电子技术

张　琳　李东和　孙文毅　主编

图书在版编目(CIP)数据

电路与模拟电子技术/张琳，李东和，孙文毅主编．—北京：北京大学出版社，2018.10
（全国职业教育规划教材·电子电工系列）
ISBN 978-7-301-29906-7

Ⅰ.①电… Ⅱ.①张… ②李… ③孙… Ⅲ.①电路理论—职业教育—教材 ②模拟电路—电子技术—职业教育—教材 Ⅳ.①TM13 ②TN710

中国版本图书馆 CIP 数据核字（2018）第 214378 号

书　　　名	电路与模拟电子技术
	DIANLU YU MONI DIANZI JISHU
著作责任者	张　琳　李东和　孙文毅　主编
策 划 编 辑	温丹丹
责 任 编 辑	温丹丹
标 准 书 号	ISBN 978-7-301-29906-7
出 版 发 行	北京大学出版社
地　　　址	北京市海淀区成府路 205 号　100871
网　　　址	http://www.pup.cn　新浪微博：@北京大学出版社
电 子 信 箱	zyjy@pup.cn
电　　　话	邮购部 010-62752015　发行部 010-62750672　编辑部 010-62756923
印 刷 者	北京鑫海金澳胶印有限公司
经 销 者	新华书店
	787 毫米 × 1092 毫米　16 开本　16.5 印张　390 千字
	2018 年 10 月第 1 版　2018 年 10 月第 1 次印刷
定　　　价	40.00 元

未经许可，不得以任何方式复制或抄袭本书之部分或全部内容。
版权所有，侵权必究
举报电话：010-62752024　电子信箱：fd@pup.pku.edu.cn
图书如有印装质量问题，请与出版部联系，电话：010-62756370

前　言

本书是根据教育部制定的高等职业教育培养目标和有关文件精神及电子技术课程教学的基本要求，并结合现代电子技术系列课程的实际编写的。编写时编者既考虑到要使学生获得必要的电子技术基础理论、基本知识和基本技能，也充分考虑到职业教育学生的实际情况，在编写过程中认真贯彻了理论以够用为度、强调实际应用、提高分析和解决问题能力的原则。

本书的编写思路如下。

（1）注重理论与工程实践相结合，重在会用。各章列举大量应用实例，以加深学生对各个单元电路功能的理解。

（2）以集成电路为主，分立元件为辅。各章相应介绍常用的新的模拟集成电路和电子器件，重在对电路的认知和应用能力的培养。

（3）讲授内容与习题融为一体。每章习题中设置填空题、选择题、判断题以及思考题与计算题，以帮助学生总结内容、拓宽思路，提高分析问题和解决问题的能力。

（4）强调课程体系的针对性。根据职业教育的培养要求，理论上侧重为后续课程打下基础，以够用为度，注重应用能力的培养。

本书共 12 章，内容包括电路的基本概念和基本定律、电路分析的基本方法、单相正弦交流电路、三相交流电路、电路的暂态分析、半导体器件、基本放大电路、负反馈放大电路、集成运算放大器电路基础、直流稳压电源、晶闸管及其应用、电路与模拟电子技术实验等。本书总课时为 80 学时。

本书由辽宁省交通高等专科学校张琳、李东和、孙文毅担任主编，编写分工如下：李东和编写第 1～4 章；孙文毅编写第 5、11、12 章，附录，并负责电子课件的制作；张琳编写第 6～10 章，并负责全书的统稿和定稿工作。

由于编者水平有限，书中不当之处在所难免，敬请各位专家、同人和广大读者批评指正。

编　者
2018 年 9 月

目 录

第 1 章 电路的基本概念和基本定律 ... 1
1.1 电路的概念 ... 1
1.2 电路的主要物理量 ... 2
1.3 基尔霍夫定律 ... 5
习题 ... 7

第 2 章 电路分析的基本方法 ... 10
2.1 等效电路分析法 ... 10
2.2 支路电流法 ... 16
2.3 叠加定理 ... 17
2.4 戴维宁定理 ... 17
习题 ... 18

第 3 章 单相正弦交流电路 ... 21
3.1 正弦交流电的表示方法 ... 21
3.2 单一参数的交流电路 ... 25
3.3 电阻、电感、电容元件串联电路 ... 29
3.4 阻抗的串联与并联 ... 33
3.5 电路中的谐振 ... 35
习题 ... 37

第 4 章 三相交流电路 ... 39
4.1 三相交流电源和三相四线制供电系统 ... 39
4.2 三相交流负载 ... 40
4.3 安全用电常识 ... 44
习题 ... 46

第 5 章 电路的暂态分析 ... 48
5.1 换路定则 ... 48
5.2 暂态分析的三要素法 ... 48
5.3 微分电路与积分电路 ... 53
习题 ... 55

第 6 章 半导体器件 ... 60
6.1 PN 结与二极管 ... 60
6.2 双极型三极管 ... 69
6.3 场效应管 ... 75
习题 ... 83

第7章　基本放大电路 …… 88
7.1　共射极基本放大电路 …… 88
7.2　其他放大电路 …… 101
7.3　功率放大电路 …… 111
习题 …… 124

第8章　负反馈放大电路 …… 131
8.1　负反馈概述 …… 131
8.2　负反馈放大电路的分析方法 …… 133
习题 …… 138

第9章　集成运算放大器电路基础 …… 140
9.1　差分放大电路 …… 140
9.2　集成运算放大器简介 …… 149
9.3　基本运算电路 …… 153
9.4　信号处理电路 …… 158
9.5　波形产生电路 …… 167
9.6　集成运放使用中的问题 …… 170
习题 …… 173

第10章　直流稳压电源 …… 178
10.1　整流和滤波电路 …… 178
10.2　稳压电路 …… 182
10.3　三端集成稳压器 …… 186
10.4　开关型稳压电路 …… 191
习题 …… 196

第11章　晶闸管及其应用 …… 200
11.1　晶闸管 …… 200
11.2　单相可控整流电路 …… 203
11.3　晶闸管触发电路 …… 208
11.4　应用实例 …… 210
习题 …… 212

第12章　电路与模拟电子技术实验 …… 214
12.1　电阻、电容的识别与检测及万用表的使用 …… 214
12.2　基尔霍夫定律和叠加定理的验证 …… 215
12.3　日光灯照明电路及功率因数的提高 …… 217
12.4　三相交流电路 …… 220
12.5　常用电子仪器的使用 …… 221
12.6　二极管、三极管的识别和检测 …… 224
12.7　晶体管共发射极放大电路的调试与性能测试 …… 226
12.8　晶体管共集电极放大电路的调试与性能测试 …… 230
12.9　场效应管放大器的安装与测试 …… 231
12.10　多级放大器的性能测试 …… 233

12.11	集成功率放大器应用实践	235
12.12	差动式放大器性能测试	236
12.13	基本运算电路的应用与测试	237
12.14	集成运算放大器单级负反馈放大电路的测试	240
12.15	集成运放波形产生电路的应用实践	242
12.16	RC 电路的频率特性	244
12.17	整流与滤波电路的连接与测试	245
12.18	稳压电路的测试与应用实践	246
12.19	三端集成稳压器的应用实践	249
12.20	单相可控整流电路的实践	251

附录　电阻器与电容器的识别与检测 …… 254

参考文献 …… 256

第1章　电路的基本概念和基本定律

【教学提示】电路是电工电子技术的基础，学好直流电路，特别是掌握常用的电路分析方法，能为学习电工技术、电子技术打下坚实基础。本章将学习电路的基本概念、定理、定律及电路的基本分析方法。

【教学基本要求】了解电路组成、应用及电路的基本物理量电位、功率的计算方法；理解电阻元件、电感元件、电容元件的特点及电压和电流的关系；熟练掌握电压和电流的参考方向和关联参考方向的概念，掌握基尔霍夫定律的应用。

【教学重点】电位及功率的计算，基尔霍夫定律的应用。

【教学难点】基尔霍夫电压定律的应用。

1.1　电路的概念

1.1.1　电路组成及其应用

电路是电流流通的路径，是为实现某种功能而将若干电气设备和元器件按一定方式连接起来的整体。但无论哪种电路均由电源（或信号源）、负载和中间环节3个基本部分组成。

电源是提供电能的设备，如发电机、电池、信号源等。负载是指用电设备，如电灯、电动机、洗衣机、电冰箱等。中间环节的作用是把电源和负载连接起来，通常是指一些导线、开关、接触器、保护装置等。

电路的种类繁多，但从电路的功能来说，其应用分为两个方面：一是实现电能的传输和转换（如电力工程，它包括发电、输电、配电、电力拖动、电热、电气照明，以及交直流电之间的整流和逆变等）；二是进行信号的传递与处理（如信息工程，它包括语言、文字、音乐、图像的广播和接收，生产过程中的自动调节，各种输入数据的数值处理、信号的存储等）。电路的典型应用如图1-1所示。

1.1.2　电路模型

所谓理想电路元件，是指在一定条件下，突出其主要电磁特性，忽略其次要因素，把实际电路器件抽象为只含一个参数的理想电路元件。基本的理想电路元件有恒压源 U_S、恒流源 I_S、电阻元件 R、电容元件 C 和电感元件 L。根据电路元件能否对外电路提供电能，又将其分为有源元件和无源元件（电阻元件、电容元件、电感元件）。

实际电路器件在一定条件下都可用理想电路元件来代替。由理想电路元件代替实际电路器件组成的电路称为电路模型。图1-2是手电筒的实际电路及电路模型。

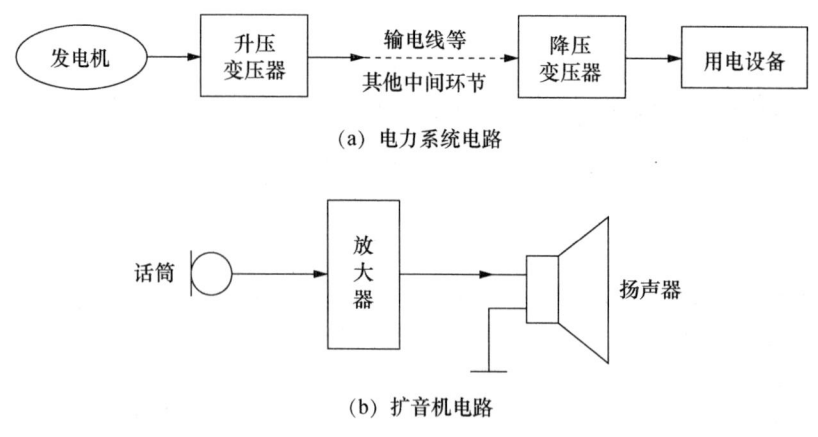

(a) 电力系统电路

(b) 扩音机电路

图 1-1 电路的典型应用

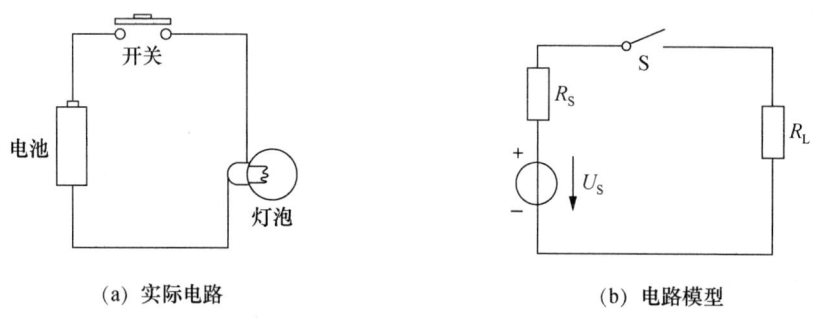

(a) 实际电路 (b) 电路模型

图 1-2 手电筒的实际电路及电路模型

可见电路模型就是实际电路的科学抽象。采用电路模型来分析电路，不仅计算过程大为简化，而且能更清晰地反映电路的物理实质。

1.2 电路的主要物理量

电路的特性是由电流、电压和电功率等物理量来描述的。电路分析的基本任务就是根据电路的结构和已知参数，求电路的电流、电压和电功率。

1.2.1 电流

电流的大小用电流强度来表示，定义为单位时间内通过导体横截面的电荷量，即 $i = \dfrac{dq}{dt}$。大小和方向不随时间变化 $\left(\dfrac{dq}{dt} = 常数\right)$ 的电流称为恒定电流，简称"直流"（DC），用大写字母 I 来表示。在国际单位制（SI）中，电流的单位为安培（A）。计量微小电流时，以毫安（mA）或微安（μA）为单位。其换算关系为 $1A = 10^3 mA = 10^6 \mu A$。

量值和方向作周期性变化且平均值为零的时变电流称为交流电流，简称"交流"（AC），用小写字母 i 来表示。

习惯上，规定正电荷移动的方向或负电荷移动的反方向为电流的方向（实际方向）。

在分析复杂电路时往往不能预先确定某段电路上电流的实际方向。为了便于分析，电路中引出了参考方向的概念。参考方向是任意设定的，可以用箭头或双下标表示，如图 1-3 所示。

图 1-3　电流参考方向

按参考方向求解得出的电流值有两种可能：若为正值，则说明设定的参考方向与实际方向一致；若为负值，则表明参考方向与实际方向相反。

1.2.2　电压与电动势

在电路中，电场力把单位正电荷由 a 点移到 b 点所做的功，定义为 a、b 两点之间的电压，用 u_{ab} 表示。即 $u_{ab} = \dfrac{\mathrm{d}W}{\mathrm{d}q}$。在国际单位制中，电压 u 的单位为伏特（V）。

大小和方向不随时间变化的电压称为恒定电压，也称为直流电压，用大写字母 U 来表示。大小和方向随时间变化的电压称为时变电压，一般用小写字母 u 来表示。

电压的参考方向与电流的参考方向类似，若计算的结果为正值（$u > 0$），则说明电压的实际方向和参考方向一致；若结果为负值（$u < 0$），则说明电压的实际方向和参考方向相反。

电压的参考方向常用"+"和"-"或双下标表示，如图 1-4 所示。

图 1-4　电压参考方向

在分析和计算电路时，电压和电流参考方向的假定，原则上是任意的。但为了方便，电路元件上的电压和电流常取一致的参考方向，这称为关联参考方向，如图 1-5(a) 所示；反之，称为非关联参考方向，如图 1-5(b) 所示。

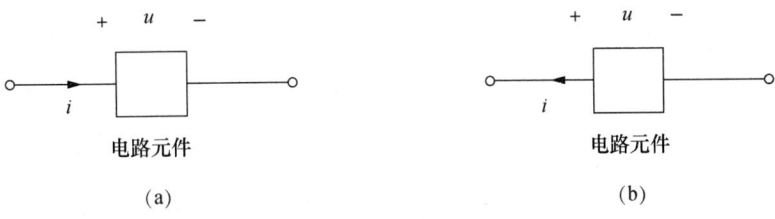

图 1-5　关联和非关联参考方向

必须指出，电路中的电流或电压在未标明参考方向的前提下，讨论电流或电压的正、负值是没有意义的。

电动势具有把电源内部所具有的把电子从正极搬运到负极的能力。电动势的方向是内电路中从负极到正极，电压的方向是外电路从正极到负极。电动势的单位与电压相同，也用伏特（V）表示。

1.2.3 电位

在电路分析和实际工程测量中，经常用到电位的概念。所谓电位，是指在电路中任选一点作为参考点（参考点的电位为0），则任意一点 a 到参考点的电压就称为 a 点的电位，用符号 V_a 表示。电位的单位和电压一样，也用伏特（V）表示。

电位是一个相对的物理量，它的大小和极性与所选取的参考点有关。参考点的电位为 0，故也称为零电位点，用符号"⊥"表示，如图 1-6(a) 所示。参考点的选取是任意的，但通常取多个支路的交汇点或接地点。如果参考点的位置不同，则电路中各点的电位也不同。电路中 a 点到 b 点的电压就等于 a 点与 b 点的电位之差，即

$$U_{ab} = V_a - V_b$$

可见，电压是一个绝对的物理量，与参考点的选取无关。在电子电路中，为了简化电路图，常采用电位标注法，如图 1-6(b) 所示。

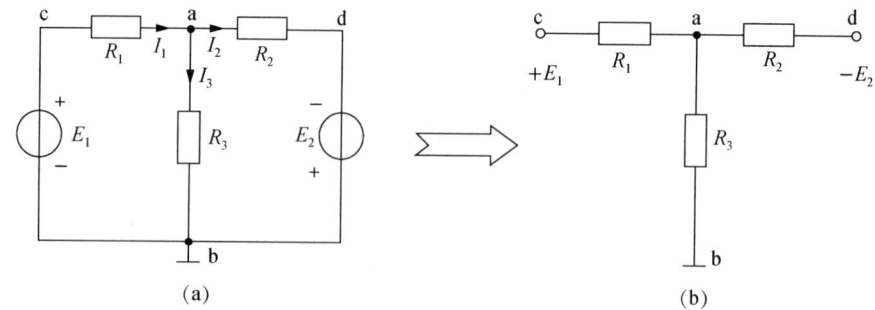

图 1-6 电路的电位标注法

【例 1-1】 如图 1-6(a) 所示，$E_1 = 12$ V，$E_2 = 3$ V，$R_1 = R_2 = R_3 = 3$ Ω，$I_1 = 3$ A，$I_2 = 2$ A，$I_3 = 1$ A，以 a 点和 b 点为参考点，分别求 V_a、V_b、V_c、V_d 及 U_{ab}、U_{ad} 和 U_{ca}。

【解】

方法一 以 b 为参考点，则 $V_b = 0$，

故有 $V_a = I_3 R_3 = 1 \times 3 = 3$ （V），$V_c = E_1 = 12$ V，$V_d = -E_2 = -3$ V

所以 $U_{ab} = V_a - V_b = 3$ V，$U_{ad} = V_a - V_d = 3 - (-3) = 6$ （V）

$U_{ca} = V_c - V_a = 12 - 3 = 9$ （V）

方法二 以 a 为参考点，则 $V_a = 0$，

故有 $V_b = -I_3 R_3 = -1 \times 3 = -3$ （V），$V_c = I_1 R_1 = 3 \times 3 = 9$ （V）

$V_d = -I_2 R_2 = -2 \times 3 = -6$ （V）

所以 $U_{ab} = V_a - V_b = 0 - (-3) = 3$ （V），$U_{ad} = V_a - V_d = 0 - (-6) = 6$ （V）

$U_{ca} = V_c - V_a = 9 - 0 = 9$ （V）

例 1-1 的计算表明，当选取不同的参考点，电路中的各点电位不同，但各点之间的电压相同。

1.2.4 电能和电功率

电流流过电灯会发光，流过电炉会发热，可见电路在工作时，发生着能量的转换。

电路元件从 t_0 到 t_1 获得的能量可以用功 W 来衡量，即 $W = \int_{t_0}^{t_1} UI dt$。功率是单位时间内电路元件所吸收（或产生）的能量，即 $P = \dfrac{dW}{dt} = UI$。在国际单位制中，功率的单位是瓦特（W），电能的单位是焦耳（J）。习惯上还常用"度"来表示电能，1 度电等于 1 千瓦·时（kW·h）。

在一个电路中，电源产生的功率与负载、导线以及电源内阻上消耗的功率总是平衡的，遵循能量守恒和转换定律。

在电路分析中，不仅要计算功率的大小，有时还要判断功率的性质，即该电路元件是产生功率还是消耗功率。

在关联参考方向下，$P = UI$；在非关联参考方向下，$P = -UI$。

当 $P > 0$ 时，电路元件吸收功率，在电路中消耗能量，相当于负载；当 $P < 0$ 时，电路元件发出功率，向外提供能量，相当于电源。

【例 1-2】 在如图 1-7 所示的电路中有 3 个元件，已知 $U_1 = 5\text{ V}, U_2 = 5\text{ V}, U_3 = -5\text{ V}, I_1 = 2\text{ A}, I_2 = 5\text{ A}, I_3 = 3\text{ A}$，求各元件吸收或发出的功率。

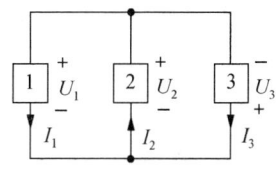

图 1-7 例 1-2 电路图

【解】 对于电路元件 1，因为 U_1、I_1 是关联参考方向，则
$$P_1 = U_1 I_1 = 5 \times 2 = 10 \text{ (W)},$$
即 $P_1 > 0$，电路元件 1 吸收功率。

对于电路元件 2，因为 U_2、I_2 是非关联参考方向，则
$$P_2 = -U_2 I_2 = -5 \times 5 = -25 \text{ (W)},$$
即 $P_2 < 0$，电路元件 2 发出功率。

对于电路元件 3，因为 U_3、I_3 是非关联参考方向，则
$$P_3 = -U_3 I_3 = -(-5) \times 3 = 15 \text{ (W)},$$
即 $P_3 > 0$，电路元件 3 吸收功率。

可见 $P_1 + P_3 + P_2 = 0$，即发出的功率等于吸收的功率，功率平衡。

需要注意的是，在有多个电源共同作用的电路中，有的电源不仅不放出功率，而且还吸收功率，这时的电源相当于负载。

1.3 基尔霍夫定律

欧姆定律是分析和计算电路的基本定律，在复杂电路的分析中，基尔霍夫定律是常用的工具。基尔霍夫定律包括电流定律和电压定律。基尔霍夫电流定律用于电路的结点分析，基尔霍夫电压定律用于电路的回路分析。

1.3.1 基尔霍夫电流定律

为了便于讨论，先介绍以下几个名词。

（1）支路。电路中流过同一电流的一个分支称为一条支路。图1-8中共有3条支路，分别为：acb、ab、adb。其中，含有电源的支路称为有源支路，不含电源的支路称为无源支路。

（2）结点。电路中3条或3条以上支路的连接点称为结点，如图1-8所示的a点和b点。

（3）回路。电路中任一闭合路径称为回路，如图1-8所示的acba、abda和acbda回路。

（4）网孔。内部不含支路的回路称为网孔。图1-8中有2个网孔，分别为acba和abda。

基尔霍夫电流定律（KCL）：在电路中，对任一结点，在任一时刻，流入结点的电流之和等于流出结点的电流之和，即 $\sum I_\text{入} = \sum I_\text{出}$。如图1-8所示，对于结点a有 $I_1 = I_2 + I_3$。

若规定流入结点的电流为正，流出结点的电流为负，则KCL还可表述为：对任一结点各支路的电流代数和为零，即 $\sum I = 0$。如图1-8所示，对于结点a有 $I_1 - I_2 - I_3 = 0$。

KCL的推广：在任一时刻，流出任一闭合面（广义结点）的电流之和等于流入该闭合面的电流之和。如图1-9所示，有 $I_3 + I_6 = I_4$。

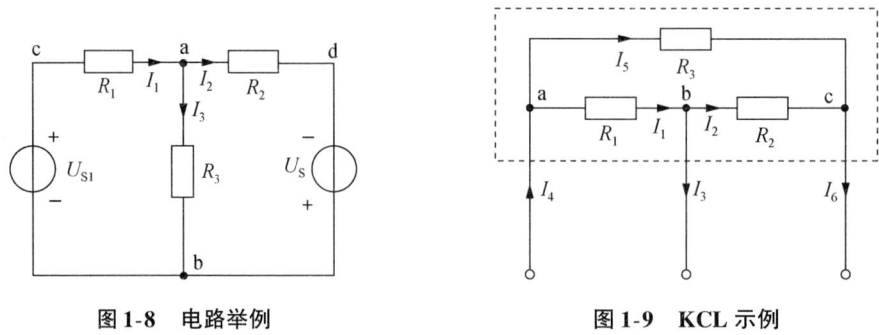

图1-8　电路举例　　　　　　图1-9　KCL示例

KCL的本质是电流连续性的表现，即流入结点的电流等于流出结点的电流。

对于一个具有n个结点的电路，根据KCL只能列出 $(n-1)$ 个独立数学方程，与这些独立方程对应的结点称为独立结点。

1.3.2　基尔霍夫电压定律

基尔霍夫电压定律（KVL）：在电路中，任一时刻，沿任一回路，所有支路电压的代数和恒等于零。即对任一回路有 $\sum U = 0$。

用KVL列写回路方程，首先必须假定回路的绕行方向，若电压参考方向与假定回路绕行方向一致，则该支路电压取正；反之，支路电压取负。

下面以图1-10为例说明如何列写KVL方程。该电路有3个回路Ⅰ、Ⅱ、Ⅲ，取回路绕行方向如图1-10所示，则

对于回路Ⅰ有　　　　　　　$-U_1 + U_3 - U_2 = 0$，

对于回路Ⅱ有　　　　　　　$-U_3 + U_4 - U_5 = 0$，

对于回路Ⅲ有　　　　　　　$-U_1 + U_4 - U_5 - U_2 = 0$。

KVL的推广：开口二端电路，也可假想成一闭合回路。如图1-11所示，有 $-U_1 + U_{ab} + U_2 = 0$。

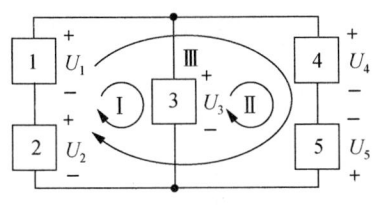
图1-10　KVL 电路图

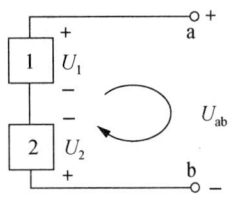
图1-11　KVL 的推广

KVL 的本质是电压与路径无关,它反映了能量守恒定律。

对于一个具有 n 个结点、m 条支路的电路,独立的 KVL 方程数为 $m-(n-1)$,等于网孔数,故按网孔列写的 KVL 方程均为独立方程。

【例 1-3】　求图 1-12 所示电路的开路电压 U_{ab}。

【解】　在回路 I 中,有
$$6+3\times I+3\times I-12=0$$
所以　$I=1\text{ A}$。

根据 KVL,在回路 II 中,有
$$U_{ac}+U_{cb}-U_{ab}=0$$
所以　　　$-2+12-3\times 1-U_{ab}=0$
则　　　　$U_{ab}=7\text{ V}$。

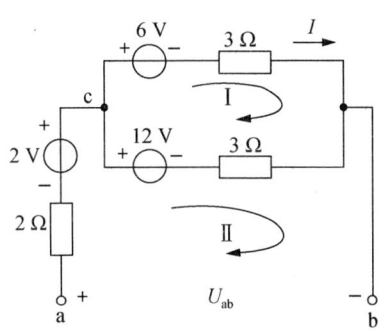
图1-12　例 1-3 电路图

习　　题

一、填空题

1. _____是产生电流的根本原因,电路中某点到参考点间的_____称为该点的电位,任意两点之间的电位差值等于两点的_____。

2. 由伏安特性可知,电阻元件为_____元件,电感元件为_____元件;从耗能的角度看,电感属于_____元件,电阻为_____元件。

3. 电流和电压参考方向不同时称为_____方向,此时计算出的功率为正值时说明元件_____电能,功率为负值时说明元件_____电能。

4. 如图 1-13 所示,电路元件的功率为_____,如果它是电池,它在_____(选充电或放电)。

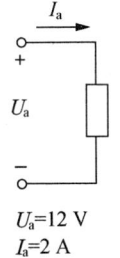
图1-13　题 4 图

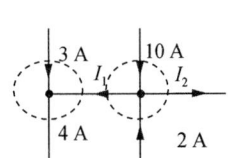
图1-14　题 5 图

5. 在图 1-14 所示电路中 I_1 等于 _____ A，I_2 等于 _____ A。
6. 在图 1-15 所示的电路中，a 点的电位为 _____ V，b 点的电位为 _____ V。

二、选择题

7. 电路中的一条支路如图 1-16 所示，电压 U 和电流 I 的方向已标注在图中，且 $I = -1$ A，则图中对于该支路，（　　）。

　　A. U、I 为关联方向，电流 I 的实际方向是自 a 流向 b
　　B. U、I 为关联方向，电流 I 的实际方向是自 b 流向 a
　　C. U、I 为非关联方向，电流 I 的实际方向是自 a 流向 b
　　D. U、I 为非关联方向，电流 I 的实际方向是自 b 流向 a

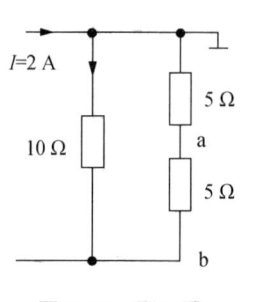

图 1-15　题 6 图

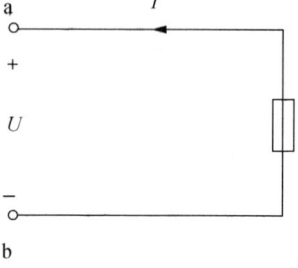

图 1-16　题 7 图

三、判断题

8. 在电路中电压源和电流源既能发出功率，也能吸收功率。　　　　　　　（　　）
9. 电路中 a 点的电位就是 a 点与参考点之间的电压。　　　　　　　　　　（　　）
10. 电路图中参考点改变，任何两点之间的电位差保持不变。　　　　　　（　　）

四、思考题与计算题

11. 求图 1-17 所示电路中（a）、（b）图的电流 I。
12. 求图 1-18 所示两个电路中 a、b、c 各点的电位。
13. 在图 1-19 中，5 个电路元件分别代表电源或负载。电流和电压的参考方向如图 1-19 所示，用万用表测得 $I_1 = -4$ A，$I_2 = 6$ A，$I_3 = 10$ A，$U_1 = 140$ V，$U_2 = -90$ V，$U_3 = 60$ V，$U_4 = -80$ V，$U_5 = 30$ V。

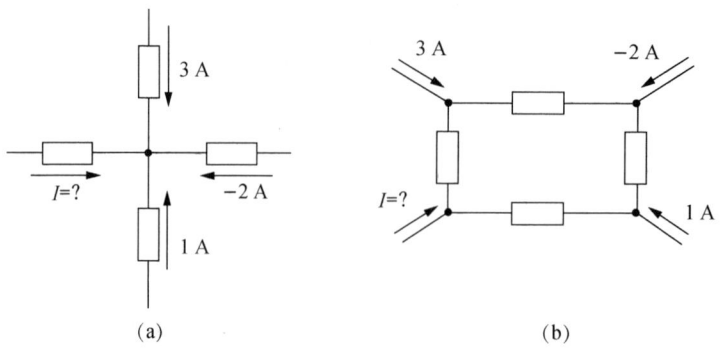

图 1-17　题 11 图

(1) 试标出各电流的实际方向和各电压的实际极性。
(2) 判断哪些元件是电源,哪些元件是负载。
(3) 计算各元件的功率,电源发出的功率和负载取用的功率是否平衡?

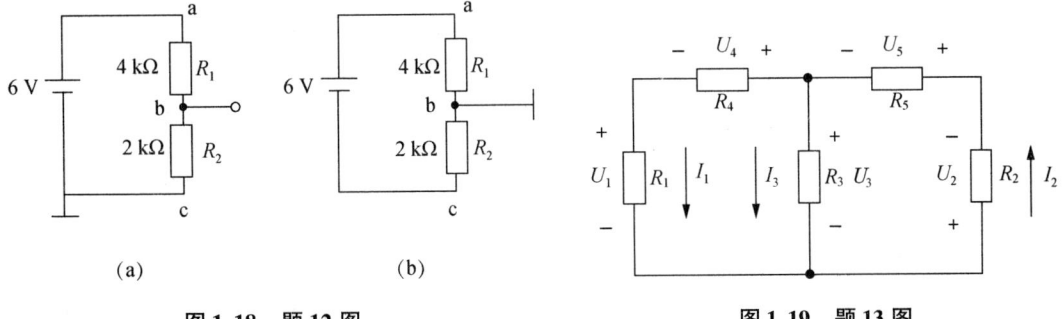

图 1-18 题 12 图   图 1-19 题 13 图

14. 求图 1-20 中所标电压 U_{ab}。
15. 列出图 1-21 所示电路中回路Ⅰ和回路Ⅱ的 KVL 表达式。

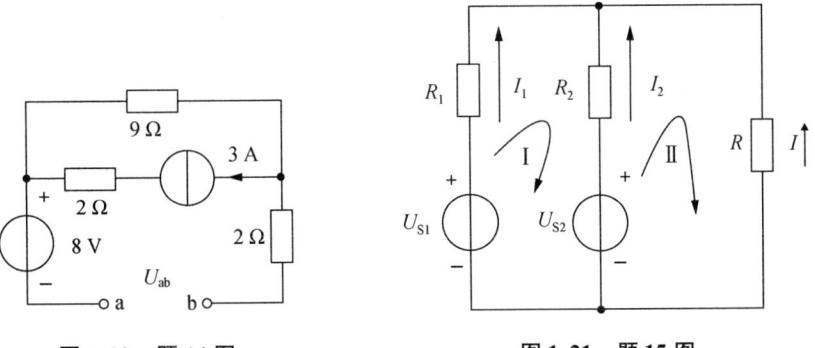

图 1-20 题 14 图   图 1-21 题 15 图

第 2 章　电路分析的基本方法

【教学提示】电路的分析与计算要应用欧姆定律和基尔霍夫定律，但对于复杂电路仅仅使用这两大定律是不够的，本章将介绍等效电路分析法、支路电流法、叠加定理、戴维宁定理等基本电路分析方法。

【教学基本要求】熟练掌握等效电路、支路电流法、叠加定理及戴维宁定理，能够应用它们解决实际电路问题。

【教学重点】支路电流法的解题方法步骤。

【教学难点】戴维宁定理的应用。

2.1　等效电路分析法

2.1.1　电阻的串、并联的等效

1. 电阻的串联等效

两个或多个电阻的串接，称为电阻的串联。串联电阻通过同一个电流。现以两个电阻串联为例，如图 2-1(a) 所示。

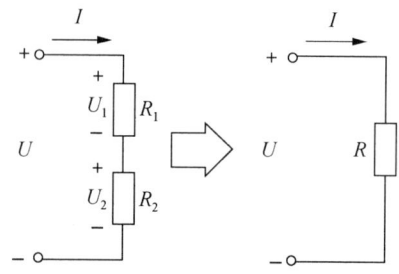

(a) 电阻的串联　　(b) 等效电阻

图 2-1　电阻串联的等效电路

串联后的总电阻可用一个等效电阻 R 来代替，如图 2-1(b) 所示。串联等效电阻等于各个串联电阻之和。

$$R = R_1 + R_2 \tag{2-1}$$

根据 KVL 可得

$$U = U_1 + U_2 = IR_1 + IR_2 = I(R_1 + R_2) = IR \tag{2-2}$$

$$U_1 = IR_1 = \frac{U}{R}R_1 = \frac{R_1}{R_1 + R_2}U$$

$$U_2 = IR_2 = \frac{U}{R}R_2 = \frac{R_2}{R_1 + R_2}U \tag{2-3}$$

由式(2-3)可知,串联电阻具有分压作用。串联的阻值越大,分压值就越大,分压值与分压电阻成正比。通常把总电压前面电阻的比,称为两个电阻串联的分压系数。

电阻串联的特点:①电流相同,②各串联电阻对总电压进行分压,③等效电阻大于任何一个串联电阻。

【例2-1】 图2-2所示为空载分压器电路,设输入的信号电压为一个固定的 $U_i = 50V$ 电源,$R_1 = 1\Omega$,$R_2 = 9\Omega$,问从 ab 端得到的输出电压 U_o 为多少?

【解】 输出电压既为 R_2 上的电压,由式(2-3)可得

$$U_o = IR_2 = \frac{U}{R}R_2 = \frac{R_2}{R_1 + R_2}U = 50 \times \frac{9}{(9+1)} = 45(V)$$

如果将图2-2中的两个电阻合为一个电阻 R,即 $R = R_1 + R_2$,并在 R 上设一个可以滑动的接触点,当滑动触点时,相当于改变 R_1 和 R_2 的比例,而保持 $R = R_1 + R_2$ 不变,如图2-3所示,输出电压跟随触点滑动而变化。调节接触点可以得到一个从 0 到 U_i 连续可变而极性不变的电压。这种带有中间滑动端的电阻元件称为电位器。收音机就是用电位器来调节音量(音频输出电压)的大小。

电阻串联分压的应用很多。例如,为了扩大电压表的量程,就需要与电压表(或电流表)串联分压电阻来改装。

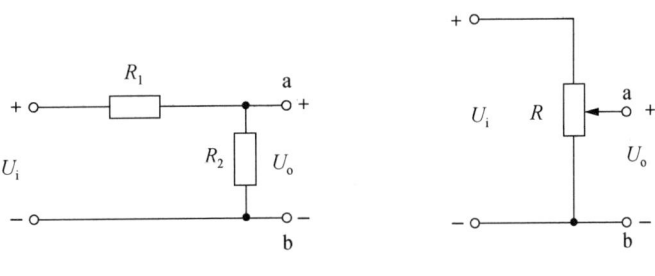

图2-2 空载分压器电路　　　图2-3 电位器

【例2-2】 要将一满刻度偏转电流 $I_g = 50\mu A$,内阻 $R_g = 2k\Omega$ 的电流表,制成量程为 10V 和 50V 的电压表,应如何设计电路?

【解】 此电流表满偏时所能承受的最大电压为 $U_g = I_g R_g = 50 \times 10^{-6} \times 2 \times 10^3 = 0.1$ (V)。

因此,为了制成量程为 10 V 和 50 V 的电压表,并保持表头承受的电压仍为 0.1 V,必须串联电阻分得多余电压,其原理图如图2-4所示。

根据分压公式得

$$U_g = \frac{R_g}{R_1 + R_g}U_1$$

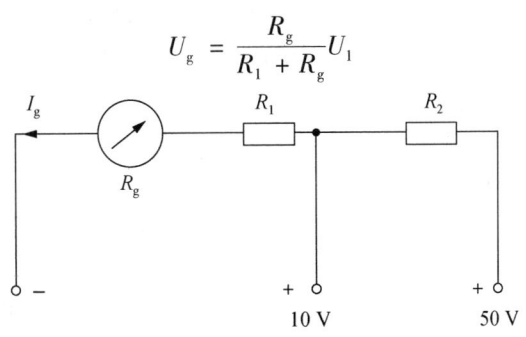

图2-4 例2-2原理图

整理得

$$R_1 = \left(\frac{U_1}{U_g} - 1\right)R_g = \left(\frac{10}{0.1} - 1\right) \times 2 \times 10^3 = 198(\text{k}\Omega)$$

同理得

$$R_1 + R_2 = \left(\frac{U_2}{U_g} - 1\right)R_g = \left(\frac{50}{0.1} - 1\right) \times 2 \times 10^3 = 998 \ (\text{k}\Omega)$$

所以

$$R_2 = 998 - 198 = 800(\text{k}\Omega)$$

2. 电阻的并联等效

两个或多个电阻并接，称为电阻的并联。并联电阻两端是同一个电压。现以两个电阻并联为例，如图 2-5(a) 所示。

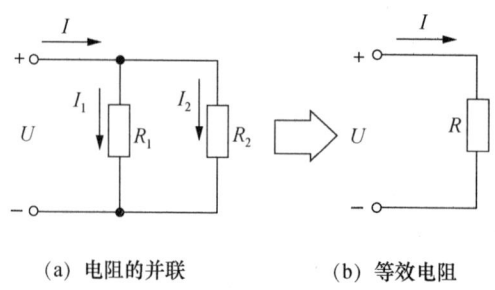

(a) 电阻的并联　　　(b) 等效电阻

图 2-5　电阻并联的等效电路

并联后的总电阻可用一个等效电阻 R 来代替，如图 2-5(b) 所示。并联等效电阻的倒数等于各个并联电阻的倒数之和。

$$\frac{1}{R} = \frac{1}{R_1} + \frac{1}{R_2} \tag{2-4}$$

只有两个电阻并联时

$$R = \frac{R_1 R_2}{R_1 + R_2} \tag{2-5}$$

根据 KCL 可得

$$I = I_1 + I_2 \tag{2-6}$$

$$U = RI = \frac{R_1 R_2}{R_1 + R_2} I$$

$$I_1 = \frac{U}{R_1} = \frac{R_2}{R_1 + R_2} I$$

$$I_2 = \frac{U}{R_2} = \frac{R_1}{R_1 + R_2} I \tag{2-7}$$

由式(2-7) 可知，并联电阻具有分流作用。并联的阻值越大，分得的电流越小，分流值与分流电阻成反比。通常把总电流前面电阻的比，称为两个电阻并联的分流系数。

电阻并联的特点：①所有电阻两端电压相同，②各并联电阻对总电流进行分流，③等效电阻小于任何一个并联电阻。

利用式(2-7) 常常能简化计算。

【**例 2-3**】　电路如图 2-6 所示，已知 $R_1 = 1\ \Omega$，$R_2 = 3\ \Omega$，$R_3 = 6\ \Omega$，$R_4 = 12\ \Omega$，$R_5 = 6\ \Omega$，$U_S = 21\ \text{V}$，求电路中的电流 I。

【**解**】　各支路电路参考方向如图 2-6 所示，应用串并联等效得电流

$$I_1 = \frac{U_S}{R_1 + R_2 // R_3 + R_4 // R_5} = \frac{21}{1 + \frac{3 \times 6}{3 + 6} + \frac{12 \times 6}{12 + 6}} = 3(A)$$

再应用式(2-7)得

$$I_2 = \frac{R_3}{R_3 + R_2}I_1 = \frac{6}{6 + 3} \times 3 = 2(A)$$

$$I_4 = \frac{R_5}{R_4 + R_5}I_1 = \frac{6}{12 + 6} \times 3 = 1(A)$$

对结点 a 应用 KCL,得电流

$$I = I_2 - I_4 = 2 - 1 = 1(A)$$

在实际应用中,利用电阻分流的特点对电流表扩大量程。

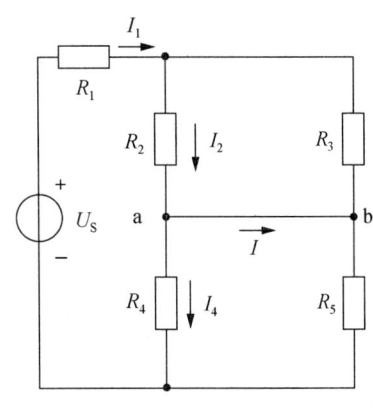

图 2-6 题 2-3 图

【例 2-4】 如图 2-7 所示,要将一满刻度偏转电流 $I_g = 50\ \mu A$、内阻 $R_g = 2\ k\Omega$ 的电流表,扩成量程为 50 mA 的直流电流表,该如何设计电路?

【解】 由题意可知,表满偏时能承受的最大电流为 $I_g = 50\ \mu A$。因此,为了制成量程为 50 mA 的直流电流表,并保证表头允许通过的电流仍为 $I_g = 50\ \mu A$,必须并联电阻分得多余电流,根据式(2-7)得

$$I_g = \frac{R_s}{R_s + R_g}I$$

$$R_s = \frac{I_g R_g}{I - I_g} = \frac{50 \times 10^{-6} \times 2 \times 10^3}{50 \times 10^{-3} - 50 \times 10^{-6}} \approx 2(\Omega)$$

由此可见,分流电阻为 2 Ω,量程越大,其内阻就越小。

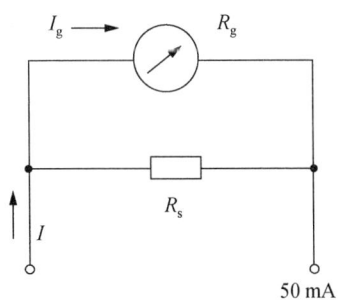

图 2-7 例 2-4 图

2.1.2 电压源、电流源及其等效变换

在进行电路分析时,电源有两种不同的电路模型:一种是用电压的形式来表示的,称为电压源;另一种是用电流的形式来表示的,称为电流源。

1. 电压源

不论负载怎样变化,都能提供一个确定电压的电源称为理想电压源,简称电压源。电压源的特点:两端的电压为一定值 U_s(直流电压源)或为一确定的时间函数 u_s(交流电压源)。而流过电压源的电流取决于电压源外接的电路。电压源电压为零在电路中相当于短路。

电压源的电路符号如图 2-8 所示,其中,图 2-8(c) 为实际电压源模型,用理想电压源 U_S、串联内阻 R_S 来表示。

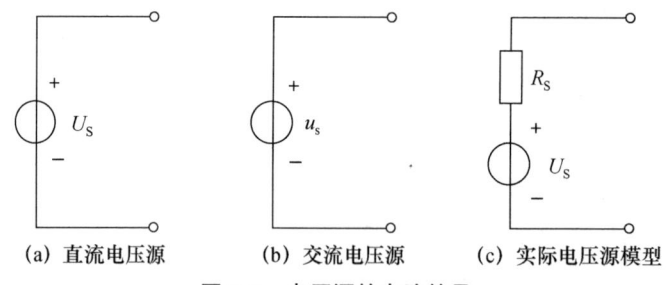

(a) 直流电压源　　(b) 交流电压源　　(c) 实际电压源模型

图 2-8　电压源的电路符号

电压源外特性如图 2-9 所示。

(a) 理想电压源外特性　　(b) 实际电压源外特性

图 2-9　电压源外特性

2. 电流源

不论负载怎样变化,都能提供一个确定电流的电源称为理想电流源,简称电流源。其电流源的特点:电流为一定值 I_S(直流电流源)或为一确定的时间函数 i_S(交流电流源)。而电流源两端的电压取决于电流源外接的电路。电流源为零在电路中相当于开路。

电流源的电路符号如图 2-10 所示,其中,图 2-10(c) 为实际电流源模型,用理想电流源 I_S、并联内阻 R_S 来表示。

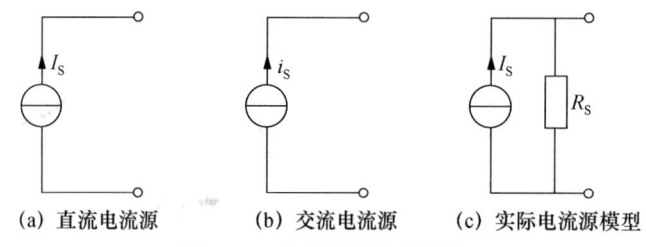

(a) 直流电流源　　(b) 交流电流源　　(c) 实际电流源模型

图 2-10　电流源的电路符号

电流源外特性如图 2-11 所示。由此可见,实际电流源与实际电压源模型具有相同的外特性。

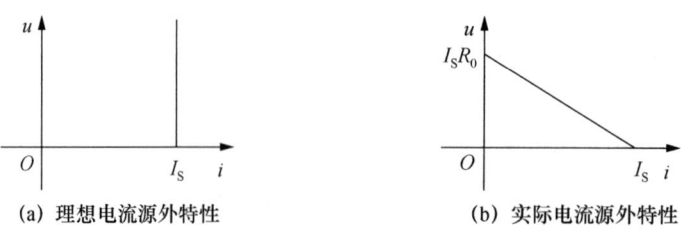

(a) 理想电流源外特性　　(b) 实际电流源外特性

图 2-11　电流源外特性

3. 实际电源的等效变换

实际电流源与实际电压源模型具有相同的外特性，因此可进行等效变换。

需要注意的事项如下。

（1）电源的两种模型等效变换时，极性必须一致，即电流源流出电流的一端与电压源的正极性端相对应，如图 2-12 所示。

（2）理想电压源和理想电流源之间不能进行等效变换。

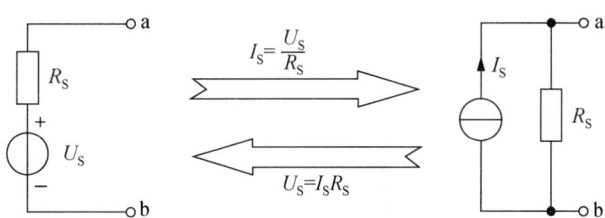

图 2-12 实际电源的等效变换

【例 2-5】 用电源等效变换法解图 2-13(a) 所示的电路中流过 2 Ω 电阻的电流 I。

【解】 将 6 V 电压源串联 1 Ω 电阻，并将其等效变换为一个电流源并联一个电阻的形式，电流源电流 $I_S = \dfrac{6}{1}\text{A} = 6\text{ A}$，电阻 $R_S = 1\ \Omega$，如图 2-13(b) 所示。

两并联电流源合并整理得：$I_S = 6\text{ A} + 3\text{ A} = 9\text{ A}$，如图 2-13(c) 所示，所以有

$$I = \frac{1}{1+2} \times 9 = 3\ (\text{A})$$

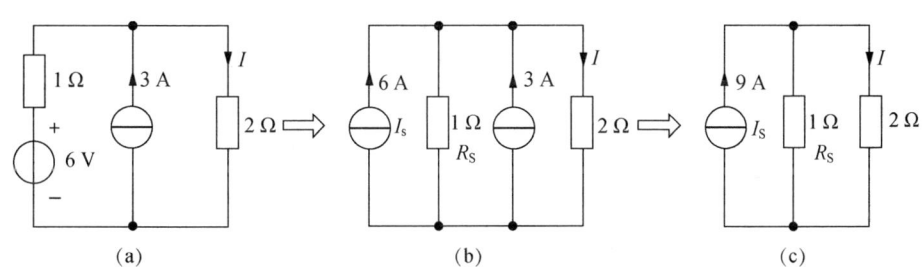

图 2-13 电源等效变换法

【例 2-6】 试将图 2-14 所示的各电源电路分别简化。

【解】 图 2-14(a) 恒流源与恒压源串联，恒压源无用。

图 2-14(b) 恒流源与恒压源并联，恒流源无作用。

图 2-14(c) 电阻与恒流源串联，等效时电阻无作用。

图 2-14(d) 电阻与恒压源并联，等效时电阻无作用。

其对应的等效电路如图 2-15 所示。

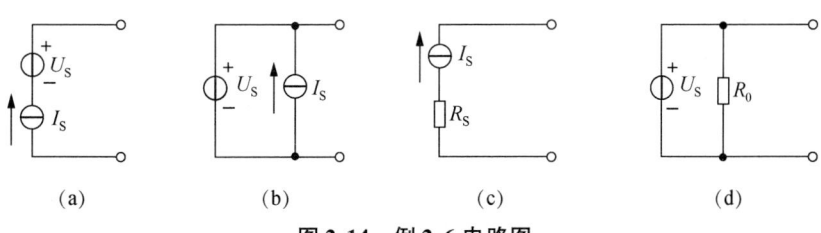

图 2-14 例 2-6 电路图

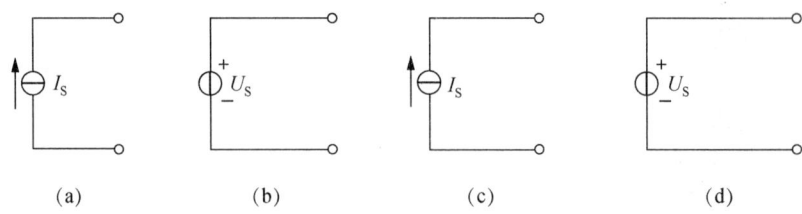

图 2-15　例 2-6 电路等效图

2.2　支路电流法

以支路电流为未知量，应用 KVL 和 KCL 列写方程组，求解各支路电流的方法称为支路电流法。

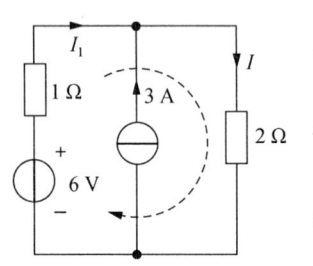

图 2-16　例 2-7 图

支路电流法分析计算电路的一般步骤如下。

（1）假定各支路（m 条）电流的参考方向。

（2）根据 KCL 对 $n-1$ 个独立结点列写电流方程（共有 n 个结点）。

（3）选取网孔为回路，指定网孔的绕行方向，列写 $m-(n-1)$ 个独立回路电压方程。

（4）联立方程组求解各支路电流。

【例 2-7】　用支路电流法解图 2-16 所示电路中流过 2 Ω 电阻的电流 I。

【解】　设各支路电流参考方向和选定回路绕行方向如图 2-16 所示。

由 KCL 有：$I_1 + 3 - I = 0$（流入为正，流出为负），

由 KVL 有：$-6 + I_1 \times 1 + I \times 2 = 0$。

解联立方程组得：$I_1 = 0$ A，$I = 3$ A。

【例 2-8】　如图 2-17 所示电路，$R_1 = 4\,\Omega$，$R_2 = 2\,\Omega$，$R_3 = 3\,\Omega$，$R_4 = 2\,\Omega$，$R_5 = 1\,\Omega$，$R_6 = 3\,\Omega$，$U_1 = 20$ V，$U_2 = 13$ V，试用支路电流法求解各支路电流。

【解】　根据支路电流法解题步骤，在图中标出各支路电流参考方向。电路中共有 4 个结点，任选 3 个为独立结点：a、b、c。

设电流流入结点为正，流出为负，列 KCL 电流方程：

结点 a：　　$-I_1 + I_2 - I_3 = 0$

结点 b：　　$I_3 - I_4 - I_5 = 0$

结点 c：　　$I_1 + I_5 + I_6 = 0$

选择网孔为回路，绕行方向均为顺时针方向，列 KVL 电压方程：

网孔 1：　　$R_1 I_1 - R_3 I_3 - R_5 I_5 = 0$

网孔 2：　　$R_2 I_2 + R_3 I_3 + R_4 I_4 - U_1 = 0$

网孔 3：　　$-R_4 I_4 + R_5 I_5 - R_6 I_6 + U_2 = 0$

联立上述 6 个方程，解方程组得各支路电流：

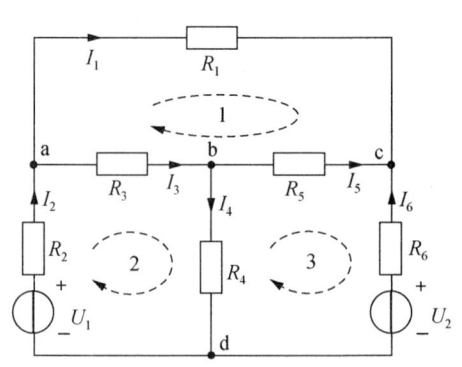

图 2-17　例 2-8 图

$I_1 = 1\text{A}$,$I_2 = 3\text{A}$,$I_3 = 2\text{A}$,$I_4 = 4\text{A}$,$I_5 = -2\text{A}$,$I_6 = 1\text{A}$

2.3 叠加定理

叠加定理是线性电路的一个重要定理。不论是进行电路分析还是推导电路中其他电路定理，它都起着十分重要的作用。

叠加定理内容为：在线性电路中，任一条支路的电压或电流都可以看成电路中各个独立电源单独作用时，在该支路产生的电压或电流的代数和。

利用叠加定理进行电路分析时，必须注意如下几个方面的问题。

(1) 叠加定理只适用于线性电路，对非线性电路不适用。

(2) 当独立电流源不作用时，即 $I_S = 0$，在电流源处相当于开路；当独立电压源不作用时，即 $U_S = 0$，在电压源处相当于短路。

(3) 各独立电源单独作用时，各分电路中的电压和电流的参考方向可以设置为与原电路中的相同，这样叠加时，各分量前取"+"号；否则取"-"号。

(4) 功率不能用叠加定理来计算，因为功率与电压或电流不呈线性关系。

【例 2-9】 用叠加定理求如图 2-18(a) 所示电路中流过 2Ω 电阻的电流 I。

【解】 根据叠加定理，2Ω 电阻的电流 I 等于电压源、电流源单独作用对其产生的电流的叠加，即有

当电压源单独作用时，如图 2-18(b)：$I' = \dfrac{6}{1+2} = 2(\text{A})$

当电流源单独作用时，如图 2-18(c)：$I'' = \dfrac{3}{1+2} \times 1 = 1(\text{A})$

所以，总电流：$I = I' + I'' = 2 + 1 = 3(\text{A})$。

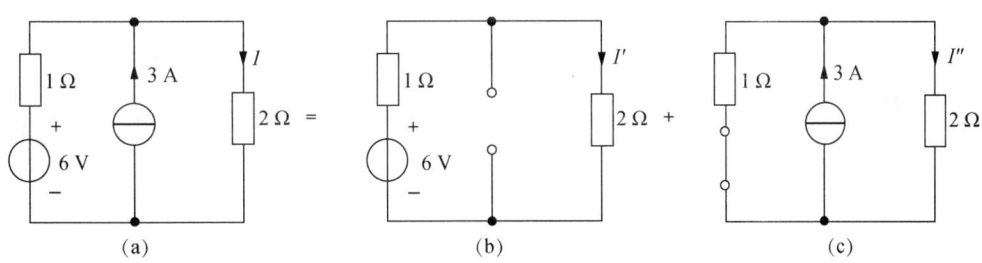

图 2-18 例 2-9 图

2.4 戴维宁定理

在实际计算过程中，有时往往只需要计算复杂电路中某一支路的电流，而无须求出所有支路的电流，应用戴维宁定理来求解更为简便。此法是将待求支路从电路中取出，把其余电路用一个等效电源来代替，把复杂的电路化为简单的电路再进行求解。

戴维宁定理的内容为：任何一个线性有源二端网络 N_S [图 2-19(a)]，都可以用一个含源支路，即一个电压源和电阻的串联组合来等效代替 [图 2-19(b)]，其中，电阻等于

把此有源二端网络化成无源二端网络（电压源短路、电流源开路）时从两个端子看进去的等效电阻 R_{eq}，电压源的电压等于有源二端网络 N_S 两个端子间的开路电压 U_{oc}。

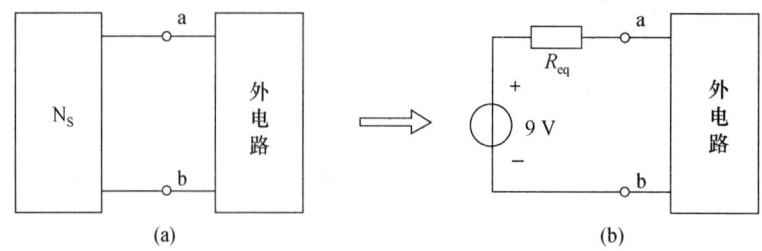

图 2-19 戴维宁定理

【例 2-10】 用戴维宁定理，求图 2-13(a) 所示电路中流过 2 Ω 电阻的电流 I。

【解】 （1）将待求支路 2Ω 电阻支路断开，如图 2-20(a) 所示。先求有源二端网络的开路电压 U_{oc}，有

$$U_{oc} = 3 \times 1 + 6 = 9(V)$$

（2）将电压源短路、电流源开路，求 a、b 两端的等效电阻 R_{eq}，如图 2-20(b) 所示，有

$$R_{eq} = 1 \, \Omega$$

（3）将待求支路接入戴维宁等效电路，如图 2-20(c) 所示，则所求电流为

$$I = \frac{9}{1+2} = 3(V)$$

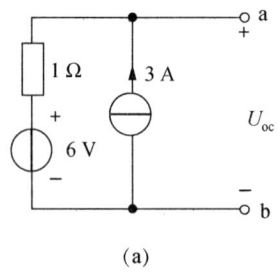 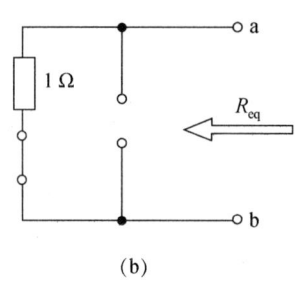 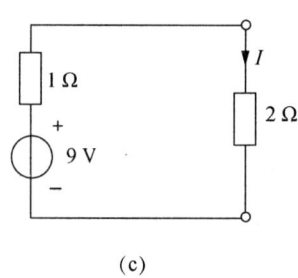

图 2-20 戴维宁定理举例

这一结果与应用叠加原理求得的结果相同。

习　　题

一、填空题

1. 元件上电压和电流关系成正比的电路称为_____电路，此电路中_____和_____均具有叠加性，但电路中的_____不具有叠加性。
2. 电压源和电流源等效变换的条件是_____和_____。
3. 如图 2-21 所示，当电压源单独作用时，流过 2 Ω 电阻支路电流 I' 为_____A；当电流源单独作用时，流过 2 Ω 电阻支路电流 I'' 为_____A。

4. 如图 2-22 电路中，应用分流公式可以求得 I_1 为_____A，I_2 为_____A。

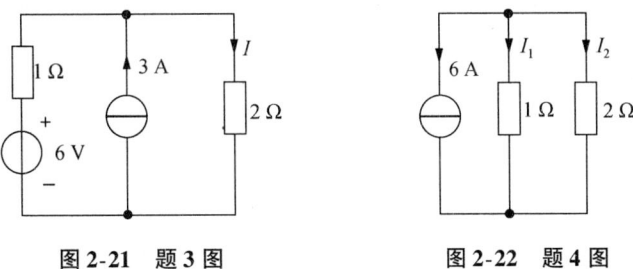

图 2-21　题 3 图　　　　　　图 2-22　题 4 图

二、选择题

5. 电压源和电流源串联电路，对外部而言，可等效为（　　）。
　　A. 电压源　　　　B. 电流源　　　　C. 都可以　　　　D. 无法判断
6. 下面关于电压源和电流源变换叙述不正确的是（　　）。
　　A. 电源变换前后应保持对外电路等效
　　B. 电压源可等效为电流源并联等效电阻
　　C. 理想电压源可以等效为理想电流源
　　D. 电流源可等效为电压源串联等效电阻
7. 叠加定理适用于（　　）。
　　A. 直流线性电路
　　B. 交流线性电路
　　C. 非线性电路
　　D. 任何线性电路

三、判断题

8. 电源的两种模型等效变换时，极性必须一致，即电流源流出电流的一端与电压源的正极性端相对应。（　　）
9. 理想电压源与理想电流源并联，对外部电路而言，它等效于电压源。（　　）
10. 使用万用表测量电阻，每换一次欧姆挡都要把指针调零一次。（　　）

四、思考题与计算题

11. 求如图 2-23(a)、(b)、(c) 所示电路中的电压 U。

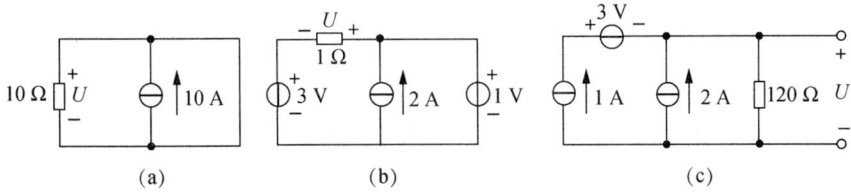

图 2-23　题 11 图

12. 求如图 2-24 所示电路中的电压 U 和电流 I。

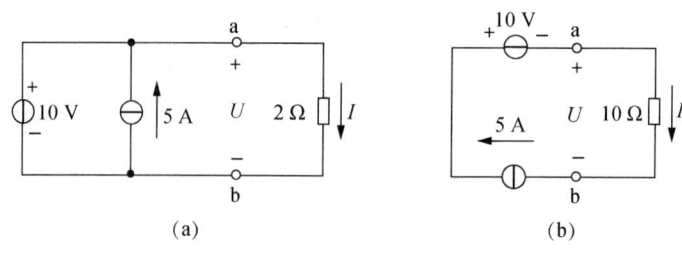

图 2-24 题 12 图

13. 用叠加定理求如图 2-25 所示电路中的电流 I,欲使 $I=0$,问 U_S 应取何值?

14. 如图 2-26 所示的电路中,已知 $U_{ab}=0$,试用叠加定理求 U_S。

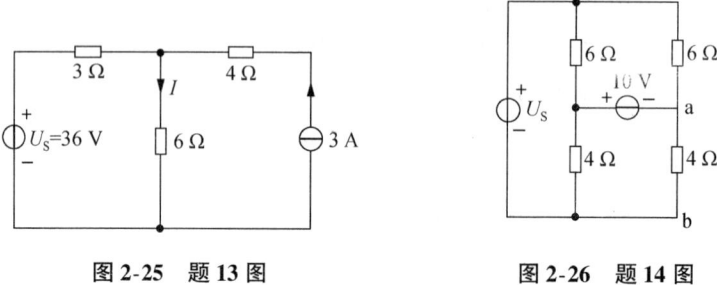

图 2-25 题 13 图　　　　图 2-26 题 14 图

15. 求如图 2-27 所示电路中各电压源、电流源的功率。

16. 设有两台直流发电机并联工作,共同供给 $R=24\ \Omega$ 的负载电阻。其中一台的理想电压源电压 $U_{S1}=130\ V$,内阻 $R_1=1\ \Omega$;另一台的理想电压源电压 $U_{S2}=117\ V$,内阻 $R_2=0.6\ \Omega$。试用支路电流法求如图 2-28 所示电路中负载电流 I。

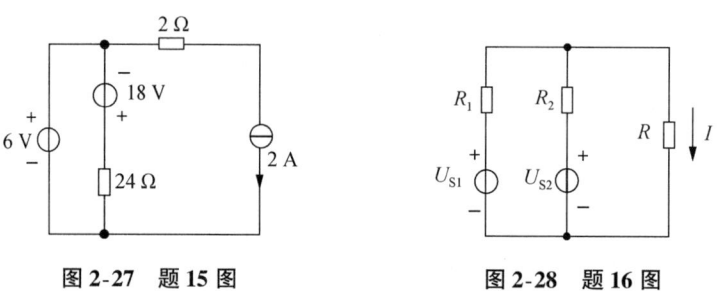

图 2-27 题 15 图　　　　图 2-28 题 16 图

17. 试用电源等效变换的方法,求图 2-28 所示电路中的负载电流 I。

18. 试用戴维宁定理,求图 2-28 所示电路中负载电流 I。

19. 试述支路电流法、叠加原理、戴维宁定理的解题步骤以及适合的使用条件。

第 3 章　单相正弦交流电路

> 【教学提示】日常生产和生活中人们除了用到直流电路外，还有电压和电流随时间变化的电路，即交流电路。本章将介绍正弦交流电的表示方法；单一参数元件的交流电路的性质；RLC 串联电路的性质；阻抗的串联和并联；串联谐振与并联谐振。
>
> 【教学基本要求】掌握正弦交流电的瞬时极性法和相量表示法；学会相量图分析方法和复数运算分析方法；掌握提高功率因数的方法；掌握阻抗的串联和并联计算方法；了解串联谐振与并联谐振的应用。
>
> 【教学重点】学会相量图分析方法。
>
> 【教学难点】复数运算分析方法。

3.1　正弦交流电的表示方法

直流电路中电压和电流的大小和方向（极性）不随时间变化，而生产和生活中遇到的更多的是电压和电流随时间变化的电路（如三角波和正弦波等），称为交流电路，其中最常见的是按正弦规律变化的正弦交流电，如图 3-1 所示。

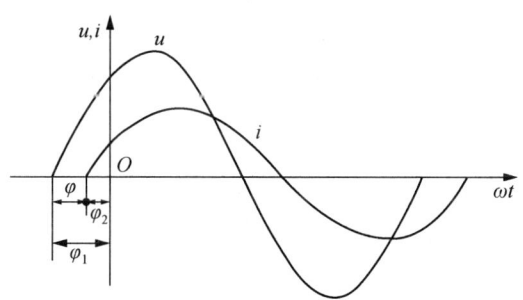

图 3-1　正弦交流电压和电流

正弦交流电的表示方法有瞬时值表示法和相量表示法两种。

3.1.1　正弦交流电的瞬时值表示法

交流电的瞬时值用小写字母 i、u 和 e 表示。其波形图如图 3-1 所示。以 i 为例，它的表达式可写成

$$i = I_m \sin(\omega t + \varphi_2) \tag{3-1}$$

其中幅值 I_m、角频率 ω 和初相 φ_2 称为交流电的三要素。如果已知这 3 个量，交流电的瞬时值即可确定。

正弦交流电的瞬时值三要素有幅值、频率和初相位。

(1) 幅值。

幅值是交流电的最大值，表示交流电的强度。用带下标 m 的字母表示，如式（3-1）中的 I_m。

在分析和计算正弦交流电路的问题时，常用的是有效值。有效值是根据交流电流与直流电流热效应相等的原则规定的，即交流电流的有效值是热效应与它等的直流电流的数值。有效值用大写字母 I、U 等表示。有效值与幅值的关系为

$$U_m = \sqrt{2}U \tag{3-2}$$

在电工电子技术中，通常所说的交流电数值，如不作特殊说明均指有效值；在测量交流电路的电压、电流时，仪表指示的数值通常也都是交流电有效值；各种交流电器设备铭牌上的额定电压和电流一般也均指其有效值。

(2) 频率。

正弦量变化一次所需要的时间称为周期，用 T 表示，单位是秒（s）。正弦量每秒内变化的次数称为频率，用 f 表示，单位是赫兹（Hz）。可见周期与频率互为倒数，即

$$T = \frac{1}{f} \quad \text{或} \quad f = \frac{1}{T} \tag{3-3}$$

在我国工业用电的标准频率为 50 Hz，这种频率在工业上广泛应用，简称"工频"。在电工技术中正弦量变化快慢还常用角频率表示，它表示一个周期内经历了 2π 度，角频率用 ω 表示，单位是弧度每秒（rad/s）。角频率与频率和周期的关系为

$$\omega = \frac{2\pi}{T} \quad \text{或} \quad \omega = 2\pi f \tag{3-4}$$

(3) 初相位。

式（3-1）中（$\omega t + \varphi_2$）反映了正弦量随时间变化的进程，称为正弦量的相位。当 $t = 0$ 时的相位 φ_2 称为初相角，简称"初相"。为了比较两个同频率正弦量在变化过程中的相位关系和先后顺序，引入相位差的概念，用 φ 来表示相位差。图 3-1 所示的正弦交流电压和电流的相位差为 $\varphi = (\omega t + \varphi_1) - (\omega t + \varphi_2) = \varphi_1 - \varphi_2$，相位差等于它们的初相之差，与时间 t 无关。需要注意的是，只有同频率的正弦量才能比较相位。另外，相位差和初相都规定不得超过 $\pm 180°$。

根据相位差的正负可以定义两个相量相位的超前和滞后关系，如果相位差为正，则称为超前；相位差为负，则称为滞后，图 3-1 中称电压超前电流 φ 角。

在交流电路中，常常需要研究多个同频率正弦量之间的关系，为了方便起见，可以选其中某一个正弦量作为参考，称为参考正弦量。令参考正弦量的初相 $\varphi = 0$，其他各正弦量的初相，即为该正弦量与参考正弦量的相位差（或初相差）。

【例 3-1】 已知正弦电压和电流的瞬时值表达式为 $u = 310\sin(\omega t - 45°)$ V, $i_1 = 14.1\sin(\omega t - 30°)$ A, $i_2 = 28.2\sin(\omega t + 45°)$ A, 试以电压 u 为参考正弦量重新写出各量的瞬时值表达式。

【解】 若以电压 u 为参考正弦量，则电压 u 的表达式为

$$u = 310\sin\omega t \text{ V}$$

由于 i_1 与 u 的相位差为 $\quad \varphi_1 = \varphi_{i_1} - \varphi_u = -30° - (-45°) = 15°$

故电流 i_1 的瞬时值表达式为 $\quad i_1 = 14.1\sin(\omega t + 15°)$ A

由于 i_2 与 u 的相位差为 $\quad \varphi_2 = \varphi_{i_2} - \varphi_u = 45° - (-45°) = 90°$

故电流 i_2 的瞬时值表达式为 $i_2 = 28.2\sin(\omega t + 90°)$ A

3.1.2 正弦交流电的相量表示法

上述波形图和三角函数能明确表示正弦量的三要素，但是不便于分析计算，相量表示法将有效解决这个问题。用复数表示交流电的方法，称为交流电的相量表示法。

大家知道，一个带有方向的线段可以表示一个矢量，下面讨论旋转有向线段与正弦量的关系，从而推导出正弦量采用相量表示的方法。

（1）旋转的有向线段（矢量）可用来表示正弦量。

图 3-2 是正弦电压 $u = U_m\sin(\omega t + \varphi)$ 的波形，有向线段 A 在 xy 坐标系中以角速度 ω 做逆时针旋转，A 的长度代表正弦量的幅值 U_m，它的初始位置与 x 轴正方向的夹角等于正弦量的初相 φ。可见，旋转的有向线段 A 具有了正弦量的 3 个特征，所以可用来表示正弦量。

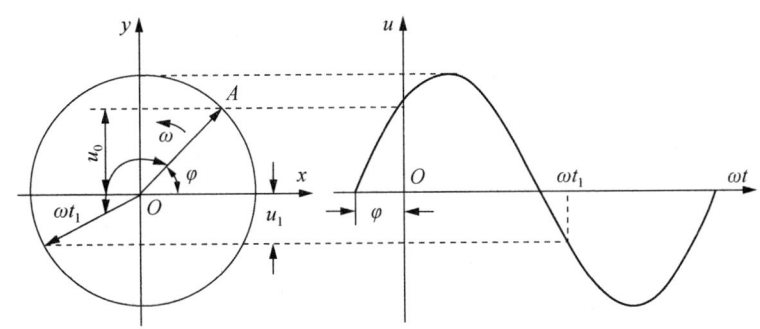

图 3-2 用正弦波形和旋转有向线段表示正弦量

（2）旋转的有向线段也可用复数表示。

在直角坐标系中，设横轴为实轴，单位用 +1 表示；纵轴为虚轴，单位用 +j 表示，则构成的复平面，如图 3-3 所示。有向线段 A 用复数表示为

$$A = a + jb \tag{3-5}$$

式中，$a = r\cos\varphi$ 为复数的实部；
$b = r\sin\varphi$ 为复数的虚部；
$r = \sqrt{a^2 + b^2}$ 为复数的模；
$\varphi = \arctan\dfrac{b}{a}$ 为复数的幅角。

根据以上关系可得出复数常用的两种表示形式，即代数式和极坐标式。

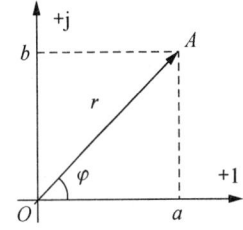

图 3-3 有向线段复数表示

$$\begin{cases} A = a + jb \\ A = r\underline{/\varphi} \end{cases} \tag{3-6}$$

（3）由上述可知，正弦量可以用矢量表示，而矢量又可以用复数表示，因而正弦量可以用复数表示。

用复数表示的正弦量称为相量，为了与一般的复数区别，规定正弦量的相量用上方加"·"的大写字母表示。例如，正弦电流 $i = I_m \sin(\omega t + \varphi)$，其相量形式可写成 $\dot{I} = I\underline{/\varphi} = I(\cos\varphi + j\sin\varphi) = a + jb$，式中，$a = I\cos\varphi$，$b = I\sin\varphi$。

【例3-2】 写出 $i_1 = 30\sin\omega t$，$i_2 = 10\sin(\omega t + 45°)$ 的相量形式（极坐标式或代数式）。

【解】 $\dot{I}_1 = \dfrac{30}{\sqrt{2}}\underline{/0°} = 15\sqrt{2}\underline{/0°}$ A 或 $\dot{I} = 15\sqrt{2}(\cos\underline{/0°} + j\sin\underline{/0°}) = 15\sqrt{2}$ A

$\dot{I}_2 = \dfrac{10}{\sqrt{2}}\underline{/45°} = 5\sqrt{2}\underline{/45°}$ A 或 $\dot{I}_2 = 5\sqrt{2}(\cos 45° + j\sin 45°) = (5 + j5)$ A

对于相量的计算，加减法采用代数式比较简单，规则是实部和虚部分别相加减；乘除法采用极坐标式比较简单，规则是模相乘除，幅角相加减。设有两相量 $\dot{A} = a_1 + ja_2 = A\underline{/\varphi_1}$，$\dot{B} = b_1 + jb_2 = B\underline{/\varphi_2}$。

(1) 加法 $\dot{A} + \dot{B} = (a_1 + b_1) + j(a_2 + b_2)$ (3-7)

(2) 减法 $\dot{A} - \dot{B} = (a_1 - b_1) + j(a_2 - b_2)$ (3-8)

(3) 乘法 $\dot{A}\dot{B} = (A\underline{/\varphi_1}) \cdot (B\underline{/\varphi_2}) = AB\underline{/(\varphi_1 + \varphi_2)}$ (3-9)

(4) 除法 $\dfrac{\dot{A}}{\dot{B}} = \dfrac{A\underline{/\varphi_1}}{B\underline{/\varphi_2}} = \dfrac{A}{B}\underline{/(\varphi_1 - \varphi_2)}$ (3-10)

相量只是正弦交流电的一种表示方法和运算工具，只有同频率的正弦交流电才能进行相量运算，所以相量运算只含有交流电的有效值（或幅值）和初相两个要素。

正弦量的大小和初始相位可以用相量表示，表示相量的图形为相量图。因此在相量图中还可以直观地表示各正弦量相位的超前与滞后情况。

【例3-3】 已知交流电 u_1 和 u_2 的有效值分别为 $U_1 = 100$ V，$U_2 = 60$ V，u_1 比 u_2 超前 $60°$，求：(1) 总电压的有效值，并画出相量图；(2) 总电压 u 与 u_1 及 u_2 的相位差。

【解】 (1) 本题未给出电压的初相，只给出了 u_1 和 u_2 的有效值和相位差，所以相位差即为初相差 $\varphi = \varphi_1 - \varphi_2 = 60°$。现可任选 u_1 和 u_2 其中之一为参考相量（参考正弦量的相量形式），若选择 u_1 为参考相量，那么 $\varphi_1 = 0°$，则两电压的有效值相量分别为

$\dot{U}_1 = U_1\underline{/\varphi_1} = 100\underline{/0°} = 100$ （V）

$\dot{U}_2 = U_2\underline{/\varphi_2} = 60\underline{/-60°} = (30 - j51.96)$ （V）

总电压的有效值相量为

$\dot{U} = \dot{U}_1 + \dot{U}_2 = 100 + 30 - j51.96$
$= 130 - j51.96 = 140\underline{/-21.79°}$ （V）

$U = 140$ V

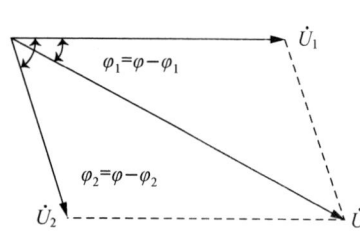

图3-4 例3-3的相量图

(2) 相量图如图3-4所示。作图时，将参考相量 $\dot{U}_1$ 画在正实轴位置。在这种情况下，坐标轴可省去不画。根据 $\dot{U}_2$ 与 $\dot{U}_1$ 的相位差确定 $\dot{U}_2$ 的位置，并画出 $\dot{U}_2$，然后利用平行四边形法则做出 $\dot{U}$。

3.2 单一参数的交流电路

分析正弦交流电路与直流电路一样,主要是确定电路中的电压与电流间的关系。实际元件的电特性比较复杂,但在一定的条件下某一电特性为影响电路的主要因素时,其余电特性往往被忽略,即构成单一参数(电阻、电感和电容)的正弦交流电路模型。

3.2.1 电阻电路

电路中导线和负载上产生的热损耗及用电器吸收的不可逆的电能,都通常归结于电阻,电阻元件的参数用 R 表示。

1. 电压、电流关系

日常生活中所用的白炽灯、电饭锅、热水器等在交流电路中都可以看成是电阻元件,如图 3-5(a) 所示。

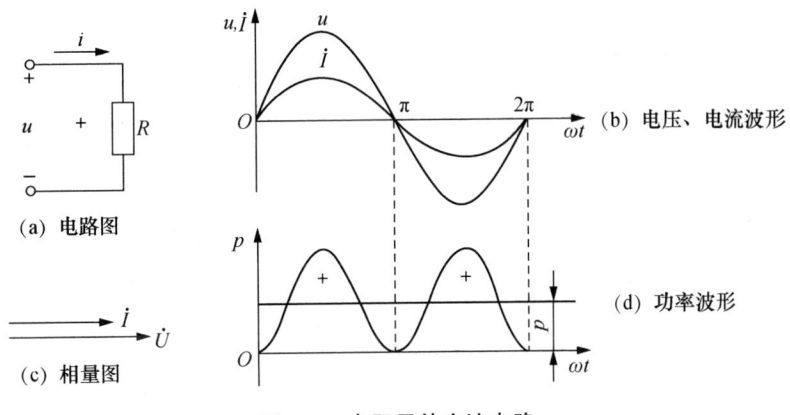

图 3-5 电阻元件交流电路

其中图 3-5(a) 为电路图,设加在电阻两端的电压为参考相量(初相角为零),有

$$u_R = U_{Rm}\sin\omega t \tag{3-11}$$

则任一瞬间通过电阻元件的电流为

$$i_R = \frac{u_R}{R} = \frac{U_{Rm}\sin\omega t}{R} = I_{Rm}\sin\omega t \tag{3-12}$$

比较式(3-11)与式(3-12)可知,电阻元件上的电压和电流之间相位上存在同相关系。波形如图 3-5(b) 所示。电阻元件上的电压和电流的上述关系,还可以用图 3-5(c) 相量图的形式表示。

可知,电阻电路中欧姆定律的相量形式为

$$\dot{U} = R\dot{I} \tag{3-13}$$

2. 电阻元件的功率

电阻上的瞬时功率

$$p = ui = U_m I_m \sin^2\omega t = UI(1-\cos2\omega t) = UI - UI\cos2\omega t \tag{3-14}$$

由此可知,功率 p 的频率是 i 的频率的 2 倍,其波形如图 3-5(d) 所示。由波形图可

见功率虽然随时间变化，但均为正值。由波形图和式(3-14)即可得出平均功率

$$P = UI = I^2R = \frac{U^2}{R} \tag{3-15}$$

平均功率也可以通过积分计算求得

$$P = \frac{1}{T}\int_0^T p\mathrm{d}t = UI$$

由波形图可知：P 为正值，说明电阻是吸收功率的元件，它是把电功率转换成其他有用的功率消耗掉了，所以称电阻为耗能元件。其平均功率又称为有功功率。通常交流电器设备铭牌上所标示的额定功率就是平均功率。

3.2.2 电感电路

电机、变压器等电气设备，核心部件均包含用漆包线绕制而成的线圈，若电阻忽略不计，这个线圈的电路模型可用一个理想的电感元件作为其电路模型。电感元件的参数用 L 表示。

1. 电压、电流关系

电感元件的交流电路如图 3-6 所示。

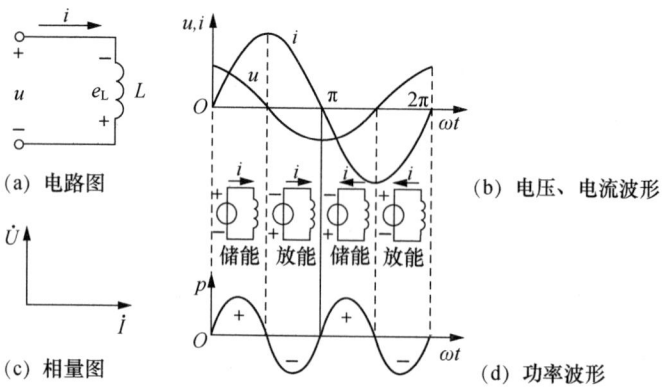

图 3-6 电感元件交流电路

其中图 3-6(a) 为电路图，设流过电感的电流为参考相量（初相位为零），有

$$i_L = I_{Lm}\sin\omega t \tag{3-16}$$

根据电感元件上的伏安关系可得

$$u_L = L\frac{\mathrm{d}(I_{Lm}\sin\omega t)}{\mathrm{d}t} = I_{Lm}\omega L\cos\omega t = U_{Lm}\sin(\omega t + 90°) \tag{3-17}$$

即有

$$U_{Lm} = I_{Lm}\omega L = I_{Lm}2\pi fL \quad 或 \quad I_L = \frac{U_L}{2\pi fL} = \frac{U_L}{\omega L} = \frac{U_L}{X_L} \tag{3-18}$$

比较式(3-16)与式(3-17)可知，电感元件上的电压超前电流 90°，电感电路中欧姆定律的相量形式为

$$\dot{U} = jX_L\dot{I} \quad 或 \quad \dot{I} = \frac{\dot{U}}{jX_L} \tag{3-19}$$

式(3-18)中的 $X_L = \omega L = 2\pi fL$ 称为电感元件的电感电抗，简称"感抗"。感抗反映

了电感元件对正弦交流电流的阻碍作用。感抗与交流电路的频率成正比,频率越高,感抗越大。直流电路中频率 $f = 0$,则感抗也为零,所以直流电路中电感元件相当于短路;高频情况下,电感元件呈现极大的感抗,把这时的电感线圈称为扼流圈。

其电压与电流的波形如图 3-6(b) 所示,电感元件上的电压和电流的上述关系,还可以用图 3-6(c) 相量图的形式表示。

2. 电感元件的功率

电感元件上的瞬时功率等于电压瞬时值与电流瞬时值的乘积,即

$$\begin{aligned} p_L = u_L i_L &= U_{Lm}\sin(\omega t + 90°) I_{Lm}\sin\omega t \\ &= U_{Lm}I_{Lm}\cos\omega t\sin\omega t \\ &= U_L I_L \sin 2\omega t \end{aligned} \quad (3-20)$$

显然,电感元件上的瞬时功率是以 2 倍于电压、电流的频率关系按正弦规律交替变化,如图 3-6(d) 所示。由图可见,正弦交流电的第一、三个四分之一周期,电压、电流方向关联,因此元件在这两段时间内向电路吸收电能,并将吸收的电能转换成磁场能存储在元件周围,瞬时功率 p_L 为正值;第二、四个四分之一周期,电压、电流方向非关联,元件向外供出能量,即把元件周围的磁场能量释放出来送还给电路,因此瞬时功率 p_L 为负值。在一个周期内,瞬时功率交变两次,平均功率 P_L 等于零。电感元件上只有能量交换而没有能量消耗,因此,电感元件是储能元件。虽然电感元件不耗能,但它与能源之间的能量交换客观存在。在电工技术中,为衡量电感元件上能量交换规模,引入无功功率的概念,用 Q_L 表示,其数量上等于瞬时功率的最大值,即

$$Q_L = U_L I_L = I_L^2 X_L = \frac{U_L^2}{X_L} \quad (3-21)$$

为了区别于有功功率,无功功率的单位用乏尔(var)计量。

【例 3-4】 在功放机的电路中,有一个高频扼流线圈,用来阻挡高频而让音频信号通过,已知扼流圈的电感 $L = 10\ mH$,求它对电压为 5 V、频率为 $f_1 = 500\ kHz$ 的高频信号及对 $f_2 = 1\ kHz$ 的音频信号的感抗及无功功率分别是多少?

【解】
$$X_{L1} = 2\pi f_1 L = 2 \times 3.14 \times 500 \times 10 = 31.4\ (k\Omega)$$

$$I_1 = \frac{U}{X_{L1}} = \frac{5}{31.4} \approx 0.16\ (mA)$$

$$Q_1 = I_1 U = 0.16 \times 5 = 0.8\ (mvar)$$

$$X_{L2} = 2\pi f_2 L = 2 \times 3.14 \times 1\,000 \times 10 = 62.8\ (k\Omega)$$

$$I_2 = \frac{U}{X_{L2}} = \frac{5}{62.8} \approx 0.08\ (mA)$$

$$Q_2 = I_2 U = 0.08 \times 5 \approx 0.4\ (mvar)$$

3.2.3 电容电路

电工电子中应用的电容器,大多由于漏电及介质损耗很小,其电磁特性与理想电容元件很接近,因此,一般可用理想电容元件直接作为其电路模型。

1. 电压、电流关系

电容元件的交流电路如图 3-7 所示。

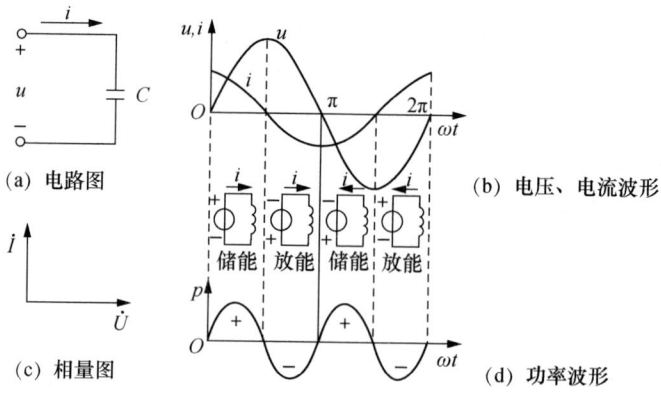

图 3-7 电感元件交流电路

其中图 3-7(a) 为电路图，设电容两端的电压为参考相量（初相角为零），则

$$u_C = U_{Cm}\sin\omega t \tag{3-22}$$

根据电容元件上的伏安关系可得

$$i_C = C\frac{du_C}{dt} = C\frac{dU_{Cm}\sin\omega t}{dt} = \omega C U_{Cm}\cos\omega t = I_{Cm}\sin(\omega t + 90°) \tag{3-23}$$

即有

$$I_{Cm} = U_{Cm}\omega C = U_{Cm}2\pi f C \quad 或 \quad I_C = U_C\omega C = \frac{U_C}{X_C} \tag{3-24}$$

比较式(3-22) 与式(3-23) 可知，电容元件上的电压滞后电流 90°，电容电路欧姆定律的相量形式为

$$\dot{U} = -jX_C\dot{I} \quad 或 \quad \dot{I} = \frac{\dot{U}}{-jX_C} = j\frac{\dot{U}}{X_C} \tag{3-25}$$

在式(3-24) 中，$X_C = \dfrac{1}{\omega C} = \dfrac{1}{2\pi f C}$ 称为电容元件的电抗，简称"容抗"。容抗和感抗类似，反映了电容元件对正弦交流电流的阻碍作用。容抗与交流电路的频率成反比，频率越高容抗越小。若直流电路中频率 $f = 0$，则容抗趋近无穷大。因此直流电路中电容元件相当于开路，在高频情况下，容抗极小，电容元件又可视为短路。

电容元件交流电路中电压与电流的波形如图 3-7(b) 所示，电容元件上的电压和电流的上述关系，还可以用图 3-7(c) 相量图的形式表示。

2. 电容元件的功率

电容元件上的瞬时功率等于电压瞬时值与电流瞬时值的乘积，即

$$\begin{aligned}p_C &= u_C i = U_{Cm}\sin\omega t I_{Cm}\sin(\omega t + 90°) \\ &= U_{Cm}I_{Cm}\sin\omega t\cos\omega t \\ &= U_C I_C \sin 2\omega t\end{aligned} \tag{3-26}$$

显然，电容元件上的瞬时功率是以 2 倍于电压、电流的频率关系按正弦规律交替变化，如图 3-7(d) 所示。由图可见，正弦交流电的第一、三个四分之一周期，电压、电流方向关联，因此元件在这两段时间内向电路吸收电能，并将吸收的电能转换成极间电场能量存储在电容元件极板上，瞬时功率 p_C 为正值；第二、四个四分之一周期，电压、电流方向非关联，元件向外供出能量，即把极板上的电荷释放出来还给电源，因此瞬时功率 p_C

为负值。在一个周期内，瞬时功率交变两次，平均功率 P_C 等于零。电容元件上只有能量交换而没有能量消耗，因此，电容元件也是储能元件。虽然电容元件不耗能，但它与能源之间的能量交换客观存在。在电工技术中，为衡量电容上能量交换的规模，用 Q_C 表示电容的无功功率，其数量上等于瞬时功率的最大值，即

$$Q_C = U_C I_C = I_C^2 X_C = \frac{U_C^2}{X_C} \tag{3-27}$$

Q_C 的单位也是乏尔（var）或千乏尔（kvar）。

【例 3-5】 在收音机的输出电路中，常利用电容来断掉高频干扰信号，保留音频信号。如高频滤波的电容为 0.1 μF，干扰信号的频率 $f_1 = 1000$ kHz，音频信号的频率 $f_2 = 1$ kHz。求两者容抗分别为多少。

【解】
$$X_{C1} = \frac{1}{2\pi f_1 C} = \frac{1}{2 \times 3.14 \times 1000 \times 0.1 \times 10^{-3}} \approx 1.6(\Omega)$$

$$X_{C2} = \frac{1}{2\pi f_2 C} = \frac{1}{2 \times 3.14 \times 1 \times 0.1 \times 10^{-3}} \approx 1.6(k\Omega)$$

3.3 电阻、电感、电容元件串联电路

单一参数的正弦交流电路属于理想化电路，而实际电路往往由多参数组合而成。例如，电动机、继电器等设备都含有线圈，线圈通电后总要发热，说明实际线圈不仅有电感，还存在发热电阻。

3.3.1 电压三角形

图 3-8 是由电阻 R、电感 L 和电容 C 相互串联的正弦交流电路，这三个元件流过同一个电流 i，电流与各个电压参考方向如图 3-8(a) 所示。u、u_R、u_L、u_C 和 i 的相量用 $\dot{U}$、$\dot{U}_R$、$\dot{U}_L$、$\dot{U}_C$ 和 $\dot{I}$ 表示，其相量模型如图 3-8(b) 所示，由图可知

$$\dot{U} = \dot{U}_R + \dot{U}_L + \dot{U}_C = R\dot{I} + jX_L\dot{I} + (-jX_C\dot{I}) = [R + j(X_L - X_C)]\dot{I} \tag{3-28}$$

式(3-28) 称为基尔霍夫电压定律的相量表示式，用相量图表示如图 3-8(c) 所示。由图 3-8(c) 可见，$\dot{U}_R$、$\dot{U}_L - \dot{U}_C$、$\dot{U}$ 组成一个直角三角形，称为电压三角形。利用这个三角形可以求得电源电压的有效值，即

$$\begin{aligned} U &= \sqrt{U_R^2 + (U_L - U_C)^2} \\ &= \sqrt{(IR)^2 + (X_L I - X_C I)^2} \\ &= \sqrt{R^2 + (X_L - X_C)^2} I \end{aligned} \tag{3-29}$$

电压与电流之间的相位差 φ 也可从中得出，即

$$\varphi = \arctan \frac{U_L - U_C}{U_R} \tag{3-30}$$

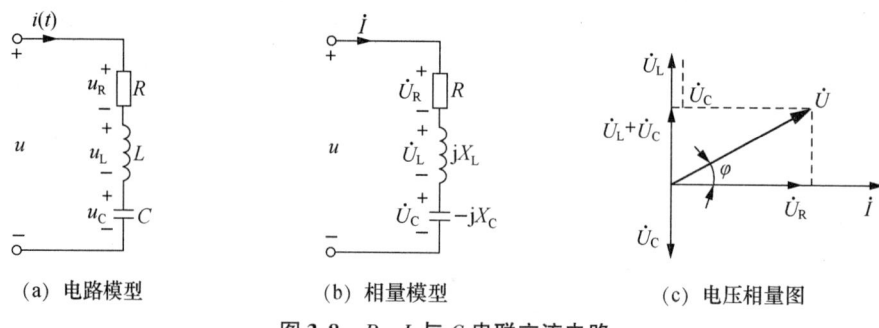

(a) 电路模型　　　(b) 相量模型　　　(c) 电压相量图

图3-8　R、L与C串联交流电路

3.3.2　阻抗三角形

由式(3-29) 可进一步得到

$$\dot{U} = \dot{I}\sqrt{R^2+(X_L-X_C)^2}\left/\arctan\frac{X_L-X_C}{R}\right. = \dot{I}|Z|\underline{/\varphi} \qquad (3\text{-}31)$$

式(3-31) 中的 Z 叫复阻抗，其模值 $|Z|$ 反映了电阻、电感和电容串联电路对正弦交流电流所产生的总的阻碍作用，称为正弦交流电的阻抗，即

$$|Z| = \sqrt{R^2+(X_L-X_C)^2} \qquad (3\text{-}32)$$

复阻抗 Z 的幅角 φ 可表示为

$$\varphi = \arctan\frac{X_L-X_C}{R} \qquad (3\text{-}33)$$

从式(3-33) 可知，当频率一定时，φ 的大小由电路负载参数决定，即

(1) 若 $X_L > X_C$，则 $\varphi > 0$，此时电压超前电流 φ 角，电路呈感性；
(2) 若 $X_L < X_C$，则 $\varphi < 0$，此时电压滞后电流 φ 角，电路呈容性；
(3) 若 $X_L = X_C$，则 $\varphi = 0$，此时电压与电流同相位，电路呈阻性。

【例3-6】 已知 RLC 串联电路的电路参数为 $R = 100\,\Omega$、$L = 300\,\text{mH}$、$C = 100\,\mu\text{F}$，接于 100 V、50 Hz 的交流电源上。试求电流 I，并以电源电压为参考相量写出电压和电流的瞬时值表达式。

【解】 感抗 $\quad X_L = \omega L = 2\pi f L = 2\pi \times 50 \times 300 \times 10^{-3} \approx 94.2(\Omega)$

容抗 $\quad X_C = \dfrac{1}{\omega C} = \dfrac{1}{314 \times 100 \times 10^{-6}} \approx 31.8(\Omega)$

阻抗 $\quad |Z| = \sqrt{R^2+(X_L-X_C)^2} = \sqrt{100^2+(94.2-31.8)^2} \approx 117.87(\Omega)$

故电流 $\quad I = \dfrac{U}{|Z|} = \dfrac{100}{117.87} \approx 0.85\,(\text{A})$

以电源电压为参考相量，则电源电压的瞬时值表达式为

$$u = 100\sqrt{2}\sin\omega t \text{ V}$$

又因阻抗角 $\quad \varphi = \arctan\dfrac{X}{R} = \arctan\dfrac{94.2-31.8}{100} \approx 32°$

故电流的瞬时值表达式为 $\quad i = 0.85\sqrt{2}\sin(\omega t - 32°)\text{ A}$

【例3-7】 已知某继电器的电阻为 2 kΩ，电感为 43.3 H，接于 380 V 的工频交流电源上。试求通过线圈的电流及电流与外加电压的相位差。

【解】 这是 RL 串联电路,可看成是 $X_C = 0$ 的 RLC 串联电路。电路中的电抗为

$$X = X_L = 2\pi fL = 2\pi \times 50 \times 43.3 \approx 13\,600(\Omega)$$

复阻抗 $\quad Z = R + jX = 2\,000 + j13\,600 \approx 13\,700 \angle 81.63° (\Omega)$

若以外加电压 $\dot{U}$ 为参考相量,即令 $\dot{U} = 380 \angle 0°$ V,则通过线圈的电流数值和相位可一并求出:

$$\dot{I} = \frac{\dot{U}}{Z} = \frac{380}{13\,700} \angle 0° - 81.63°(A) \approx 27.7 \angle -81.63° \text{(mA)}$$

以上为复数运算求解方法。读者可尝试用相量图法求解,也可以通过先求阻抗、阻抗角再求电流有效值的办法求解。

3.3.3 功率三角形

在电阻、电感与电容元件串联的正弦交流电路中,瞬时功率 p 由式(3-34)计算求得

$$p = ui = U_m I_m \sin\omega t \sin(\omega t + \varphi) = U_m I_m \left[\frac{1}{2}\cos\varphi - \frac{1}{2}\cos(2\omega t + \varphi)\right]$$

$$= UI\cos\varphi - UI\cos(2\omega t + \varphi) \tag{3-34}$$

有功功率(平均功率)P 为

$$P = \frac{1}{T}\int_0^T [UI\cos\varphi - UI\cos(2\omega t + \varphi)]\,\mathrm{d}t = UI\cos\varphi \tag{3-35}$$

由电压三角关系可得

$$U\cos\varphi = U_R = RI$$

$$P = UI\cos\varphi = U_R I = I^2 R \tag{3-36}$$

由式(3-36)可知,交流电路中的平均功率一般不等于电压与电流有效值的乘积。把电压与电流有效值的乘积称为视在功率,其单位为伏安(VA),用 S 表示,即

$$S = UI \tag{3-37}$$

电感元件和电容元件都要在正弦交流电路中进行能量的互换,因此相应的无功功率 Q 是由两个元件的共同作用形成的,即

$$Q = U_L I - U_C I = (X_L - X_C)I^2 = UI\sin\varphi \tag{3-38}$$

有功功率 P、无功功率 Q 和视在功率 S 三者之间的关系构成了一个直角三角形,称为功率三角形,其三者之间的关系表达式如式(3-39)所示,电压、阻抗和功率三角形可用图 3-9 表示。

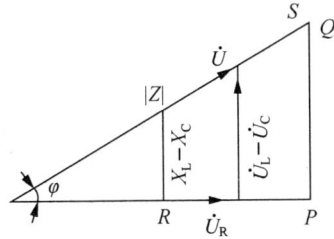

图 3-9 阻抗和功率三角

$$P = UI\cos\varphi$$
$$Q = UI\sin\varphi$$

$$S = UI = \sqrt{P^2 + Q^2} \tag{3-39}$$

3.3.4 功率因数的提高

设交流电路中电压和电流之间有相位差为 φ，则有功功率 P 为

$$P = UI\cos\varphi$$

这里称 $\cos\varphi$ 为电路的功率因数。由前面分析可知，$\cos\varphi$ 的大小由电路的参数决定，若纯电阻负载 φ 为 0，则 $\cos\varphi = 1$；对于其他负载电路，$\cos\varphi$ 介于 $0 \sim 1$ 之间。

电路功率因数过低，会引起两方面不良后果：一是发电设备的容量不能充分利用；二是线路损耗增加。当负载的有功功率 P 和电压 U 一定时，线路中的电流为

$$I = \frac{P}{U\cos\varphi} \tag{3-40}$$

可见 $\cos\varphi$ 越小，线路中的电流 I 就越大，消耗在输电线路和设备上的功率损耗就越大。因此，提高功率因数有很大的经济意义。我国供电规则中要求，高压供电企业的功率因数不低于 0.95，其他用电单位不低于 0.9。要提高功率因数的值，必须尽可能减小阻抗角 φ，常用的方法是在电感性负载端并联补偿电容。

【例 3-8】 如图 3-10(a) 所示的电路中，已知感性负载的功率 $P = 100$ W，电源电压有效值为 100 V，功率因数 $\cos\varphi_1 = 0.6$，要将功率因数提高到 $\cos\varphi_2 = 0.9$，求两端应并联多大的电容器（设 $f = 50$ Hz）。

【解】 并联电容前

$$I_1 = \frac{P}{U\cos\varphi_1} = \frac{100}{100 \times 0.6} \approx 1.67 \text{ (A)}$$

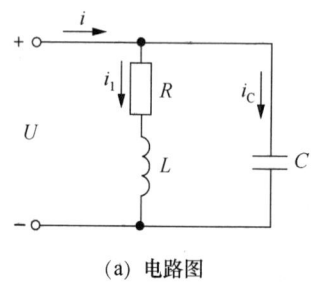 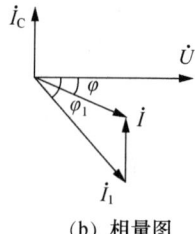

(a) 电路图 (b) 相量图

图 3-10 例 3-8 图

并联电容后，虽然电路的总电流发生变化，但是流过电感负载的电流、负载吸收的有功功率和无功功率都没有变化，而流过电容的电流将比电压超前 90°，电压和电流的相量图如图 3-10(b) 所示，因此可得

$$\varphi_1 = \arctan 0.6 \approx 53.1°$$
$$\varphi = \arctan 0.9 \approx 25.8°$$
$$UI_1\cos\varphi_1 = UI\cos\varphi_2$$

故并联后的电路总电流 I 为

$$I = \frac{UI_1\cos\varphi_1}{U\cos\varphi} = \frac{0.6 \times 1.67}{0.9} \approx 1.11 \text{ (A)}$$

根据相量图 I_C 可求得

$$I_C = I_1\sin\varphi_1 - I\sin\varphi = 1.67 \times \sin 53.1° - 1.11 \times \sin 25.8° \approx 0.85 \text{ (A)}$$

因为
$$I_C = \frac{U}{X_C} = U\omega C$$

由此可求得
$$C = \frac{I_C}{\omega U} = \frac{0.85}{2 \times 3.14 \times 50 \times 100} \approx 27 \ (\mu F)$$

3.4 阻抗的串联与并联

通过以前的学习我们知道，阻抗不是一个相量，而仅仅是一个复数形式的数学表达式。其表达式为 $Z = R + j(X_L - X_C)$，阻抗的实部为电阻，虚部为电抗，它表示了电路中电压与电流之间的关系。在交流电路中，简单的阻抗连接形式是串联和并联。

3.4.1 阻抗的串联

图 3-11(a) 是两个阻抗串联的电路，根据 KVL 可列出相量表示式

$$\dot{U} = \dot{U}_1 + \dot{U}_2 = Z_1\dot{I} + Z_2\dot{I} = (Z_1 + Z_2)\dot{I} \tag{3-41}$$

可知，两个阻抗串联可用一个等效阻抗来代替，如图 3-11（b）所示，即

$$Z_{eq} = Z_1 + Z_2 \tag{3-42}$$

通常情况下，正弦交流电路中 $U \neq U_1 + U_2$，由分析可得

$$|Z_{eq}| \neq |Z_1| + |Z_2|$$

可见，在阻抗串联电路中等效阻抗是所有阻抗之和，阻抗模之和不等于等效阻抗模。

【例 3-9】 电路如图 3-12 所示，已知 $u = 100\sqrt{2}\sin(5\,000t)$ V，$R = 15\ \Omega$，$L = 12$ mH，$C = 5\ \mu F$，求电流和各元件电压相量。

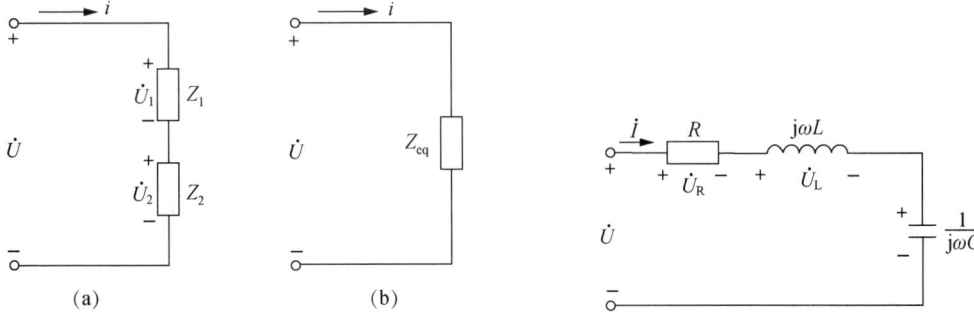

图 3-11 阻抗的串联电路　　　　图 3-12 例 3-9 图

【解】 由题意，已知 $\dot{U} = 100\underline{/0°}$ V，可求出

$$Z_R = 15\ \Omega,\ Z_L = j\omega L = j60\ \Omega,\ Z_C = \frac{1}{j\omega C} = -j40\ \Omega$$

等效阻抗是
$$Z_{eq} = Z_R + Z_L + Z_C = 15 + j20 \approx 25\underline{/53.1°}\ (\Omega)$$

$$\dot{I} = \frac{\dot{U}}{Z} = \frac{100\underline{/0°}}{25\underline{/53.1°}} = 4\underline{/-53.1°}\ (A)$$

各元件电压相量为

$$\dot{U}_R = R\dot{I} = 60 \underline{/-53.1°} \text{ V}$$

$$\dot{U}_L = j\omega L\dot{I} = 240 \underline{/36.9°} \text{ V}$$

$$\dot{U}_C = -j\frac{1}{\omega C}\dot{I} = 160 \underline{/-143.1°} \text{ V}$$

正弦电流 i 为 $\quad i = 4\sqrt{2}\sin(5\,000t - 53.1°) \text{ A}$

3.4.2 阻抗的并联

图 3-13(a) 是两个阻抗并联电路，根据 KCL 可列出相量表示式

$$\dot{I} = \dot{I}_1 + \dot{I}_2 = \frac{\dot{U}}{Z_1} + \frac{\dot{U}}{Z_2} = \dot{U}\left(\frac{1}{Z_1} + \frac{1}{Z_2}\right) \tag{3-43}$$

可见，两个阻抗并联可用一个等效阻抗来代替，如图 3-13(b) 所示。

$$\frac{1}{Z_{eq}} = \frac{Z_1 Z_2}{Z_1 + Z_2} \tag{3-44}$$

通常情况在正弦交流电路中，由于 $I \neq I_1 + I_2$，由分析可得

$$\frac{1}{|Z_{eq}|} \neq \frac{1}{|Z_1|} + \frac{1}{|Z_2|}$$

可见，在阻抗并联电路中等效阻抗的倒数之和不等于各个阻抗的倒数之和。

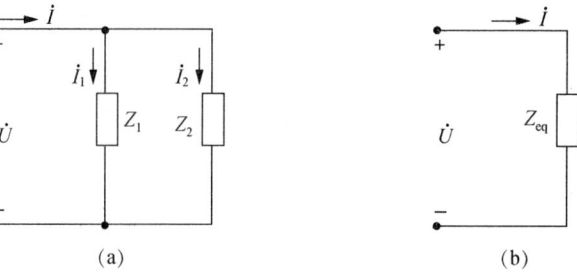

图 3-13 阻抗的并联电路

【例 3-10】 电路如图 3-13(a) 所示，已知 $Z_1 = (3 + j4)\ \Omega$，$Z_2 = (8 - j6)\ \Omega$，$\dot{U} = 220\underline{/0°}$ V，求电路中各支路的电流。

【解】 已知 $Z_1 = 3 + j4 \approx 5\underline{/53.1°}(\Omega)$，$Z_2 = 8 - j6 \approx 10\underline{/-36.9°}(\Omega)$，由题意先求出等效阻抗

$$Z_{eq} = \frac{Z_1 Z_2}{Z_1 + Z_2} = \frac{5\underline{/53.1°} \times 10\underline{/-36.9°}}{3 + j4 + 8 - j6} \approx \frac{50\underline{/16.2°}}{11.18\underline{/-10.3°}} \approx 4.5\underline{/26.5°}\ (\Omega)$$

因此

$$\dot{I}_1 = \frac{\dot{U}}{Z_1} = \frac{220\underline{/0°}}{5\underline{/53.1°}} = 44\underline{/-53.1°}\ (\text{A})$$

$$\dot{I}_2 = \frac{\dot{U}}{Z_2} = \frac{220\underline{/0°}}{10\underline{/-36.9°}} = 22\underline{/36.9°}\ (\text{A})$$

$$\dot{I} = \frac{\dot{U}}{Z_{eq}} = \frac{220\underline{/0°}}{4.5\underline{/26.5°}} \approx 49\underline{/-26.5°}\ (\text{A})$$

3.5 电路中的谐振

正弦交流电路中,如果包含电感和电容元件,则电路两端的电压和电流一般不同相。如果我们调节电源的频率或调节电路的参数,使得电路端口的电压和电流同相,这种现象称为谐振。所以谐振发生的条件是电压与电流相位相同。按谐振发生的电路不同,谐振分为串联谐振和并联谐振两种。

3.5.1 串联谐振

在如图 3-14(a) 所示的 RLC 串联电路中,它的阻抗为

$$Z = R + j(X_L - X_C) = R + j\left(\omega L - \frac{1}{\omega C}\right)$$

当 $X_L = X_C$ 时,电源电压与电流同相,如图 3-14(b) 所示,此时发生的现象称为谐振。因为谐振是发生在串联电路中的,所以该谐振称为串联谐振。此时电路的频率称为谐振频率,用 f_0 表示。

$X_L = X_C$ 是发生串联谐振的条件,谐振频率为

$$f = f_0 = \frac{1}{2\pi\sqrt{LC}} \tag{3-45}$$

从式(3-45)可知,电路发生谐振是通过改变电路的频率和电路的参数来实现的。电路发生串联谐振时具有以下几个特点。

(1) 电路的阻抗模最小,电流达到最大。
(2) 电路对电源呈电阻性。
(3) $U_L = U_C$ 且相位相反,互相抵消。
(4) 有功功率 $P = U_R I = UI$,而无功功率 $Q = 0$。

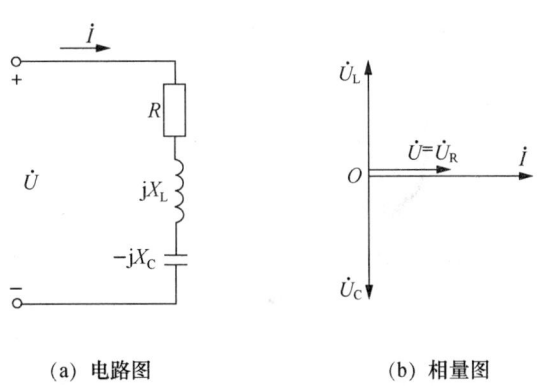

(a) 电路图　　　　　(b) 相量图

图 3-14　RLC 串联谐振电路

由于串联谐振具有这些特点,它在无线电工程中有广泛应用。例如,在收音机的输入电路中,就是调节电容值使某一频率的信号在电路中发生谐振,在回路中产生最大电流,再通过互感送到下一级。如果调节可变电容器的值,使电路的谐振频率 f_0 达到某个电台信号的频率 f_i 时,该信号输出最强。相反,由于其他电台信号在电路中没有产生串联谐振,

相应地在线路中的电流小，无法被选中。这样只有频率为 f_i 的无线电信号被天线回路选出来。

3.5.2 并联谐振

在如图 3-15(a) 所示的 RL 与 C 并联电路中，它的阻抗为

$$Z = \frac{(R+j\omega L)\dfrac{1}{\omega C}}{(R+j\omega L)+\dfrac{1}{\omega C}} = \frac{R+j\omega L}{1+j\omega RC-\omega^2 LC}$$

通常电感线圈电阻很小，所以一般在谐振时 $\omega L \gg R$，则上式可表示为

$$Z \approx \frac{j\omega L}{1+j\omega RC-\omega^2 LC} = \frac{1}{\dfrac{RC}{L}+j\left(\omega C-\dfrac{1}{\omega L}\right)} \tag{3-46}$$

谐振的要求是电源电压与电路电流同相，相量图如图 3-15(b) 所示，则并联电路发生谐振的条件为

$$\omega C = \frac{1}{\omega L} \tag{3-47}$$

由此可得谐振频率 f_0 为

$$f = f_0 \approx \frac{1}{2\pi\sqrt{LC}} \tag{3-48}$$

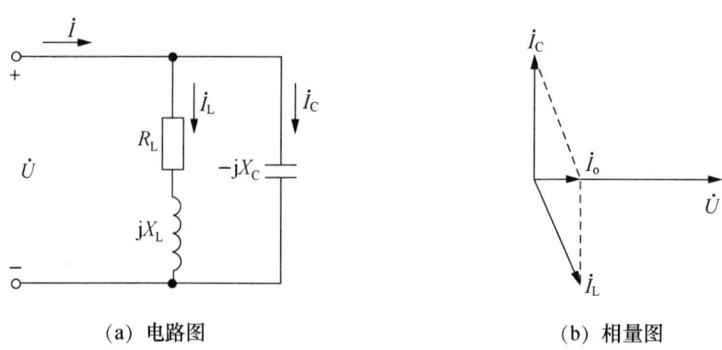

(a) 电路图　　　　　　　　　　(b) 相量图

图 3-15　*RLC* 并联谐振电路

可见，并联谐振频率与串联谐振频率近似相等，它具有以下几个特点。
(1) 电路的阻抗模达到最大值，电流为最小值。
(2) 电路对电源呈电阻性。
(3) $I_L \approx I_C$ 且并联支路电流远高于总电流。

如果并联谐振电路改由电流源供电，当电源为某一频率时电路发生谐振，电路阻抗最大，电流通过时电路两端的电压也是最大的。当电源频率改变后电路不发生谐振，称为失谐，此时阻抗较小，电路两端的电压也较小，这样就起到了从多个不同频率的信号中选择其一的作用。

习　题

一、填空题

1. 已知一个正弦交流电压 $u = 220\sqrt{2}\sin(314t - \pi/3)$ V，则它的三要素的值分别是_____、_____和_____。

2. 在 RLC 串联电路中，电流为 5 A，电阻为 30 Ω，感抗为 40 Ω，容抗为 80 Ω，则电路的阻抗为_____，该电路为_____性电路，电路中吸收的有功功率为_____，无功功率为_____。

3. 一个电阻接在 20 V 的直流电路中产生的功率为 2 kW，改接到正弦交流电路中消耗的功率为 1 kW，则交流电源的电压最大值为_____。

4. 串联谐振满足的条件是_____，此时电路中的阻抗为_____，电流为_____，电路呈_____性。

5. 交流负载消耗的 $P = 30$ W，$Q = 40$ var，其视在功率为_____VA；其功率因素为_____。

6. 纯电感、电容元件的平均功率均为_____，它们是_____元件，不消耗能量。

二、选择题

7. 提高供电电路的功率因数是为了（　　）。
   A. 减少无用功率　　　　　　　　B. 节省电能
   C. 提高设备的利用率和减少功率损耗　　D. 提高设备容量

8. 电路中的视在功率表示的是（　　）。
   A. 实际消耗的功率　　　　　　　B. 设备容量
   C. 随时间交换的状态　　　　　　D. 做功情况

9. 已知电路阻抗为 3 + j4 Ω，则电压和电流的相位关系为（　　）。
   A. 超前　　　B. 滞后　　　C. 同相　　　D. 反相

10. 在 RL 串联电路中，$U_R = 16$ V，$U_L = 12$ V，则总电压为（　　）。
    A. 28 V；　　B. 20 V；　　C. 2 V；　　D. 无法判断

三、判断题

11. 在电感元件的正弦交流电路中，消耗的有功功率为 0。　　　　　　　　　（　　）
12. 感性负载两端并联电容就可以提高电路的功率因数。　　　　　　　　　　（　　）
13. 功率表是用来测量电路的视在功率。　　　　　　　　　　　　　　　　　（　　）
14. RLC 串联谐振电路谐振时，电阻上的电压大小等于电源电压。　　　　　（　　）
15. RLC 串联交流电路的阻抗，与电源的频率有关。　　　　　　　　　　　（　　）
16. 正弦交流电路的视在功率等于有功功率和无功功率的和。　　　　　　　（　　）

四、思考题与计算题

17. 用交流电压表或电流表测出的值是交流电的幅值还是有效值？

18. 写出 $u_A = 220\sqrt{2}\sin 314t$ V，$u_B = 220\sqrt{2}\sin(314t - 120°)$ V 和 $u_C = 220\sqrt{2}\sin(314t + 120°)$ V 的相量式，并画出相量图。

19. 220 V、50 Hz 的电压分别加在电阻、电感和电容负载上，此时它们的电阻值、感抗值和容抗值均为 22 Ω。试分别并写出 3 个电流的瞬时表达式，并以电压为参考相量画出相量图；若电压有效值不变，频率变为 500 Hz，请重新回答以上问题。

20. （1）求图 3-16（a）、（b）的电压、阻抗；（2）求图 3-16（c）、（d）的电流、阻抗。

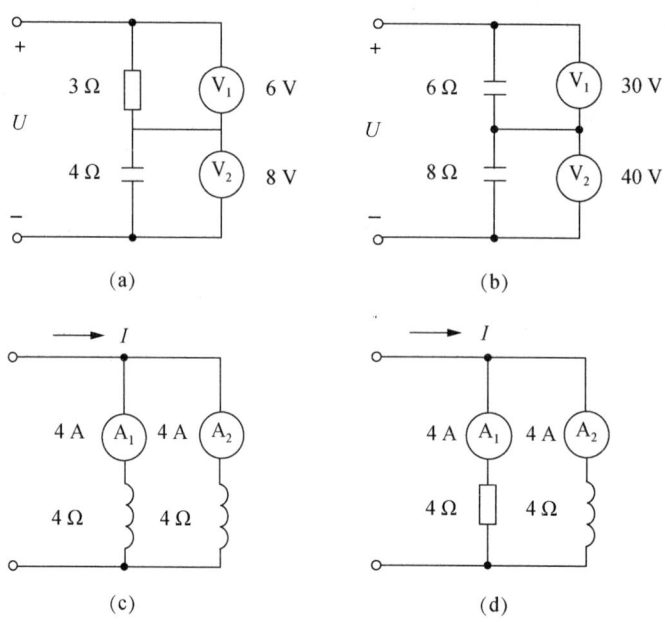

图 3-16　题 20 图

21. 日光灯电路中，已知 $u = 28.2\sin(\omega t + 45°)$ V，$i = 14.1\sin(\omega t + 15°)$ A，求（1）电路的复阻抗 Z；（2）有功功率、无功功率、视在功率和功率因数；（3）画出相量图。

22. RLC 串联电路由 $I_S = 0.1$ A，$\omega = 5000$ rad/s 的正弦恒流源供电。已知 $R = 20$ Ω，$L = 7$ mH，$C = 10$ μF，试求各元件电压 $\dot{U}_R$、$\dot{U}_L$、$\dot{U}_C$ 和总电压 $\dot{U}$，并画出相量图。

23. 在 RLC 串联电路中，$R = 100$ Ω，$L = 10$ mH，总电压 $U = 100$ V，且频率可调。已知当 $f = 5$ kHz 时，电流达最大值，试求电容 C 的值及各元件电压。

第 4 章　三相交流电路

【教学提示】 目前，电力工程上普遍采用三相制供电，三相制供电具有容量大、节省材料。三相交流电动机比单相电动机结构简单、体积小、运行特性好等优点。因而三相制是目前世界各国的主要供电方式。本章将介绍三相交流电源、三相负载的连接及电压、电流和功率的分析以及安全用电常识。

【教学基本要求】 理解三相交流电的产生原理；掌握三相四线制电源的线电压和相电压的关系；掌握三相负载的连接方式及选择方法；掌握对称三相负载 Y 形（星形）连接和 △ 形（三角形）连接时，负载线电压和相电压、线电流和相电流的关系；以及学习三相功率的计算方法。

【教学重点】 三相负载的连接方式及其选择方法。

【教学难点】 三相交流电的产生原理。

4.1　三相交流电源和三相四线制供电系统

三相交流电路是由一组频率相同、振幅相等、相位互差 120°的 3 个电动势供电的电路。三相电力系统由三相电源、三相负载和三相输电线路 3 个部分组成。

4.1.1　三相交流电的产生

三相电动势是由三相发电机产生的。图 4-1 是三相交流发电机的原理图，它的主要组成部分是定子和转子，定子铁芯的内圆周表面冲有槽，安放着三组匝数相同的绕组，各相绕组的结构相同。它们的始端标以 U_1、V_1、W_1，末端标以 U_2、V_2、W_2。

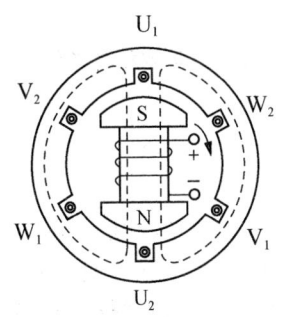

图 4-1　三相交流发电机原理图

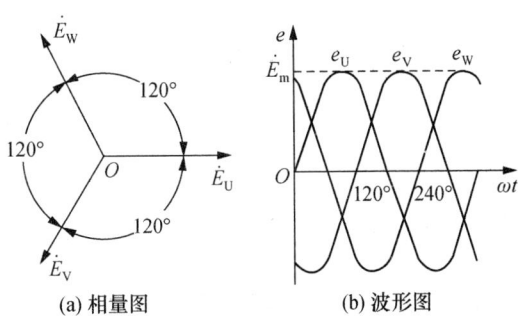

(a) 相量图　　　(b) 波形图

图 4-2　三相交流电相量图和波形图

三相绕组分别称为 U 相、V 相和 W 相，它们在空间位置上彼此相差 120°，称为对称三相绕组。当发电机匀速转动时，各相绕组均与磁场相切割而感应电压。由于三相绕组的匝数相等、切割磁力线的角速度相同、空间位置上互差 120°，因此感应电压的最大值相等、角频率相同、相位上互差120°，称为对称三相交流感应电压，其相量图和正弦波形如图4-2所示。由图4-2可得，三相感应电压解析式为

$$\begin{cases} e_U = U_m \sin\omega t \\ e_V = U_m \sin(\omega t - 120°) \\ e_W = U_m \sin(\omega t - 240°) \end{cases} \tag{4-1}$$

三相交流电在相位上的先后顺序称为相序。相序是指三相交流电达到最大值的顺序。实际中常采用 U→V→W 的顺序作为三相交流电的正序，而把 W→V→U 的顺序称为负序。

4.1.2 三相四线制供电系统

三相电源的星形连接方式如图4-3所示。

把三相电源绕组的尾端连在一起向外引出一根输电线 N，称其为电源的中线（俗称零线）；由三相电源绕组的首端分别向外引出三根输电线，称为电源的相线（俗称火线）。

按照图4-3所示，以 Y 形连接方式向外供电的体制称为三相四线制。把火线与火线之间的电压称为线电压，分别用 u_{UV}、u_{VW} 和 u_{WU} 表示。火线与零线之间的电压称为相电压，分别用 u_U、u_V 和 u_W 表示。由于3个相电压通常是对称的，对称的3个相电压数量上相等，用 U_p 统一表示。在相电压对称的情况下，3个线电压也对称，对称的3个线电压数量上也相等，用 U_l 统一表示。如图4-4所示。根据相量图的几何关系，可求得各线电压为

$$U_l = \sqrt{3} U_p \approx 1.732 U_p \tag{4-2}$$

且由相量图可知，各线电压在相位上超前与其相对应的相电压30°。

一般低压供电系统中，经常采用的供电线电压为 380 V，对应的相电压为 220 V。

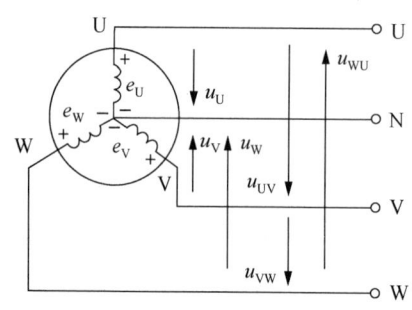

图 4-3 三相电源星形连接图

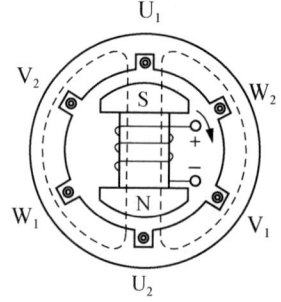

图 4-4 星形连接时电压相量图

4.2　三相交流负载

相电路的负载由三部分组成，其中的每一部分称为一相负载。各相负载的复阻抗相等的三相负载称为对称三相负载。由对称三相电源和对称三相负载所组成的电路称为对称三相电路。三相负载有星形（如图4-5所示）和三角形两种连接方式。

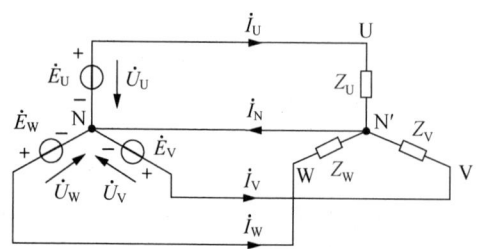

图 4-5 负载星形连接时电路的相量模型

4.2.1 负载的星形连接

负载做星形（Y）连接时电路的相量模型如图 4-5 所示，可见各相负载两端的电压相量等于电源相电压相量。此时各相负载和电源通过火线和零线构成一个独立的单相交流电路，其中 3 个单相交流电路均以中线作为它们的公共线。

通常把火线上的电流称为线电流，用 I_l 表示；把各相负载中的电流称为相电流，用 I_p 表示。显然，星形连接时电路有如下特点，即

$$\begin{cases} I_l = I_p = \dfrac{U_p}{|Z_p|} \\ U_l = \sqrt{3} U_p \end{cases} \tag{4-3}$$

设各负载阻抗分别为 Z_U、Z_V、Z_W，由于各相负载端电压相量等于电源相电压相量，因此每个阻抗中流过的电流相量为

$$\dot{I}_U = \frac{\dot{U}_U}{Z_U},\ \dot{I}_V = \frac{\dot{U}_V}{Z_V},\ \dot{I}_W = \frac{\dot{U}_W}{Z_W} \tag{4-4}$$

中线上通过的电流相量，根据相量形式的 KCL 可得：

$$\dot{I}_N = \dot{I}_U + \dot{I}_V + \dot{I}_W \tag{4-5}$$

中线上通过的电流相量 $\dot{I}_N$ 有如下两种情况。

（1）对称三相负载。

三相负载对称时，即 $Z_U = Z_V = Z_W = |Z|\underline{/\varphi}$，阻抗端电压相量也对称，因此构成星形对称三相电路。对称三相电路中，各阻抗中通过的电流相量也必然对称，因此中线电流相量为

$$\dot{I}_N = \dot{I}_U + \dot{I}_V + \dot{I}_W = 0 \tag{4-6}$$

中线电流相量为零，说明中线中无电流通过。这时中线的存在对电路不会产生影响。实际工程应用中的三相异步电动机和三相变压器等三相设备，都属于对称三相负载，因此把它们星形连接后与电路相连时，一般都不用中线，此时的供电方式称为三相三线制。

（2）不对称三相负载。

三相电路的各阻抗模值不等或者幅角不同时，都可构成不对称星形连接三相电路。不对称三相电路中，中线不允许断开，因为中线一旦断开，星形连接三相不对称负载端的电压就会出现严重不平衡，下面用例 4-1 来说明。

【例 4-1】 在图 4-6 所示电路中，$U_l = 380$ V，三相电源对称，$Z_1 = 11\ \Omega$，$Z_2 = Z_3 = 22\ \Omega$。求（1）负载的相电流与中线线电流；（2）中线断开，U 相短路时的相电压。

【解】 （1）中线存在时，负载相电压即电源相电压，则

$$U_p = \frac{U_l}{\sqrt{3}} = \frac{380}{\sqrt{3}} \approx 220(\text{V})\ ,\ I_1 = \frac{U_p}{Z_1} = \frac{220}{11} = 20(\text{A})$$

$$I_2 = I_3 = \frac{U_p}{Z_2} = \frac{220}{22} = 10(\text{A})$$

以 $\dot{U}_1$ 为参考，相量图如图 4-6 所示，由相量图得

$$I_N = I_1 - 2I_2\cos 60° = 10\ \text{A}$$

（2）中线断开，U 相短路时，$\dot{U}'_1 = 0$，V、W 两相负载

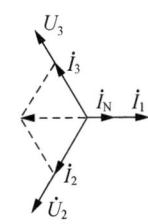

图 4-6 例 4-1 相量图

均承受电源的线电压,即 $U'_2 = U'_3 = 380$ V。这是负载不对称,是无中线时最严重的过压事故,也是三相对称负载严重失衡的情况。因此,中线的作用是为了保证负载的相电压对称,或者说保证负载均工作在额定电压下。故中线必须牢固,决不允许在中线上接熔断器或开关。

4.2.2 负载的三角形连接

负载做三角形连接的三相电路如图 4-7 所示,其中 $\dot{I}_{12}$、$\dot{I}_{23}$、$\dot{I}_{31}$ 分别为每相负载流过的电流,称相电流,有效值为 I_P。三条相线中的 $\dot{I}_1$、$\dot{I}_2$、$\dot{I}_3$ 是线电流,有效值为 I_l。

当三相负载对称时,$Z_U = Z_V = Z_W = |Z|\underline{/\varphi}$,则 3 个相电流为

$$I_p = I_{12} = I_{23} = I_{31} = \frac{U_p}{|Z|} = \frac{U_l}{|Z|} \tag{4-7}$$

可见它们也是对称的,即相位互差 120°,对称负载三角形连接的特点是

$$U_l = U_p \tag{4-8}$$

$$I_l = \sqrt{3} I_p \tag{4-9}$$

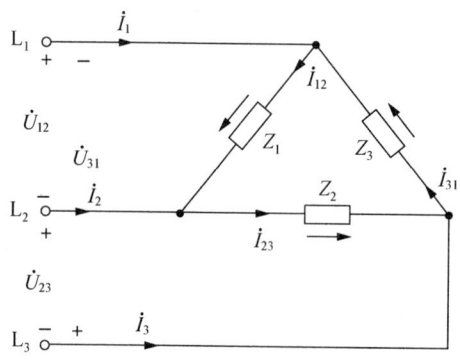

图 4-7 负载的三角形连接

当负载不对称时,尽管 3 个相电压对称,但 3 个相电流因阻抗不同而不再对称,式 (4-9) 的关系不再成立,只能逐相计算,请读者自行分析。

三相电动机铭牌上常有 "Y/△、380 V/220 V" 标识,即 Y 形连接时接 380 V 线电压,△ 形连接时接 220 V 线电压,每相负载均工作在 220 V 相电压下。

4.2.3 对称三相电路的功率

单相交流电路中,有功功率 $P = UI\cos\varphi$,无功功率 $Q = UI\sin\varphi$,视在功率 $P = UI$,三相电路无疑是 3 个单相的组合,故三相交流电路的各功率为各功率之和,即

$$P = P_U + P_V + P_W$$
$$Q = Q_U + Q_V + Q_W$$
$$S = \sqrt{P^2 + Q^2} \tag{4-10}$$

若三相负载对称,无论负载是 Y 形连接还是 △ 形连接,各相功率都是相等的,此时三相总功率是各相功率的 3 倍,即

$$P = 3U_p I_p \cos\varphi = \sqrt{3} U_l I_l \cos\varphi$$
$$Q = 3U_p I_p \sin\varphi = \sqrt{3} U_l I_l \sin\varphi \qquad (4\text{-}11)$$
$$S = 3U_p I_p = \sqrt{3} U_l I_l$$

应该注意的是,虽然两种连接计算功率的形式相同,但其具体的计算值并不相等。

【例 4-2】 图 4-8 所示的三相对称负载,每相负载的电阻 $R=6\ \Omega$,感抗 $X_L=8\ \Omega$,接入 380 V 三相三线制电源。试比较星形和三角形连接时三相负载总的有功功率。

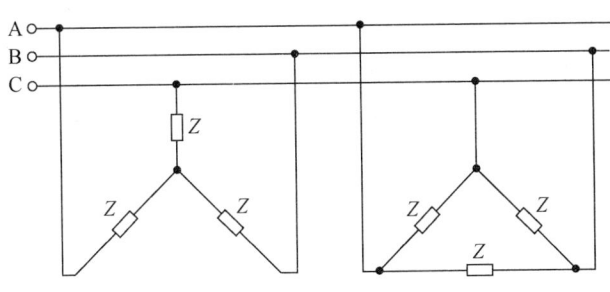

图 4-8 例 4-2 图

【解】 各相负载的阻抗
$$|Z| = \sqrt{R^2 + X_L^2} = \sqrt{6^2 + 8^2} = 10(\Omega)$$

星形连接时,负载的相电压为
$$U_p = \frac{U_l}{\sqrt{3}} = \frac{380}{\sqrt{3}} = 220(\text{V})$$

线电流等于相电流,为
$$I_l = I_p = \frac{U_p}{|Z|} = \frac{220}{10} = 22(\text{A})$$

负载的功率因数为
$$\cos\varphi = \frac{R}{|Z|} = \frac{6}{10} = 0.6$$

故星形连接时三相负载总的有功功率为
$$P_Y = \sqrt{3} U_l I_l \cos\varphi = \sqrt{3} \times 380 \times 22 \times 0.6 \approx 8.7(\text{kW})$$

当改为三角形连接时,负载的相电压等于电源的线电压,为
$$U_l = U_p = 380\ \text{V}$$

负载的相电流为
$$I_p = \frac{U_p}{|Z|} = \frac{380}{10} = 38(\text{A})$$

则线电流 $I_l = \sqrt{3} I_p = \sqrt{3} \times 38 \approx 66(\text{A})$。

若负载的功率因数不变,仍为 $\cos\varphi = 0.6$,则三角形连接时的三相负载总的有功功率为
$$P_\triangle = \sqrt{3} U_l I_l \cos\varphi = \sqrt{3} \times 380 \times 66 \times 0.6 \approx 26.1(\text{kW})$$

可见
$$P_\triangle = 3 P_Y$$

此例的结果表明，在三相电源线电压一定的条件下，对称负载三角形连接的功率是星形连接的 3 倍。这是由于三角形连接时负载相电压是星形连接时的 $\sqrt{3}$ 倍，因而使相电流增加 $\sqrt{3}$ 倍；又由于三角形连接时线电流是相电流的 $\sqrt{3}$ 倍，因此使三角形连接时的线电流是星形连接时线电流的 3 倍，因此 $P_\triangle = 3P_Y$。

4.3 安全用电常识

在生产和生活中，人们经常接触到电气设备，如果不小心触及带电部分，或者触及电气设备的绝缘破损部分，就会发生触电事故。

电流通过人体所受的损伤，根据伤害性质不同可分为电伤和电击两种情况。电伤是指电流对人体外部的伤害，如皮肤的灼伤、电的烙印等；电击是指电流通过人体内部组织所引起的伤害，如不及时摆脱带电体，就有生命危险。

4.3.1 触电事故

人们使用的电气设备，主要是 220 V 单相和 380/220 V 三相的电气设备。1 kV 以上的高压设备只有专业人员才能接近，因此，低压触电事故较高压多。触电事故对人体损伤程度一般与下列因素有关。

1. 安全电压及人体电阻

根据有关资料，工频交流 10 mA 以上，直流在 50 mA 以上的电流通过人体心脏时，触电者已不能摆脱电源，有生命危险。在小于上述电流的情况下，触电者能自己摆脱带电体，但时间过长同样也有生命危险。一般情况下，人们在触及 36 V 以下的电压时，通过人体的电流不至于产生危险，故把 36 V 的电压作为安全电压。

人体电阻越高，触电时通过人体的电流越小，伤害程度也越轻。人体电阻可达 $10^4 \sim 10^5 \Omega$。若皮肤湿潮，如出汗时，人体电阻急剧下降，约为 1 kΩ。人体电阻还与触电时人体接触带电体的面积及触电电压等有关，接触面积越大，触电电压越高，人体电阻越小。

2. 触电形式

最危险的触电事故是电流通过人的心脏，因此，当触电时，电流从一只手到另一只手或由手到脚通过是比较危险的。但并不是说电流通过人体其他部分时就没有危险，因为人体任何部位触电都可能引起肌肉收缩和痉挛，以及脉搏、呼吸和神经中枢的急剧失调而使人丧失意识，从而造成触电伤亡事故。下面分两种情形介绍触电安全事故。

（1）中点不接地的三相三线制供电系统

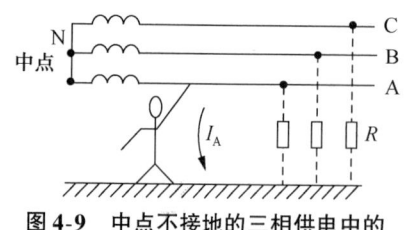

图 4-9 中点不接地的三相供电中的一相触电

在三相电源中点不接地的供电系统中，当电路绝缘完好时，人误触一相不会触电，因为三相对地绝缘电阻对称，形成三相负载星形连接，负载端中点与电源中点间中点电压为零，即电源中点对地的电位为零。当一相绝缘破损时，例如图 4-9 中 A 相绝缘破损，人站在地面误触该绝缘破损处而 B、C 相对地的绝缘不良，对地的等效绝缘电阻 R 变小或其中的 B、C 中的一相接地，人体中就有较大的电流通过，从而发生触电事故。

此时通过人体的电流为
$$I_人 \approx \frac{U_p}{R_人}$$

式中，U_p 为电源相电压，人体电阻 $R_人$ 包括人所穿鞋子的电阻及地面潮湿程度。$R_人$ 越小，$I_人$ 越大，触电程度越重。

（2）中点接地的三相供电系统

图 4-10 是中点接地的三相供电系统。R_0 为中点接地电阻。所谓接地，通常是用专用钢管或钢板深埋大地中，并牢固地与中点相接，接地电阻按规定不大于 4Ω。如此时人误触一相带电导线时，则流过人体的电流为

$$I_人 = \frac{U_p}{R_0 + R_人} \approx \frac{U_p}{R_人}$$

由此可见，上述两种情况下，误触带电导线对人身都是很危险的。如果是双线触电，则更危险。

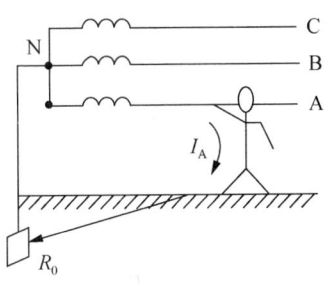

图 4-10 中点接地的三相供电系统

4.3.2 安全用电措施

1. 保护接地

保护接地多用在三相电源中点不接地的供电系统中。如车间的动力用电与照明用电不共用同一电源时，就采用此种供电系统。将三相用电设备的外壳用接地线和接地电阻相焊接，就是保护接地，如图 4-11 所示。

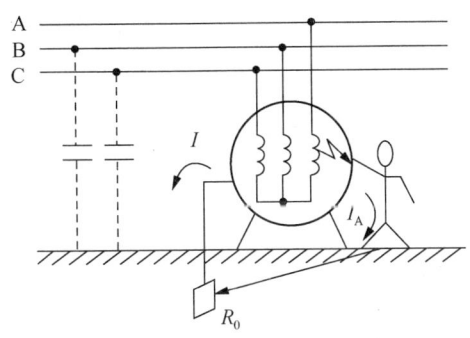

图 4-11 保护接地

当人们碰到一相因绝缘损坏已与金属外壳短路的电机时（图 4-11 中 A 相碰壳），A 相电流将分两路入地，所以大部分电流通过接地电阻（它远小于人体电阻）入地，流过人体的电流极其微小，故可避免触电事故。

2. 保护接零

在动力和照明共用的低压三相四线制供电系统中，电源中点接地，这时应采用保护接零（接中线）。保护接零就是把电器设备外壳用导线直接和中线相连，如图 4-12 所示。

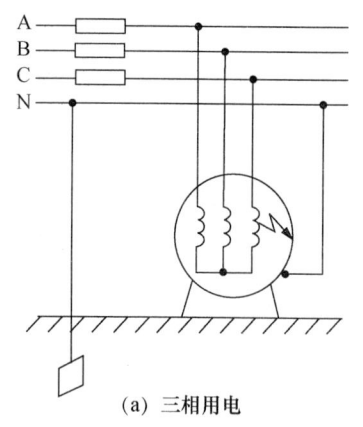 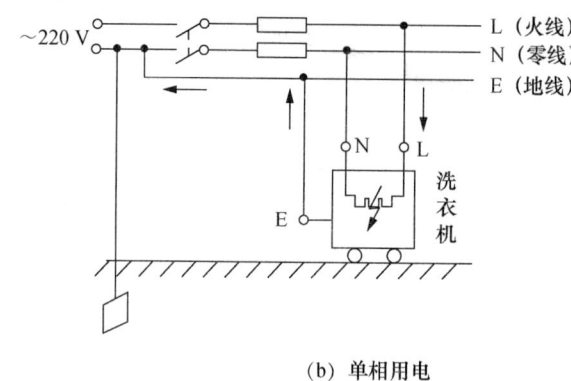

(a) 三相用电　　　　　　　　　　　(b) 单相用电

图 4-12　保护接零（接中线）

图 4-12(a) 假定电机的 C 相绕组碰壳，则 C 相导线即与中线形成短路（C 相电源短路），致使该相熔丝熔断，可以避免触电事故。

图 4-12(b) 给出了单相用电设备使用时的正确接线。用电设备的外壳用导线接在粗脚接线端上，通过插座与地线相连。一旦漏电碰壳，电流经外壳地线入地，可避免触电事故。有的用户在使用洗衣机、电风扇、电冰箱等电器时不接地线，这是非常不安全的。

电器的电源开关应安装在火线上，这样开关断开时电器不带电。如果开关接在了零线上，则开关断开时电器仍然带电，这也容易发生触电事故。

如遇触电事故，则应首先切断电源，然后立即采取有效的急救措施。

习　　题

一、填空题

1. 三相负载采用何种连接方式由负载的额定电压决定。当负载额定电压等于电源线电压时，采用_____连接；当负载额定电压等于电源相电压时，采用_____连接。

2. 在对称三相交流电路中，各相之间的相位差为_____，线电压与相电压的关系为_____。

3. 三角形连接各相负载的复阻抗 $Z = (6 + j8)\ \Omega$，外加线电压 380 V。当正常工作时，每相相电流为_____A，线电流为_____A。

二、选择题

4. 三相四线制电路中若负载不对称，则各相相电压（　　）。

　　A. 不对称　　　B. 仍对称　　　C. 不一定对称　　　D. 无法判断

5. 在三相四线制电路的中线上，不准安装开关和保险的原因是（　　）。

　　A. 中线上没有电流

　　B. 开关接通或断开对电路无影响

　　C. 安装开关和保险丝会降低中线的机械强度

　　D. 开关断开或保险丝熔断后，三相不对称负载承受三相不对称电压的作用，无法正常工作，严重时会烧毁负载

三、判断题

6. 三相负载分别为 $Z_U = 5\Omega$，$Z_V = 5\underline{/-60°}$，$Z_W = 5\underline{/60°}\;\Omega$，则此三相负载为对称三相负载。（　　）
7. 频率相同、幅值相等、相位互差 120° 的三相电压称为对称正弦电压。（　　）
8. 在电源电压不变时，同一负载由星形改接为三角形连接时，功率增加到原来的 2 倍。（　　）
9. 中线上允许接开关或熔断器。（　　）
10. 在三相电路中 $P = \sqrt{3}U_l I_l \cos\varphi$，其中 φ 为相电压与相电流之间的相位差。（　　）
11. 对称三相电路中负载对称时，三相四线制可改为三相三线制。（　　）
12. 中线的作用就是使不对称星形连接三相负载的端电压保持对称。（　　）

四、思考题与计算题

13. 一台三相交流电动机，定子绕组星形连接，额定电压 380 V，额定电流 2.2 A，功率因数为 0.8。试求该电动机每相绕组的电阻和电抗。
14. 对称负载为三角形连接，已知三相对称线电压等于 380 V，电流表读数等于 17.3 A，每相负载的有功功率为 1.5 kW，求每相负载的电阻和感抗。
15. 怎样的负载称为三相对称负载？
16. 三相四线制供电的中线上为什么不允许接熔断器和开关？
17. 通常安全电压为多少伏？
18. 发电机发出的是三相电，而民用的单相电是怎样取得的？
19. 洗衣机上的电源有三根线，用的是不是三相电？这三根线分别称为什么线？
20. 家用电器上的三线插头在使用时与电源的哪三条线相连？哪条线与电器的外壳相连？
21. 电源开关应接在零线上还是火线上？为什么？

第 5 章 电路的暂态分析

【教学提示】 在含有储能元件（电容、电感）的电路中，当电路的某处连接或元件的参数发生变化，使储能元件储能或释放能量而导致电路中的电压及电流产生暂时的变化过程称为电路的暂态。暂态过程的时间一般都很短暂，但对于现代高速运行的计算机和电子线路而言，其影响和作用却是很大的。暂态过程发生之前或暂态过程结束之后的电路状态均称为稳态。本章主要讨论运用三要素法分析暂态过程中电压和电流的变化规律及常用的 RC 微积分电路。

【教学基本要求】 了解电阻元件、电感元件、电容元件的特性；理解电路的暂态和稳态概念，以及时间常数的物理意义；掌握一阶电路的三要素法。

【教学重点】 一阶电路的三要素法。

【教学难点】 初始值的求法。

5.1 换路定则

电路的某处连接或元件的参数发生变化，称为换路。在换路瞬间电容两端的电压不能跃变（$u_C = \frac{1}{C}\int i_C dt$），电感中的电流不能跃变（$i_L = \frac{1}{L}\int u_L dt$），称为换路定则。如果设换路的瞬间 $t = 0$，换路前的终了瞬间 $t = 0_-$，换路后的初始瞬间 $t = 0_+$，换路定则用公式表示为

$$\begin{cases} u_C(0_+) = u_C(0_-) \\ i_L(0_+) = i_L(0_-) \end{cases} \tag{5-1}$$

5.2 暂态分析的三要素法

含有一个储能元件或可等效为一个储能元件的电路换路时，电路从一种稳态经过暂态过程（也称过渡过程）进入到另一种稳态。在这个暂态的过程中各个元件上电压和电流的变化规律可用公式表示为

$$f(t) = f(\infty) + [f(0_+) - f(\infty)]e^{-\frac{t}{\tau}} \tag{5-2}$$

式中，$f(t)$ 表示任一时刻的待求量；$f(0_+)$ 表示换路后初始瞬间值，即 $t = 0_+$ 时的初始值；$f(\infty)$ 表示换路后 $t = \infty$ 时的稳态值；τ 为换路后的电路时间常数。如果求得 $f(0_+)$、$f(\infty)$ 和 τ 这"三要素"，就能写出暂态过程待求电压或电流的变化规律，并能求出在任一时刻的值。

利用三要素法解题的步骤如下。

(1) 初始值：利用换路定律和 $t=0_+$ 时的等效电路求得。

(2) 新的稳态值：由换路后 $t=\infty$ 时的等效电路求得（在稳态电路中电容相当于开路、电感相当于短路）。

(3) 求时间常数 τ：$\tau = RC$ 或 $\tau = \dfrac{L}{R}$，其中电阻 R 为换路后断开储能元件所得的戴维宁等效电路的内阻。

(4) 将所求的三要素代入式(5-2) 即可。

5.2.1 初始值 $f(0_+)$

在分析电路的过渡过程时，电路的初始值是非常重要的物理量。电路的初始值就是换路后 $t=0_+$ 时刻的电压、电流值。求解方法如下。

(1) 由换路前的稳态，即 $t=0_-$ 时的电路计算出电容电压 $u_C(0_-)$ 或电感电流 $i_L(0_-)$，其他电压电流不必计算，因为换路时只有电容电压与电感电流具有连续性，保持瞬间不变。

(2) 根据换路定则可以得到换路后瞬间电容电压或电感电流的初始值，即

$$\begin{cases} u_C(0_+) = u_C(0_-) \\ i_L(0_+) = i_L(0_-) \end{cases}$$

(3) 电路中其他各量的初始值要由换路后 $t=0_+$ 时的等效电路求出。在 $t=0_+$ 时的等效电路中，如果电容无储能，即 $u_C(0_+)=0$，就将电容 C 用短路代替；若电容有储能，即 $u_C(0_+)=U_0$，则用一个电压为 U_0 的电压源代替。同样，对于电感，若电感初始电流 $i_L(0_+)=0$，就将电感 L 开路，若 $i_L(0_+)=I_0$，则用一个电流为 I_0 的电流源代替电感。得到 $t=0_+$ 时的等效电路，再根据稳态电路的分析方法计算出电路中其他元件上的任一初始值 $f(0_+)$。

【例 5-1】 求图 5-1(a) 所示电路换路后（S 闭合）各个元件上的初始值。设换路前（S 断开）$u_C(0_-)=0$，如图 5-1(b) 所示。电路中 $E=12\text{ V}$，$R_1=R_2=10\text{ k}\Omega$，$C=1000\text{ pF}$。

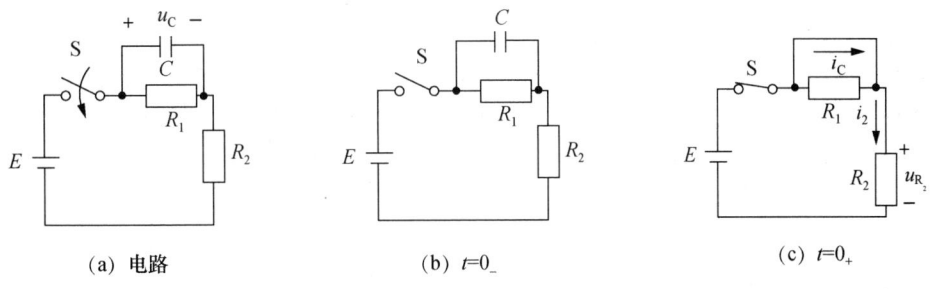

(a) 电路   (b) $t=0_-$ (c) $t=0_+$

图 5-1 例 5-1 图

【解】 根据换路定则 $u_C(0_+) = u_C(0_-) = 0$，电容元件相当于短路。画出换路后初始瞬间 $t=0_+$ 的电路如图 5-1(c) 所示。

$$u_{R_1}(0_+) = u_C(0_+) = 0$$
$$u_{R_2}(0_+) = E = 12\text{ V}$$

$$i_C(0_+) = i_{R_2}(0_+) = \frac{u_{R_2}(0_+)}{R_2} = \frac{12}{10 \times 10^3} = 1.2(\text{mA})$$

$$i_{R_1}(0_+) = \frac{u_{R_1}(0_+)}{R_1} = 0$$

【例5-2】 电路如图5-2(a)所示，$R_1 = R_2 = R_3 = 3\,\Omega$，$L = 3\,\text{H}$，$E = 6\,\text{V}$，开关S长期处于1位置。$t = 0$时S打向2位置，求各个元件上的初始值。

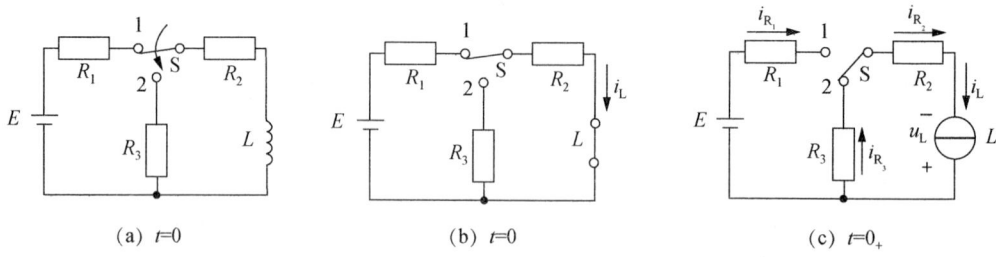

图5-2 例5-2图

【解】 $t = 0_-$的等效电路如图5-2(b)所示。在稳态时$X_L = 2\pi f L = 0$，所以电感L视为短路。根据换路定则

$$i_L(0_+) = i_L(0_-) = \frac{E}{R_1 + R_2} = \frac{6}{3+3} = 1(\text{A})$$

由$t = 0_+$电路如图5-2(c)所示，此时，电感相当于一个电流为1A的恒流源，可求得

$$i_{R_1}(0_+) = 0$$
$$i_{R_2}(0_+) = i_{R_3}(0_+) = i_L(0_+) = 1\,\text{A}$$
$$u_{R_1}(0_+) = i_{R_1}(0_+)\,R_1 = 0$$
$$u_{R_2}(0_+) = i_{R_2}(0_+)\,R_2 = 1 \times 3 = 3\,(\text{V})$$
$$u_{R_3}(0_+) = i_{R_3}(0_+)\,R_3 = 1 \times 3 = 3\,(\text{V})$$
$$u_L(0_+) = u_{R_3}(0_+) + u_{R_2}(0_+) = 3 + 3 = 6\,(\text{V})$$

从例5-1和例5-2的计算结果可知，只有储能元件$u_C(0_+) = u_C(0_-)$和$i_L(0_+) = i_L(0_-)$不能跃变，其余各值都是可以跃变的。因此，其余各值只计算$t = 0_+$时的值，与$t = 0_-$时无关。

【例5-3】 电路如图5-3(a)所示，电路原已经达到稳态，开关K在$t = 0$时闭合，求初始值$i_C(0^+)$、$u_L(0^+)$。

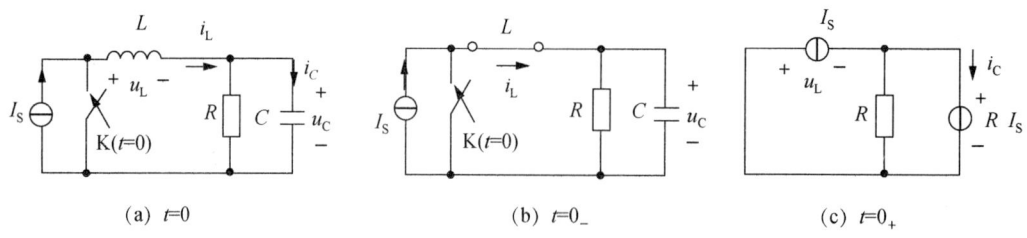

图5-3 例5-3图

【解】 $t=0_-$ 时

$$i_L(0_+) = i_L(0_-) = I_S$$
$$u_C(0_+) = u_C(0_-) = RI_S$$

$t=0_+$ 时

$$u_L(0_+) = -RI$$
$$i_C(0_+) = I_s - \frac{RI_S}{R} = 0$$

从例 5.2 和例 5.3 可知，在 $t=0_+$ 时的等效电路中，若电容有储能，即 $u_C(0_+)=U_0$，则可用一个电压为 U_0 的电压源代替；同样，对于电感，若 $i_L(0_+)=I_0$，则可用一个电流为 I_0 的电流源代替电感。

5.2.2 稳态值 $f(\infty)$

稳态值 $f(\infty)$ 是指换路后 $t=\infty$ 时储能元件的储能或释放能量的过程已经结束，电路中的各个量值已经达到稳定的数值后，所要求解的某个量值。

【例 5-4】 求图 5-1(a) 电路换路后各个元件上的稳态值 $f(\infty)$。

【解】 图 5-1(a) 电路换路后进入稳态，是指电路中的储能元件电容 C 充电结束，也就是说 $i_C(\infty)=0$，电容 C 相当于开路，这时的等效电路如图 5-4 所示。

$$i_{R_1}(\infty) = i_{R_2}(\infty) = \frac{E}{R_1+R_2} = \frac{12}{10+10} = 0.6(\text{mA})$$
$$u_{R_1}(\infty) = i_{R_1}(\infty) R_1 = 0.6 \times 10 = 6 (\text{V})$$
$$u_{R_2}(\infty) = i_{R_2}(\infty) R_2 = 0.6 \times 10 = 6 (\text{V})$$
$$u_C(\infty) = u_{R_1}(\infty) = 6 \text{ V}$$

【例 5-5】 求图 5-2(a) 电路换路后各个元件上的稳态值 $f(\infty)$。

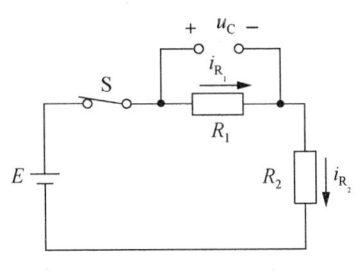

图 5-4 例 5-4 图 ($t=\infty$)

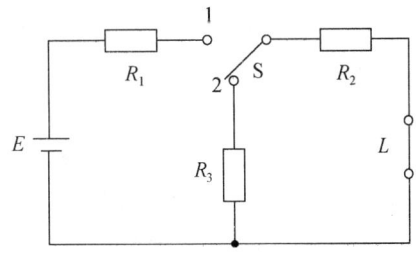

图 5-5 例 5-5 图 ($t=\infty$)

【解】 图 5-2(a) 电路换路后进入稳态，是指电路中的储能元件电感 L 释放能量结束，也就是说 $u_L(\infty)=0$，电感 L 相当于短路，这时的等效电路如图 5-5 所示。

因 $u_L(\infty)=0$，所以

$$i_L(\infty) = i_{R_3}(\infty) = i_{R_2}(\infty) = \frac{u_L(\infty)}{R_2+R_3} = 0$$
$$i_{R_1}(\infty) = 0$$
$$u_{R_1}(\infty) = i_{R_1}(\infty) R_1 = 0$$
$$u_{R_2}(\infty) = i_{R_2}(\infty) R_2 = 0$$

$$u_{R_3}(\infty) = i_{R_3}(\infty) R_3 = 0$$

从例 5-4 和例 5-5 的分析计算结果可知，换路后 $t=\infty$ 时，电容元件 C 的 $i_C(\infty)=0$，可视为开路；电感元件 L 的 $u_L(\infty)=0$，可视为短路。

5.2.3 时间常数 τ

对于 RC 电路，时间常数 τ 为

$$\tau = RC \tag{5-3}$$

对于 RL 电路

$$\tau = \frac{L}{R} \tag{5-4}$$

其中电阻 R 为换路后断开储能元件所得的戴维宁等效电路的内阻。

【例 5-6】 求图 5-1（a）电路换路后的时间常数 τ。

【解】 $\tau = RC = (R_1 /\!/ R_2) C = 5 \times 10^3 \times 1000 \times 10^{-12} = 5 \times 10^{-6}$ (s) $= 5\ \mu s$。

【例 5-7】 求图 5-2（a）电路换路后的时间常数 τ。

【解】 $\tau = \dfrac{L}{R} = \dfrac{L}{R_2 + R_3} = \dfrac{3}{3+3} = 0.5$ (s)。

换路后的时间常数 τ 值越大，储能元件的储能或释放能的过程就越慢，所需要的时间就越长。τ 值越小，储能元件的储能或释放能的过程就越快，所需要的时间就越短。因此，τ 值是说明储能元件的储能或释放能快慢的物理量，理论上储能或释放能所需要的时间 $t = \infty$。但是，由于是按指数规律变化，开始变化较快，而后逐渐缓慢，所以工程实际分析认为 $t = 5\tau$ 的时间，储能元件的储能或释放能的过程结束，电路达到稳定状态。

5.2.4 求任一量 $f(t)$

现在已经求得了图 5-1(a) 和图 5-2(a) 电路换路后的 τ 值和各个量的 $f(0_+)$、$f(\infty)$ 三要素，就可直接利用式(5-2)写出暂态过程任一量的变化规律和求出任一时刻的值。

【例 5-8】 根据例 5-1、例 5-4 和例 5-6 的计算结果，求图 5-1(a) 换路后的 $u_C(t)$、$i_C(t)$ 和 $u_{R_2}(t)$ 及 $t = \tau$ 和 $t = 5\tau$ 时的 u_C 值。并画出 $u_C(t)$ 的变化曲线。[$u_C(0_+) = 0$，$u_C(\infty) = 6$ V，$\tau = 5\ \mu s$，$i_C(0_+) = 1.2$ mA，$i_C(\infty) = 0$，$u_{R_2}(0_+) = 12$ V，$u_{R_2}(\infty) = 6$ V]。

【解】 根据式 $f(t) = f(\infty) + [f(0_+) - f(\infty)]e^{-\frac{t}{\tau}}$，可得

$$u_C(t) = u_C(\infty) + [u_C(0_+) - u_C(\infty)]e^{-\frac{t}{\tau}}$$
$$= 6 + (0 - 6) e^{-\frac{t}{5 \times 10^{-6}}}$$
$$= 6 - 6 e^{-2 \times 10^5 t} \text{ (V)}$$

当 $t = \tau$ 时

$$u_C(\tau) = 6 - 6 e^{-\frac{\tau}{\tau}} = 6 - 6 e^{-1}$$
$$\approx 6 - 6 \times 0.368 \approx 3.8 \text{(V)}$$

当 $t = 5\tau$ 时

$$u_C(5\tau) = 6 - 6 e^{-\frac{5\tau}{\tau}} = 6 - 6 e^{-5}$$
$$\approx 6 - 6 \times 0.007 \approx 6 \text{(V)}$$

可知 $u_C(5\tau) \approx u_C(\infty)$。所以，可以认为 $t=5\tau$ 时，暂态过程基本结束。

$$i_C(t) = i_C(\infty) + [i_C(0_+) - i_C(\infty)]e^{-\frac{t}{\tau}}$$
$$= 0 + (1.2 - 0)e^{-\frac{t}{\tau}}$$
$$= 1.2\,e^{-2\times10^5 t}\ (\text{mA})$$
$$u_{R_2}(t) = u_{R_2}(\infty) + [u_{R_2}(0_+) - u_{R_2}(\infty)]e^{-\frac{t}{\tau}}$$
$$= 6 + (12 - 6)e^{-2\times10^5 t}$$
$$= 6 + 6\,e^{-2\times10^5 t}\ (\text{V})$$

$u_C(t)$ 的变化曲线如图 5-6 所示。

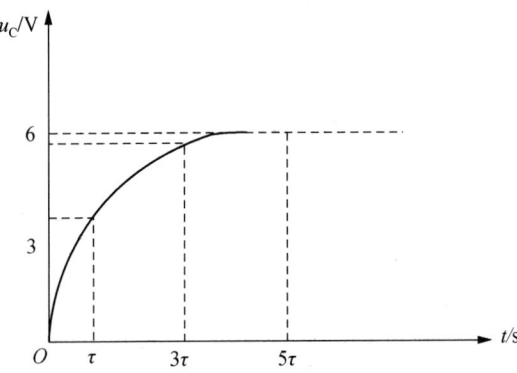

图 5-6　例 5-8 $u_C(t)$ 的变化曲线

【例 5-9】 根据例 5-2、例 5-5 和例 5-7 的计算结果，求图 5-2(a) 换路后的 $u_L(t)$ 和 $i_L(t)$。[$u_L(0_+) = 6\ \text{V}$，$u_L(\infty) = 0$，$\tau = 0.5\ \text{s}$，$i_L(0_+) = 1\text{A}$，$i_L(\infty) = 0$]。

【解】
$$u_L(t) = u_L(\infty) + [u_L(0_+) - u_L(\infty)]e^{-\frac{t}{\tau}}$$
$$= 0 + (6 - 0)e^{-\frac{t}{0.5}}$$
$$= 6\,e^{-2t}\ (\text{V})$$
$$i_L(t) = i_L(\infty) + [i_L(0_+) - i_L(\infty)]e^{-\frac{t}{\tau}}$$
$$= 0 + (1 - 0)e^{-2t}$$
$$= e^{-2t}\ (\text{A})$$

从例 5-8 和例 5-9 可知，只要求得 $f(0_+)$、$f(\infty)$ 和 τ，利用式(5-2) 就可以很容易地求出暂态过程任一量的变化规律和任一时刻的值。

5.3　微分电路与积分电路

在电子技术中，常用 RC 串联电路，输入为矩形脉冲，通过电容 C 的充放电作用，即暂态过程，在输出端获得尖脉冲信号或锯齿波信号。使得输出信号与输入信号之间符合微分运算和积分运算的关系。

5.3.1 微分电路

把 RC 连接成如图 5-7(a) 所示电路。输入信号 u_i 是占空比为 50% 的脉冲序列,如图 5-7(b) 所示。所谓占空比是指脉冲宽度 t_w 与周期 T 之比,即 t_w/T。当电路的时间常数 $\tau = RC \ll t_w$ 时(一般取 $\tau < 0.2 t_w$),电路的充放电过程将进行得很快。

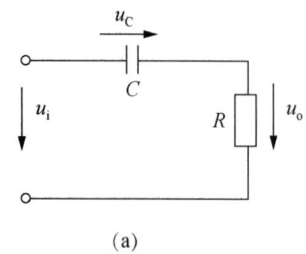
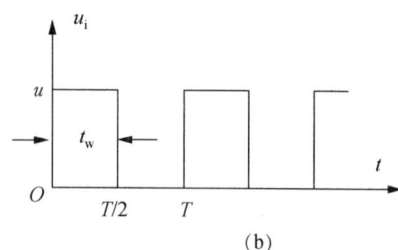

图 5-7 RC 微分电路及输入脉冲信号

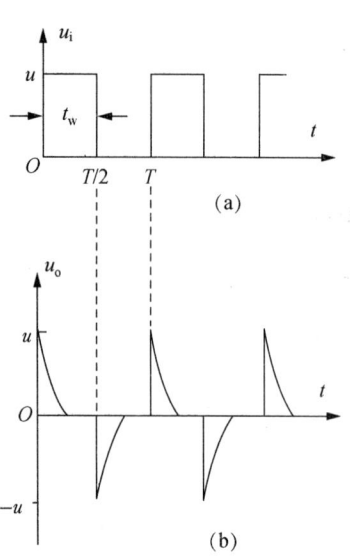

图 5-8 RC 微分电路的输入和输出波形

在 $t = 0$ 瞬间,因 $u_C(0_+) = 0$,且不能跃变,因此 $u_o = u_i$,而后 C 两端电压增长,充电电流衰减,由于 $\tau \ll t_w$,C 的充电过程进行很快,在 $t < t_w$ 范围内,u_C 已充到稳态值,$u_C = U$,而 u_o 也衰减到零($u_o = u_i - u_C$)。这样,在输出端 R 上产生一个正尖脉冲,如图 5-8 所示。

在 $t = T/2$ 瞬间,u_i 为零,此时 RC 电路自成回路放电,由于 u_C 不能跃变,因此,$u_o = -u_C = -U$。C 放电过程很快,因而,在 R 上输出得到一个负尖脉冲。

因为 $\tau \ll t_w$,电容 C 的充放电速度很快,u_o 存在时间很短,所以 $u_i = u_C + u_o \approx u_C$,而

$$u_o = Ri_C = RC \frac{du_C}{dt} = RC \frac{du_i}{dt}$$

上式表明,输出电压 u_o 近似地与输入在电压 u_i 的微分成正比,因此称这种电路为 RC 微分电路。在 RC 微分电路中,输入为矩形脉冲输出可获得正负尖脉冲。对应于输入电压的正跳变,输出为正尖脉冲;对应于输入电压的负跳变,输出为负尖脉冲;尖脉冲的幅度,取决于输入电压的跳变幅度;尖脉冲的宽度,取决于 RC 时间常数。

5.3.2 积分电路

如果把 RC 连接成如图 5-9(a) 所示电路,而电路的时间常数 $\tau \gg t_w$,则此 RC 电路在脉冲序列作用下,电路则为积分电路。

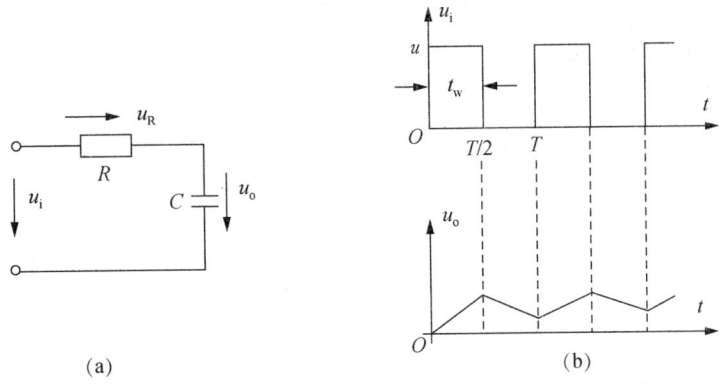

图 5-9 *RC* 积分电路及输入和输出波形

由于 $\tau \gg t_w$，因此在整个脉冲持续时间内（脉宽 t_w 时间内），电容器两端电压 $u_C = u_o$ 缓慢增长。当 u_C 还未增长到稳定状态时，脉冲已经消失（$t = t_w = T/2$ 时）。而后电容器缓慢放电，输出电压 $u_o = u_C$ 缓慢衰减。u_C 的增长和衰减虽然仍按指数函数变化，由于 $\tau \gg t_w$，其变化曲线尚处指数曲线的初始段，近似为直线段，因此输入和输出波形如图 5-9(b) 所示。由于充放电过程非常缓慢，因此有

$$u_o = u_C \ll u_R$$

而

$$u_i = u_R + u_o \approx u_R = iR$$

$$i \approx u_i / R$$

所以

$$u_o = u_C = \frac{1}{C}\int i \mathrm{d}t = \frac{1}{RC}\int u_i \mathrm{d}t$$

上式表明，输出电压 u_o 近似地与输入电压 u_i 的积分成正比，因此称这种电路为 *RC* 积分电路。在 *RC* 积分电路中，输入为矩形脉冲输出可获得锯齿波。

习　　题

一、填空题

1. 如图 5-10 所示电路在换路前处于稳定状态，$t = 0$ 瞬间将开关 S 闭合，则 $i(0_+)$ 为 _____。

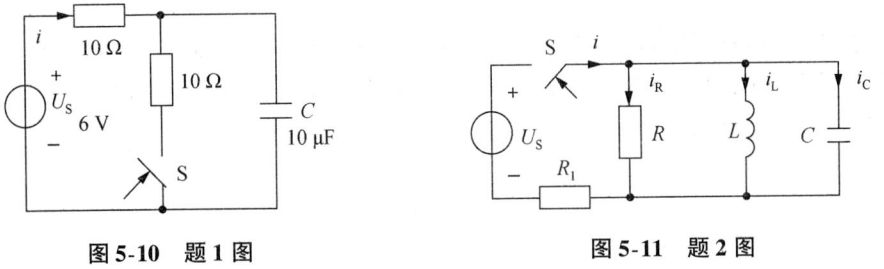

图 5-10 题 1 图　　　　　　　　图 5-11 题 2 图

2. 在开关 S 闭合瞬间，图 5-11 所示电路中的 i_R、i_L、i_C 和 i 这 4 个量中，发生跃变的量是 _____。

3. 在如图 5-12 所示电路中，开关 S 在位置 "1" 的时间常数为 τ_1，在位置 "2" 的时间常数为 τ_2，τ_1 和 τ_2 的关系是_____。

4. 如图 5-13 所示电路在开关 S 闭合后的时间常数 τ 值为_____。

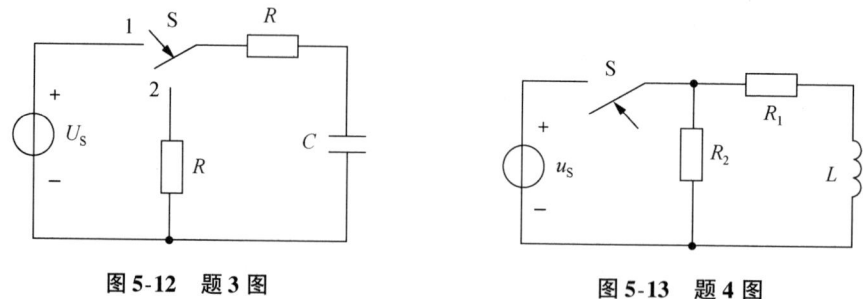

图 5-12　题 3 图　　　　图 5-13　题 4 图

5. 如图 5-14 所示电路中，开关 S 在 $t=0$ 瞬间闭合，若 $u_C(0_-)=0$ V，则 $u_L(0_+)=$ _____。

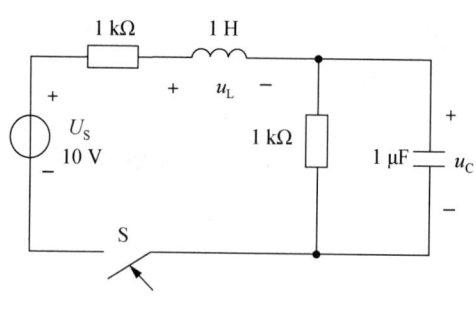

图 5-14　题 5 图

6. 如图 5-15 所示电路 $i_1(t)$ 的时间常数为_____。

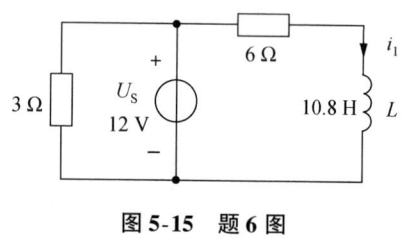

图 5-15　题 6 图

7. 如图 5-16 所示，串联电路与电压为 8 V 的恒压源接通，如图 5-16（a）所示。在 $t=0$ 瞬间将开关 S 闭合，当电阻分别为 10 Ω、50 Ω、20 Ω、30 Ω 时所得到的 4 条 $u_L(t)$ 曲线如图 5-16（b）所示。其中 10 Ω 电阻所对应的 $u_L(t)$ 曲线是_____。

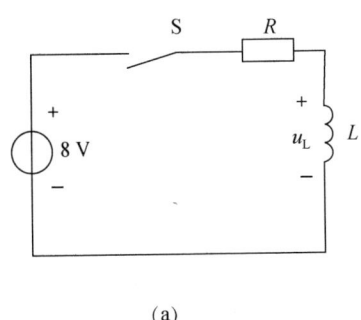 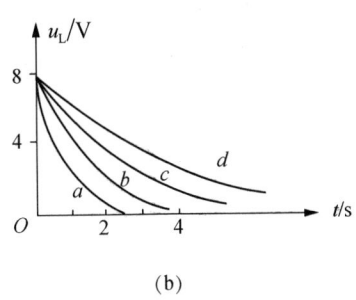

图 5-16 题 7 图

二、选择题

8. 一阶电路的时间常数主要取决于（　　）。
   A. 电路的结构形式　　　　　　　　B. 外加激励的大小
   C. 电路的结构和参数　　　　　　　D. 仅仅是电路的参数

9. 图 5-17 所示的电路在稳定状态下闭合开关 S，该电路（　　）。
   A. 不产生过渡过程，因为换路未引起 L 的电流发生变化
   B. 会产生过渡过程，因为电路发生换路
   C. 会产生过渡过程，因为电路有储能元件且发生换路

10. 图 5-18 所示的电路当开关 S 在位置"1"时已达稳定状态，在 $t=0$ 时刻将开关 S 瞬间合到位置"2"，则在 $t>0$ 后电流 i_C（　　）。
    A. 与图示方向相同且逐渐增大
    B. 与图示方向相反且逐渐衰减到零
    C. 与图示方向相同且逐渐减少

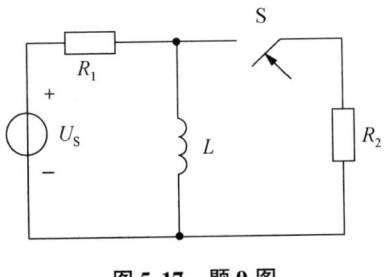 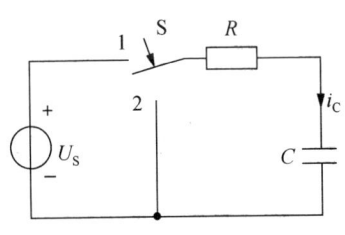

图 5-17 题 9 图　　　　　　　　　　图 5-18 题 10 图

11. 图 5-19 所示电路在达到稳定状态后移动 R_1 上的滑动触点，该电路将产生过渡过程。这是因为（　　）。
    A. 电路发生换路
    B. 换路使 C 的电压稳态值发生变化
    C. 电路有储能元件且发生换路

12. 在计算图 5-20 所示电路过渡过程中的 i、u_R、u_C 时，所使用的时间常数 τ 值（　　）。
    A. 是相同的，均为 $\dfrac{C}{R}$

B. 是相同的，均为 RC
C. 是不同的

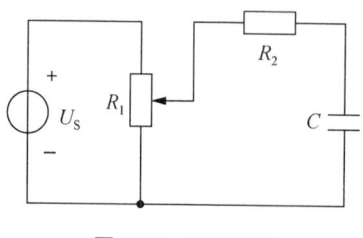
图 5-19 题 11 图

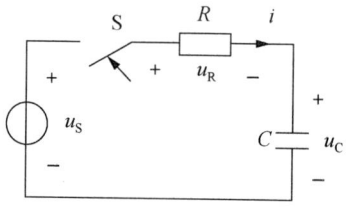
图 5-20 题 12 图

三、判断题

13. 电路出现过渡过程的原因有两个，外因是换路，内因是存在储能元件。（　）
14. 电容端电压和电感电流不能突变的原因是，电场能量和磁场能量的变化率均为有限值。（　）
15. 构成微分电路参数的条件是时间常数远小于输入矩形脉冲宽度。（　）
16. 积分电路的作用是把矩形脉冲波转换成尖脉冲。（　）
17. 电容端电压和电感电流不能突变的原因是，电容端电压和电感电流都是有限值。（　）

四、思考题与计算题

18. 如图 5-21 所示电路原已稳定，$t=0$ 时将开关 S 闭合，已知 $R_1=60\ \Omega$，$R_2=120\ \Omega$，$R_3=40\ \Omega$，$L=4\ \mathrm{H}$，$U_{S1}=24\ \mathrm{V}$，$U_{S2}=20\ \mathrm{V}$。求开关 S 闭合后的线圈电流 $i_L(t)$。

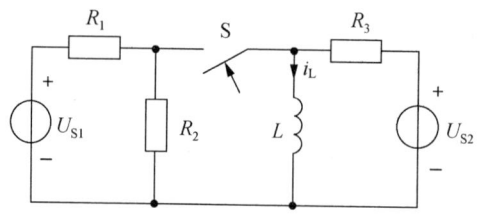
图 5-21 题 18 图

19. 如图 5-22 所示电路原已稳定，$t=0$ 时将开关 S 闭合。已知 $R_1=6\ \Omega$，$R_2=3\ \Omega$，$C=1\ \mathrm{F}$，$U_S=9\ \mathrm{V}$。求 S 闭合后的 $i(t)$ 和 $u(t)$。

20. 如图 5-23 所示电路原已稳定，$t=0$ 时将开关 S 闭合。已知 $R_1=R_2=2\ \mathrm{k}\Omega$，$L=200\ \mathrm{mH}$，$U_S=12\ \mathrm{V}$。求 S 闭合后的电流 $i_L(t)$，并画出其变化曲线。

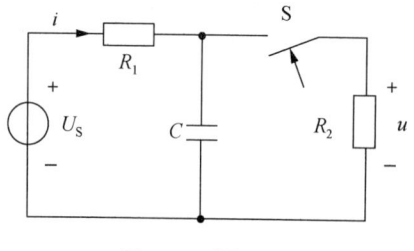
图 5-22 题 19 图

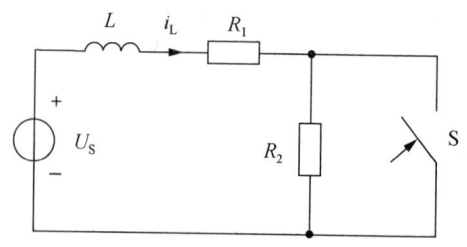
图 5-23 题 20 图

21. 如图 5-24 所示电路原已稳定，已知 $U_S = 36$ V，$R_1 = 32$ Ω，$R_2 = 40$ Ω，$R_3 = 10$ Ω，$L = 9$ H，$t = 0$ 时将开关 S 断开。求开关 S 断开后，A、B 两端的电压 $u_{AB}(t)$。

22. 如图 5-25 所示电路原已稳定，已知 $R = 100$ Ω，$C = 10$ μF，$U_{S1} = 10$ V，$U_{S2} = 50$ V，$t = 0$ 时开关 S 由 "1" 换接至 "2"。求换路后的 $u_C(t)$ 及 $i_C(t)$，并画出其变化曲线。

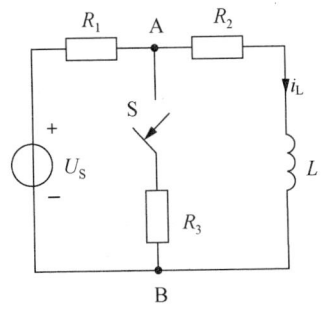

图 5-24 题 21 图

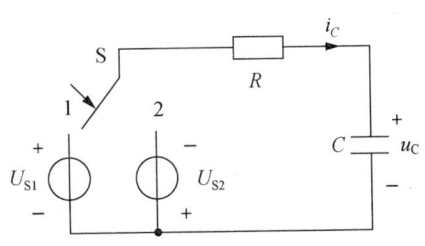

图 5-25 题 22 图

23. 如图 5-26 所示电路原已稳定，已知 $R = 5$ kΩ，$R_S = 2$ Ω，$C = 2$ μF，$I_S = 2$ mA，$t = 0$ 时将开关 S 断开。求开关 S 断开后开关两端电压 $u(t)$，并画出变化曲线。

24. 如图 5-27 所示电路原已稳定，已知 $R_1 = R_2 = R_3 = 1$ kΩ，$C = 20$ μF，$U_S = 30$ V，$t = 0$ 时将开关 S 闭合。求经过 50 ms 后电容器的电压 u_C 值。

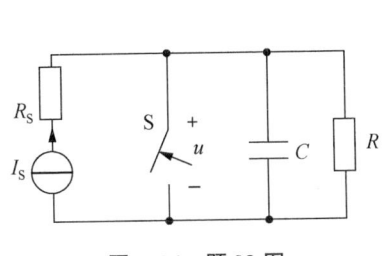

图 5-26 题 23 图

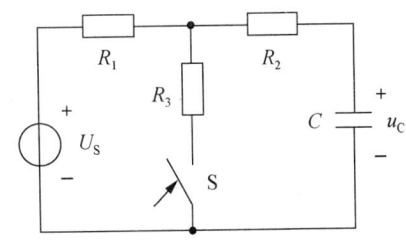

图 5-27 题 24 图

25. 如图 5-28 所示电路，已知 $U_S = 24$ V，$R_1 = 230$ Ω，K 是电阻为 250 Ω、吸合时电感为 25 H 的直流电磁继电器，如果继电器的释放电流为 4 mA（即电流小于此值时释放），$t = 0$ 时将开关 S 闭合。求 S 闭合后经过多少时间继电器才能释放？

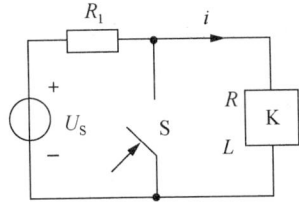

图 5-28 题 25 图

第 6 章　半导体器件

> **【教学提示】** 半导体二极管、三极管和场效应管是电子电路中用得极为广泛的元件，也是构成集成电路的基本单元。本章在介绍 PN 结的基础上介绍二极管、三极管和场效应管的原理、特性和主要参数，为读者学习后续各章奠定基础。
>
> **【教学基本要求】** 了解 N 型和 P 型半导体的区别；掌握 PN 结与二极管正偏和反偏的概念；熟悉硅、锗二极管阈值电压和正向导通电压值；了解温度对反向饱和电流的影响；了解特殊二极管的使用要点；掌握二极管的单向导电性，稳压管的工作区域，晶体管与场效应管的放大作用和 3 个工作区域的特点，能够由三极管 3 个电极电位关系确定三极管管型；掌握三极管与场效应管的性能、特点、区别及主要参数；掌握选用各种器件的原则。
>
> **【教学重点】** PN 结的特性，晶体三极管、场效应管的工作原理、主要参数和特性。
>
> **【教学难点】** PN 结的形成和三极管电流放大作用。

6.1　PN 结与二极管

6.1.1　半导体概述

1. 本征半导体

导电性能介于导体与绝缘体之间的物质称为半导体。常用的半导体有硅和锗，将它们提纯后，其原子结构排列成晶体状，称为单晶硅和单晶锗，又称为本征半导体。它们的原子外层都有 4 个价电子。每个原子的价电子与相邻原子的价电子形成共价键结构，如图 6-1 所示。具有共价键结构的半导体有下述特点。

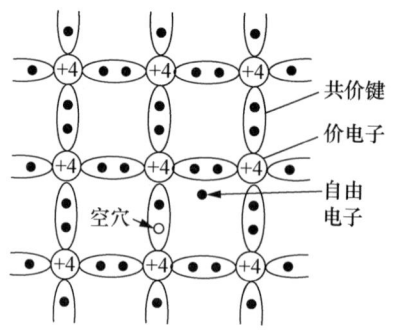

图 6-1　半导体内部结构示意图

（1）共价键上的电子被束缚得较紧，不像自由电子那样活泼。所以，半导体的导电能力不如导体。

（2）共价键上的某些电子受外界能量激发（如受热或光照）后，可以挣脱共价键的束缚，成为带负电荷的自由电子，如图6-1所示。自由电子在电场力的作用下，逆着电场方向做定向运动，形成电子流。所以，电子是半导体的载流子之一。

（3）共价键上的电子在挣脱束缚成为自由电子后，在其原来的位置留下一个空位，称为空穴。具有空穴的粒子带正电荷。它对邻近原子共价键上的电子有吸引作用，加上外电场的作用，就会产生共价键上的价电子填补空穴的运动，形成空穴电流。空穴是半导体的载流子之二。

本征半导体中的自由电子和空穴总是成对出现的，同时又不断地复合。在一定温度或光照下，载流子的产生和复合达到动态平衡时，半导体中的自由电子和空穴便维持一定的数目。温度越高或光照越强，载流子数目越多，导电性能也就越好。所以温度或光照对半导体导电性能的影响很大，这就是半导体的热敏和光敏特性。

2. N型半导体

用特殊工艺在本征半导体中掺入微量五价元素，如磷或砷。这种元素在与半导体原子组成共价键时，就多出一个电子。该电子不受共价键的束缚，很容易成为自由电子而导电。这种掺入微量五价元素，电子为多数载流子、空穴为少数载流子的半导体称为电子型半导体，简称"N型半导体"。

3. P型半导体

在半导体硅或锗中掺入少量最外层只有3个电子的硼元素，与外层电子数是4个的硅或锗原子组成共价键时，就自然形成一个空穴，这就使半导体中的空穴载流子增多，导电能力增强。这种掺入三价元素，空穴为多数载流子，而自由电子为少数载流子的半导体称为空穴型半导体，简称"P型半导体"。

6.1.2 PN结及其单向导电性

1. PN结的形成

在一块纯净的半导体晶片上，采用特殊的掺杂工艺，在两侧分别掺入三价元素和五价元素，一侧形成P型半导体，另一侧形成N型半导体，如图6-2所示。

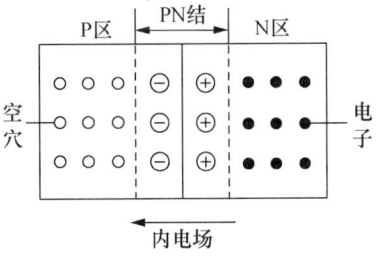

图6-2 PN结的形成

P区的空穴浓度大，会向N区扩散；N区的电子浓度大，则向P区扩散。这种在浓度差作用下多数载流子的运动称为扩散运动。空穴带正电，电子带负电，这两种载流子在扩散到对方区域后复合而消失，但在结合面的两侧分别留下了不能移动的正负离子，呈现出一个空间电荷区。这个空间电荷区就称为 PN 结，因此 PN 结的形成会产生一个由 N 区指向 P 区的内电场。内电场的产生对 P 区和 N 区间多数载流子的相互扩散运动起阻碍作用。同时，在内电场的作用下，P 区中的少数载流子电子、N 区中的少数载流子空穴会越过交界面向对方区域运动。这种在内电场作用下少数载流子的运动称为漂移运动。漂移运动和扩散运动最终会达到动态平衡，PN 结的宽度一定。

2. PN 结的单向导电性

PN 结外加正向电压，即 P 区接电源的正极，N 区接电源的负极，称为 PN 结正偏，如图 6-3(a) 所示。外加电压在 PN 结上所形成的外电场与 PN 结内电场的方向相反，相当于削弱了内电场的作用，使 PN 结变窄，破坏了原有的动态平衡，加强了多数载流子的扩散运动，形成较大的正向电流，这时称 PN 结为正向导通状态。

如果给 PN 结外加反向电压，即 P 区接电源的负极，N 区接电源的正极，称为 PN 结反偏，如图 6-3(b) 所示。外加电压在 PN 结上所形成的外电场与 PN 结内电场的方向相同，相当于增强了内电场的作用，使 PN 结变宽，破坏了原有的动态平衡，加强了少数载流子的漂移运动。由于少数载流子的数量很少，因此只有很小的反向电流，一般情况下可以忽略不计。这时称 PN 结为反向截止状态。

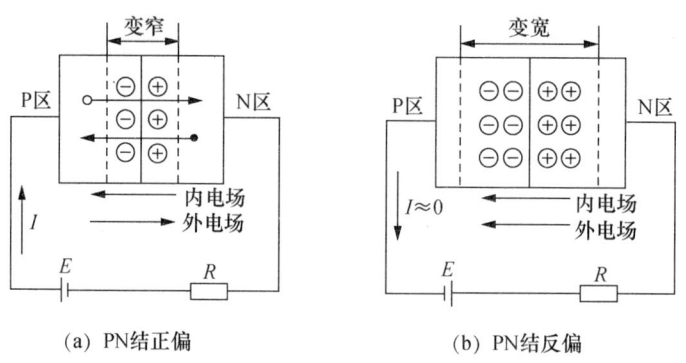

(a) PN 结正偏　　　　　　(b) PN 结反偏

图 6-3　PN 结的单向导电性

综上所述，PN 结正偏（P^+N^-）导通，反偏（P^-N^+）截止，因此它具有单向导电性。这是 PN 结的重要特性，也是制造各种半导体器件的基础。

6.1.3　二极管的结构与类型

从一个 PN 结引出两个电极，再加上外壳封装，就构成一个二极管（Diode）。P 区的引出线称为阳极，N 区的引出线称为阴极。常见的外形如图 6-4 所示。

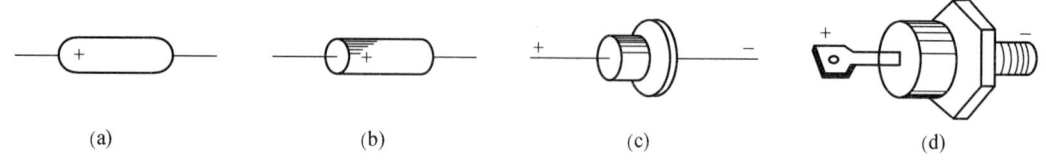

(a)　　　　　　(b)　　　　　　(c)　　　　　　(d)

图 6-4　二极管的常见外形

按 PN 结接触面的大小，二极管可分为点接触型和面接触型；按制造所用的半导体材料的不同，二极管可分为硅管和锗管；按不同的用途，二极管可分为普通管、整流管和开关管等。其常用类型如图 6-5(a) ～ (c) 所示。

二极管的符号如图 6-5(d) 所示，其中的箭头符号表示 PN 结正偏时电流的流向。因为二极管内部就是一个 PN 结，PN 结具有单向导电性，所以二极管也具有单向导电性。

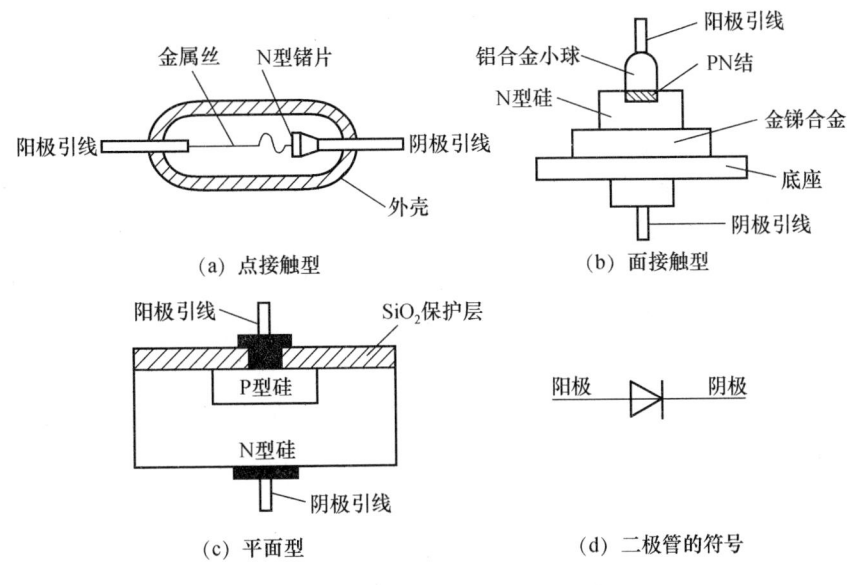

图 6-5　半导体二极管常见类型及符号

6.1.4　二极管的伏安特性和主要参数

1. 二极管的伏安特性

二极管的伏安特性是指二极管流过的电流与二极管两端电压之间的关系曲线，如图 6-6 所示。当二极管承受正偏电压而外加电压还不足以克服内电场的作用时，二极管不能导通，此时二极管中几乎没有电流，如图 6-6 中的 OA 段所示。如果正偏电压继续增大达到某一数值，PN 结内电场被抵消，正向电流急剧增大，二极管导通。一般硅管的导通压降约为 0.7 V，锗管的导通压降约为 0.3 V。二极管外加正向电压所得到的电压、电流关系曲线称为正向特性。

如果二极管外加反向电压，二极管内部的 PN 结被加宽，只有少数的载流子漂移形成很微弱的反向电流，称为反向饱和电流。硅管的反向饱和电流有几微安，锗管的反向饱和电流有几百微安，一般情况下忽略不计，二极管反偏截止。但当反偏电压超过某一数值时，二极管就会产生急剧增大的反向电流，如图 6-6 中的 B 点所示。原因是外加反向电场过强，使半导体内被共价键束缚的电子被强行拉出，形成自由电子和空穴，大量的电子高速运动又会碰撞出更多的电子并产生更多的空穴，形成更多的载流子，这种反偏导通的现象称为反向击穿，对应的电压称为反向击穿电压。除稳压二极管外，反向击穿都将使二极管损坏。

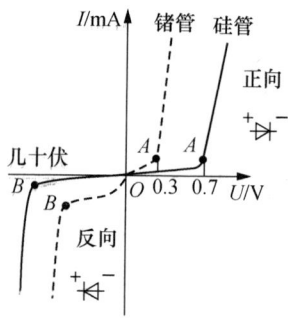

图 6-6 二极管的伏安特性

2. 二极管的主要参数

二极管的参数是选择和使用二极管的依据,其主要参数如下。

(1) 最大整流电流 I_F。I_F 是指二极管长时间使用时,允许流过二极管的最大正向平均电流。使用时电流超过 I_F,二极管的 PN 结将因过热而熔断,测其阻值正反向均为无穷大。

(2) 最高反向工作电压 U_{RM}。U_{RM} 是指二极管两端允许施加的最大反向电压。为了安全,一般取反向击穿电压值的 1/2 作为最高反向工作电压 U_{RM}。二极管一旦过压击穿损坏,测其阻值正反向均为零,便会失去单向导电性。

(3) 最大反向电流 I_{RM}。I_{RM} 是指二极管承受最高反向工作电压时的反向电流。最大反向电流越小,二极管的单向导电性就越好。当温度升高时,I_{RM} 增大。同一型号的二极管,如果其反向阻值越大,则其反向电流 I_{RM} 就越小。

(4) 最高工作频率 f_M。f_M 是指保证二极管具有良好的单向导电性能的最高工作频率。如果结电容越大,则 f_M 越低。当工作频率过高时,二极管就会失去单向导电性能。

利用二极管的单向导电性,可实现整流、限幅、钳位、检波、保护、开关等。

6.1.5 二极管的应用

二极管在电子技术中有着广泛的应用。本节介绍以下几种最基本的应用。

1. 整流电路

整流电路是利用二极管的单向导电作用,将交流电变成脉动直流电的电路。下面通过一个简单的演示即可验证二极管的整流作用,电路如图 6-7 所示。

图 6-7(a) 中的 Ⓜ 为 3 V 的直流电动机,其轴头上焊有小风叶,以显示其是否旋转。当开关 S 放在 "1" 位置时,交流电的正半周二极管导通,负半周二极管截止,所以直流电动机上得到的是只有正半周的直流电,如图 6-7(b) 所示。由于直流电动机的运转惯性,虽然直流电是脉动的,但直流电动机是连续转动的。当开关 S 放到 "2" 位置时,交流电没有经过二极管,而直接加到了直流电动机上,直流电动机不转。

日常使用的电热毯调温开关的低温挡,实际上就是串入了一个二极管,使电热线上只得到半波整流的电压,使电流减小,从而降低了发热量。

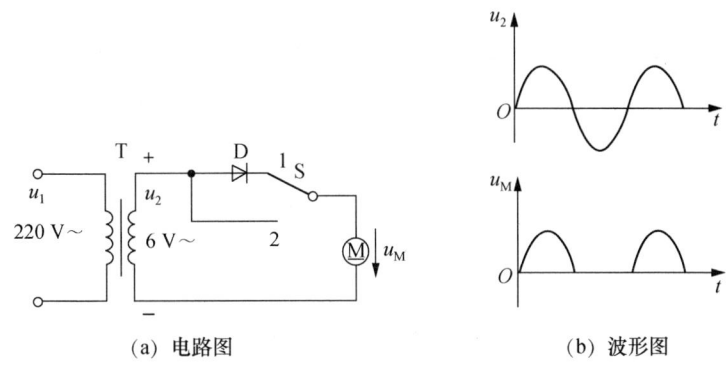

(a) 电路图　　　　　　　　(b) 波形图

图 6-7　半波整流演示电路

2. 限幅电路

限幅电路是限制输出信号幅度的电路，它在计算机、电视机等很多电子电路中都有应用。如果输入信号幅度变化较大，要使其输出信号限制在一定的范围之内，则可接入限幅电路，如图 6-8(a) 所示。

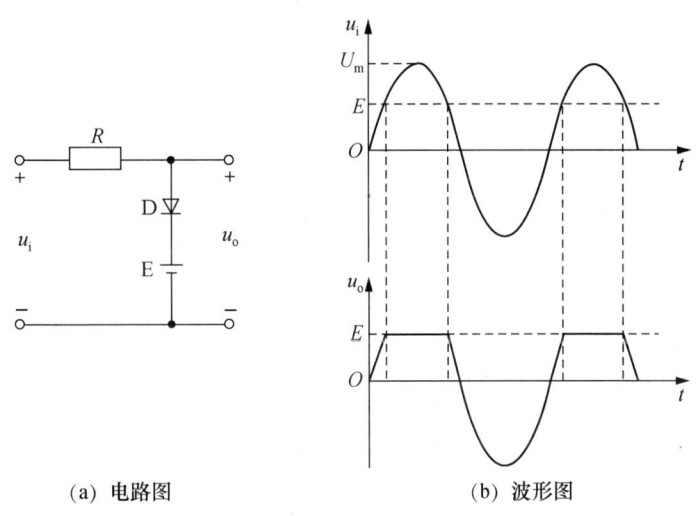

(a) 电路图　　　　　　　　(b) 波形图

图 6-8　单相限幅电路

为了分析方便起见，忽略二极管的正向压降和反向电流，即设 D 为理想的二极管。当输入信号 $u_i > E$ 时，二极管正偏导通，输出电压 $u_o = E$，即输出电压正半周幅度被限制为 E 的值，输入电压超出 E 的部分降在电阻 R 上，$u_R = u_i - E$；当 $u_i < E$ 时，二极管反偏截止，电路中电流为零，R 上的压降为零，所以 $u_o = u_i$，波形如图 6-8(b) 所示。如果要实现双向限幅，则需要再并入一个 D、E 反方向串联的支路即可。

二极管限幅电路还可做保护电路，以保护半导体器件不受过电压的危害。

3. 钳位电路

钳位电路是使输出电位钳制在某一数值上保持不变的电路。钳位电路在数字电子技术中的应用最广。图 6-9 所示是数字电路中最基本的与门电路，也是钳位电路的一种形式。

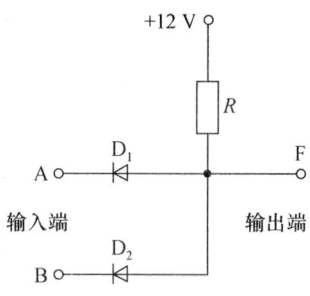

图 6-9 钳位（与门）电路

设二极管为理想元件，当输入 $U_A = U_B = 3$ V 时，二极管 D_1、D_2 正偏导通，输出被钳制在 U_A 和 U_B 上，即 $U_F = 3$ V；当 $U_A = 0$ V，$U_B = 3$ V，则 D_1 导通，输出被钳制在 $U_F = U_A = 0$ V 上，D_2 反偏截止。

4. 检波电路

检波电路是把信号从已调波中检出来的电路。检波电路在调幅收音机及电视机中都有应用，电路如图 6-10 所示。

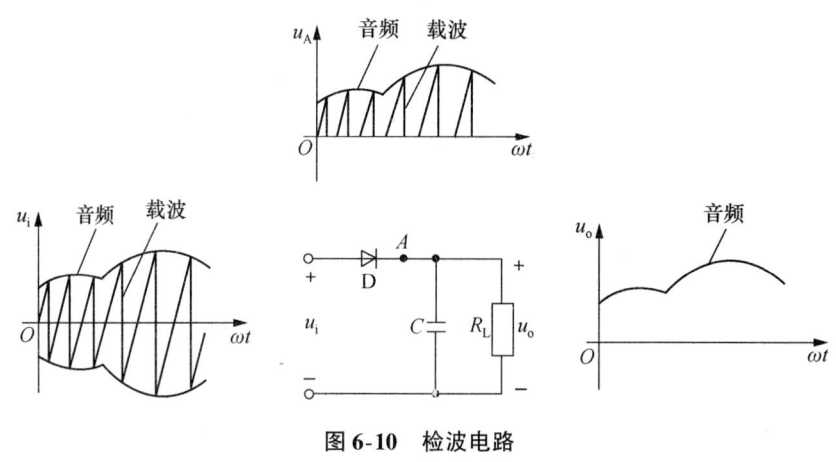

图 6-10 检波电路

调幅广播为了能使音频（低频）信号远距离传送，则将音频叠加在高频载波信号之上发射出去，如图 6-10 所示的 u_i 的波形。接收端半导体收音机，经检波电路，首先由二极管 D 去掉负半周，得到 u_A 波形，然后利用电容 C 滤掉高频载波，检出音频信号 u_o，再经放大后送到扬声器就可还原为声音。

6.1.6 特殊二极管

1. 发光二极管

发光二极管（Light Emitting Diode，LED）是一种将电能转换成光能的特殊二极管，它的外形和符号如图 6-11 所示。在 LED 的管头上一般都加装了玻璃透镜。

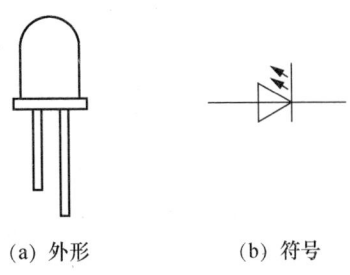

图 6-11　LED 的外形和符号

通常制成 LED 的半导体中的掺杂浓度很高，当向管子施加正向电压时，大量的电子和空穴在空间电荷区复合时释放出的能量大部分转换为光能，从而使 LED 发光。

LED 常用半导体砷、磷、镓及其化合物制成，它的发光颜色主要取决于所用的半导体材料。LED 具有单向导电性，通电后不仅能发出红、绿、黄等可见光，也可发出看不见的红外光。使用时，LED 必须正向偏置。LED 工作时只需 1.5～3 V 的正向电压和几毫安的电流就能正常发光。由于 LED 允许的工作电流小，使用时应串联限流电阻。

图 6-12 所示为 LED 的驱动电路，用于交流驱动时为避免 LED 承受较高的反向电压，在其两端并联了一个反向接法的二极管 D。目前，国内已经研制出 BTV 系列的电压控制型 LED，它的外形与普通的 LED 相同，将限流电阻与 LED 串联后引出两个电极，加上额定电压即可使用。

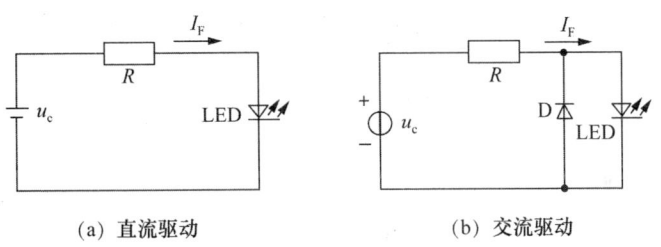

图 6-12　LED 驱动电路

LED 具有体积小、工作电压低、工作电流小、发光均匀稳定且亮度比较高、响应速度快及寿命长等优点，它主要用来做显示器件。LED 的另一个重要的用途是将电信号变为光信号，通过光缆传输，然后再用光电二极管接收，再现电信号。图 6-13 所示为 LED 发射电路通过光缆驱动的光电二极管电路。在发射端，一个 0～5 V 的脉冲信号通过 500 Ω 的电阻作用于 LED，这个驱动电路可使 LED 产生数字光信号并作用于光缆，可应用于光纤通信和自动控制系统中。

在日常生活中所见到的热水器电源指示灯、计算机上的电源指示灯等都使用 LED。除单个使用外，还可多个组合制成发光数码管等显示器。在遥控器上所采用的是红外 LED，发出的是不可见的红外光，也是 LED 的一种类型。

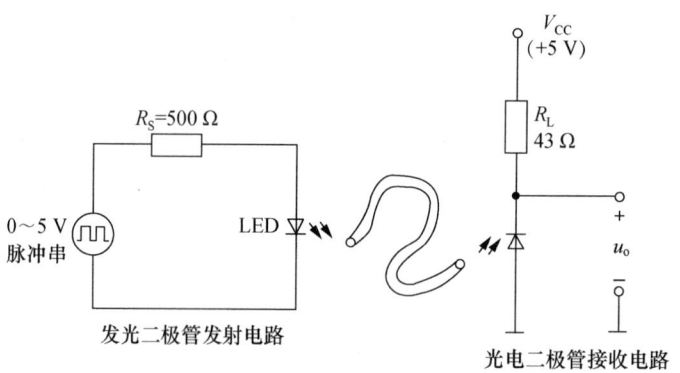

图 6-13 光电传输系统

2. 光电二极管

光电二极管又称为光敏二极管，是一种将光信号转换为电信号的特殊二极管（受光器件）。

与普通二极管一样，其基本结构也是一个 PN 结，它的管壳上开有一个嵌着玻璃的窗口，以便光线能够射入。光电二极管的外形及符号如图 6-14 所示。

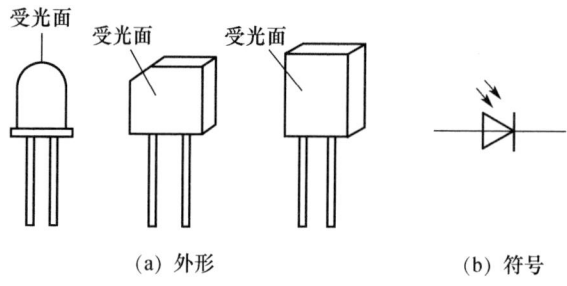

(a) 外形　　　　　　(b) 符号

图 6-14 光电二极管的外形及符号

光电二极管工作在反向偏置下，无光照时，流过光电二极管的电流（称为暗电流）很小；受光照时，产生电子-空穴对（称为光生载流子），在反向电压作用下，流过光电二极管的电流（称为光电流）明显增强。如 2AU1B 光电二极管的暗电流小于 10 μA，光电流达 40 μA。利用光电二极管制成光电传感器，可以把非电信号转变为电信号，便可以实现控制或测量等。

如果把发光二极管和光电二极管组合并封装在一起，则构成二极管型光电耦合器。光电耦合器可以实现输入和输出电路的电气隔离，实现信号的单方向传递。它常用在数/模电路或计算机控制系统中作为接口电路。

3. 稳压二极管

稳压二极管是一种在规定反向电流范围内可以重复击穿的硅平面二极管。它的伏安特性曲线、图形符号及稳压管电路如图 6-15 所示。它的正向伏安特性与普通二极管相同，它的反向伏安特性非常陡直。用电阻 R 将流过稳压二极管的反向击穿电流 I_Z 限制在 $I_{Zmin} \sim I_{Zmax}$ 之间时，稳压二极管两端的电压 U_Z 几乎不变。利用稳压管的这种特性，就能达到稳压的目的。图 6-15(c) 所示就是稳压管的稳压电路。稳压管 D_Z 与负载 R_L 并联，属于并联稳压电路。显然，负载两端的输出电压 U_o 等于稳压管稳定电压 U_Z。

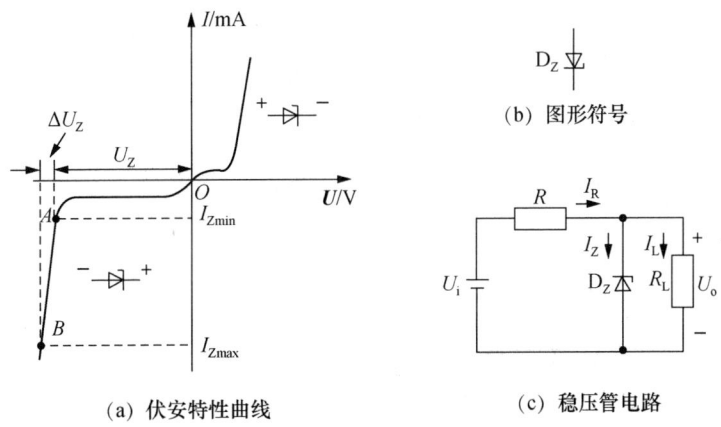

图 6-15　稳压二极管的伏安特性曲线、图形符号及稳压管电路

稳压二极管的主要参数如下。

(1) 稳定电压 U_Z。U_Z 是稳压管反向击穿稳定工作的电压。稳压二极管型号不同，U_Z 值就不同，可以根据需要查手册确定。

(2) 稳定电流 I_Z。I_Z 是指稳压管工作的最小电流值。如果电流小于 I_Z，则稳压性能差，甚至失去稳压作用。

(3) 动态电阻 r_Z。r_Z 是稳压管在反向击穿工作区时电压的变化量与对应的电流变化量的比值，即

$$r_Z = \frac{\Delta U_Z}{\Delta I_Z}$$

r_Z 越小，稳压性能越好。

6.2　双极型三极管

双极型三极管（Bipolar Junction Transistor，BJT）是半导体三极管的一种类型，有电子和空穴两种载流子参与导电。三极管是电子电路中最基本的电子元件之一，在模拟电子电路中其主要的作用是构成放大电路。

6.2.1　三极管的结构和分类

根据不同的掺杂方式，在同一个硅片上制造出 3 个掺杂区域，并形成两个 PN 结，3 个区引出 3 个电极，就构成三极管。采用平面工艺制成的 NPN 型硅材料三极管的结构示意图如图 6-16(a) 所示。位于中间的 P 区称为基区，它很薄且掺杂浓度很低；位于上层的 N 区是发射区，掺杂浓度最高；位于下层的 N 区是集电区，因而集电结面积很大。显然，集电区和发射区虽然属于同一类型的掺杂半导体，但不能调换使用。图 6-16(b) 所示是 NPN 型管的结构示意图，基区与集电区相连接的 PN 结称为集电结，基区与发射区相

连接的 PN 结称为发射结。由 3 个区引出的 3 个电极分别称为集电极 c、基极 b 和发射极 e。

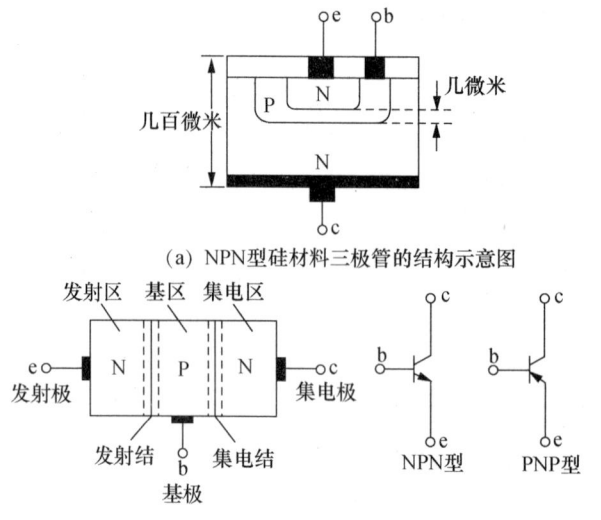

图 6-16 三极管的结构和符号

按 3 个区的组成形式，三极管可分为 NPN 型和 PNP 型，符号如图 6-16(c) 所示。从符号上区分，NPN 型发射极箭头向外，PNP 型发射极箭头向内。发射极的箭头方向除了用来区分类型之外，更重要的是表示三极管工作时发射极电流的方向。

三极管如按所用的半导体材料不同可分为硅管和锗管；按功率大小可分为大、中、小功率管；按频率特性差异可分为低频管和高频管等。常见三极管的类型如图 6-17 所示。

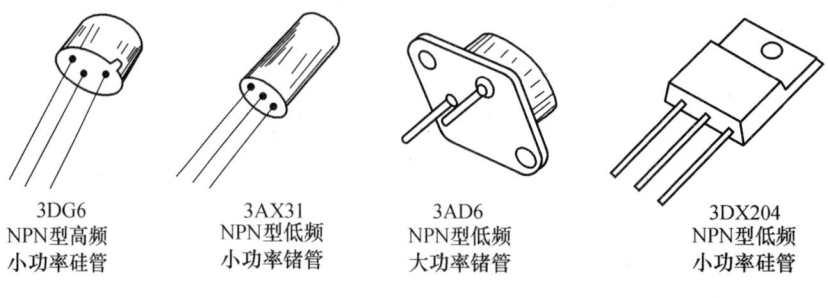

图 6-17 常见三极管的类型

6.2.2 电流分配与放大原理

三极管要实现放大作用，其条件是发射结正偏，集电结反偏。例如，在 NPN 型三极管中，$U_{BE}>0$，发射结正偏；$U_{CB}>0$，集电结反偏。在 PNP 型三极管中，$U_{BE}<0$，发射结正偏；$U_{CB}<0$，集电结反偏。

下面以常用的 NPN 型三极管为例进行讨论。

图 6-18(a) 所示为 NPN 型三极管放大工作必须提供的外部条件。图 6-18(a) 中的基

极电源 V_{BB} 使发射结正偏，集电极电源 $V_{CC} > V_{BB}$ 使集电结反偏。三极管内部载流子的运动规律如图 6-18(b) 所示，图中所画出的载流子的运动方向是电子流方向，电子带负电荷。下面分析电子流的运动过程及各极电流的形成。

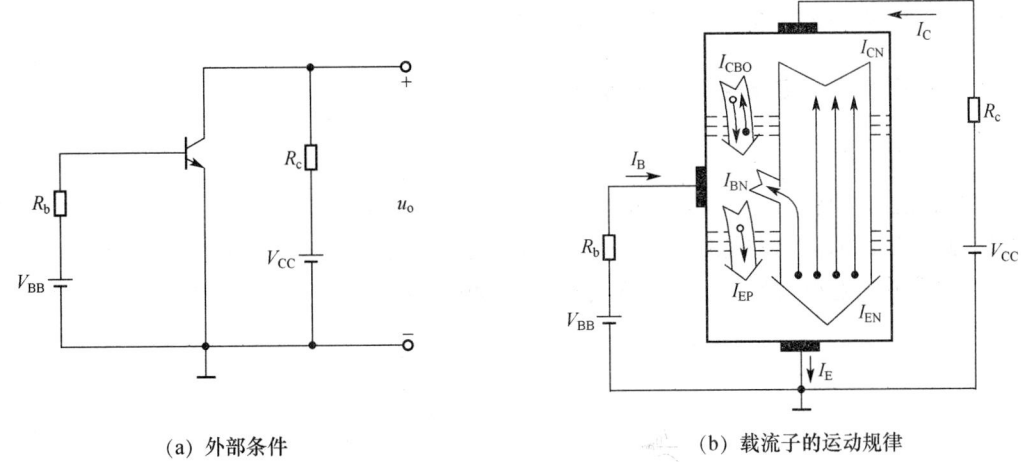

(a) 外部条件　　　　　　　　　　　(b) 载流子的运动规律

图 6-18　电流分配

1. 发射区发射电子形成 I_E

发射结正偏，由于发射区掺杂浓度高而产生的大量自由电子，在外场的作用下被发射到基区。与此同时，空穴也从基区向发射区扩散，但由于基区杂质浓度低，因此空穴形成的电流（I_{EP}）非常小，近似分析时可忽略不计。可见，扩散运动形成了发射极电流 I_E，I_E 的方向与电子流方向相反。其中，$I_E = I_{EN} + I_{EP} = I_{CN} + I_{BN} + I_{CBO}$。

2. 基区复合电子形成 I_B

发射区发射到基区的大量电子有很少一部分与基区中的空穴复合，其余大部分到达集电结附近。又由于电源 V_{BB} 的作用，电子与空穴的复合运动将源源不断地进行，形成基极电流 I_B，$I_B = I_{BN} + I_{EP} - I_{CBO}$。

3. 集电区收集电子形成 I_C

由于集电结反偏，且其结面积很大，在基区没有被复合掉的大量的电子，在外加强电场 V_{CC} 的作用下越过集电结，被收集到集电区，并流向集电极电源正极形成漂移电流。与此同时，集电区与基区的少数载流子也参与漂移运动，形成 I_{CBO}，但它的数量很小，近似分析中可忽略不计。可见，在集电极电源的作用下，漂移运动形成集电极电流 I_C，$I_C = I_{CN} + I_{CBO}$。

从外部看，根据 KCL，3 个电流之间的关系为

$$I_E = I_B + I_C \tag{6-1}$$

如果发射结正偏电压 U_{BE} 增大，发射区发射的载流子增多，I_B、I_C 和 I_E 都相应地增大。通过实验可以验证：改变 U_{BE} 时，I_C 与 I_B 几乎是按一定的比例变化的。其比值定义为 $\bar{\beta}$，称为三极管的直流电流放大系数，一般为几十至上百倍。

$$\bar{\beta} = \frac{I_C}{I_B} \tag{6-2}$$

则有

$$I_C = \bar{\beta} I_B \tag{6-3}$$

$$I_E = I_B + I_C = I_B + \bar{\beta} I_B = (1 + \bar{\beta}) I_B \tag{6-4}$$

从式(6-3)和式(6-4)可知,当 I_B 有很小的变化时,就会导致 I_C 及 I_E 有较大的变化,这就是所谓的三极管的电流放大作用。这种放大作用的实质是一种电流的控制作用,即以很小的基极电流 I_B 控制较大的集电极电流 I_C。

6.2.3 三极管的伏安特性及主要参数

1. 三极管的伏安特性

三极管的伏安特性是指各电极间电压与电流的关系曲线,它是分析三极管放大电路的重要依据。伏安特性可以用晶体管图示仪测出,也可以通过实验的方法测得。下面以常用的 NPN 型管共发射极放大电路为例来讨论。实验电路如图 6-19 所示。

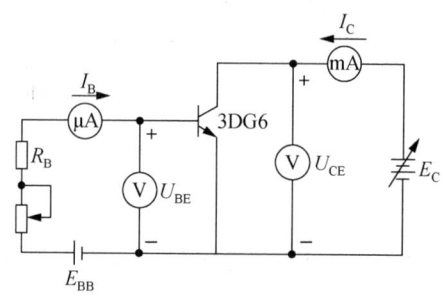

图 6-19 伏安特性测试电路

(1) 输入特性。

输入特性是指在集射极之间的电压 U_{CE} 为常数时,基极电流 I_B 与基射极之间的电压 U_{BE} 的关系曲线 $I_B = f(U_{BE})$,如图 6-20(a)所示。

当 $U_{CE} \geq 1V$ 时,集电结反偏,三极管可以工作在放大区,I_B 由 U_{BE} 确定。它和二极管的伏安特性曲线基本相同,也有一段死区,只有 U_{BE} 大于死区电压,才有电流 I_B,三极管才工作在放大区。在放大区,硅管的发射结压降 U_{BE} 一般取 0.7 V,锗管的发射结压降 U_{BE} 一般取 0.3 V。

(2) 输出特性。

输出特性是指在基极电流 I_B 为常数时,集电极电流 I_C 与集射极电压 U_{CE} 之间的关系曲线 $I_C = f(U_{CE})$,如图 6-20(b)所示。输出特性曲线可分为 3 个区,也就是三极管的以下 3 种工作状态。

① 放大区。输出特性曲线近似于水平的部分称为放大区。三极管工作在放大区的条件是发射结正偏,集电结反偏,特点是 $I_C = \bar{\beta} I_B$。在放大区,当发射结电压 U_{BE} 一定时,I_B 为定值,发射区到基区的电子数也是定值;当 $U_{CE} \geq 1$ V 时,集电结反偏,足以把基区没有复合的电子全部收集到集电极,所以 U_{CE} 再增加也没有更多的载流子参与导电。因此,在放大区 I_C 仅由 I_B 决定。

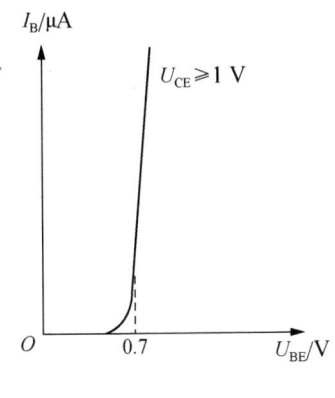 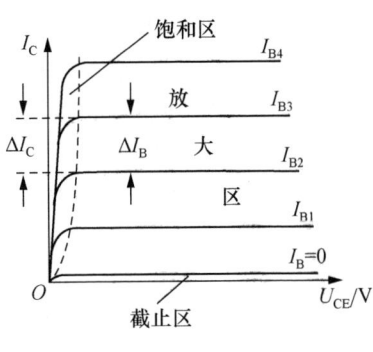

(a) 输入特性曲线　　　　　　　　　(b) 输出特性曲线

图 6-20　伏安特性曲线

② 截止区。$I_B = 0$ 曲线以下的区域称为截止区。三极管处于截止区的条件是两个 PN 结均反偏，特点是 $I_B = 0$、$I_C = I_{CEO} \approx 0$，无放大作用，这时的三极管相当于一个断开的开关。

③ 饱和区。图 6-20(b) 所示的虚线以左的区域为饱和区。三极管工作在饱和区的条件是两个 PN 结均正偏，特点是集电极与发射极之间的压降很小，$U_{CE} \leqslant 1\,\text{V}$，有 I_B 和 I_C，但 $I_C \neq \bar{\beta} I_B$。I_C 已不受 I_B 控制，无放大作用。饱和时的 U_{CE} 称为饱和管压降，用 U_{CES} 表示，估算时，小功率硅管约 0.3 V，锗管约为 0.1 V。由于饱和时 $U_{CE} \approx 0\,\text{V}$，三极管可以当作闭合的开关。

【例 6-1】　在三极管放大电路中，用直流电压表测得某三极管 3 个电极的电位分别是 $U_1 = -4\,\text{V}$、$U_2 = -1.2\,\text{V}$、$U_3 = -1.4\,\text{V}$，试判断三极管的类型、制造材料及电极。

【解】　三极管在正常放大状态时，3 个电极的电位有如下特点。

(1) NPN 管中 $U_C > U_B > U_E$，PNP 管中 $U_C < U_B < U_E$；由此，可确定三极管的类型，并知 3 个电极的电位中间值为 b 极（基极）。

(2) 不同材料的管子，正向偏置的发射极电压不同，NPN 硅管的 $U_{BE} \approx 0.7\,\text{V}$，锗管的 $U_{BE} \approx -0.2\,\text{V}$，由此可确定三极管的制造材料，并确定管子的 e 极（发射极）。

本例中 $U_1 < U_3 < U_2$，且 $U_3 - U_2 = -1.4\,\text{V} - (-1.2)\text{V} = -0.2\,\text{V}$，故可知该三极管为锗材料 PNP 型三极管，1 脚为 c 极，3 脚为 b 极，2 脚为 e 极。

2. 三极管的主要参数及使用常识

三极管的参数是选择和使用三极管的重要依据。三极管的参数可分为性能参数和极限参数两大类。值得注意的是，由于制造工艺的离散性，即使同一型号规格的管子，参数也不完全相同。

(1) 电流放大系数 $\bar{\beta}$ 和 β。

$\bar{\beta}$ 是三极管共射连接时的直流放大系数，$\bar{\beta} = \dfrac{I_C}{I_B}$。

β 是三极管共射连接时的交流放大系数，它是集电极电流变化量 ΔI_C 与基极电流 ΔI_B 的比值，即 $\beta = \Delta I_C / \Delta I_B$。$\beta$ 和 $\bar{\beta}$ 在数值上相差很小，一般情况下可以互相代替使用。

电流放大系数是衡量三极管电流放大能力的参数。但是 β 值过大，热稳定性就会差，

作为放大用的 β 一般取 80 左右为宜。

（2）穿透电流 I_{CEO}。

I_{CEO} 是当三极管基极开路即 $I_B = 0$ 时，集电极与发射极之间的电流，它受温度的影响很大如果 I_{CEO} 小，则管子的温度稳定性好。

（3）集电极最大允许电流 I_{CM}。

三极管的集电极电流 I_C 增大时，其 β 值将减小，当由于 I_C 的增加使 β 值下降到正常值的 2/3 时的集电极电流，称为集电极最大允许电流 I_{CM}。

（4）集电极最大允许耗散功率 P_{CM}。

P_{CM} 是三极管集电极上允许的最大功率损耗，如果集电极耗散功率 $P_C > P_{CM}$，则将烧坏三极管。对于功率较大的管子，应加装散热器。集电极耗散功率为

$$P_C = U_{CE} I_C \tag{6-5}$$

（5）反向击穿电压 $U_{(BR)CEO}$。

$U_{(BR)CEO}$ 是三极管基极开路时，集射极之间的最大允许电压。当集射极之间的电压大于此值时，三极管将被击穿损坏。

三极管的主要应用分为两个方面：一是工作在放大状态，作为放大器；二是在脉冲数字电路中，三极管工作在饱和与截止状态，作为晶体管开关。实际中，常通过测量 U_{CE} 值的大小来判断它的工作状态。

【例 6-2】 晶体管作为开关的电路如图 6-21 所示。输入信号为幅值 $u_i = 3\,V$ 的方波。若 $R_B = 100\,k\Omega$，$R_C = 5.1\,k\Omega$ 时，验证晶体管是否工作在开关状态。

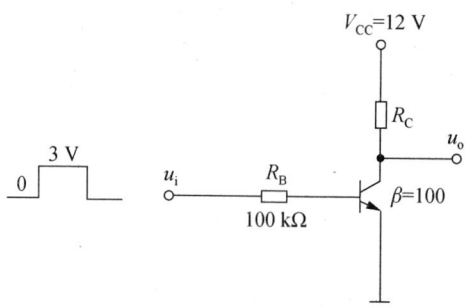

图 6-21 例 6-2 图

【解】 当 $u_i = 0$ 时，$U_B = U_E = 0$。$I_B = 0$，$I_C = \beta I_B + I_{CEO} \approx 0$。则 $U_C \approx V_{CC} = 12\,V$，说明晶体管处于截止状态。

当 $u_i = 3\,V$ 时，取 $U_{BE} = 0.7\,V$，则基极电流 $I_B = \dfrac{u_i - U_{BE}}{R_B} = \dfrac{3 - 0.7}{100 \times 10^3} = 23\,(\mu A)$

集电极电流

$$I_C = \beta I_B = 100 \times 23 = 2.3\,(mA)$$

集射极电压

$$U_{CE} = V_{CC} - I_C R_C = 12 - 2.3 \times 5.1 = 0.27\,(V)$$

$U_{CE} < U_{CES}$，晶体管工作在饱和状态。

可见，当 u_i 为幅值达 3V 的方波时，晶体管工作在开关状态。

【例6-3】 在例6-2中，如果将R_C改成3 kΩ，其余数据不变，$u_i = 3$ V时，晶体管工作在何种状态？

【解】 本例除R_C由5.1 kΩ减小为3 kΩ外，其余参数未变。$u_i = 3$ V时，I_B、I_C与例6-2相同，即

$$I_B = 23 \text{ μA}, I_C = 2.3 \text{ mA}$$
$$U_{CE} = V_{CC} - I_C R_C = 12 - 2.3 \times 3 = 5.1(\text{V})$$

由$V_{CC} > U_{CE} > U_{CES}$，可知晶体管工作在放大状态，晶体管作为放大元件。

6.3 场效应管

三极管是电流控制器件，使用时信号源必须提供一定的电流，因此输入电阻很低，在10^3 Ω数量级；场效应管（Field Effect Transistor，FET）是一种由输入信号电压控制其输出电流大小的半导体元件，所以是电压控制型器件；使用时不需要信号源提供电流，因此输入电阻很高（最高可达10^{15} Ω），这是场效应管最突出的优点；此外，场效应管还具有噪声低、热稳定性好、抗辐射能力强、省电等优点，因此得到了广泛的应用。

按结构的不同，场效应管可分为绝缘栅场效应管（Insulated Gate Field Effect Transistor，IGFET）和结型场效应管（Junction Field Effect Transistor，JFET）两大类，它们都只有一种载流子（多数载流子）参与导电，故又称为单极型三极管。

6.3.1 绝缘栅场效应管

绝缘栅场效应管是由金属、氧化物和半导体制成的，故又称为金属-氧化物-半导体场效应管（Metal-Oxide-Semiconductor Field Effect Transistor，MOSFET），简称"MOS管"，按其制造工艺和性能的不同，又可分为增强型和耗尽型两类，每类又可分为N沟道和P沟道两种。

1. N沟道增强型MOSFET

（1）结构与符号。

如图6-22(a)所示为N沟道增强型绝缘栅场效应管的结构示意图。它是以一块掺杂浓度较低的P型硅片作为衬底，在P型衬底上制成两个掺杂浓度很高的N^+型区域，在两个N^+型区域上，用金属铝引出两个电极，分别为漏极d和源极s。然后，又在两个N型区的间隙表面上用热氧化的方法，在硅衬底表面生成一层很薄的二氧化硅（SiO_2）绝缘层，在其表面覆盖一层金属片并引出一个电极称为栅极g。另外，在衬底引出衬底引线B（它通常在管内与源极s相连接）。由于栅极与其他电极是绝缘的，因此这种管子称为绝缘栅场效应管。又由于它是由金属铝层、二氧化硅和半导体硅组成的，因此又称为MOS场效应管。

按导电沟道形成的不同，N沟通MOSFET又分为增强型和耗尽型两种。在制造场效应管时，如果在二氧化硅中掺入的正离子的数量较少，在$u_{GS} = 0$时，漏-源极间无沟道。即$u_{GS} > 0$时才存在导电沟道的场效应管，称为增强型场效应管，其符号如图6-22(b)所示。

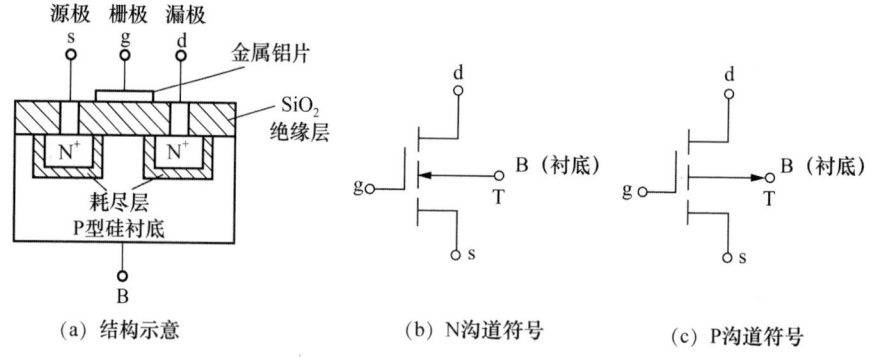

(a) 结构示意　　(b) N沟道符号　　(c) P沟道符号

图 6-22　N 沟道增强型绝缘栅 MOSFET 结构和电路符号

(2) 工作原理。

由图 6-22(a) 可见，N 沟道增强型 MOSFET 管的两个 N 区被 P 型硅衬底隔开，成为背靠背的 PN 结（又称耗尽层），因此，当 $u_{GS}=0$ 时，不论漏-源电压 u_{DS} 为何极性，总有一个 PN 结反向偏置，所以漏-源极之间不能导通，即 $i_D=0$。

当栅、源极之间加上足够大的正向偏压 u_{GS} 后，栅极正电压所产生的电场，与二氧化硅绝缘层中正离子所产生的电场方向相同，从而加强了总的电场。因此，在二氧化硅绝缘层和 P 型硅衬底的界面层，感应出大量的负电荷。如果 u_{GS} 较低，则感应出的少量负电荷将被 P 型硅衬底中的多数载流子（空穴）中和。最后，源-漏极之间仍无电流。当 u_{GS} 继续增加到某一定数值时，由于电场的加强，将开始积累负电荷，如图 6-23(a) 所示，且 u_{GS} 越大积累的负电荷也越多。当积累足够多的负电荷时，将两个分离的高掺杂 N^+ 区沟通，就是在漏-源极间开始形成导电沟道，由于该导电沟道是由电子形成的，因此称为 N 型导电沟道，此时若在漏-源极之间加上正向电压 u_{DS}，就会有 i_D 流过，如图 6-23(b) 所示。这个使漏-源极间开始有电流 i_D 的栅极电压，称为栅-源开启电压，用 $U_{GS(th)}$ 表示。

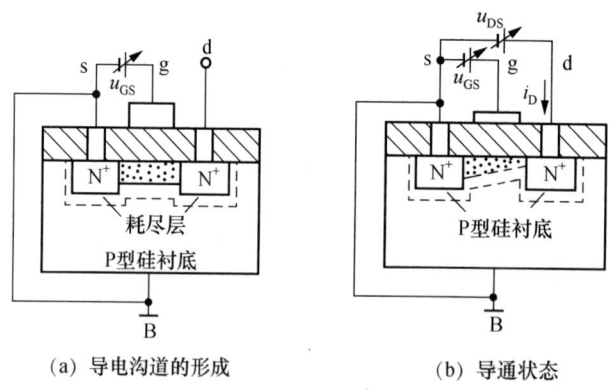

(a) 导电沟道的形成　　(b) 导通状态

图 6-23　N 沟道增强型 MOSFET 导通示意图

(3) 转移特性曲线和输出特性曲线。

由于场效应管的输入电流接近于零，因此不讨论输入特性。

① 转移特性曲线。

转移特性曲线是指 u_{DS} 保持不变，i_D 与 u_{GS} 的函数关系，如图 6-24(a) 所示为某 N 沟道增强型 MOSFET 的转移特性曲线。从转移特性曲线可知，当 $u_{GS} < U_{GS(th)}$ 时，$i_D = 0$；当 $u_{GS} > U_{GS(th)}$ 时，随着 u_{GS} 的增加，i_D 将迅速增加。从以上分析可知，在 $0 < u_{GS} < U_{GS(th)}$ 的范围内，漏-源极间导电沟道尚未沟通，$i_D = 0$；只有当 $u_{GS} > U_{GS(th)}$ 时，随着栅极电压的变化，i_D 也随之变化。也就是说，增强型场效应管只有当 $u_{GS} > U_{GS(th)}$ 时，才起到控制漏极电流 i_D 的作用。不难看出，所谓转移特性，实际是栅源电压 u_{GS} 对漏极电流 i_D 的控制特性。

② 输出特性曲线。

输出特性曲线是指 u_{GS} 保持不变，i_D 与 u_{DS} 之间的函数关系，如图 6-24(b) 所示为某 N 沟道增强型 MOSFET 的输出特性曲线。这个管子的开启电压 $U_{GS(th)}$ 为 2 V，所以当 $u_{GS} > 2$ V 时，才开始产生 i_D 电流。它的输出特性分为可变电阻区、放大区、截止区和击穿区，这里不再赘述。

在放大区内，N 沟道增强型 MOSEFT 的 i_D 可近似地表示为

$$i_D \approx I_{DO}\left(\frac{u_{GS}}{U_{GS(th)}} - 1\right)^2 \qquad u_{GS} > U_{GS(th)} \tag{6-6}$$

式中，I_{DO} 是 $u_{GS} = 2U_{GS(th)}$ 时的 i_D 值，$U_{GS(th)}$ 为开启电压。

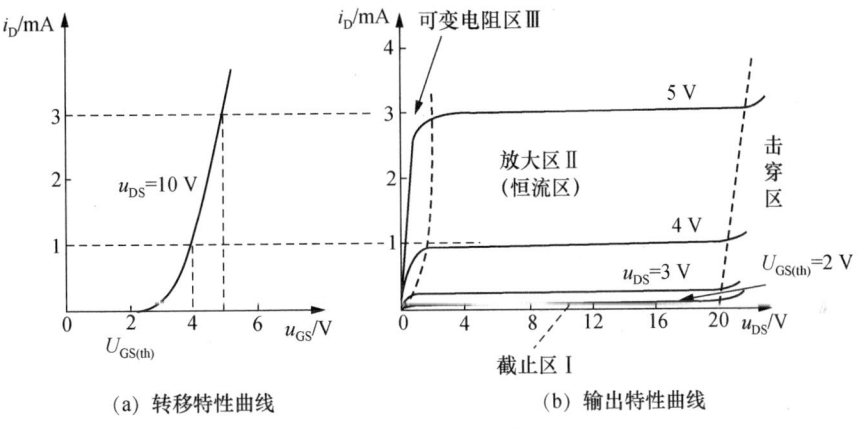

图 6-24 增强型 NMOS 场效应管的伏安特性曲线

2. N 沟道耗尽型 MOSFET

（1）结构与符号。

在制造场效应管时，可在二氧化硅的绝缘层中掺入大量的正离子。如果掺入的正离子浓度足够高，当它产生的正电场足够大时，就会在 P 型衬底的硅表面层排斥多数载流子——空穴，而感应出大量的负电荷，此负电荷沟通了漏-源极，在漏-源极之间形成了导电沟道。同样，由于该导电沟道是由电子形成的，因此称为 N 型导电沟道，简称 N 沟道。这种当 $u_{GS} = 0$ 时漏-源极之间就存在固有导电沟道的场效应管，称为 N 沟道耗尽型绝缘栅场效应管，图 6-25 所示为其结构及图形符号。工作时，漏极和源极之间接有正向电压 u_{DS}，源极又常与衬底相连接并接地。

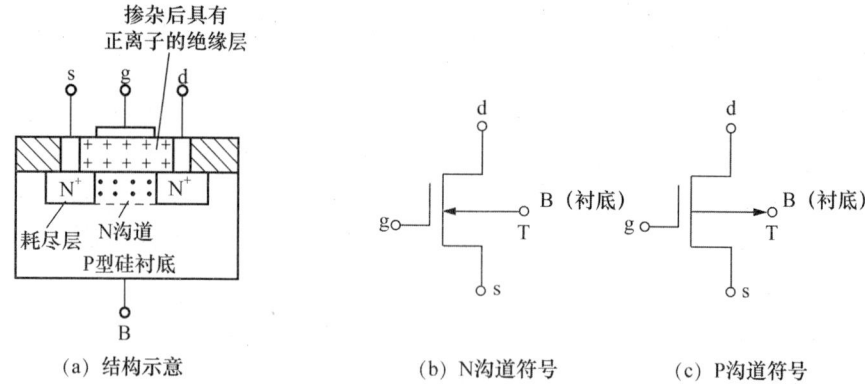

(a) 结构示意　　　　(b) N沟道符号　　　(c) P沟道符号

图 6-25　N 沟道耗尽型 MOSFET 结构及电路符号

(2) 工作原理。

当 $u_{GS}=0$ 时,漏极和源极之间已存在导电沟道,此时有很大的漏极电流 i_D,由电源正极流向漏极,称为原始导电沟道的饱和电流 I_{DSS}。

当 $u_{GS}>0$ 时,由于绝缘层的存在,并不产生栅极电流 i_G,而在 N 型沟道内感应的负电荷增加,使 i_D 随 u_{GS} 的增加而增大。

当 $u_{GS}<0$ 时,在 N 型沟道内,感应的负电荷减小,导电沟道变窄,i_D 减小。u_{GS} 越小,导电沟道越小,i_D 也就越小。当 u_{GS} 达到某一定值时,N 型沟道内载流子耗尽(故称耗尽型),沟道逐渐变窄而夹断,即 $i_D \approx 0$。此时的栅-源极间电压,称为夹断电压 $U_{GS(off)}$。

可见,漏极电流 i_D 的大小是随栅-源极间的电压 u_{GS} 的大小而变化的,也就是受控于 u_{GS}。实际上,u_{GS} 的微小变化,便会引起 i_D 明显的变化,也就是说,场效应管是一种电压控制元件。同时,耗尽型场效应管不论栅-源电压 u_{GS} 是正、负或零,都能控制 i_D。这个特点使得它的应用具有更大的灵活性。通常,这类管子工作在 $u_{GS}<0$ 的状态。

(3) 转移特性曲线和输出特性曲线。

① 转移特性。

某 N 沟道耗尽型 MOSFET 的转移特性曲线如图 6-26(a) 所示。它是指漏-源电压 u_{DS} 为常数时,栅源电压 u_{GS} 和漏极电流 i_D 之间的关系曲线。

由图 6-26(a) 可知,当 $u_{GS}=0$ 时,由于具有原始导电沟道,故漏-源极已导通,流过漏极的电流为饱和漏极电流 I_{DSS}。当 $u_{GS}>0$ 时,由于 u_{GS} 的增加,N 型沟道内感应出的负电荷增加,i_D 随着 u_{GS} 的增加而增大。当 $u_{GS}<0$ 时,导电沟道变窄,u_{GS} 越小,沟道越小,i_D 也随之越小。当 u_{GS} 等于夹断电压 $U_{GS(off)}$ 时,沟道被夹断,$i_D \approx 0$。可见,N 沟道耗尽型 MOSFET 在正、负偏置或零栅源电压时,都能控制 i_D。

② 输出特性。

N 沟道耗尽型 MOSFET 的输出特性曲线如图 6-26(b) 所示。它在放大区内的电流 i_D 可近似地表示为

$$i_D \approx I_{DSS}\left(1-\frac{u_{GS}}{U_{GS(off)}}\right)^2 \qquad u_{GS}>U_{GS(off)} \qquad (6-7)$$

式中，I_{DSS} 是 $u_{GS} = 0$ 时的 i_D 值；$U_{GS(off)}$ 为夹断电压。

从图 6-26(b) 中的曲线上可以看出，在放大区中，漏极电流 i_D 几乎不随漏-源电压 u_{DS} 变化，输出电阻很高。但漏极电流 i_D 随栅源电压 u_{GS} 线性增长，即受控于 u_{GS}。场效应管作放大用时，都工作在放大区。实际应用中，为了避免管子损坏，应注意不要进入击穿区。

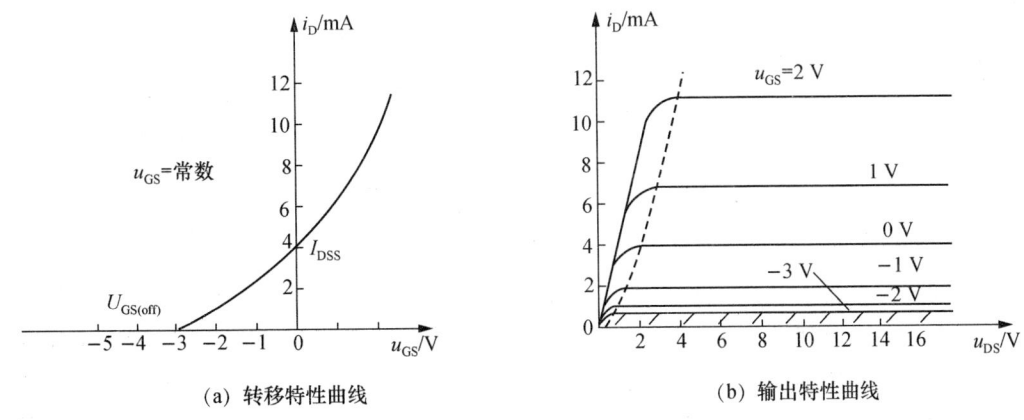

图 6-26 N 型沟道耗尽型 MOSFET 的伏安特性曲线

3. P 沟道 MOSFET

P 沟道 MOSFET 和 N 沟道 MOSFET 的主要区别在于，作为衬底的半导体材料的类型不同，PMOS 管是以 N 型硅作为衬底，而漏极和源极从 P^+ 区引出，形成的反型层为 P 型，相应的沟道为 P 型沟道。对于 P 沟道耗尽型 MOSFET，在二氧化硅绝缘层中掺入的是负离子。

使用时，P 沟道 MOSFET 的 u_{GS}、u_{DS} 的极性与 N 沟道 MOSFET 的相反。P 沟道增强型 MOSFET 的开启电压 $U_{GS(th)}$ 是负值，而耗尽型的 MOSFET 的夹断电压 $U_{GS(off)}$ 是正值。

P 沟道增强型 MOSFET 的符号如图 6-22(c) 所示；P 沟道耗尽型 MOSFET 的符号如图 6-25(c) 所示。

6.3.2 结型场效应管

结型场效应管（Junction Field Effect Transistor，JFET）是耗尽型 FET，也有 N 型沟道和 P 型沟道两种。

1. 结构及符号

图 6-27(a) 所示为 N 沟道结型场效应管的结构示意。在 N 型硅棒上下两端分别引出两个电极，上端为漏极（d），下端为源极（s），N 型硅棒两侧有高浓度掺杂 P^+ 区，将其连成一体，并引出电极，称为控制栅极（g）。N 型硅棒的中间部分是载流子流动的通道，称为 N 型导电沟道。若场效应管的衬底为 P 型硅棒，栅极为 N^+ 区，则称为 P 沟道结型场效应管，它们在电路中的符号分别如图 6-27(b)、(c) 所示。

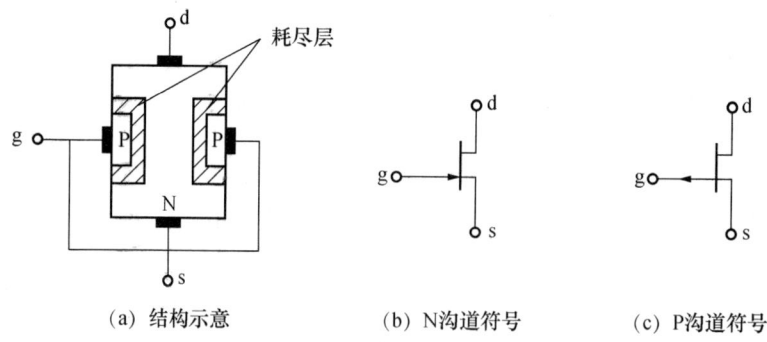

(a) 结构示意　　(b) N沟道符号　　(c) P沟道符号

图 6-27　N 沟道结型场效应管结构及符号

2. 工作原理

如图 6-28 所示，若将栅极和源极短路（即 $u_{GS}=0$），而在漏源极之间加直流电压 u_{DS}，那么，N 沟道中的多子自由电子就由源端向漏端移动，在外电路中就会形成由漏极流向源极的漏极电流 i_D（与外电路连成闭合电路）。如果令 u_{DS} 维持不变，而在栅源极之间加一直流电压 u_{GS}，则 u_{GS} 的极性应使 P^+N 结反偏。反偏电压 u_{GS} 越大，P^+N 结耗尽层越宽，越向沟道伸展，使沟道变窄，沟道电阻变大，i_D 就越小。如果反偏的栅-源电压 u_{GS} 增大至某一值，使两边的耗尽层增宽至将导电沟道夹断时，则 i_D 几乎为零。使 $i_D \approx 0$ 时的 u_{GS} 反偏电压，称为该管的夹断电压，用 $U_{GS(off)}$ 表示。

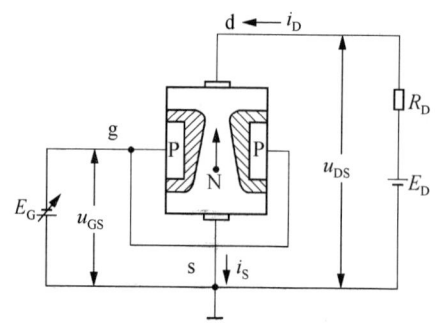

图 6-28　N 沟道结型场效应管工作原理

从以上分析可知，结型场效应管是利用栅源反偏电压 u_{GS} 的电场作用来控制 P^+N 结的宽窄，从而控制沟道的电阻来达到控制漏极电流 i_D 的大小，又因为 u_{GS} 是使 P^+N 结反偏的，反偏的 P^+N 结处于截止状态，因此，场效应管工作时，无栅极电流。以栅-源极作为输入回路时，管子的输入电阻就是反偏的 P^+N 结的结电阻，它可达 $10^7\ \Omega$ 数量级。

结型场效应管在放大区的漏极电流 i_D 近似表达式同式(6-7)，该式中的 I_{DSS} 是 $u_{GS}=0$ 时的漏极电流。

为便于比较，将各种场效应管的符号、偏置电压极性及特性曲线列于表 6-1 中。

表 6-1 各种场效应管的符号、偏置电压极性和特性曲线

类型	符号和偏置电压极性	转移特性	输出特性
N 沟道增强型 IGFET（增强型 NMOS）		$U_{GS(th)}=2$ V	$u_{GS}=8$ V, 6 V, 4 V, $u_{GS}=U_{GS(th)}=2$ V
P 沟道增强型 IGFET（增强型 PMOS）		$U_{GS(th)}=-2$ V	$u_{GS(th)}=-8$ V, -6 V, -4 V, $u_{GS}=U_{GS(th)}=-2$ V
N 沟道耗尽型 IGFET（耗尽型 NMOS）		I_{DSS}, $U_{GS(off)}=-4$ V	$u_{GS}=+2$ V, 0 V, -2 V, $u_{GS}=U_{GS(off)}=-4$ V
P 沟道耗尽型 IGFET（耗尽型 PMOS）		I_{DSS}, $U_{GS(off)}=4$ V	$u_{GS}=-2$ V, 0 V, $+2$ V, $u_{GS}=U_{GS(off)}=+4$ V
N 沟道 JFET		I_{DSS}, $U_{GS(off)}=-3$ V	$u_{GS}=0$ V, -1 V, -2 V, $u_{GS}=U_{GS(off)}=-3$ V
P 沟道 JFET		I_{DSS}, $U_{GS(off)}=3$ V	$u_{GS}=0$ V, $+1$ V, $+2$ V, $u_{GS}=U_{GS(off)}=+3$ V

6.3.3 场效应管的主要参数、特点及使用注意事项

1. 场效应管的主要参数

（1）直流参数。

① 开启电压 $U_{GS(th)}$：u_{DS} 为某一固定值时，形成 i_D 所需的最小 u_{GS} 值。

② 夹断电压 $U_{GS(off)}$：u_{DS} 为某一固定值时，使 i_D 为某一微小电流值时所需的 u_{GS} 值。一

一般来说，$|U_{GS(off)}|=0.5\sim 5$ V。

③ 饱和漏极电流 I_{DSS}：$u_{GS}=0$ 时，管子出现预夹断时的漏极电流。一般来说，I_{DSS} 为 $1\sim 50$ mA。

④ 直流输入电阻 R_{GS}：栅-源电压与栅极电流的比值。JFET 的 R_{GS} 一般大于 10^7 Ω，而 MOSFET 的 R_{GS} 一般大于 10^9 Ω。

(2) 交流参数。

① 跨导 g_m：漏-源极间的电压为定值时，漏极电流的变化量 ΔI_D 对引起这一变化的栅-源电压的增量 ΔU_{GS} 的比值称为跨导，用 g_m 表示。它是衡量场效应管放大能力的重要参数。跨导的一般表示式为

$$g_m = \frac{\Delta i_D}{\Delta U_{GS}}\bigg|_{U_{DS}=常数} \qquad (6\text{-}8)$$

它的大小是转移特性曲线在工作点的斜率。因此，也可从转移特性曲线上求得跨导。显然，跨导的大小与工作点的位置有关，g_m 的单位为 S。

② 极间电容：指场效应管的 3 个电极之间存在的电容，即栅源电容 C_{GS}、栅-漏电容 C_{GD} 和漏-源电容 C_{DS}。其值为 $0.1\sim 1$ pF。极间电容越小，管子的工作频率越高。

(3) 极限参数。

① 最大漏极电流 I_{DM}：管子在工作时所允许的最大漏极电流。

② 最大耗散功率 P_{DM}：决定管子温升的参数。如功率超过 P_{DM}，管子可能会因过热而损坏。

③ 击穿电压：$U_{DS(BR)}$ 和 $U_{GS(BR)}$ 分别表示当管子工作时，漏-源极间和栅-源极间允许加的最高电压值。显然，为了避免管子损坏，正常工作时不允许超过该值。

2. 场效应管的主要特点及使用注意事项

(1) 场效应管的主要特点。

与三极管比较，场效应管的特点如下。

① 场效应管和普通三极管在外形上是相似的，也有 3 个极。其栅极相当于普通三极管的基极，源极相当于发射极，漏极相当于集电极。

② 场效应管和普通三极管在性能上的主要区别是：

a. 普通三极管，是以基极电流控制集电极电流，是电流控制元件，其输入电阻较低；场效应管是以栅极电压 u_{GS} 控制漏极电流，是电压控制元件。栅极回路基本上不取用电流，即 $I_G=0$。因此，输入电阻很高。

b. 普通三极管中，运动的载流子有电子和空穴两种载流子，称为双极型晶体管；而场效应管中，只有一种载流子运动，称为单极型晶体管。

③ N 沟道增强型场效应管和耗尽型场效应管主要区别在于：是否有原始导电沟道。如何判别一个没有型号的绝缘栅型场效应管是增强型还是耗尽型，只要检查它在零栅偏压下，在漏-源极加正向电压时是否导通，就可做出正确判别。

(2) 场效应管使用注意事项。

场效应管具有输入电阻高，噪声系数小，便于集成等优点；但它的不足之处是，使用、保管不当容易造成损坏。在使用场效应管时应注意以下几点。

① 在使用场效应管时，应注意漏-源电压、漏-源电流、栅-源电压、耗散功率等参数不应超过最大允许值。

② 场效应管在使用中要特别注意对栅极的保护。尤其是绝缘栅场效应管，这种管子的

输入电阻很高，如果栅极感应有电荷，就很难泄放掉，感应电荷的积累会使栅极击穿。为了避免这种情况，不要使栅极悬空，即使不用时，也要用金属导线将 3 个电极短接起来。焊接时电烙铁应接地良好，最好将电烙铁电源断开后再行焊接，以免感应会击穿栅极。

③ 结型场效应管的栅压不能接反，如对 PN 结正偏，则将造成栅流过大，使管子损坏。

④ 可以用万用表测结型场效应管的 PN 结正、反电阻，但绝缘栅管不能用万用表直接去测 3 个电极。

习　　题

一、填空题

1. N 型半导体中，多数载流子是_____，少数载流子是_____；P 型半导体中，多数载流子是_____，少数载流子是_____。

2. 当温度升高时，二极管的反向饱和电流将_____。

3. 工作在放大区的某三极管，如果当 I_B 从 12 μA 增大到 22 μA 时，I_C 从 1 mA 变为 2 mA，那么它的 β 约为_____。

4. 场效应管是通过改变_____来改变漏极电流（输出电流）的，所以它是一个_____器件。

二、选择题

5. PN 结加正向电压时，空间电荷区将（　　）。
   A. 变窄　　　　B. 基本不变　　　　C. 变宽　　　　D. 不一定

6. 稳压管的稳压区是其工作在（　　）。
   A. 正向导通　　B. 反向截止　　　　C. 反向击穿　　D. 不一定

7. 当晶体管工作在放大区时，发射结电压和集电结电压应为（　　）。
   A. 前者反偏，后者也反偏　　　　B. 前者正偏，后者反偏
   C. 前者正偏，后者也正偏　　　　D. 前者反偏，后者正偏

8. 当 $U_{GS} = 0$ V 时，能够工作在恒流区的场效应管有（　　）。
   A. 结型管　　　　　　　　　　　B. 增强型 MOSFET
   C. 耗尽型 MOSFET　　　　　　　D. 绝缘栅场效应管

9. 当场效应管的漏极直流电流 I_D 从 2 mA 变为 4 mA 时，它的低频跨导 g_m 将（　　）。
   A. 增大　　　　B. 不变　　　　　　C. 减小　　　　D. 无法判断

10. 用万用表判别放大电路中处于正常工作的某个三极管的类型（NPN 或 PNP）及 3 个电极的名称时，最为方便的方法是测出_____。
    A. 各极间电阻　B. 各极对地电位　　C. 各极电流　　D. 各极电压

11. 三极管能起放大作用的内部条件通常是：

(1) 发射区掺杂浓度（　　）。
 A. 高　　　　　B. 低　　　　　　　C. 一般　　　　D. 无法判断

(2) 基区杂质浓度比发射区杂质浓度（　　）。
 A. 高　　　　　B. 低　　　　　　　C. 相同　　　　D. 无法判断

(3) 基区宽度（　　）。
 A. 高　　　　　B. 窄　　　　　　　C. 一般　　　　D. 无法判断

（4）集电结面积比发射结面积（　　）。

A. 大　　　　B. 小　　　　C. 相等　　　　D. 无法判断

三、判断题

12. 因为 N 型半导体的多子是自由电子，所以它带负电。　　　　　　　（　）
13. PN 结在无光照、无外加电压时，结电流为零。　　　　　　　　　（　）
14. 处于放大状态的晶体管，集电极电流是多子漂移运动形成的。　　　（　）
15. 光电二极管是受光器件，能将光信号转换为电信号。　　　　　　　（　）
16. 结型场效应管外加的栅–源电压应使栅–源间的耗尽层承受反向电压，才能保证其 R_{GS} 大的特点。　　　　　　　　　　　　　　　　　　　　　　　　　（　）
17. 若耗尽型 N 沟道 MOSFET 的 U_{GS} 大于零，则其输入电阻会明显变小。（　）

四、思考题与计算题

18. 怎样用万用表测量二极管的好坏和正负极？

19. 在如图 6-29 所示的两个电路中，已知 $u_i = 10\sin\omega t$ V，二极管为硅管，试分别画出输出电压 u_o 的波形。

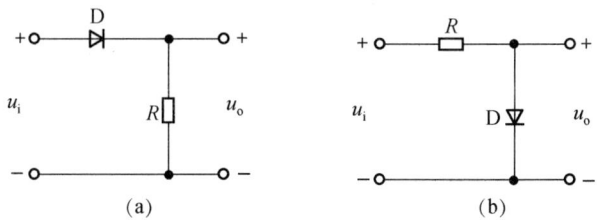

图 6-29　题 19 图

20. 在如图 6-30 所示的各电路中，$E = 5$ V，$u_i = 10\sin\omega t$ V，二极管的正向压降可以忽略不计，试分别画出输出电压 u_o 的波形。

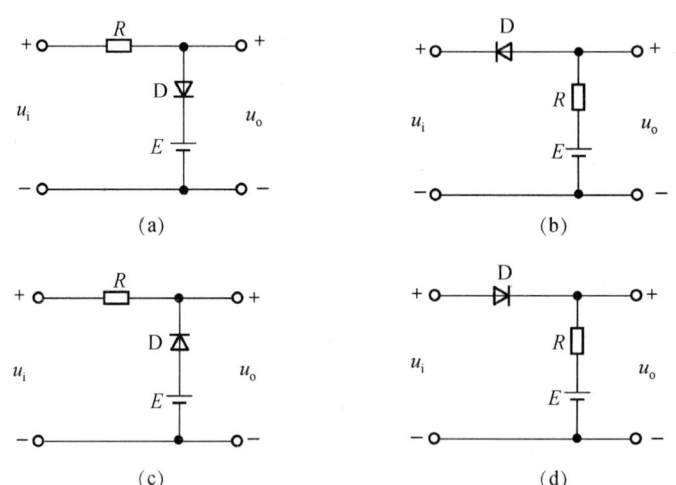

图 6-30　题 20 图

21. 在如图 6-31 所示的电路中，试求下列几种情况下的输出电压 U_F。（1）$U_A = U_B = 0$ V；（2）$U_A = U_B = 3$ V；（3）$U_A = 0$ V，$U_B = 3$ V。管子导通压降忽略不计。

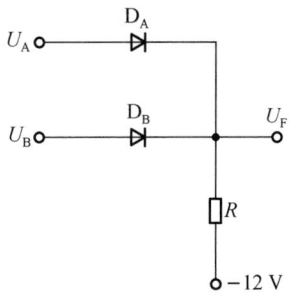

图 6-31　题 21 图

22. 二极管电路如图 6-32 所示，试判断各二极管是导通还是截止，并求出 A、O 端的电压 U_{AO}（设二极管为理想二极管）。

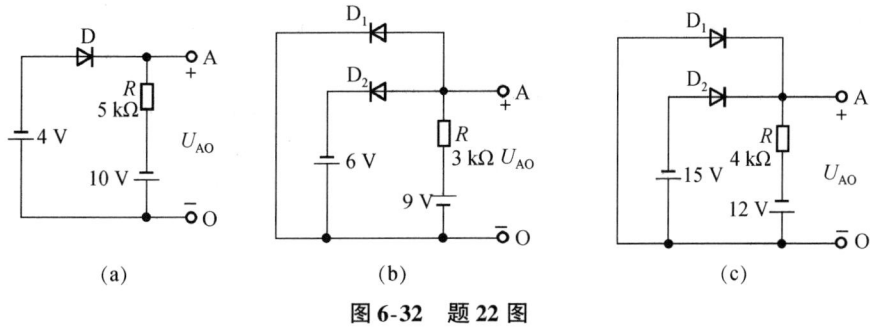

图 6-32　题 22 图

23. 特性完全相同的稳压二极管 2CW15，$U_Z = 8.2\text{V}$，接成如图 6-33 所示的电路，各电路输出电压 U_o 是多少？

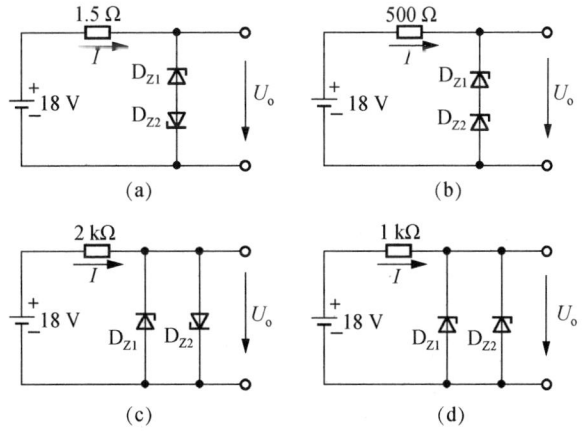

图 6-33　题 23 图

24. 三极管的发射极和集电极是否可以调换使用？为什么？

25. 怎样用万用表测量三极管的好坏？怎样判别 3 个电极？

26. 有两个晶体管，一个 $\beta = 200$，$I_{CEO} = 200\ \mu\text{A}$；另一个 $\beta = 100$，$I_{CEO} = 10\ \mu\text{A}$，其他参数大致相同。应选用哪个管子？为什么？

27. 已知两个晶体管的电流放大系数 β 分别为 50 和 100，现测得放大电路中这两个管子两个电极的电流如图 6-34 所示。分别求另一个电极的电流,标出其实际方向,并在圆圈中画出管子。

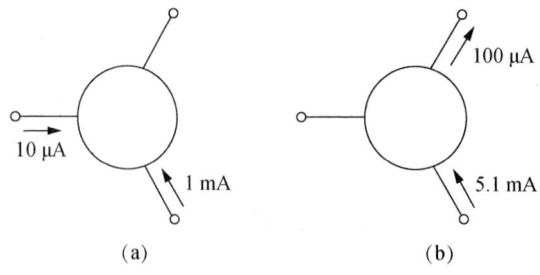

图 6-34 题 27 图

28. 用直流电压表测得放大电路中的几个三极管的 3 个电极电位,见如表 6-2 所示,试判断它们是 NPN 型还是 PNP 型,是硅管还是锗管,并确定每个管子的 e、b、c 极。

表 6-2 题 28 表

三极管 电压	Ⅰ	Ⅱ	Ⅲ	Ⅳ
U_1/V	2.8	2.9	5	8
U_2/V	2.1	2.6	8	5.5
U_3/V	7	7.5	8.7	8.3

29. 用直流电压表测得几个三极管的 U_{BE},如表 6-3 所示,试问它们各处于何种工作状态?它们是 NPN 型还是 PNP 型?

表 6-3 题 29 表

三极管 电压	Ⅰ	Ⅱ	Ⅲ	Ⅳ	Ⅴ	Ⅵ
U_{BE}/V	-2	0.7	0.7	-0.3	-0.3	2
U_{CE}/V	5	0.3	5	-4	-0.1	-4

30. 电路如图 6-35 所示,设三极管的 $\beta=40$,$U_{BE}=0.6$ V。试分析当开关 S 分别接通 1、2、3 这 3 个位置时,三极管分别工作在输出特性曲线的哪个区,并求出相应的集电极电流 I_C。

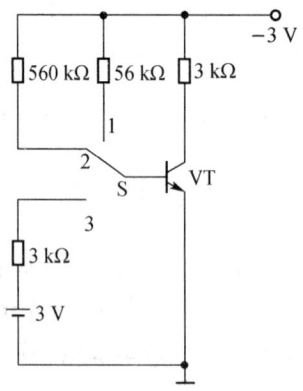

图 6-35 题 30 图

31. 测得某放大电路中 3 个 MOSFET 的 3 个电极的电位，如表 6-4 所示，它们的开启电压也如表 6-4 所示。试分析各管的工作状态（截止区、恒流区、可变电阻区），并填入表内。

表 6-4 题 31 表

管号 \ 开启电压	$U_{GS(th)}/V$	U_S/V	U_G/V	U_D/V	工作状态
VT_1	4	−5	1	3	
VT_2	−4	3	3	10	
VT_3	−4	6	0	5	

32. 已知场效应管的输出特性曲线如图 6-36 所示，画出它在恒流区的转移特性曲线。

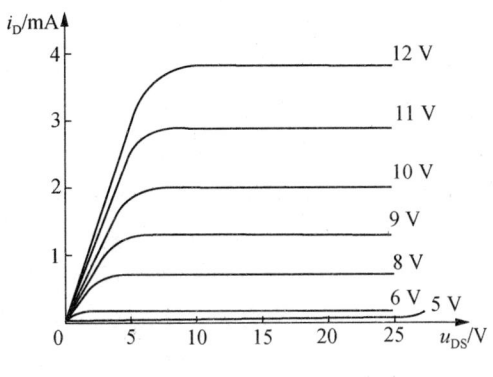

图 6-36 题 32 图

33. 电路如图 6-37 所示，VT 的输出特性如图 6-36 所示，分析当 $u_i = 4\ V$、$8\ V$、$12\ V$ 这 3 种情况下，场效应管分别工作在什么区域。

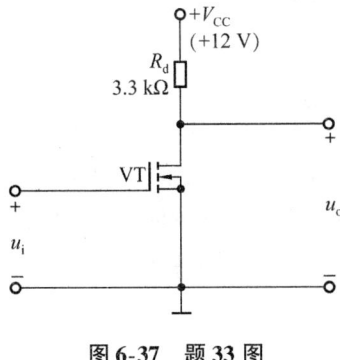

图 6-37 题 33 图

第 7 章 基本放大电路

【教学提示】 放大电路一般由电压放大和功率放大两部分组成。先由电压放大电路将微弱的信号加以放大去推动功率放大电路,再由功率放大电路输出足够大的功率去推动执行元件。电压放大电路通常工作在小信号情况下,而功率放大电路通常工作在大信号情况下。在工业电子技术中,常用的交流放大电路是低频放大电路,其工作频率通常为 20~20 000 Hz。本章将介绍几种常用的基本放大电路的组成,讨论它们的工作原理、性能指标和基本分析方法。掌握这些基本放大电路,是学习和应用复杂电子电路的基础。

【教学基本要求】 理解放大的概念;掌握组成放大电路的原则和各种基本放大电路的工作原理、特点及分析方法,能够正确估算基本放大电路的静态工作点,并能利用微变等效电路法估算其动态参数;正确分析电路产生截止失真、饱和失真的原因;了解稳定静态工作点的必要性及稳定方法;熟悉功率放大电路的特点、交越失真形成原因及其消除方法;理解互补对称功率放大电路工作原理;基本掌握集成功率放大电路的主要性能及应用;掌握 OCL、OTL 功率放大电路区别、输出功率和效率的计算。了解多级放大电路的耦合方式、频率特性及其指标含义和影响因素。

【教学重点】 共射放大电路的工作原理及分析方法、静态工作点和动态参数的估算。

【教学难点】 OCL、OTL 电路组成的分析和计算,互补对称放大电路工作原理。

7.1 共射极基本放大电路

7.1.1 电路的组成及各元件的作用

放大电路组成的原则是必须有直流电源,而且电源的设置应保证三极管工作在线性放大状态;元件的安排要保证信号的传输,即保证信号能够从放大电路的输入端输入,经过放大电路放大后从输出端输出;元件参数的选择要保证信号能不失真地放大,并满足放大电路的性能指标要求。

1. 电路的组成

如图 7-1 所示为根据上述要求由 NPN 型晶体管组成的最基本的放大单元电路。许多放大电路就是以它为基础,经过适当地改造组合而成的。因此,掌握它的工作原理及分析方法是分析其他放大电路的基础。

在一般的放大电路中,有两个端点与输入信号相接,而由另两个端点引出输出信号。所以放大电路是一个四端网络。作为放大电路中的晶体管,只有 3 个电极。因此,必有一个电极作为输入、输出电路的公共端。由于公共端选择不同,晶体管有 3 种连接方式,即共发射极电路、共集电极电路和共基极电路。在实际应用中，3种电路各有特点，本书以共发射极电路为主进行分析。

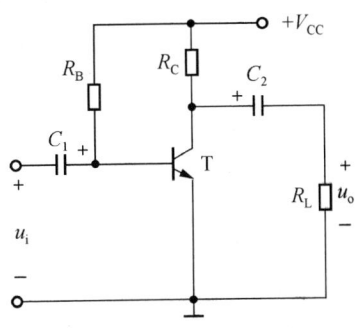

图 7-1　共射极基本放大电路

2. 各元件的作用

（1）晶体管 T。

图 7-1 中的 T 是放大电路的放大元件。利用它的电流放大作用，在集电极电路获得放大的电流，该电流受输入信号的控制。从能量的观点来看，输入信号的能量是较小的，而输出信号的能量是较大的，但不是说放大电路把输入的能量放大了。能量是守恒的，不能放大，输出的较大能量来自直流电源 V_{CC}。即能量较小的输入信号通过晶体管的控制作用，去控制电源 V_{CC} 所供给的能量，以便在输出端获得一个能量较大的信号。这种小能量对大能量的控制作用，就是放大作用的实质，所以晶体管也可以说是一个控制元件。

（2）集电极电源 V_{CC}。

集电极电源 V_{CC} 除了为输出信号提供能量外，一方面取代了 V_{BB} 保证发射结正偏，另一方面又为集电结提供反向偏置电压，以使晶体管起到放大作用。V_{CC} 一般为几伏到几十伏。

（3）集电极负载电阻 R_C。

集电极负载电阻 R_C 的主要作用是将已经放大的集电极电流的变化变换为电压的变化，以实现电压放大。R_C 阻值一般为几千欧到几十千欧。

（4）基极电阻 R_B。

基极电阻 R_B 与电源 V_{CC} 为基极提供一个合适的基极偏置电流，使放大电路获得较合适的工作点。R_B 阻值一般为几十千欧。

（5）耦合电容 C_1 和 C_2。

耦合电容 C_1 和 C_2 分别接在放大电路的输入端和输出端。利用电容器对直流的阻抗很大、对交流的阻抗很小这一特性，一方面隔断放大电路的输入端与信号源、输出端与负载之间的直流通路，保证放大电路的静态工作点不因输出、输入的连接而发生变化；另一方面又要保证交流信号畅通无阻地经过放大电路，沟通信号源、放大电路和负载三者之间的交流通路。通常要求 C_1、C_2 上的交流压降低到可以忽略不计，即对交流信号可视作短路。所以电容值要求取值较大，对交流信号其容抗近似为零。一般来说，耦合电容的取值为 5～50 μF，用的是极性电容器，因此连接时一定要注意其极性。R_L 是外接负载电阻，故在 C_1 与 C_2 之间为直流与交流信号叠加，而在 C_1 与 C_2 外侧只有交流信号。

放大电路中电压、电流符号的含义如表 7-1 所示。

表 7-1 放大电路中电压、电流符号的含义

名称	直流值	交流分量		直流分量		直流电源
		瞬时值	平均值	瞬时值	平均值	
基极电流	I_B	i_b	I_b	i_B	$I_{B(AV)}$	
集电极电流	I_C	$i_c I_c$	i_C		$I_{C(AV)}$	
发射极电流	I_E	$i_e I_e$	i_E		$I_{E(AV)}$	
集-射极电压	U_{CE}	$u_{be} U_{ce}$	u_{CE}	$U_{CE(AV)}$		
基-射极电压	U_{BE}	u_{ce}	U_{be}	u_{BE}	$U_{BE(AV)}$	
集电极电源						V_{CC}
基极电源						V_{BB}
发射极电源						V_{EE}

7.1.2 放大电路的分析

对于放大电路的分析一般包括两个方面的内容,即静态工作情况和动态工作情况的分析。前者主要确定静态工作点(直流值),后者主要研究放大电路的性能指标。

1. 静态分析

无输入信号($u_i = 0$)时电路的状态称为静态。此时只有直流电源 V_{CC} 加在电路上,三极管各极电流和各极之间的电压都是直流量,分别用 I_B、I_C、U_{BE}、U_{CE} 表示,它们对应着三极管输入输出特性曲线上的一个固定点,习惯上称它们为静态工作点,简称 Q 点。

静态值既然是直流,故可用交流放大电路的直流通路来分析计算。图 7-2(a) 所示为图 7-1 放大电路的直流通路。画直流通路时,电容 C_1 和 C_2 可视作开路。

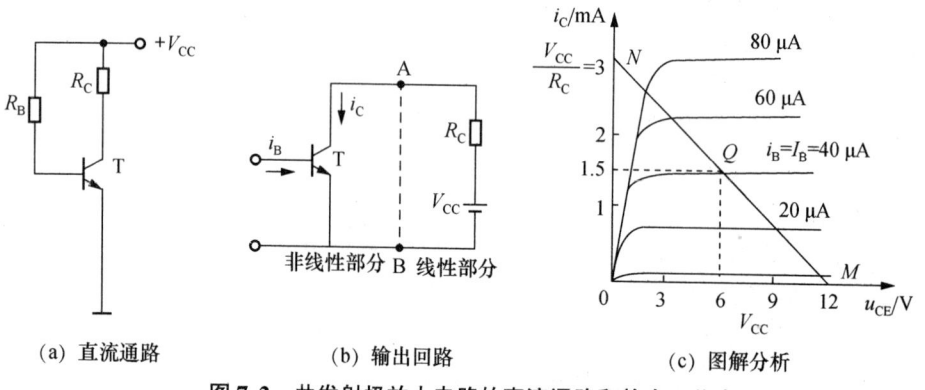

(a) 直流通路　　(b) 输出回路　　(c) 图解分析

图 7-2 共发射极放大电路的直流通路和静态工作点

(1) 估算法。

由图 7-2(a) 的输入回路($V_{CC} \to R_B \to $ B 极 $\to$ E 极 $\to$ 地) 可知

$$V_{CC} = I_B R_B + U_{BE}$$

则

$$I_B = \frac{V_{CC} - U_{BE}}{R_B} \tag{7-1a}$$

式中,U_{BE} 对于硅管约 0.7 V,锗管约 0.3 V(绝对值)。由于 V_{CC} 和 R_B 选定后,I_B(偏

流）即为固定值，因此图 7-2 所示电路又称为固定偏流式共射放大电路。一般 $V_{CC} \gg U_{BE}$，故式(7-1a) 可近似为

$$I_B \approx \frac{V_{CC}}{R_B} \tag{7-1b}$$

在忽略 I_{CEO} 的情况下，根据三极管的电流分配关系可得

$$I_C \approx \beta I_B \tag{7-2}$$

由图 7-2(b) 的输出回路（$V_{CC} \to R_C \to$ C 极 $\to$ E 极 $\to$ 地）可知

$$U_{CE} = V_{CC} - I_C R_C \tag{7-3}$$

至此，根据式(7-1)～式(7-3) 就可以估算出放大电路的静态工作点。

（2）图解法。

用图解法确定放大电路的静态工作点的步骤如下。

① 做直流负载线。

如图 7-2(b) 所示电路是图 7-2(a) 直流通路的输出回路，它由两部分组成（以 AB 两点为界），左边是非线性部分——三极管；右边是线性部分——由电源 V_{CC} 和 R_C 组成的外部电路。由于三极管和外部电路一起构成输出回路的整体，因此在这个电路中的 i_C 和 u_{CE} 既要满足三极管的输出特性，又要满足外部电路的伏安特性。于是，由这两条特性曲线的交点便可确定出 I_C 和 U_{CE}。

由图 7-2(b) 可知，外部电路的伏安特性为

$$u_{CE} = V_{CC} - i_C R_C \tag{7-4}$$

令 $i_C = 0$ 时，$u_{CE} = V_{CC}$，在横轴上得 $M(V_{CC}, 0)$；令 $u_{CE} = 0$ 时，$i_C = \frac{V_{CC}}{R_C}$，在纵轴上得 $N\left(0, \frac{V_{CC}}{R_C}\right)$。连接 MN，便得到了外部电路的伏安特性曲线，如图 7-2（c）所示，由于该直线由直流通路定出，其斜率为 $\tan\alpha = -\frac{1}{R_C}$，由集电极负载电阻 R_C 决定，故称为输出回路的直流负载线。

② 求静态工作点。

I_B 通常由式(7-1b) 估算出，直流负载线 MN 与 $i_B = I_B$ 对应的那条输出特性曲线的交点 Q，即为静态工作点，如图 7-2(c) 所示。

【例 7-1】 试分别用估算法和图解法求如图 7-1 所示放大电路的静态工作点，已知该电路中 $V_{CC} = 12$ V，三极管 $\beta = 37.5$，$R_B = 300$ kΩ，$R_C = 4$ kΩ，$R_L = 4$ kΩ；直流通路如图 7-2(a) 所示，输出特性曲线如图 7-2(c) 所示。

【解】 ① 用估算法求静态工作点，由式(7-1)～式(7-3) 得

$$I_B \approx \frac{V_{CC}}{R_B} = \frac{12}{300} = 0.04 \text{（mA）} = 40 \text{ μA}$$

$$I_C \approx \beta I_B = 37.5 \times 0.04 = 1.5 \text{（mA）}$$

$$U_{CE} = V_{CC} - I_C R_C = 12 - 1.5 \times 4 = 6 \text{（V）}$$

② 用图解法求静态工作点，由

$$u_{CE} = V_{CC} - i_C R_C = 12 - 4i_C$$

由上可知，当 $i_C = 0$ 时，$u_{CE} = V_{CC} = 12$ V，得 $M(12, 0)$；当 $u_{CE} = 0$ 时，$i_C = V_{CC}/R_C =$

12/4 = 3 mA，得 N (0, 3)，输出特性曲线如图 7-2(c) 所示，连接 M、N 两点的直线与 $i_B = I_B = 40\ \mu A$ 的那条输出特性曲线相交点，即是静态工作点 Q。从曲线上可查出：$I_B = 40\ \mu A$，$I_C = 1.5\ mA$，$U_{CE} = 6\ V$，与估算法所得结果一致。

（3）电路参数对静态工作点的影响。

从以上分析可知，静态工作点 Q 是输出回路的直流负载线与 $i_B = I_B$ 所对应的那条输出特性曲线的交点，改变 R_B、R_C 或 V_{CC} 都可改变 Q 点。通常是通过改变 R_B 来调整静态工作点的。R_B 增大时，I_B 减小，称 Q 点降低；R_B 减小时，I_B 增大，称 Q 点抬高。当 Q 点过低时，三极管趋向于截止；当 Q 点过高时，三极管趋向于饱和。此时三极管均会失去放大作用，而使放大电路不能正常工作，失去放大功能。实际应用中，放大电路安装好后，就是通过调节 R_B 来选择一个合适的静态工作点，确保放大电路正常高效地工作。

2．动态分析

所谓动态，是指放大电路输入端接入输入信号 u_i 后的工作状态。此时，放大电路在输入电压和直流电源 V_{CC} 的共同作用下工作，电路中既有直流分量，又有交流分量。三极管各极的电流和各极之间的电压都在静态值的基础上叠加了一个随输入信号 u_i 作为相应变化的交流分量，它们对应着三极管输入输出特性曲线上一个变化的点，习惯上称为动态工作点，简称工作点。动态分析就是要找出工作点随输入信号变化的规律，进而确定放大电路的动态性能参数。动态分析常用下面介绍的微变等效电路法。

（1）微变等效电路法。

① 三极管微变等效电路。

如图 7-3(a) 所示为三极管输入特性曲线，它是非线性的。但是，在输入信号很小的情况下，可将静态工作点 Q 附近的工作段认为是直线的，即 Δi_B 和 Δu_{BE} 成正比关系。把 Δu_{BE} 与 Δi_B 之比称为三极管的输入电阻，用 r_{be} 表示，即

$$r_{be} = \frac{\Delta u_{BE}}{\Delta i_B}$$

在小信号情况下，微变量可用交流量来代替，即 $\Delta i_B = i_b$，$\Delta u_{BE} = u_{be}$，故有

$$r_{be} = \frac{u_{be}}{i_b}$$

因此，三极管的输入回路可用 r_{be} 来等效，如图 7-3(b) 所示。

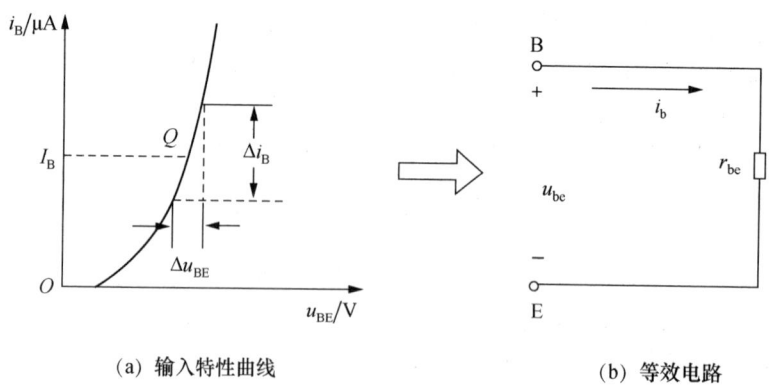

(a) 输入特性曲线　　　　　　　　　　(b) 等效电路

图 7-3　三极管输入回路等效电路

r_be 是对信号的变化量而言的,因此它是一个动态电阻。对于低频小功率管,r_be 可用下式估算。

$$r_\text{be} = 300\ \Omega + (1+\beta)\frac{26\ \text{mV}}{I_E\text{mA}} \tag{7-5}$$

式中,I_E 为三极管发射极静态电流。需要说明的是,r_be 是动态电阻只能用于计算交流量,式(7-5) 适用范围为 $0.1\ \text{mA} < I_E < 5\ \text{mA}$,否则将产生较大的误差。

图 7-4(a) 所示是三极管的输出特性曲线,在 Q 点附近,特性曲线近似为一组与横轴平行的直线,且它们的间隔大致相等。这说明 β 近似为一个常数,Δi_C 仅取决于 Δi_B,而与 Δu_CE 几乎无关,即 $\Delta i_C = \beta \Delta i_B$。因此,在小信号情况下,三极管的输出回路可以用一个受控电流源来等效,如图 7-4(b) 所示。

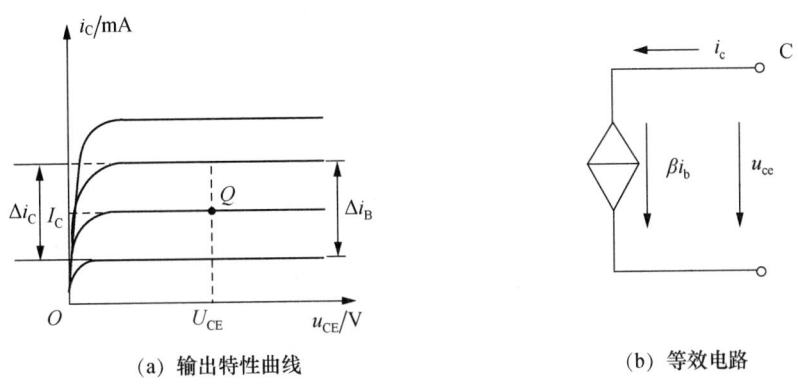

(a) 输出特性曲线   (b) 等效电路

图 7-4 三极管输出回路等效电路

将输入回路等效电路与输出回路等效电路合起来,即为整个三极管的微变等效电路,如图 7-5 所示。

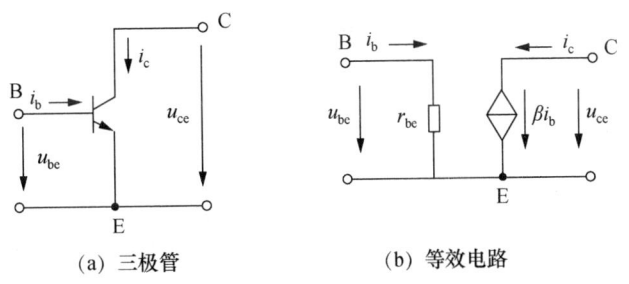

(a) 三极管   (b) 等效电路

图 7-5 三极管的微变等效电路

② 共射极放大电路的微变等效电路。

放大电路的微变等效电路就是用三极管的微变等效电路替代交流通路中的三极管。交流通路是指放大电路中耦合电容和直流电源作短路处理后所得的电路。因此画交流通路的原则是:将直流电源 V_CC 短接;将输入耦合电容 C_1 和输出耦合电容 C_2 短接。因此,图 7-1 的微变等效电路如图 7-6 所示。在微变等效电路中电压和电流用相量表示正弦量,其方向均为参考方向。

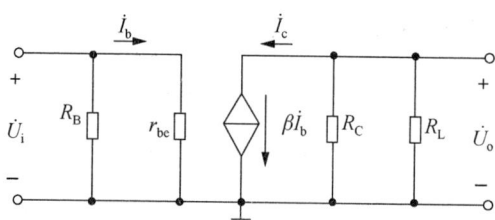

图 7-6　共发射极基本放大电路的微变等效电路

③ 动态性能分析。

现在，用图 7-6 来分析放大电路的电压放大倍数、输入电阻和输出电阻等动态性能指标。

a. 电压放大倍数 A_u。

电压放大倍数是放大电路的基本性能指标，定义为

$$A_u = \frac{\dot{U}_o}{\dot{U}_i} \tag{7-6}$$

由图 7-6 可知

$$\dot{U}_i = \dot{U}_{be} = \dot{I}_b r_{be}$$
$$\dot{U}_o = -\dot{I}_C(R_C \mathbin{/\mkern-6mu/} R_L) = -\beta \dot{I}_b R'_L$$
$$\dot{A}_u = \frac{\dot{U}_o}{\dot{U}_i} = \frac{-\beta \dot{I}_b R'_L}{\dot{I}_b r_{be}} = -\beta \frac{R'_L}{r_{be}} \tag{7-7}$$

式中，负号表示输出电压与输入电压相位相反。

共发射极放大电路的电压放大倍数通常为几十到几百。

b. 输入电阻 R_i。

对于信号源（或前级放大电路）来说，放大电路相当于一个负载电阻，这个电阻就是放大电路的输入电阻，它是指从放大电路的输入端，如图 7-7 中 AA′端看进去的等效电阻，定义为

$$R_i = \frac{\dot{U}_i}{\dot{I}_i} \tag{7-8}$$

由式（7-8）可求得共射放大电路的输入电阻

$$R_i = \frac{\dot{U}_i}{\dot{I}_i} = r_{be} \mathbin{/\mkern-6mu/} R_B \tag{7-9}$$

若考虑信号源内阻（如图 7-7 所示），则放大电路输入电压 $\dot{U}_i$ 是信号源 $\dot{U}_S$ 在输入电阻 R_i 上的分压，即

$$\dot{U}_i = \dot{U}_S \frac{R_i}{R_i + R_S} \tag{7-10}$$

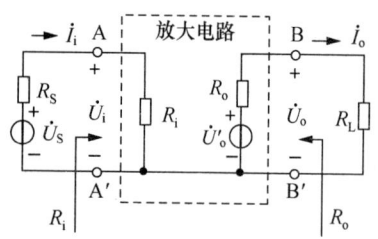

图 7-7　放大电路的输入电阻和输出电阻

由此可见：R_i 越大，$\dot{U}_i$ 越接近 $\dot{U}_S$，信号传递效率越高，所以输入电阻 R_i 是衡量信号源传递信号效率的指标。实际应用中，常采取一些措施来提高放大电路的输入电阻。一些

如电子示波器、晶体管毫伏表等电子测量仪器的第一级放大电路,均有很高的输入电阻,以使 $U_i \approx U_S$。

通常 $R_B \gg r_{be}$,则 $R_i \approx r_{be}$,则式(7-10) 变为

$$\dot{U}_i = \dot{U}_S \frac{r_{be}}{r_{be} + R_S} \tag{7-11}$$

因此对信号源 $\dot{U}_S$ 的电压放大倍数为

$$A_{uS} = \frac{\dot{U}_o}{\dot{U}_S} = \frac{\dot{U}_o}{\dot{U}_i} \cdot \frac{\dot{U}_i}{\dot{U}_S} \tag{7-12}$$

$$= -\beta \frac{R'_L}{r_{be}} \cdot \frac{r_{be}}{R_S + r_{be}} = -\beta \frac{R'_L}{R_S + r_{be}}$$

可见,在考虑信号源内阻 R_S 影响时,放大电路的电压放大倍数降低了,R_S 越大,A_{uS} 越小。

c. 输出电阻 R_o。

对于负载(或后级放大电路),放大电路相当于一个具有内阻 R_o 和电压 $\dot{U}'_o$ 的信号源(如图 7-7 所示)。R_o 称为放大电路的输出电阻,它是指从放大电路输出端 BB' 端看进去的等效电阻。

输出电阻的计算方法较多,常用的加压求流法要求将信号源短路($\dot{U}_S = 0$)、负载开路($R_L = \infty$),如图 7-8 所示,然后在 BB' 端外加电压 $\dot{U}$,求出在 $\dot{U}$ 作用下输出端的电流 $\dot{I}$,则输出电阻为

$$R_o = \frac{\dot{U}}{\dot{I}} \tag{7-13}$$

由于 R_o 的存在,使放大电路接上负载后输出电压为

$$\dot{U}_o = \dot{U}'_o - \dot{I}_o R_o$$

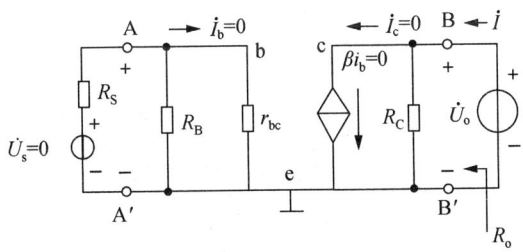

图 7-8 求共射放大电路的输出电阻

由此可见:R_o 越大,负载变化(即 I_o 变化)时,输出电压的变化也越大,说明放大电路带负载能力弱;反之,R_o 越小,负载变化时,输出电压变化也越小,说明放大电路带负载能力强。所以输出电阻是衡量放大电路带负载能力的指标。

由于 $\dot{U}_S = 0$,有 $\dot{I}_b = 0$,故 $\beta \dot{I}_b = 0$,受控电流源作开路处理,则外加电压 $\dot{U}$ 产生的电流 $\dot{I} = \dfrac{\dot{U}}{R_C}$,由式(7-13) 可得

$$R_o = \frac{\dot{U}}{\dot{I}} = R_C \tag{7-14}$$

故共发射极放大电路的输出电阻近似为几千欧，其带负载能力较弱。

对于输出级来说，往往希望输出电阻越小越好，从而可以提高带负载的能力，如功率放大电路的输出电阻较小；但稳流源一类设备的输出电阻较大，因为它要求负载变动时，输出电流变化小。

【**例 7-2**】 试用微变等效电路法求例 7-1 电路中：① 动态性能指标 A_u、R_i、R_o；② 断开负载 R_L 后，再计算 A_u、R_i、R_o。其交流通路和微变等效电路如图 7-9 所示。

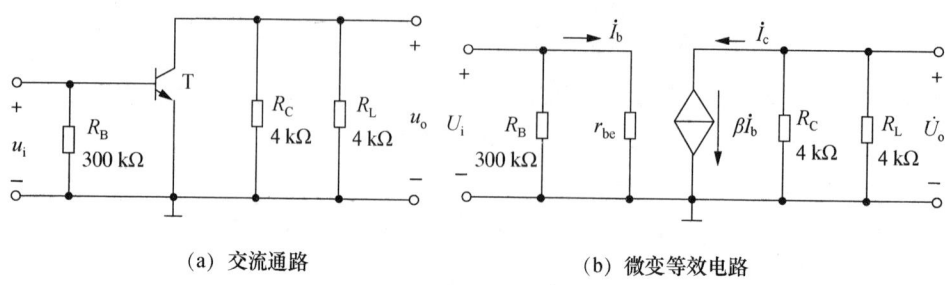

(a) 交流通路　　　　　　　(b) 微变等效电路

图 7-9　例 7-2 图

【**解**】 ① 由例 7-1 可知

$$I_E \approx 1.5 \text{ mA}$$

故

$$r_{be} = 300 + (1+\beta)\frac{26}{I_E} = 300 + (1+37.5) \times \frac{26}{1.5} \approx 967 \text{ （}\Omega\text{）}$$

$$A_u = -\beta \frac{R'_L}{r_{be}} = -\frac{37.5 \times (4 /\!/ 4)}{0.967} \approx -78$$

$$R_i = R_B /\!/ r_{be} = 300 /\!/ 0.967 \approx 0.964 \text{ （k}\Omega\text{）}$$

$$R_o = R_C = 4 \text{ k}\Omega$$

② 断开 R_L 后

$$A_u = -\beta \frac{R_C}{r_{be}} = -\frac{37.5 \times 4}{0.967} \approx -155$$

$$R_i = R_B /\!/ r_{be} = 300 /\!/ 0.967 \approx 0.964 \text{ （k}\Omega\text{）}$$

$$R_o = R_C = 4 \text{ k}\Omega$$

由此可见，当 R_L 断开后，R_i、R_o 不变，但电压放大倍数增大了。

(2) 放大电路的非线性失真。

对放大电路来说，它的基本要求就是放大后的输出信号波形与输入信号波形尽可能相似，即失真要尽量小。引起失真的原因有多种，其中最基本的一种，就是静态工作点的位置不合适，使放大电路的工作范围超出了晶体管特性曲线的线性范围，这种失真称为非线性失真。

① 截止失真。

如图 7-10 所示的 Q_1 的位置太低，在 i_{c1} 的负半周造成晶体管发射结处于反向偏置而进入截止区，使 i_{c1} 的负半周和 u_{ce1} 的正半周几乎等于零，形成放大电路的截止失真。

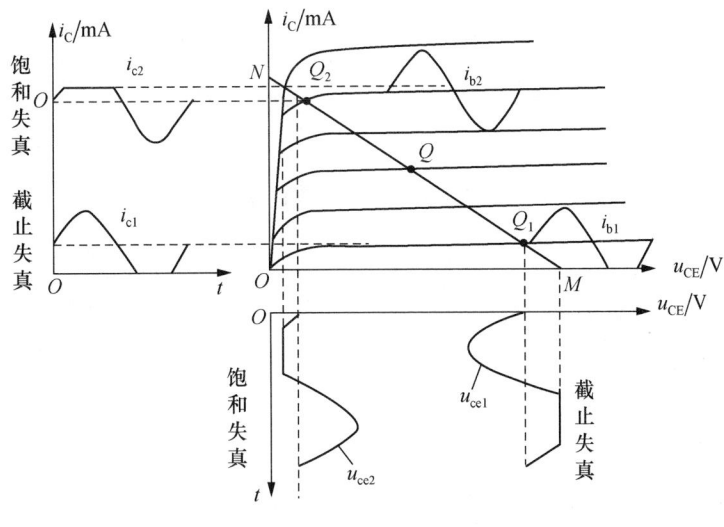

图 7-10 非线性失真

② 饱和失真。

如果静态工作点选在图 7-10 中的 Q_2 点时，由于工作点选择过高，在 i_{b2} 的正半周，放大电路进入饱和区，使 i_{c2} 的正半周电流不随 i_{b2} 而变化，形成放大电路的饱和失真。

通常可以用示波器观察输出电压 u_o 的波形来判别失真类型。对 PNP 型三极管，当正半周出现了平顶是截止失真；当负半周出现了平顶是饱和失真。

要避免产生上述非线性失真，就必须正确地选择放大电路的静态工作点的位置，通常静态工作点应大致选在交流负载线的中央，如图 7-10 所示的 Q 点。使静态时的集电极电压 U_{CE} 大致为电源电压 V_{CC} 的一半，此时放大器工作于晶体管特性曲线上的线性范围，从而获得较大输出电压幅度，而波形上下又比较对称。因此，正确地设置静态工作点是调试和设计放大电路的最重要的一步。此外，输入信号的幅度不能太大，以避免放大电路的工作范围超过特性曲线的线性范围。在小信号放大电路中，此条件一般都能满足。

7.1.3 放大电路的改进

在实际工作中，当温度变化、更换三极管、电路元件老化、电源电压波动时，都可能导致前述共发射极放大电路静态工作点不稳定，进而影响放大电路的正常工作。在这些因素中，又以温度变化的影响最大。因此，必须采取措施稳定放大电路的静态工作点。

射极偏置电路是实用中普遍应用的一种稳定静态工作点的基本放大电路，它的偏置电路由基极电阻 R_{B1}、R_{B2} 和发射极电阻 R_E 组成，又称为基极分压式射极偏置电路，其电路结构如图 7-11(a) 所示。

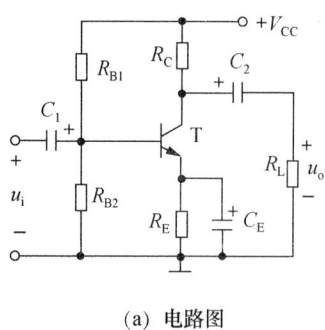 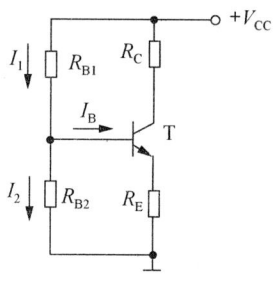

(a) 电路图　　　　　　　　　　　(b) 直流通路

图 7-11　射极偏置电路

稳定工作点原理如下。

首先，利用电阻 R_{B1} 和 R_{B2} 分压来固定基极电位。图 7-11(b) 为其直流通路，设流过电阻 R_{B1} 和 R_{B2} 的电流分别为 I_1 和 I_2，且 $I_1 = I_2 + I_B$，一般 I_B 很小，$I_1 \gg I_B$，可以近似认为 $I_1 \approx I_2$，这样基极电位

$$V_B = V_{CC} \cdot \frac{R_{B2}}{R_{B1} + R_{B2}} \tag{7-15}$$

可见，基极电位 V_B 由电源电压 V_{CC}、电阻 R_{B1} 和 R_{B2} 的分压所决定，不随温度而改变。

其次，利用发射极电阻 R_E 的降压作用，当工作点产生移动趋势时，使晶体管基射极电压 U_{BE} 减小，以此来减小 I_C，达到稳定工作点的目的。这个过程可简单表述如下。

$$T（温度）\uparrow \to I_C \uparrow \to V_E \uparrow \to U_{BE} \downarrow \to I_B \downarrow \to I_C \downarrow$$

通常 $V_B \gg U_{BE}$，所以集电极电流

$$I_C \approx I_E = \frac{V_B - U_{BE}}{R_E} \approx \frac{V_B}{R_E} \tag{7-16}$$

根据 $I_1 \gg I_B$ 和 $V_B \gg U_{BE}$ 两个条件，得出式(7-15)和式(7-16)，说明了 V_B 是固定的，因而 I_C 也是稳定的，它不随温度而变化，而且也与管子参数无关。所以，在维修中换用不同 β 的管子时，工作点仍然稳定。

显然，I_1 和 V_B 越大，工作点稳定性越好。但 I_1 不能太大，因为 I_1 太大，将使 R_{B1} 和 R_{B2} 上电耗太大，有效输入信号减小。同样，V_B 也不能太大，因为 V_B 太大，V_E 必然也大，导致 U_{CE} 减小，甚至影响放大电路正常工作点。所以，通常选择 $I_1 \geq (5 \sim 10) I_B$，$V_B \geq (5 \sim 10) U_{BE}$。

从上面的分析可见，R_E 越大，稳定性能越好。但 R_E 太大时，将使 V_E 增大，因而减小放大电路输出电压的幅值。R_E 在小电流情况下为几百欧到几千欧，在大电流情况下为几欧到几十欧。实际使用时，为了避免交流信号在 R_E 上产生交流压降，导致电压放大倍数下降。通常在 R_E 上并联一个大容量的极性电容 C_E，这对交流分量可视作短路，而对直流分量并无影响，故 C_E 称为发射极交流旁路电容，其容量一般为几十微法到几百微法。

计算射极偏置电路的静态工作点应从计算 V_B 入手。由直流通路得

$$V_B = V_{CC} \cdot \frac{R_{B2}}{R_{B1} + R_{B2}}$$

$$I_C \approx I_E = \frac{V_B - U_{BE}}{R_E} \approx \frac{V_B}{R_E} \tag{7-17a}$$

$$I_B = \frac{I_C}{\beta} \tag{7-17b}$$

$$U_{CE} = V_{CC} - I_C R_C - I_E R_E \approx V_{CC} - I_C (R_C + R_E) \tag{7-18}$$

图 7-11(a) 的微变等效电路如图 7-12 所示。不难看出，射极偏置放大电路的动态性能与共发射极基本放大电路的动态性能一样。

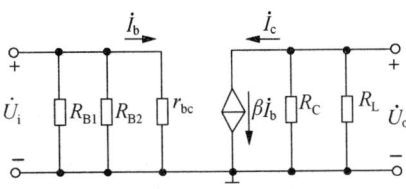

图 7-12　微变等效电路

【例 7-3】　图 7-11(a) 是某扩音机的前置放大器电路，已知晶体管 3DG201 的电流放大系数 $\beta = 50$，$R_{B1} = 15 \text{ k}\Omega$，$R_{B2} = 6.2 \text{ k}\Omega$，$R_C = 3 \text{ k}\Omega$，$R_E = 2 \text{ k}\Omega$，$R_L = 1 \text{ k}\Omega$，$V_{CC} = 12 \text{ V}$。求：(1) 静态工作点；(2) 电压放大倍数、输入电阻、输出电阻；(3) 若换用 $\beta = 100$ 的三极管，重新计算静态工作点和电压放大倍数。

【解】　(1) 求静态工作点

$$V_B = V_{CC} \cdot \frac{R_{B2}}{R_{B1} + R_{B2}} = 12 \times \frac{6.2}{15 + 6.2} \approx 3.5 \text{ (V)}$$

$$I_C \approx I_E = \frac{V_B - U_{BE}}{R_E} = \frac{3.5 - 0.7}{2} = 1.4 \text{(mA)}$$

$$I_B = \frac{I_C}{\beta} = \frac{1.4}{50} = 0.028 \text{ (mA)} = 28 \text{ μA}$$

$$U_{CE} \approx V_{CC} - I_C (R_C + R_E) = 12 - 1.4 \times (3 + 2) = 5 \text{ (V)}$$

(2) 求 A_u、R_i、R_o

由于

$$r_{be} = 300 + (1 + \beta)\frac{26}{I_E} = 300 + (1 + 50) \times \frac{26}{1.4} \approx 1.25 \text{ (k}\Omega)$$

$$R'_L = R_C // R_L = \frac{3 \times 1}{3 + 1} = 0.75 \text{ (k}\Omega)$$

故

$$A_u = -\beta \frac{R'_L}{r_{be}} = -50 \times \frac{0.75}{1.25} = -30$$

$$R_i = r_{be} // R_{B1} // R_{B2} = 1.25 // 15 // 6.2 \approx 1.23 \text{ (k}\Omega)$$

$$R_o \approx R_C = 3 \text{ k}\Omega$$

(3) 当改用 $\beta = 100$ 的三极管后，其静态工作点为

$$I_C \approx I_E = \frac{V_B - U_{BE}}{R_E} = \frac{3.5 - 0.7}{2} = 1.4 \text{(mA)}$$

$$I_B = \frac{I_C}{\beta} = \frac{1.4}{100} = 14 \text{ (μA)}$$

$$U_{CE} = V_{CC} - I_C (R_C + R_E) = 12 - 1.4 \times (3 + 2) = 5 \text{ (V)}$$

可见，在射极偏置电路中，虽然更换了不同 β 的管子，但静态工作点基本上不变。此时

$$r'_{be} = 300 + (1+\beta)\frac{26}{I_E}$$

$$= 300 + (1+100) \times \frac{26}{1.4} \approx 2.2(\text{k}\Omega)$$

$$A_u = -\beta\frac{R'_L}{r'_{be}} = -100 \times \frac{0.75}{2.2} \approx -34$$

与 $\beta = 50$ 时的放大倍数差不多。

【例 7-4】 求图 7-11(a) 不接 C_E 时的电压放大倍数、输入电阻、输出电阻。

【解】 当射极偏置电路中 C_E 不接或断开时，R_E 将影响动态性能。此时交流通路如图 7-13(a) 所示，图 7-13(b) 为对应的微变等效电路。

由图 7-13(b) 可得

$$\dot{U}_o = -\dot{I}_o(R_C \parallel R_L) = -\dot{I}_C R'_L = -\beta\dot{I}_b R'_L$$

$$\dot{U}_i = \dot{I}_b r_{be} + \dot{I}_e R_E = \dot{I}_b r_{be} + (1+\beta)\dot{I}_b R_E$$

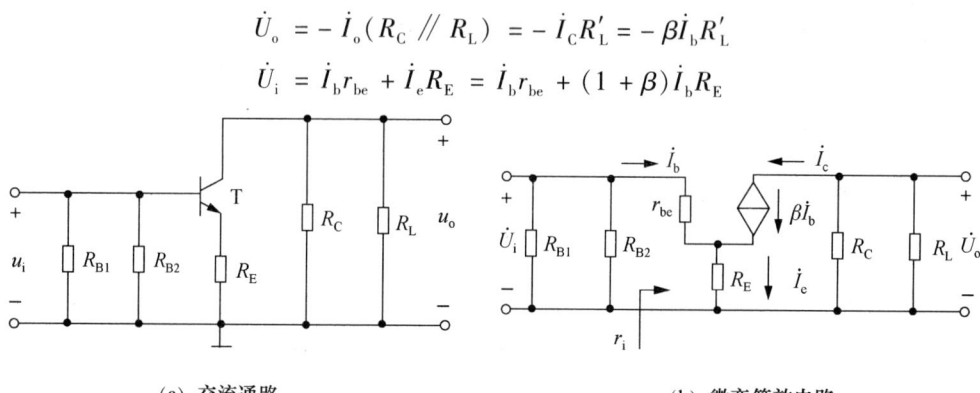

(a) 交流通路　　　　　　(b) 微变等效电路

图 7-13 不接 C_E 时的电路

故

$$A'_u = \frac{\dot{U}_o}{\dot{U}_i} = \frac{-\beta\dot{I}_b R'_L}{\dot{I}_b r_{be} + (1+\beta)\dot{I}_b R_E} = -\beta\frac{R'_L}{r_{be} + (1+\beta)R_E} \quad (7\text{-}19)$$

$$r_i = \frac{\dot{U}_i}{\dot{I}_b} = \frac{\dot{I}_b r_{be} + (1+\beta)\dot{I}_b R_E}{\dot{I}_b} = r_{be} + (1+\beta)R_E$$

$$R'_i = r_i \parallel R_{B1} \parallel R_{B2}$$

$$= [r_{be} + (1+\beta)R_E] \parallel R_{B1} \parallel R_{B2} \quad (7\text{-}20)$$

根据输出电阻的定义，可得用加压求流法计算输出电阻的等效电路如图 7-14 所示。由图可知 $I_b = 0$，所以

$$R_o = \frac{\dot{U}}{\dot{I}} \approx R_C \quad (7\text{-}21)$$

将有关数据分别代入式(7-19) ～式(7-21) 得

$$A'_u \approx -0.36$$

$$R'_i \approx 103.25 \text{ k}\Omega$$

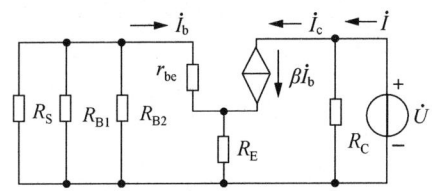

图 7-14 不接 C_E 时求输出电阻的等效电路

$$R'_o = 3 \text{ k}\Omega$$

由此可知,电压放大倍数下降了很多,但输入电阻得到了提高。所以要根据电路的具体要求选择 R_E 的量值及旁路电容器。从式(7-19)可知,由于 $(1+\beta)R_E \gg r_{be}$,则 $A_u \approx -\dfrac{R'_L}{R_E}$,管子 β 和温度的变化对 A_u 无多大影响,这种电路性能较稳定且对维修更换管子较为方便。

7.2 其他放大电路

7.2.1 共集电极放大电路

1. 电路的组成及工作原理

共集电极放大电路的组成如图 7-15(a) 所示。图 7-15(b) 所示为微变等效电路,由交流通路可见,基极是信号的输入端,集电极则是输入、输出回路的公共端,所以是共集电极放大电路,发射极是信号的输出端,又称为射极输出器。各元件的作用与共发射极放大电路基本相同,只是 R_E 除具有稳定静态工作点外,还作为放大电路空载时的负载。

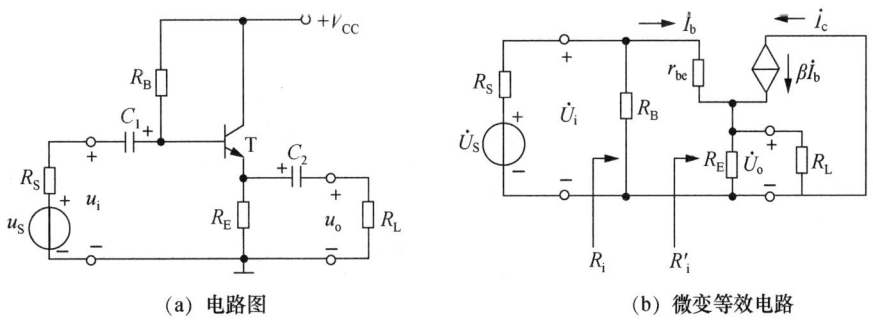

(a) 电路图　　　　　(b) 微变等效电路

图 7-15 共集电极放大电路

(1) 静态分析。

由图 7-15(a) 可得方程
$$V_{CC} = I_B R_B + U_{BE} + (1+\beta)I_B R_E$$
则

$$I_B = \frac{V_{CC} - U_{BE}}{R_B + (1+\beta)R_E} \tag{7-22}$$

$$I_C = \beta I_B \tag{7-23}$$

$$U_{CE} = V_{CC} - I_E R_E \approx V_{CC} - I_C R_E \qquad (7\text{-}24)$$

(2) 动态分析。

① 电压放大倍数 A_u。

由图 7-15(b) 可知

$$\dot{U}_i = \dot{I}_b r_{be} + \dot{I}_e R'_L = \dot{I}_b [r_{be} + (1+\beta) R'_L]$$

$$\dot{U}_o = \dot{I}_e R'_L = (1+\beta) \dot{I}_b R'_L$$

式中，$R'_L = R_E // R_L$。故

$$\dot{A}_u = \frac{\dot{U}_o}{\dot{U}_i} = \frac{\dot{I}_b (1+\beta) R'_L}{\dot{I}_b [r_{be} + (1+\beta) R'_L]} = \frac{(1+\beta) R'_L}{r_{be} + (1+\beta) R'_L} \qquad (7\text{-}25)$$

一般来说，$(1+\beta) R'_L \gg r_{be}$，故 $A_u \approx 1$，即共集电极放大电路输出电压与输入电压大小近似相等，相位相同，没有电压放大作用。

② 输入电阻 R_i。

$$R'_i = \frac{\dot{U}_i}{\dot{I}_b} = \frac{\dot{I}_b r_{be} + (1+\beta) \dot{I}_b R'_L}{\dot{I}_b} = r_{be} + (1+\beta) R'_L$$

故

$$R_i = R_B // R'_L = R_B // [r_{be} + (1+\beta) R'_L] \qquad (7\text{-}26)$$

式(7-26) 说明，共集电极放大电路的输入电阻比较高，它一般比共射基本放大电路的输入电阻高几十倍到几百倍。

③ 输出电阻 R_o。

将图 7-15(b) 中的信号源 U_S 短路，负载 R_L 断开，计算 R_o 的等效电路如图 7-16 所示。由图 7-16 可得

$$\dot{I} = \dot{I}_e + \dot{I}_b + \beta \dot{I}_b = \dot{I}_e + (1+\beta) \dot{I}_b$$

$$= \frac{\dot{U}}{R_E} + (1+\beta) \frac{\dot{U}}{r_{be} + R'_S}$$

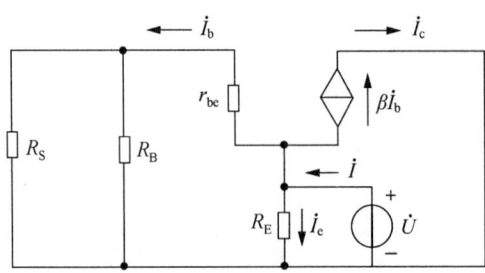

图 7-16 计算输出电阻的等效电路

式中，$R'_S = R_S // R_B$。故

$$R_o = \frac{\dot{U}}{\dot{I}} = R_E // \left(\frac{r_{be} + R'_S}{1+\beta} \right)$$

通常，$R_E \gg \dfrac{r_{be} + R'_S}{1+\beta}$，所以

$$R_\text{o} \approx \frac{r_\text{be} + R'_\text{S}}{1+\beta} = \frac{r_\text{be} + (R_\text{S} /\!/ R_\text{B})}{1+\beta} \qquad (7\text{-}27)$$

式(7-27)中，信号源内阻和三极管输入电阻 r_be 都很小，而管子的 β 值一般较大，所以共集电极放大电路的输出电阻比共发射极放大电路的输出电阻小得多，一般在几十欧左右。

【例7-5】 若如图 7-15(a) 所示电路中各元件参数为：$V_\text{CC} = 12\text{ V}$，$R_\text{B} = 240\text{ k}\Omega$，$R_\text{E} = 3.9\text{ k}\Omega$，$R_\text{S} = 600\text{ }\Omega$，$R_\text{L} = 12\text{ k}\Omega$；$\beta = 60$，$C_1$ 和 C_2 容量足够大。试求：A_u、R_i、R_o。

【解】 由式(7-22) 可得

$$I_\text{B} = \frac{V_\text{CC} - U_\text{BE}}{R_\text{B} + (1+\beta)R_\text{E}} \approx \frac{12}{240 + (1+60) \times 3.9} \approx 25(\mu\text{A})$$

$$I_\text{E} \approx I_\text{C} = \beta I_\text{B} = 60 \times 25 = 1.5\text{ (mA)}$$

因此

$$r_\text{be} = 300 + (1+\beta)\frac{26}{I_\text{E}} = 300 + (1+60) \times \frac{26}{1.5} \approx 1.4(\text{k}\Omega)$$

又因为

$$R'_\text{L} = R_\text{E} /\!/ R_\text{L} = \frac{3.9 \times 12}{3.9 + 12} \approx 2.9(\text{k}\Omega)$$

由式(7-25)～式(7-27) 可得

$$A_\text{u} = \frac{(1+\beta)R'_\text{L}}{r_\text{be} + (1+\beta)R'_\text{L}} = \frac{(1+60) \times 2.9}{1.4 + (1+60) \times 2.9} \approx 0.99$$

$$R_\text{i} = R_\text{B} /\!/ [r_\text{be} + (1+\beta)R'_\text{L}] = 240 /\!/ [1.4 + (1+60) \times 2.9] \approx 102(\text{k}\Omega)$$

$$R_\text{o} \approx \frac{r_\text{be} + (R_\text{S} /\!/ R_\text{B})}{1+\beta} = \frac{1.4 \times 10^3 + (0.6 /\!/ 240) \times 10^3}{1 + 60} \approx 33(\Omega)$$

2. 电路的特点及应用

通过以上分析可知，共集电极放大电路的主要特点是：输入的电阻高，传递信号源信号效率就高；输出电阻低，带负载的能力就强；电压放大倍数小于1 而接近于1，且输出电压与输入电压相位相同，具有跟随特性。虽然没有电压放大作用，但仍有电流放大作用，因而有功率放大作用。这些特点使它在电子电路中获得了广泛的应用。

(1) 作为多级放大电路的输入级。由于输入的电阻高可使输入到放大电路的信号电压基本上等于信号源电压，因此常用在测量电压的电子仪器中作为输入级。

(2) 作为多级放大电路的输出级。由于输出电阻小提高了放大电路的带负载能力，因此常用于负载电阻较小和负载变动较大的放大电路的输出级。

(3) 作为多级放大电路的缓冲级。将发射极输出器接在两级放大电路之间，利用其输入电阻高、输出电阻小的特点。可作为阻抗变换用，在两级放大电路中间起缓冲作用。

7.2.2 共基极放大电路

共基极放大电路主要作用是高频信号放大，频带宽，其电路组成如图 7-17 所示。图中 R_B1、R_B2 为发射结提供正向偏置，公共端三极管的基极通过一个电容器接地，不能直接接地；否则，基极上得不到直流偏置电压。输入端发射极可以通过一个电阻或一个线圈与电源的负极连接，输入信号加在发射极与基极之间（输入信号也可以通过电感耦合接入放大电路）。集电极为输出端，输出信号从集电极和基极之间取出。

由于在共基极放大电路的输入回路中有一个很大的发射极电流，因此共基极放大电路的输入电阻很小。反之,其输出电阻却较大。又因为输出端是集电极,输入端是发射极,所以共基极放大电路的电流放大系数小于1。

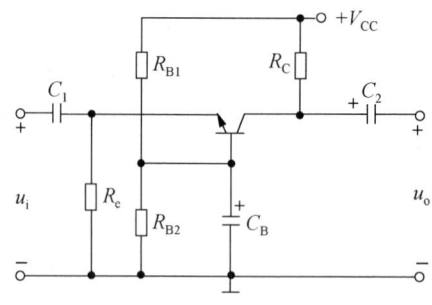

图 7-17　共基极放大电路

上面介绍了基本放大电路的 3 种组态,现将它们的特点及其应用做一个比较。

(1) 共发射极放大电路的电压放大倍数及电流放大倍数都比较高;同时,输入电阻与输出电阻也比较适中,当对输入、输出电阻没有特殊要求时,均可采用。共发射极放大电路常用于低频电压放大的输入中间级和输出级。

(2) 共集电极电路具有电压跟随的特点,如果输入电阻越高,输出电阻就越低。利用它的输入电阻高的特点,用作多级放大电路的输入级,可以减小对信号源的影响;此外,还可以放在多级放大电路的中间,起隔离作用。另外,共集电极放大电路具有输出电阻低、带负载能力强的特点,可以作为输出级。

(3) 共基极放大电路的特点是输入电阻低,使晶体管结电容的影响不明显,其截止频率很高,频响好,在高频电路中可作为宽频带放大器。另外,还可以利用共基极放大电路的输出电阻高的特点可作为恒流源。

7.2.3　多级放大电路

1. 多级放大电路概述

在许多情况下,输入信号是很微弱的(毫伏或微伏级),要把这样微弱的信号放大到足以带动负载,仅用一级电路放大是做不到的,必须经多级放大,以满足放大倍数和其他性能方面的要求。一般多级放大器的组成方框图如图 7-18 所示。

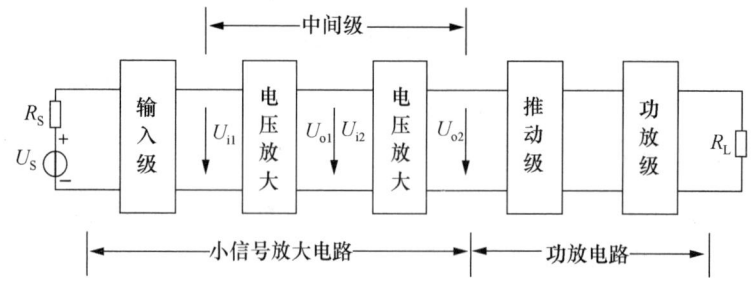

图 7-18　多级放大电路组成方框图

根据信号源和负载性质的不同,对各级电路有不同的要求,输入级一般要求有尽可能高的输入电阻和低的静态工作电流;中间级主要提高电压的放大倍数,一般选用 2～3 级,级数过多易产生自激振荡,在音频应用中表现为"啸叫";推动级(或称激励级)输出一定的信号幅度推动功率放大电路工作;功放级则以一定的功率驱动负载工作。

2. 级间耦合

在多级放大器中,每两个单级放大电路之间的连接方式称为级间耦合。实现耦合的电路称为级间耦合电路,其任务是将前级信号传送到后级。对级间耦合电路的基本要求是:不引起信号失真;尽量减小信号电压在耦合电路上的损失。目前,常用的耦合方式有阻容耦合(分立元件电路)和直接耦合(集成电路)。

(1)阻容耦合是指用较大容量的电容连接两个单级放大电路的连接方式,其特点是各级静态工作点互不影响,电路调试方便,但信号有损失。

(2)直接耦合是指用导线连接两个单级放大电路的连接方式,其特点是信号无损失,但各级静态工作点相互影响,电路调试麻烦。

3. 多级放大电路分析

实际应用中,多级放大电路分析主要指确定电压放大倍数和输入电阻、输出电阻等动态性能指标。除功率放大电路外,其他组成部分都可用简化微变等效电路来分析、计算。

(1)多级放大电路电压放大倍数的计算。

多级放大电路不论采用何种耦合方式和何种组态电路,从交流参数来看:前级的输出信号(如 U_{o1})为后级的输入信号(如 U_{i2});而后级的输入电阻(如 R_{i2})为前级的负载电阻。因此,由图 7-18 可知,两级电压放大器的放大倍数分别为

$$A_{u1} = \frac{U_{o1}}{U_{i1}}$$

$$A_{u2} = \frac{U_{o2}}{U_{i2}}$$

由于 $U_{o1} = U_{i2}$,因此两级放大电路总的电压放大倍数为

$$A_u = \frac{U_{o2}}{U_{i1}} = \frac{U_{o1}}{U_{i1}} \cdot \frac{U_{o2}}{U_{i2}}$$

即

$$A_u = A_{u1} \cdot A_{u2} \tag{7-28}$$

该式可推广到 n 级放大电路

$$A_u = A_{u1} \cdot A_{u2} \cdot \cdots \cdot A_{un} \tag{7-29}$$

可见,多级放大电路总的电压放大倍数等于各级电路电压放大倍数的乘积。在计算单级放大电路电压放大倍数时,把后一级的输入电阻作为本级的负载即可。

当多级放大电路的电压放大倍数很高时,可用增益来衡量放大电路的放大能力。增益的定义为

$$G_u = 20 \lg |A_u|$$

增益的单位为分贝(dB)。由上式可知:电压放大倍数每增加 10 倍,增益增加 20 dB。

(2)多级放大电路的输入电阻和输出电阻。

多级放大电路的输入电阻即为第一级放大电路的输入电阻;多级放大电路的输出电阻即为最后一级(第 n 级)放大电路的输出电阻。故

$$R_i = R_{i1} \tag{7-30}$$

$$R_o = R_{on} \tag{7-31}$$

【例 7-6】 某电子设备的两级阻容耦合放大电路如图 7-19(a) 所示，各元件参数为：$V_{CC} = 12\text{ V}$，$R_{B1} = 100\text{ k}\Omega$，$R_{B2} = 39\text{ k}\Omega$，$R_{C1} = 5.6\text{ k}\Omega$，$R_{E1} = 2.2\text{ k}\Omega$，$R'_{B1} = 82\text{ k}\Omega$，$R'_{B2} = 47\text{ k}\Omega$，$R_{C2} = 2.7\text{ k}\Omega$，$R_{E2} = 2.7\text{ k}\Omega$，$R_L = 3.9\text{ k}\Omega$，$r_{be1} = 1.4\text{ k}\Omega$，$r_{be2} = 1.3\text{ k}\Omega$，$\beta_1 = \beta_2 = 50$。求：电压放大倍数、输入电阻、输出电阻。

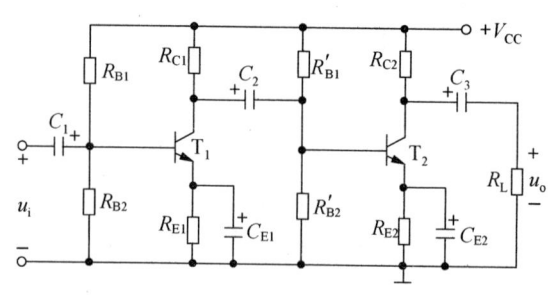

(a) 电路图

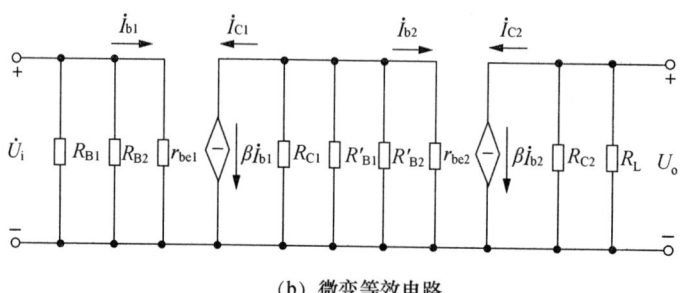

(b) 微变等效电路

图 7-19　例 7-6 图

【解】 其微变等效电路如图 7-19(b) 所示。由于

$$R_{L1} = R'_{B1} /\!/ R'_{B2} /\!/ r_{be2} = 82 /\!/ 47 /\!/ 1.3 \approx 1.3 \text{ (k}\Omega)$$

$$R'_{L1} = R_{C1} /\!/ R_{L1} = 5.6 /\!/ 1.3 \approx 1.06 \text{ (k}\Omega)$$

由式(7-7) 可得

$$A_{u1} = -\beta_1 \frac{R'_{L1}}{r_{be1}} = -50 \times \frac{1.06}{1.4} \approx -37.9$$

而

$$R'_{L2} = R_{C2} /\!/ R_L = 2.7 /\!/ 3.9 \approx 1.6 \text{ (k}\Omega)$$

$$A_{u2} = -\beta_2 \frac{R'_{L2}}{r_{be2}} = -50 \times \frac{1.6}{1.3} \approx -61.5$$

故

$$A_u = A_{u1} A_{u2} = -37.9 \times (-61.5) \approx 2330.85$$

由式(7-30) 和式(7-31) 可得

$$R_i = R_{i1} = R_{B1} /\!/ R_{B2} /\!/ r_{be1} = 100 /\!/ 39 /\!/ 1.4 \approx 1.3 \text{ (k}\Omega)$$

$$R_o = R_{C2} = 2.7 \text{ k}\Omega$$

4. 多级放大电路的频率特性

放大电路接收信号的类型很多，有电台播音中的语言和音乐信号、仪表测量信号、电

视图像和伴音信号以及各种波形信号等。这些信号并不是单一频率,它们包含着许多频率不同的正弦波,从几赫兹到几兆赫兹。前述动态分析时,把电容作短路处理,在一定频率内是正确的。当频率范围较大时,由于电容的容抗($X_C = \dfrac{1}{2\pi f C}$)是频率的函数,$X_C$ 不能再作短路处理。此时,X_C 对信号的传输和放大将产生影响,这种影响可用幅频特性和相频特性来衡量。幅频特性是指放大电路的电压放大倍数与频率之间的关系。相频特性是指输出电压相对于输入电压的相位移(相位差)φ 与频率之间的关系。幅频特性和相频特性统称为频率特性或频率响应。单级阻容耦合放大电路的频率特性如图 7-20 所示。

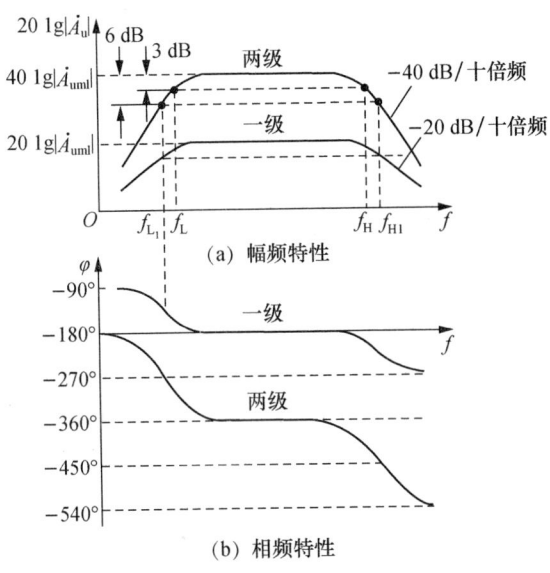

图 7-20　单级阻容耦合放大电路的频率特性

由图 7-20 可知:放大电路在某一段频率范围内,电压放大倍数 A_u 与频率无关,输出信号相对于输入信号的相位移为 180°(倒相);随着频率的升高或降低,电压放大倍数都要下降,相位移也要发生变化。当电压放大倍数 A_u 下降到 $0.707 A_{um}$ 时,所对应的两个频率分别称为下限频率 f_L 和上限频率 f_H,这两个频率之间的频率范围,称为放大电路的通频带 BW(简称"带宽")。

低频段电压放大倍数下降的主要原因是:耦合电容的容抗随频率降低而增大,在输入端耦合电容上压降增大,传送到三极管基极和发射极之间的信号电压减小;在输出端耦合电容上压降增大,会造成实际送给负载上的信号减小;发射极旁路电容上交流压降增大,三极管基极和发射极之间的信号减小。这 3 个方面导致了低频端电压放大倍数的下降。

高频段电压放大倍数下降的主要原因是:三极管的 β 值随频率的升高而减小;当频率高到一定程度时,三极管极间电容和分布电容(相当于并联在放大器的输入端和输出端)的容抗随频率的升高而减小,对交流信号的分流作用增大。这两个方面造成了高频端电压放大倍数的下降。

两级阻容耦合放大电路的频率特性如图 7-21 所示,它是将每一级放大电路的频率特性叠加而成的。多级放大电路的频率特性可用类似的方法获得。

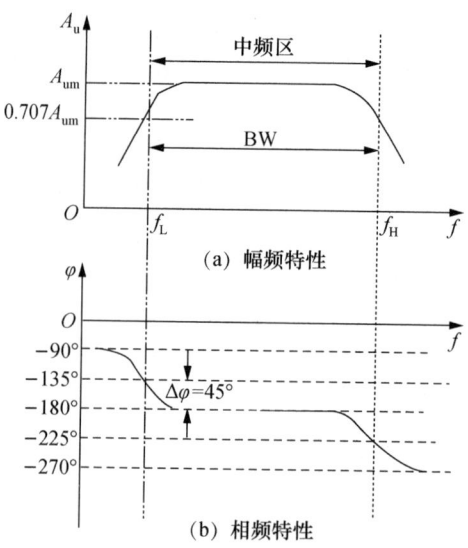

图 7-21 两级放大电路的频率特性

7.2.4 场效应管放大电路

场效应管具有很高的输入电阻、较小的温度系数和较低的热噪声，较多地应用于低频与高频放大电路的输入级、自动控制调节的高频放大级和测量放大电路中。大功率的场效应管也可用于推动级和末级功放电路。

1. 场效应管偏置电路及静态分析

与双极型三极管放大电路一样，场效应管放大电路也由偏置电路建立一个合适而稳定的静态工作点。所不同的是，场效应管是电压控制器件，它只需要合适的偏压，而不需要偏流；另外，不同类型的场效应管，对偏置电压的极性有不同的要求。

（1）自偏压电路。

如图 7-22 所示是 N 沟道耗尽型 MOSFET 组成的共源极放大电路的自偏压电路。对于耗尽型场效应管，即使在栅源之间不外加电压，也有漏极电流 i_D，它流经电阻 R_S 时，产生源极电位 $u_S = i_D R_S$；由于栅极不取电流，R_G 上没有压降，栅极电位 $u_G = 0$，因此栅极偏压为

$$u_{GS} = u_G - u_S = -i_D R_S \tag{7-32}$$

可见，这种偏压是依靠场效应管自身电流 i_D 产生的，故称为自偏压电路。图 7-22 中 R_G 的阻值很大，但通常不超过 5 MΩ。因为这种管子只有当 $u_{GS} \geqslant U_{GS(th)}$ 时才有漏极电流产生，所以这种偏压形式只适用于由耗尽型场效应管（含 JFET）构成的放大电路，而不能用于由增强型 MOSFET 构成的放大电路。

（2）分压偏置电路。

自偏压电路只适用于由耗尽型 MOSFET 或结型场效应管组成的放大电路。对增强型 MOSFET，其偏置电压必须通过分压器来产生，如图 7-23 所示。静态时，源极电位为 $U_S = I_D R_S$；由于栅极电流为零，R_{G3} 上没有电压降，故栅极电位 $U_G = V_{DD} \cdot \dfrac{R_{G2}}{R_{G1} + R_{G2}}$，因此栅源电压为

$$U_{GS} = U_G - U_S = \frac{R_{G2}}{R_{G1}+R_{G2}} \cdot V_{DD} - I_D R_S \tag{7-33}$$

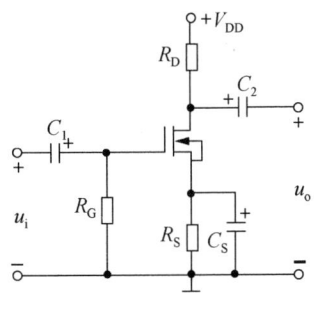
图 7-22 自偏压电路

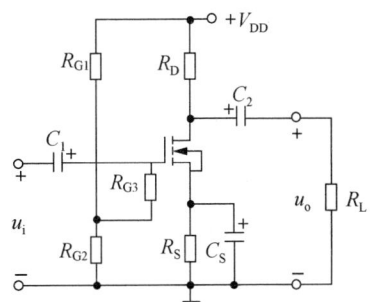
图 7-23 分压式偏置电路

2. 场效应管微变等效电路

场效应管也是非线性器件，但当工作信号幅度足够小，且工作在恒流区时，场效应管也可用微变等效电路来代替。

从输入电路看，由于场效应管输入电阻 r_{gs} 极高（$10^8 \sim 10^{15}\ \Omega$），栅极电流 $i_g \approx 0$，因此，可认为场效应管的输入回路（g、s 极间）开路。

从输出回路看，场效应管的漏极电流 i_d 主要受栅源电压 u_{gs} 控制，这一控制能力用跨导 g_m 表示，即 $i_d = g_m u_{gs}$。因此，场效应管的输出回路可用一个受栅源电压控制的受控电流源来等效。

综上所述，场效应管的微变等效电路如图 7-24 所示。

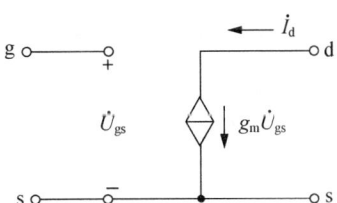
图 7-24 场效应管微变等效电路

3. 场效应管放大电路的微变等效电路分析

（1）共源极放大电路。

共源极放大电路如图 7-22 或图 7-23 所示，两者交流通路没有本质区别，只是 R_G 不同。下面以图 7-22 为例分析动态性能指标，其简化微变等效电路如图 7-25 所示。

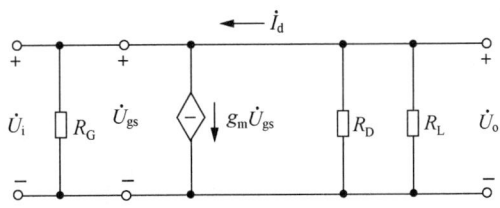
图 7-25 共源极放大电路的微变等效电路

① 电压放大倍数 A_u。

由图 7-25 可知

$$\dot{U}_o = -g_m \dot{U}_{gs}(R_D \mathbin{/\mkern-6mu/} R_L) = -g_m \dot{U}_i R'_L$$

式中,$\dot{U}_{gs} = \dot{U}_i$;$R'_L = R_D \mathbin{/\mkern-6mu/} R_L$。

故

$$\dot{A}_u = \frac{\dot{U}_o}{\dot{U}_i} = -g_m R'_L \tag{7-34}$$

式中,负号表示输出电压与输入电压反相。

② 输入电阻 R_i 和输出电阻 R_o。

由图 7-25 可知

$$R_i = R_G \tag{7-35}$$

$$R_o = R_D \tag{7-36}$$

【例 7-7】 N 沟道结型场效应管自偏压放大电路如图 7-26 所示,已知 $V_{DD} = 18$ V,$R_D = 10$ kΩ,$R_S = 2$ kΩ,$R_G = 4$ MΩ,$R_L = 10$ kΩ,$g_m = 1.16$ mS。试求:A_u,R_i,R_o。

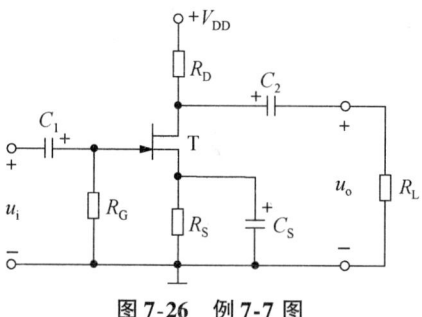

图 7-26 例 7-7 图

【解】 由式(7-30)~式(7-32) 得

$$\dot{A}_u = -g_m R'_L = -g_m(R_D \mathbin{/\mkern-6mu/} R_L) = -1.16 \times \frac{10 \times 10}{10 + 10} = -5.8$$

$$R_i = R_G = 4 \text{ MΩ}$$

$$R_o = R_D = 10 \text{ kΩ}$$

(2) 共漏极放大电路。

共漏极放大电路又称源极输出器,其电路如图 7-27(a) 所示,图 7-27(b) 为其微变等效电路。

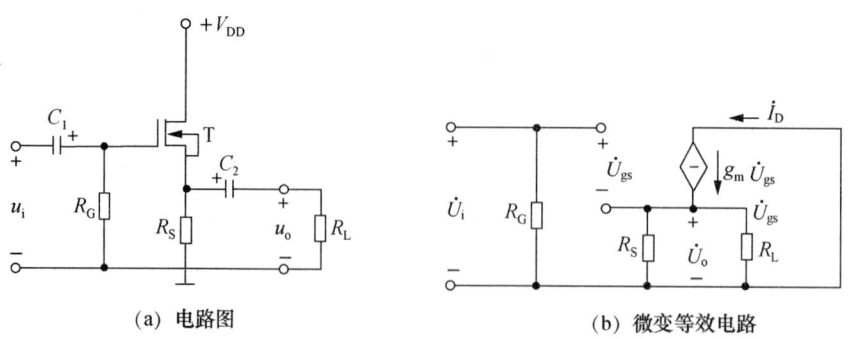

(a) 电路图　　　　　　　　　　　(b) 微变等效电路

图 7-27 共漏极放大电路

① 电压放大倍数 A_u。

由图 7-27(b) 可知

$$A_u = \frac{\dot{U}_o}{\dot{U}_i} = \frac{g_m \dot{U}_{gs} R'_L}{\dot{U}_{gs} + g_m \dot{U}_{gs} R'_L} = \frac{g_m R'_L}{1 + g_m R'_L} \tag{7-37}$$

式中，$R'_L = R_S // R_L$。

从式(7-37) 可知，输出电压与输入电压同相，且由于 $g_m R'_L \gg 1$，故 A_u 小于 1，但接近于 1。

② 输入电阻 R_i 和输出电阻 R_o。

由图 7-27（b）可知

$$R_i = R_G \tag{7-38}$$

求输出电阻的等效电路如图 7-28 所示，由图可知

$$\dot{i} = \dot{I}_S - \dot{I}_D = \frac{\dot{U}}{R_S} - g_m \dot{U}_{gs}$$

由于栅极电流 $\dot{I}_g = 0$，故

$$\dot{U}_{gs} = -\dot{U}$$

所以

$$\dot{i} = \frac{\dot{U}}{R_S} + g_m \dot{U}$$

即

$$R_o = \frac{\dot{U}}{\dot{i}} = \frac{1}{\frac{1}{R_S} + g_m} = R_S // \frac{1}{g_m} \tag{7-39}$$

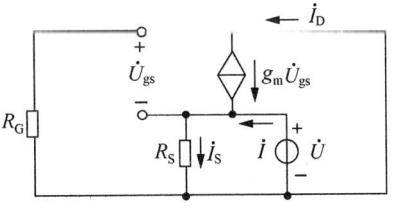

图 7-28　R_o 等效电路

场效应管还可接成共栅（与共基组态对应）放大电路，这里不再赘述。

7.3　功率放大电路

实际工程中，往往要利用放大后的信号去控制某种执行机构。例如，扬声器的发声、电动机的转动、记录仪表的动作、继电器的闭合等。为了推动这些负载，不仅要求有较大的电压输出，而且要求有较大的电流输出，即要求有较大的功率输出。因此，多级放大电路的末级通常为功率放大电路。

功率放大和电压放大就其本质来说都是能量变换，都是利用晶体管电流的控制作用，

把直流电源供给的能量按输入信号变化的规律转换成随输入信号作相应变化的交流电压、电流和功率。不同之处是，电压放大电路通常在小信号情况下工作，要求有较高的电压放大倍数。而功率放大电路多在大信号情况下工作，要求有较大的功率输出。

7.3.1 功率放大电路的问题

1. 对功率放大电路的基本要求

对功率放大电路的基本要求主要有以下几个方面。

（1）输出功率尽可能大。为了获得较大的输出功率，要求功放管的电压和电流都有足够大的输出幅度，因此必然使三极管处于极限工作状态。

（2）非线性失真要小。由于信号大，工作的动态范围大，就要考虑到失真问题。

（3）效率要高。所谓效率，就是负载得到的交流信号功率与电源供给的直流功率之比值。为此需要寻求提高功率放大电路效率的途径。

（4）功率管的散热好。管子的损耗功率大，发热严重，必须选用大功率三极管，且要加装符合规定要求的散热装置。

2. 提高效率的途径

放大电路有3种工作状态，如图7-29所示。其中图7-29(a)的静态工作点Q大致在交流负载线的中点，这种工作状态称为甲类放大。在甲类工作状态，不论有无输入信号，电源供给的功率$P_E = V_{CC}I_C$总是不变的。当无信号输入时，电源功率全部消耗在管子和电阻上，以管子的集电极损耗为主。当有信号输入时，其中一部分转换为有用的输出功率P_o，另一部分转换为管耗。信号越大，输出功率也越大。可以证明，在理想的情况下，甲类功率放大电路的最高效率也只能达到50%。

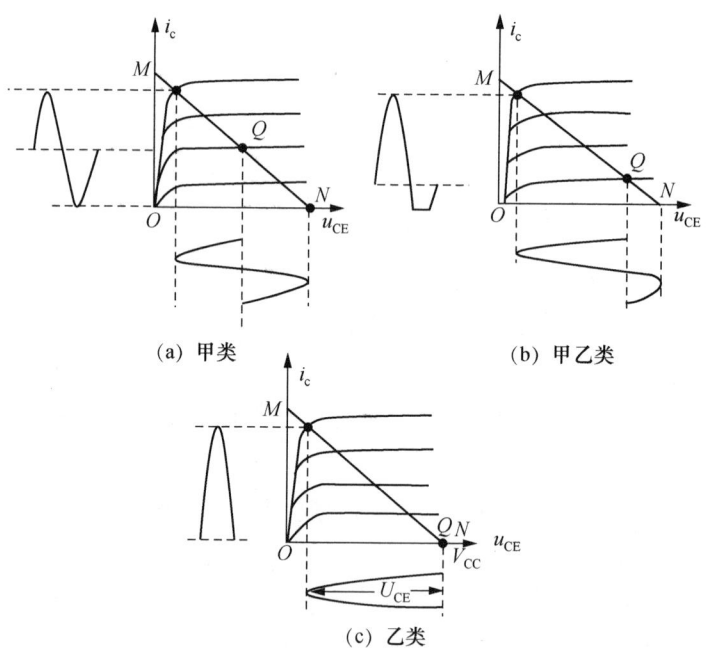

图7-29 放大电路的工作状态

从甲类放大电路可以看出，静态电流是造成管耗的主要因素，如果提高效率需降低管耗，要降低管耗，需减小集电极静态电流 I_C。若将静态工作点 Q 沿着负载线下移［如图 7-29(b) 所示］，则这种工作状态称为甲乙类放大。若将静态工作点 Q 移至 $I_C \approx 0$ 处（管耗基本为零），则此时晶体管只有正半周导通，这种工作状态称为乙类放大，如图 7-29(c) 所示。

由图 7-29 可知，在甲乙类和乙类状态下工作时，虽然提高了效率，但产生了严重的失真。因此，采用两个管配合使用的互补对称放大电路，它既能提高效率，又能减小信号波形的失真。

7.3.2 互补对称功率放大电路

1. 乙类 OCL 基本互补对称功率放大电路

如图 7-30 所示的放大电路采用直接耦合输出方式，无输出耦合电容，故称为 OCL（Output Capacitorless，无输出电容）互补对称功率放大电路。T_1 为 NPN 型三极管，T_2 为 PNP 型三极管。两管的基极相连作为输入端，偏置电流为零，工作在乙类状态，两管的发射极相连作为输出端接到负载 R_L 上；两管的集电极分别接上一组正电源和一组负电源。从电路中可知，每个管子组成共集组态放大电路，即射极电压跟随电路。为使输出波形正负半波对称，T_1 和 T_2 两管的特性和参数应选择尽可能相同。

（1）静态分析。

由于电路无偏置电压，故两管的静态工作点参数 U_{BE}、I_B、I_C 均为零，将 $I_C = 0$ 代入负载线方程 $U_{CE} = V_{CC} - I_C R_L$，必然有 $U_{CE} = V_{CC}$，即工作点位于横轴上的 Q 点，如图 7-29(c) 所示，故属于乙类工作状态。

（2）动态分析。

当输入信号 u_i 为正弦波时，在正半周期，T_1 管由于发射结正偏而导通，T_2 管发射结反偏而截止，T_1 管以射极输出器方式将正半周信号传送给负载 R_L，形成输出信号 u_o 的正半波，如图 7-30(a) 所示。在负半周期，T_1 管由于反偏而截止，T_2 管由于正偏而导通，此时，T_2 管以射极输出器方式将负半周信号传送给负载 R_L，形成输出电压 u_o 的负半波，如图 7-30(b) 所示。于是，在整个周期内，在负载 R_L 上获得了完整的输出电压 u_o 波形，如图 7-30(c) 所示。由以上分析可知：虽然输出电压 u_o 未被放大，但由于 $i_L = i_e = (1 + \beta) i_b$，具有电流放大作用，因此具有功率放大作用。

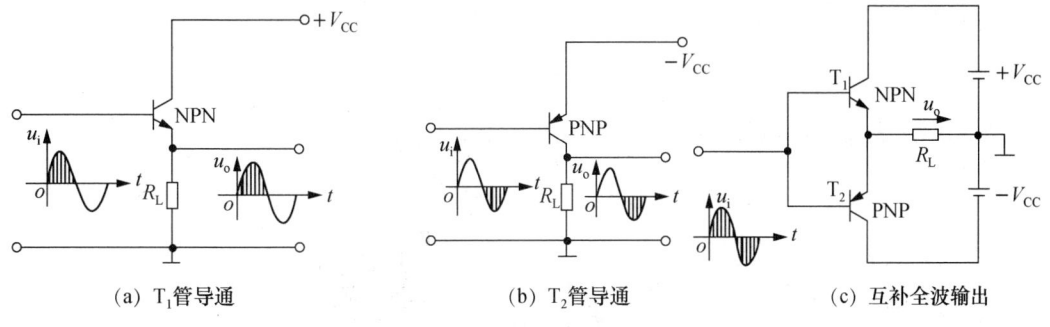

(a) T_1 管导通　　　　　(b) T_2 管导通　　　　　(c) 互补全波输出

图 7-30　乙类互补对称功率放大电路

这种电路，两个三极管轮流导通，推挽工作，且电路结构对称，所以称为互补对称电路。

如图 7-31 所示的为两管信号电流 i_{C1} 和 i_{C2} 波形及合成后的 u_{CE} 波形。从图中可知，任一个半周内，每个管子 c、e 间信号电压为 $|u_{CE}|=|V_{CC}|-|u_o|$，而输出电压 $u_o=-u_{CE}=i_oR_L$。在一般情况下，输出电压幅值为 $U_{om}=U_{cem}$，其大小随输入信号幅度而变化，而最大输出电压幅值 $U_{om}=V_{CC}-U_{CE}\approx V_{CC}$。这些参数之间的关系是计算输出功率和管耗的重要依据。

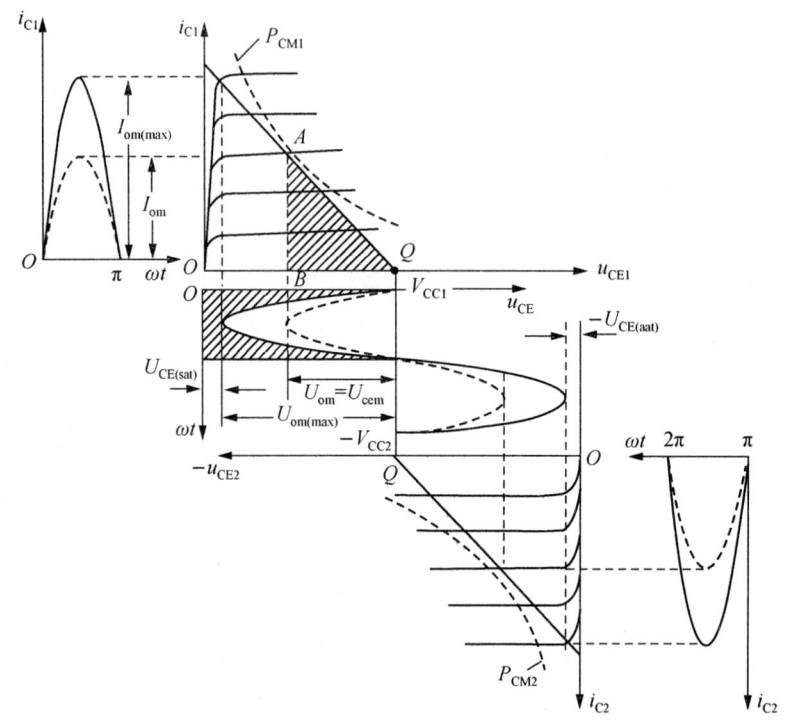

图 7-31 乙类工作状态输出电压、电流波形

(3) 参数计算。

① 最大输出功率 P_{om}。

功率放大电路最大输出功率取决于电源电压 V_{CC} 和三极管极限参数 I_{CM}、P_{CM}。在满足极限参数要求的情况下，由动态分析可知，最大的输出功率为

$$P_{om}=\frac{1}{2}I_{om}U_{om}=\frac{1}{2}\cdot\frac{U_{om}^2}{R_L}=\frac{1}{2}\cdot\frac{V_{CC}^2}{R_L} \qquad (7\text{-}40)$$

当功率放大器工作在非最大输出状态时，输出功率为

$$P_o=\frac{1}{2}I_{om}U_{om}=\frac{1}{2}\cdot\frac{U_{om}^2}{R_L}=\frac{1}{2}\cdot\frac{U_{im}^2}{R_L} \qquad (7\text{-}41)$$

② 直流电源供给的功率 P_U。

在 OCL 电路中，静态时，电源无功率输出，即静态管耗为零。有信号输入时，两管轮流工作，两电源交替提供脉动电流 i_{C1} 和 i_{C2}，因此，两个直流电源提供的功率取决于这两个电流的平均值。在一个周期内电源向两个功放管提供的直流功率 P_U 为

$$P_U = \frac{2}{\pi} \cdot \frac{U_{om}}{R_L} V_{CC} \tag{7-42}$$

由式(7-42)可知，负载一定时，直流电源提供的功率与输出电压成正比。当功率放大器工作在最大输出状态时，两个直流电源供给的总功率为

$$P_{Um} = \frac{2}{\pi} \cdot \frac{V_{CC}^2}{R_L} \tag{7-43}$$

③ 三极管管耗 P_V。

直流电源供给的功率与输出功率的差值，即为两只三极管上的管耗，所以每只管子的管耗为

$$P_V = \frac{1}{2}(P_U - P_o) \tag{7-44}$$

功率放大电路工作在最大输出状态时的管耗，并不是最大管耗，每只三极管的最大管耗约为 $0.2P_{om}$。

④ 效率 η。

功率放大电路的效率 η 定义为输出功率 P_o 与直流电源供给功率 P_U 的比值，即

$$\eta = \frac{P_o}{P_U} \tag{7-45}$$

当功率放大电路工作在最大输出状态时，效率为

$$\eta = \frac{P_{om}}{P_{Um}} = \frac{\dfrac{V_{CC}^2}{2R_L}}{\dfrac{2V_{CC}^2}{\pi R_L}} = \frac{\pi}{4} \approx 78.5\% \tag{7-46}$$

可见，由于管子工作在乙类状态，这种电路的功放效率是很高的，因此获得了广泛的应用。

(4) 功率管的选择。

功率管的极限参数有 P_{CM}、I_{CM}、$U_{(BR)CEO}$，应满足下列条件。

① 功率管集电极的最大允许功耗

$$P_{CM} \geqslant P_{T(MAX)} = 0.2 P_{O(max)} \tag{7-47}$$

② 功率管的最大耐压

$$U_{(BR)CEO} \geqslant 2V_{CC} \tag{7-48}$$

这是由于，一只管子饱和导通时，另一只管子承受的最大反压为 $2V_{CC}$。

③ 功率管的最大集电极电流

$$I_{CM} \geqslant \frac{V_{CC}}{R_L} \tag{7-49}$$

(5) 交越失真。

这种电路虽然效率较高，但也有不足之处，因为 T_1 和 T_2 两管都工作在零偏置情况，而三极管的输入特性曲线开始一段存在着死区和非线性，所以在输入信号 u_i 较小，输入端的电压不足以克服死区电压时，在两管交替导通时，交替处会出现一段"死区"，使输出电压 u_o 的波形出现了失真，称为交越失真，如图 7-32 所示。

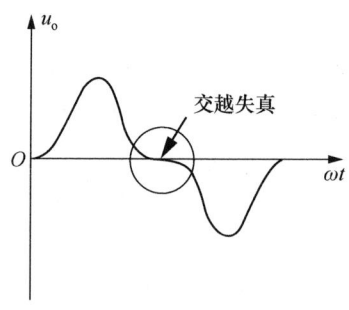

图 7-32 交越失真

2. 甲乙类 OCL 互补对称功率放大电路

为了减小交越失真，在具体应用时，静态工作点 Q 不设置在 $I_C \approx 0$ 处，而选在稍向上一些，让功放管工作于甲乙类放大状态，摆脱"死区"电压的影响，而使两管在静态时已有较小的基极电流 I_B，只要有输入信号，则总有一个管子导通，使轮流导通的交接点附近波形平滑，失真减小。

图 7-33 所示为甲乙类互补对称功率放大电路。利用二极管 D_1、D_2 上的正向压降给 T_1、T_2 的发射结提供一个正向偏置电压，使电路工作在甲乙类状态，从而消除交越失真。由于电路结构对称，因此静态时两管的发射极电位为零，即输出端没有直流压降。所以，在输出端不需要接隔直电容。

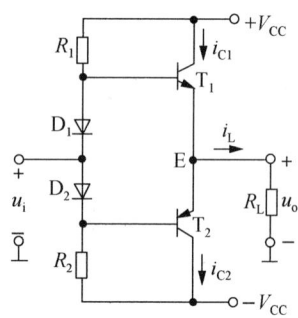

图 7-33 甲乙类互补对称功率放大电路

【例 7-8】 如图 7-33 所示电路中，$V_{CC} = \pm 24\text{ V}$，$R_L = 8\text{ }\Omega$，试求：

（1）当输入信号 $U_i = 12\text{ V}$（有效值）时，电路的输出功率、管耗、直流电源供给的功率及效率。

（2）输入信号增大致使管子在基本不失真的情况下输出最大功率时，互补对称电路的输出功率、管耗、电源供给的功率及效率。

（3）晶体管的极限参数。

【解】 （1）在 $U_i = 12\text{ V}$ 有效值时的幅值为 $U_{im} = \sqrt{2}\,U_i \approx 17\text{ V}$。

考虑到互补对称电路是射极跟随器，其电压放大倍数接近于 1，因此输出电压近似等于输入电压且同相，即 $U_{om} \approx U_{im} = 17\text{ V}$。

由式(7-41)可得

$$P_o = \frac{1}{2} \cdot \frac{U_{om}^2}{R_L} = \frac{1}{2} \cdot \frac{17^2}{8} \approx 18.1 \text{ (W)}$$

由式(7-42)可得

$$P_U = \frac{2}{\pi} \cdot \frac{U_{om}}{R_L} V_{CC} = \frac{2}{\pi} \cdot \frac{17}{8} \times 24 \approx 32.5 \text{ (W)}$$

由式(7-44)可得两只管子的管耗为

$$P_V = P_U - P_o = 32.5 - 18.1 = 14.4 \text{ (W)}$$

由式(7-45)可得

$$\eta = \frac{P_o}{P_U} = \frac{18.1}{32.5} \times 100\% \approx 55.7\%$$

(2) 在最大输出功率时,最大输出电压为24 V,此时,要求输入信号的幅值也是24 V,即 $U_{im} = U_{om}$。

由式(7-40)可得

$$P_{om} = \frac{1}{2} \cdot \frac{V_{CC}^2}{R_L} = \frac{1}{2} \cdot \frac{24^2}{8} = 36 \text{ (W)}$$

由式(7-43)可得

$$P_{Um} = \frac{2}{\pi} \cdot \frac{V_{CC}^2}{R_L} = \frac{2}{\pi} \cdot \frac{24^2}{8} \approx 45.8 \text{ (W)}$$

由式(7-44)可得两只管子的管耗为

$$P_V = P_U - P_o = 45.8 - 36 = 9.8 \text{ (W)}$$

此时,两管的功耗并不是最大功耗。

由式(7-45)可得

$$\eta = \frac{P_{om}}{P_{Um}} = \frac{36}{45.8} \times 100\% \approx 78.6\%$$

(3) 晶体管的极限参数。

$$P_{CM} \geqslant 0.2 P_{om} = 0.2 \times 36 = 7.2 \text{ (W)}（每一管）$$

$$U_{(BR)CEO} \geqslant 2V_{CC} = 2 \times 24 = 48 \text{ (V)}$$

$$I_{CM} \geqslant \frac{V_{CC}}{R_L} = \frac{24}{8} = 3 \text{ (A)}$$

3. 甲乙类 OTL 单电源互补对称功率放大电路

OCL 电路的特点是输出端可以省去隔直电容,改善放大电路在低频时的特性,目前得到了广泛的应用。但是这种电路需要用正负双电源供电。图 7-34 所示为单电源互补对称电路,又称为 OTL(Output Transformer-Less,无输出变压器)电路。

(1) 工作原理。

T_1、T_2 是两个特性和参数相近的功放管,利用电阻 R_1、R_2 及二极管 D_1、D_2 为 T_1 和 T_2 建立很小的偏流,使其工作在输入特性近似直线的部分。显然静态时 A 点和 E 点的电位都为 $\frac{1}{2}V_{CC}$。

当输入信号 u_i 为正半周时,T_1 导通,T_2 截止,电源通过 T_1 对电容 C_2 充电,T_1 以射极输出的形式将正方向的信号变化传给负载 R_L,形成输出信号 u_o 的正半周波形。

当输入信号 u_i 为负半周时,T_2 导通,T_1 截止,这时,电容 C_2 作为电源通过 T_2 对负

载电阻 R_L 放电，放电电流经过负载电阻 R_L 形成输出信号 u_o 的负半周波形。

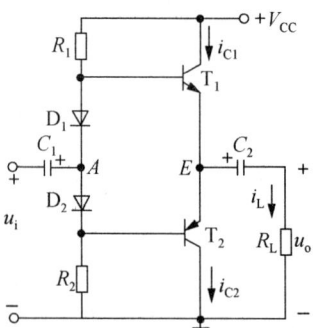

图 7-34　单电源 OTL 功放电路

这样，两个管子交替工作，在 R_L 上得到一个完整的正弦波形。可见，在此过程中，输出端电容 C_2 实际上起到了一个负电源的作用。

（2）实用 OTL 电路举例分析。

① 电路组成及各元件作用。

图 7-35 所示为具有自举电路的单电源甲乙类准互补对称功率放大电路。

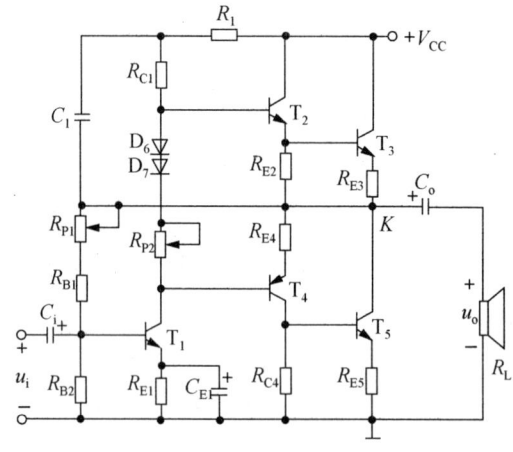

图 7-35　OTL 功率放大电路

T_1 为共发射极前置放大级，为功放管提供推动电压。

R_{P1}、R_{B1}、R_{B2} 为 T_1 的置偏电路，调节 R_{P1} 可改变 T_1 的静态工作点，同时还可使 $U_K = \frac{1}{2}V_{CC}$。

T_2T_3、T_4T_5 为两只复合三极管，分别等效为 NPN 和 PNP 型。复合管的总电流放大系数为两只管子电流放大系数的乘积。复合管连接的原则是按两管电流前后流向一致的规律连接。复合管的等效管型取决于前一只管子的管型。采用复合管可降低配对的 NPN 型和 PNP 型三极管（如 T_2、T_4）的要求。

D_6、D_7、R_{P2} 为 T_2T_3、T_4T_5 提供合适的静态工作点，调节 R_{P2} 可以改变静态工作点；C_o 为输出耦合电容，一方面将放大后的交流信号耦合给负载 R_L，另一方面作为 T_4、T_5 导通时的直流电源，因此要求容量大，稳定性高。若 C_o 漏电或失容，在显示器中表现为光栅中间出现特别亮的亮带或很窄的光栅。

C_1、R_1 为自举电路。在 T_1 输出为正时，K 点为正半周输出，K 点电位升高，由于 C_1 电压不能突变，相当于电源瞬时电压提高，扩大了输出正半周的动态范围，这种作用称为自举。若无 R_1，则没有自举作用，若 C_1 失容，输出可能出现正半周失真，在显示器中表现为画面卷边。

② 工作原理。

当输入信号 u_i 为负半周时，T_1 集电极信号为正半周，T_2、T_3 导通，T_4、T_5 截止。在信号电流流向负载 R_L 形成正半周输出的同时，向 C_o 充电，使 $U_{C_o} = V_{CC}/2$；在 u_i 正半周时，T_1 集电极信号为负半周，T_2、T_3 截止，T_4、T_5 导通。此时，C_o 上的 $V_{CC}/2$ 与 T_4、T_5 形成放电回路，若时间常数 $R_L C$ 远大于输入信号的半周期，则电容上电压基本不变，而流过管子和负载的电流仍由基极控制，这样在负载上获得负半周输出信号，于是负载上获得完整的正弦信号输出。输出的最大幅度接近 $V_{CC}/2$。

③ 参数计算。

OTL 电路与 OCL 电路相比，每个功放管实际工作电源电压为 $V_{CC}/2$，因此将式(7-40)～式(7-46) 中 V_{CC} 用 $V_{CC}/2$ 替换即得相应的参数计算公式。

【例 7-9】 如图 7-36 所示电路中，已知：$R_{B1} = 22\text{ k}\Omega$，$R_{B2} = 47\text{ k}\Omega$，$R_{E1} = 24\,\Omega$，$R_{E2} = R_{E3} = 0.5\,\Omega$，$R_1 = 240\,\Omega$，$R_P = 470\,\Omega$，$R_L = 8\,\Omega$，$T_2$ 为 3DD01A，T_3 为 3CD10A，D_4、D_5 为 2CP。试求：

（1）最大输出功率。

（2）若负载 R_L 上的电流为 $i_L = 0.8\sin\omega t$ A 时的输出功率和输出电压幅值。

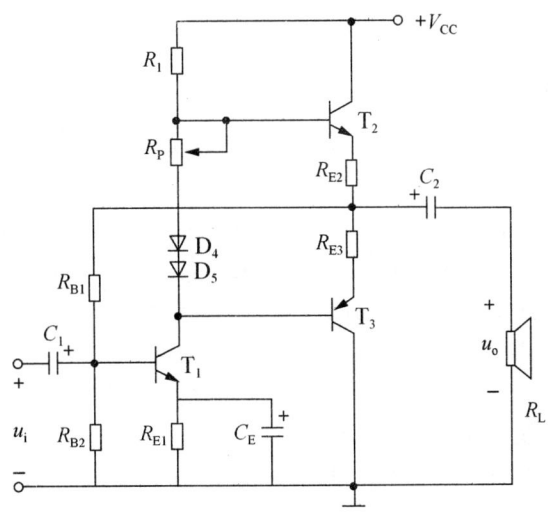

图 7-36 例 7-9 电路

【解】 （1）最大输出功率

$$P_{om} = \frac{1}{2} \cdot \frac{(\frac{1}{2}V_{CC})^2}{R_L} = \frac{1}{2} \times \frac{12^2}{8} = 9 \text{ (W)}$$

(2) 输出功率

$$P_o = \frac{1}{2} \times 0.8^2 \times 8 = 2.56 \text{ (W)}$$

输出电压幅值

$$U_{om} = 0.8 \times 8 = 6.4 \text{ (V)}$$

4. 桥式平衡功率放大器

对于便携式的设备（如收音机、录音机等），其功率放大器通常采用单电源供电的 OTL 电路。为了获得足够大的输出功率，应提高电源电压，这需要携带较多的电池，增加了重量。因此，对这类设备，输出功率与电源电压成为突出矛盾。为此，人们研究出了低电压下能输出大功率的电路——平衡式无变压器电路，又称 BTL（Balanced Transformer Less）电路或桥式平衡电路。

如图 7-37 所示为桥式平衡功率放大器的原理电路。它由 4 只管子组成。静态时，R_L 上无电流流过。当输入信号 U_i 为正半周时，T_1、T_4 导通。若忽略它们的饱和压降，则负载 R_L 上的输出电压幅度为 V_{CC}；当 U_i 为负半周时，T_2、T_3 导通，R_L 上的输出电压幅度也为 V_{CC}。这样，R_L 上得到的是完整的输出信号波形。

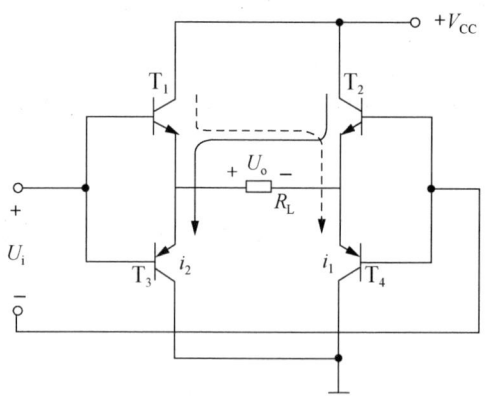

图 7-37　BTL 原理电路

在负载一定的条件下，BTL 电路的输出功率可达 OTL 电路的 4 倍。BTL 电路虽为单电源供电，却不需要输出耦合电容，输出端与负载可直接耦合，它具有 OTL 或 OCL 电路的所有优点。但需要注意的是，BTL 电路的负载是不能接地的。

上述 BTL 功率放大器可以用两组分立元件制作的 OCL 放大器组成。但这种结构所需要的元件较多，特别是需要 4 只大功率晶体管，因此一般很少用分立元件来制作。集成功率放大器只需简单的连线，就可方便地组成 BTL 放大器。对于本身包含两个功率放大器的集成块来说，用一块就可直接连成 BTL 电路，装配和调试都非常简单。

7.3.3　集成功率放大器

集成功率放大器具有输出功率大、外围连接元件少、使用方便等优点，目前已被广泛使用。集成功率放大器的品种很多，下面以低频通用型集成功率放大器 LM386 为例进行介绍，希望读者在使用时能举一反三，灵活应用其他功率放大器件。

1. 集成功率放大器电路分析

LM386 是一种音频集成功率放大器,它的电路简单、通用性强,具有电源电压范围宽、功耗低、频带宽、输出功率大、电路外接元件少、不必外加散热片、使用方便等优点,因而广泛应用于录音机和收音机中。图 7-38 (a) 所示是 LM386 的内部原理电路,图 7-38 (b) 所示是 LM386 外引线排列图,封装形式为双列直插。

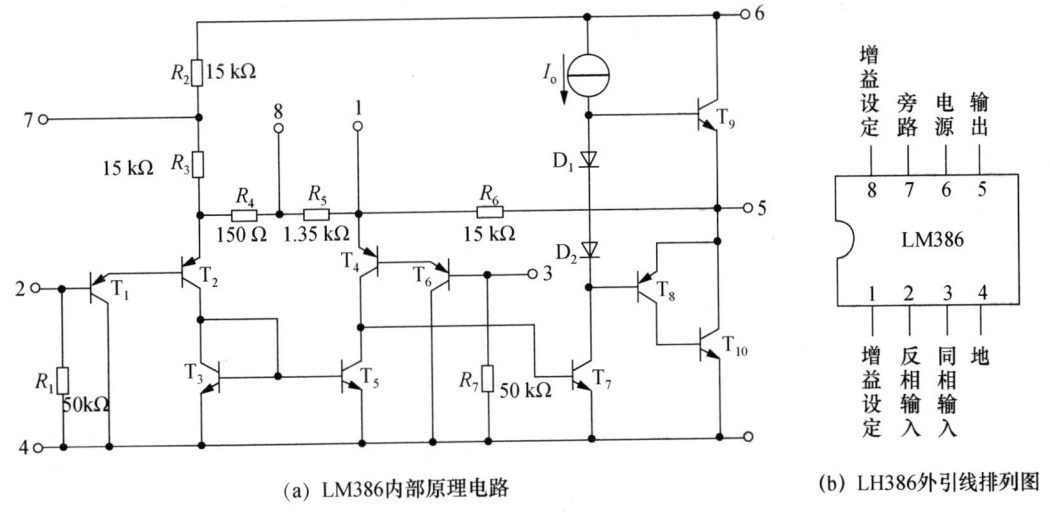

(a) LM386内部原理电路 (b) LH386外引线排列图

图 7-38 集成功率放大器 LM386

LM386 的输入级由 T_2、T_4 组成双入单出差动放大器,T_3、T_5 构成有源负载,T_1、T_6 为射极跟随形式,可以提高输入阻抗,差放的输出取自 T_4 的集电极。T_7 为共射极放大形式,是 LM386 的主增益级,恒流源 I_o 作为其有源负载。T_8、T_{10} 复合成 PNP 管,与 T_9 组成准互补对称输出级。D_1 和 D_2 为输出管提供偏置电压,使输出级工作于甲乙类状态。

R_6 是级间负反馈电阻,起稳定静态工作点和放大倍数的作用。R_2 和⑦脚外接的电解电容组成直流电源去耦滤波电路。R_5 是差放级的射极反馈电阻,所以在①、⑧两脚之间外接一个阻容串联电路,构成差放管射极的交流反馈,通过调节外接电阻的阻值就可调节该电路的放大倍数。对于模拟集成电路来说,其增益调节大都是外接调整元件来实现的。其中①、⑧脚开路时,如图 7-39 所示,此时,负反馈量最大,电压放大倍数最小,约为 20,这是外接元件最少的用法。

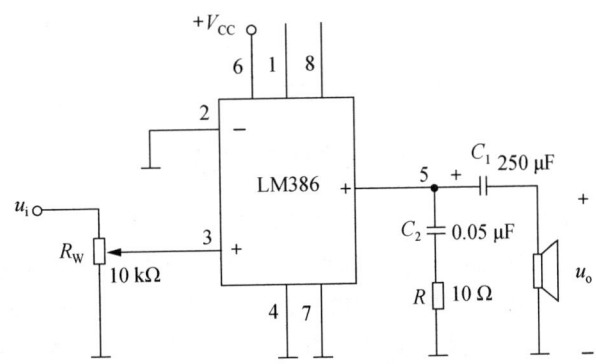

图 7-39 LM386 外接元件最少的用法

①、⑧脚之间短路时或只外接一个 10 μF 电容时，如图 7-40 所示，此时，电压放大倍数最大，约为 200。

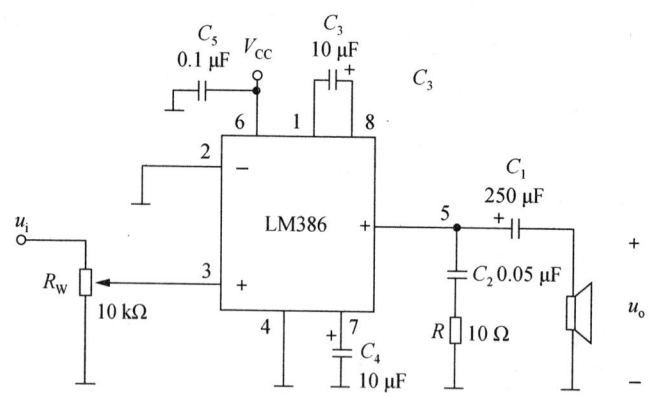

图 7-40 LM386 电压增益最大的用法

2. 典型应用电路

图 7-41 所示是 LM386 的典型应用电路。接于①、⑧两脚的 C_2、R_1 用于调节电路的电压放大倍数。因为该电路形式为 OTL 电路，所以需要在 LM386 的输出端接一个 220 μF 的耦合电容 C_4。C_5、R_2 组成容性负载，以抵消扬声器音圈电感的部分感性，防止信号突变时，音圈的反电势击穿输出管，在小功率输出时 C_5、R_2 也可不接。C_3 与电路内部的 R_2 组成电源的去耦滤波电路。当电路的输出功率不大、电源的稳定性能又好时，只需一个输出端的耦合电容和放大倍数调节电路就可以使用，所以 LM386 广泛应用于收音机、对讲机、双电源转换、方波和正弦波发生器等电子电路中。

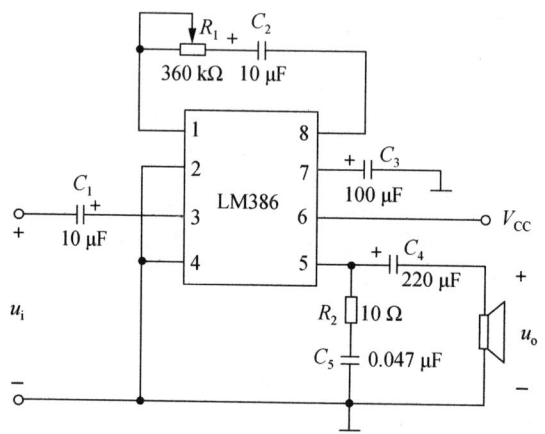

图 7-41 LM386 典型应用电路

将两片 LM386 接成 BTL 功放的应用电路如图 7-42 所示，R_P 为调节对称的平衡电阻。

上述 LM386 属于集成 OTL 功放器件；此外，OCL 和 BTL 电路也均有各种不同输出功率和不同电压增益的多种型号的集成电路，这里不再赘述。应当注意，在使用 OTL 电路时，需外接输出电容。为了改善频率特性，减小非线性失真，很多电路内部还引入了深度负反馈。

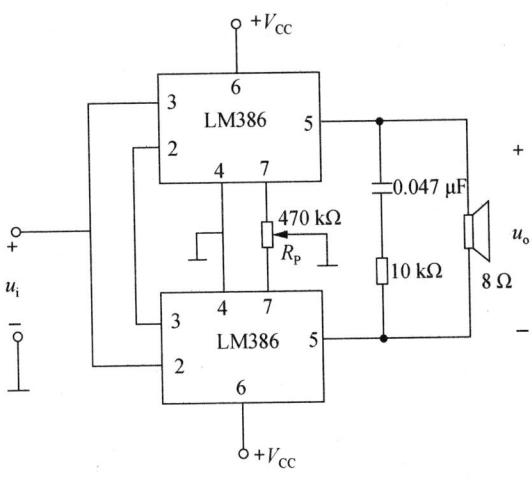

图 7-42 LM386 组成的 BTL 电路

7.3.4 功率放大电路应用举例

1. 直流伺服电动机控制电路

图 7-43 所示为小型直流伺服电动机控制电路，用来控制大型宾馆集中空调冷暖风量的调节，伺服电动机通过减速器与主管道风门和电位器 R_{P2} 同轴相连，而电位器 R_{P1} 安装在客房内可手动调节，当要改变风量时调 R_{P1}，使 $U_1 \ne U_2$，则输出 $U'_o > 0$，T_1 导通，电动机 M 正转，风门开大并带动 R_{P2}，使 $U_1 = U_2$，电动机不再转动；反之，若 $U'_o < 0$，则 T_2 导通，电动机反转，风门关小，也带动 R_{P2} 反向调节，直至 $U_1 = U_2$ 为止。故调 R_{P1} 可改变风门开度大小。二极管 D_3、D_4 用来保护 T_1 和 T_2 功率管，把电动机自感电动势通过电源形成回路使 U_{CE} 反压限制在 0.7 V。

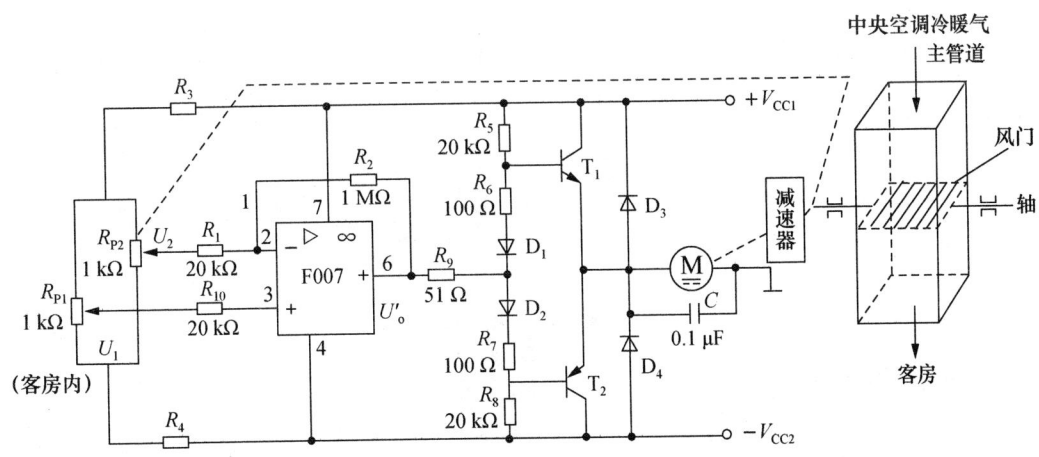

图 7-43 直流伺服电动机控制电路

2. 话筒音量放大电路

话筒音量放大电路如图 7-44 所示。CRZ2-9 为微型驻极体电容传声器，它将声音变成电压信号。由于极头电容量很小，阻抗很高，因此用耗尽型 MOSFET 构成源极跟随器，将高阻抗变成低阻抗，再通过改为单电源使用的反相比例放大电路，推动扬声器工作。

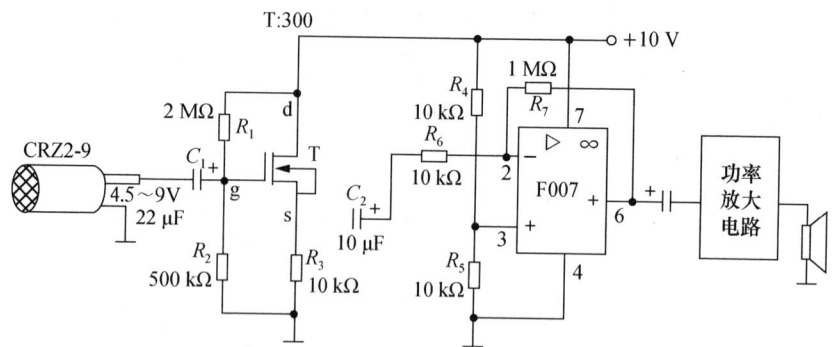

图 7-44 话筒音量放大电路

习　　题

一、填空题

1. 分别说出下列各图能否放大交流信号，并说明原因。

图 7-45(a)　因为＿＿＿＿而（能、不能）放大交流信号；

图 7-45(b)　因为＿＿＿＿而（能、不能）放大交流信号；

图 7-45(c)　因为＿＿＿＿而（能、不能）放大交流信号。

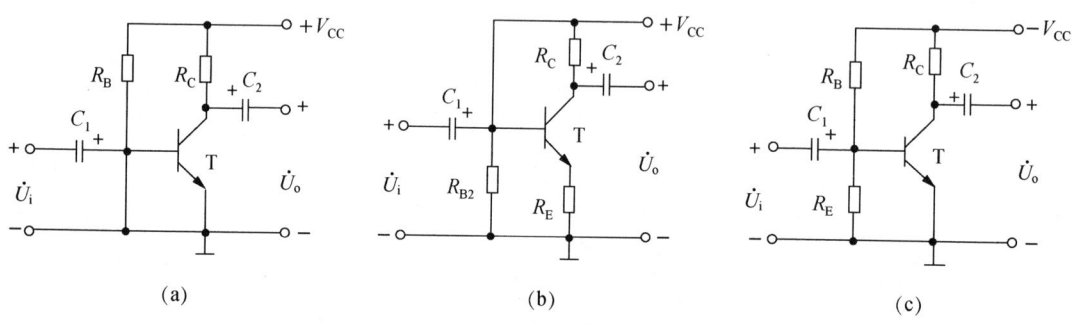

图 7-45　题 1 图

2. 共集电极放大电路又称＿＿＿＿，其电压放大倍数约为＿＿＿＿。

3. 对于共射、共集和共基 3 种基本组态放大电路，若希望电压放大倍数大，可选用＿＿＿＿组态；若希望带负载能力强，应选用＿＿＿＿组态；若希望从信号源索取电流小，应选用＿＿＿＿组态；若希望高频性能好，应选用＿＿＿＿组态。

4. 场效应管的自偏压电路只适用于＿＿＿＿构成的放大电路；分压式偏置电路中的栅极电阻 R_g 一般阻值很大，这是为了＿＿＿＿。

5. 多级放大电路的耦合方式有_____、_____和_____3种，既能放大交流信号，又能放大直流信号的是_____。

6. 放大电路的频率特性是指_____随信号频率而变，称为_____特性；而输出信号与输入信号的_____随信号频率而变，称为_____特性。

7. 功率放大电路输出较大功率来驱动负载，因此其输出的_____和_____信号的幅度均较大，可达到接近功率管的_____参数。

8. 基本互补对称功率放大电路，存在交越失真，这可以通过加_____解决，在具体电路中是利用前置电压放大级的_____或_____来实现的。

二、选择题

9. 固定偏置放大电路中晶体管的 $\beta=30$，若将该管换为 $\beta=50$ 的另外一个晶体管，则该电路中晶体管基极电流 I_B 将（　　）；集电极电流 I_C 将（　　）。
    A. 增加　　　　B. 减少　　　　C. 基本不变　　　　D. 无法确定

10. 基本放大电路中，经过晶体管的信号有（　　）；主要放大对象是（　　）。
    A. 直流成分　　B. 交流成分　　C. 交流、直流都有　　D. 交流、直流都没有

11. 分压偏置共发射放大电路中，若基极电位过高，电路容易出现（　　）。
    A. 截止失真　　B. 饱和失真　　C. 交越失真　　　　D. 没有影响

12. 射极输出器的输出电阻小，说明该电路（　　）。
    A. 带负载能力强　B. 带负载能力差　C. 减轻后级负荷　D. 没有影响

13. 某两级阻容耦合共射放大电路不接第二级时第一级放大倍数是100，接上第二级后第一级放大倍数是50，第二级放大倍数是50，则此电路的放大倍数是（　　）。
    A. 5 000　　　　B. 2 500　　　　C. 150　　　　　D. 50

14. 既能放大电压，也能放大电流的是（　　）组态放大电路；可以放大电压，但不能放大电流的是（　　）组态放大电路；只能放大电流，但不能放大电压的是（　　）组态放大电路。
    A. 共发极射　　B. 共集电极　　C. 共基极　　　　D. 无法确定

15. 放大电路的频率特性在低频区主要受（　　）和（　　）元件影响，而在高频区主要受（　　）影响。
    A. 耦合电容　　　　　　B. 管子内部结电容　　　　C. 偏置电阻
    D. 发射极电阻　　　　　E. 射极旁路电容

16. 功率放大电路的最大输出功率是在输入电压为正弦波时，输出基本不失真情况下，负载上可能获得的最大（　　）。
    A. 交流功率　　B. 直流功率　　C. 平均功率　　D. 无法确定

三、判断题

17. 当输入电压为正弦波时，如果PNP管共发射极放大电路发生饱和失真，则基极电流 i_B 的波形将正半波削波；（　　）集电极电流 i_C 的波形将负半波削波；（　　）输出电压 u_o 的波形将正半波削波。（　　）

18. 通常的三极管在集电极和发射极互换使用时，仍有较大的电流放大作用。（　　）

19. 有两个三极管，其中第一个管子的 $\beta_1=150$，$I_{CEO_1}=200\ \mu A$，第二个管子的 $\beta_2=50$，$I_{CEO_2}=10\ \mu A$，其他参数一样。由于 $\beta_1>\beta_2$，因此第一个管子的性能优于第二个管子的性能。
（　　）

20. 放大电路必须加上合适的直流电源才能正常工作。 ( )
21. 可以说任何放大电路都有功率放大作用。 ( )
22. 分压偏置共射极放大电路能够稳定静态工作点。 ( )
23. 放大器的输入电阻越小越好，输出电阻越大越好。 ( )

四、思考题与计算题

24. 在如图 7-46 电路中，已知 $V_{CC} = 12$ V，$R_C = 3$ kΩ，$R_B = 500$ kΩ，晶体管 $\beta = 100$，试计算放大电路的静态工作点（I_B、I_C、U_{CE}）。

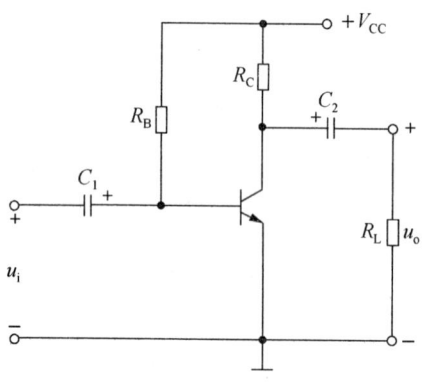

图 7-46 题 24 图

25. 在图 7-47 中，三极管是 PNP 型锗管。

(1) V_{CC} 和 C_1、C_2 的极性如何选择，并在图上标出。

(2) 若 V_{CC} 取 12 V，$R_C = 3$ kΩ，$\beta = 75$，如果要将静态值 I_C 调到 1.5 mA，请问 R_B 应调到多大？

(3) 在调静态工作点时，如果不慎将 R_B 调到零，对三极管有无影响？为什么？通常采取哪种措施来防止这种情况？

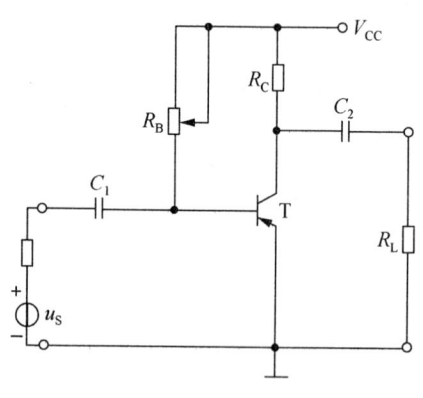

图 7-47 题 25 图

26. 在图 7-48 中，由于电路参数不同，在信号源电压为正弦波时，测得输出波形如图 7-48 所示，说明电路分别产生了什么失真，如何消除。

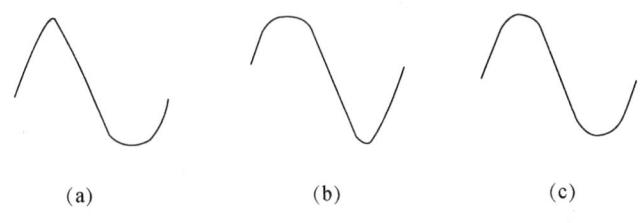

图 7-48 题 26 图

27. 在图 7-46 的已知条件中，试用微变等效电路法求解下列问题。
（1）不接负载电阻时的电压放大倍数。
（2）接负载电阻 $R_L = 2\ \text{k}\Omega$ 时的电压放大倍数。
（3）电路的输入电阻和输出电阻。
（4）信号源内阻 $R_S = 500\ \Omega$ 时的源电压放大倍数。

28. 为什么说放大电路的输入电阻可用来衡量放大电路信号源的传递效率？放大电路输出电阻低，带负载的能力强又是什么意思？

29. 已知某放大电路的输出电阻为 $2\ \text{k}\Omega$，输出端开路电压的有效值为 3 V，试问放大电路接有 $R_L = 3.3\ \text{k}\Omega$ 负载电阻时，输出电压是否下降？下降到多大？

30. 在图 7-49 中，已知 $V_{CC} = 24\ \text{V}$，$R_C = 3.3\ \text{k}\Omega$，$R_S = 100\ \Omega$，$R_E = 1.5\ \text{k}\Omega$，$R_{B1} = 33\ \text{k}\Omega$，$R_{B2} = 10\ \text{k}\Omega$，$R_L = 5.1\ \text{k}\Omega$，$\beta = 60$，硅管。试求：
（1）估算静态工作点。
（2）标出电容 C_1、C_2、C_E 的极性。
（3）画出微变等效电路。
（4）计算 A_u、A_{us}、R_i 及 R_o。

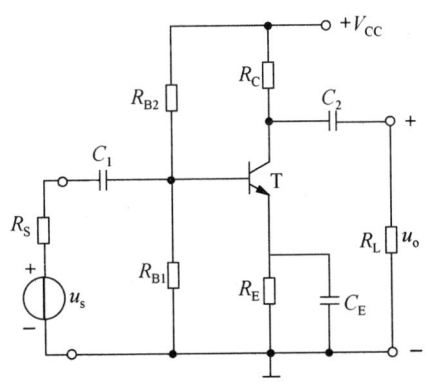

图 7-49 题 30 图

31. 若将上题中的射极旁路电容去掉，其他参数不变，重复上题中的所求，并比较两次运算结果。

32. 在图 7-50 中，已知三极管 $\beta = 50$（硅管），试求：
（1）当开关 S 在 "1" 位置时的电压放大倍数，输入电阻及输出电阻。
（2）当开关 S 在 "2" 位置时的电压放大倍数，输入电阻及输出电阻。
（3）比较这两种情况的异同。

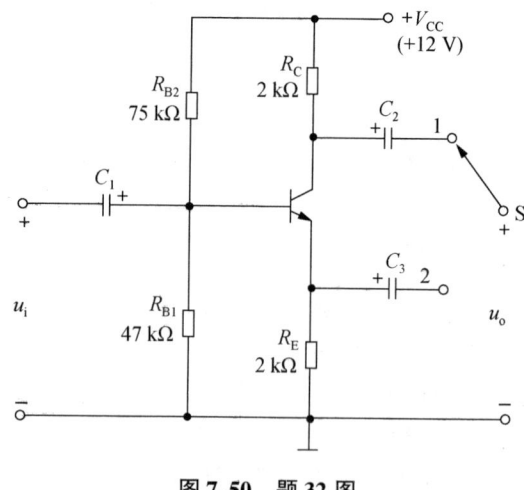

图 7-50 题 32 图

33. 两级阻容耦合放大电路如图 7-51 所示。设 $\beta_1 = 80, \beta_2 = 100$。试计算 A_u，R_i，R_o。
（1）画出电路的微变等效电路。
（2）求各级的输入电阻和输出电阻。
（3）求各级的电压放大倍数和两级的电压放大倍数（设信号源内阻 $R_S = 0$）。
（4）如果信号源内阻 $R_S = 100\ \Omega$，试问当信号电压 $U_S = 1\ \text{mV}$（有效值）时，放大电路的输出电压 U_{o2} 为多大？

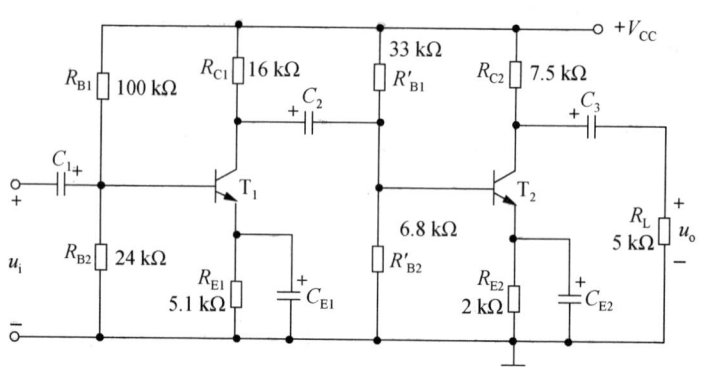

图 7-51 题 33 图

34. 某放大电路在输入端加入的信号电压值不变，当不断改变信号频率时，测得在不同频率下的输出电压值如表 7-2 所示。试问，该放大电路的下限频率 f_L 和上限频率 f_H 各为多少？

表 7-2 题 34 表

f/Hz	10	30	45	60	200	1000	10^4	5×10^4	8×10^4	1.2×10^5	2×10^5
U_o/V	2.52	2.73	2.97	3.15	4.00	4.20	4.20	4.00	3.15	2.97	2.73

35. 在图 7-52 中，已知 $R_{G_1} = 2\ \text{M}\Omega$，$R_{G_2} = 47\ \text{k}\Omega$，$R_G = 10\ \text{M}\Omega$，$R_L = R_D = 30\ \text{k}\Omega$，$R_S = 2\ \text{k}\Omega$，$V_{CC} = 18\ \text{V}$，$g_m = 2\ \text{mS}$。试求：

(1) 画出微变等效电路。

(2) 计算电压放大倍数。

(3) 求输入电阻和输出电阻。

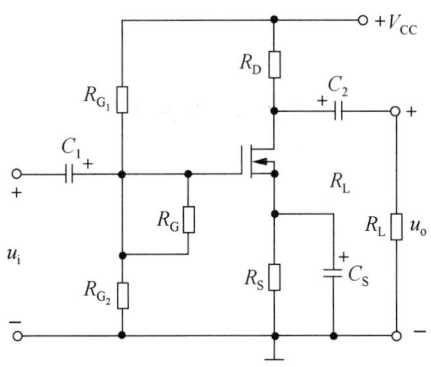

图 7-52 题 35 图

36. 在 OCL 电路中，电源电压 $V_{CC} = 20\ \text{V}$，负载 $R_L = 8\ \Omega$。设电路工作在理想条件下。试求：

(1) 当输入信号 $U_i = 10\ \text{V}$（有效值）时，电路的输出功率、管耗、直流电源供给的功率及效率。

(2) 当输入信号的幅度 $U_i = 20\ \text{V}$ 时，再求 (1) 中各值。

(3) 管子安全工作时的极限参数。

37. 在图 7-53 中，已知 T_1 为 3BX91C，其参数为 $P_{CM} = 400\ \text{mW}$、$I_{CM} = 400\ \text{mA}$、$U_{(BR)CEO} = 20\ \text{V}$、$U_{CES} \leq 0.5\ \text{V}$，$T_2$ 为 3AX91C，其参数为 $P_{CM} = 400\ \text{mW}$、$I_{CM} = 400\ \text{mA}$、$U_{(BR)CEO} = 25\ \text{V}$、$U_{CES} \leq 0.5\ \text{V}$，要求负载上的最大不失真功率为 800 mW。

(1) 试计算电源电压 V_{CC}。

(2) 根据三极管的极限参数，验证功率管是否能安全工作。

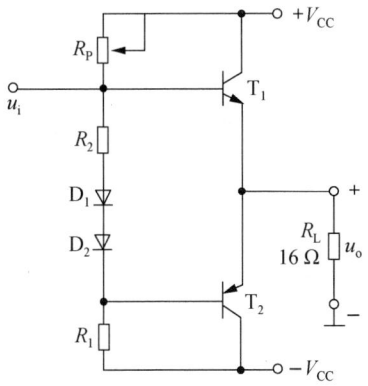

图 7-53 题 37 图

38. 如图 7-54 所示的接法中哪些可以构成复合管？标出它们等效管的类型（如 NPN 型、PNP 型）及引脚（b、e、c）。试总结出复合规律。

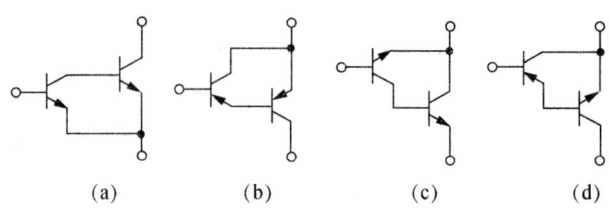

图 7-54 题 38 图

第 8 章 负反馈放大电路

【教学提示】反馈技术在电子电路中得到了极为广泛的应用。在放大电路中采用负反馈，可以改善放大电路的性能，因此实用的放大电路几乎都采用负反馈，通常称为负反馈放大电路。本章将讨论负反馈的概念、负反馈放大电路的类型、负反馈对放大电路性能的影响，以及负反馈的分析方法。

【教学基本要求】能正确判断电路中是否引入了反馈及反馈的性质、类型和组态；理解反馈深度的概念；掌握负反馈 4 种组态对放大电路的影响，并能够根据需要在放大电路中引入合适的交流负反馈；正确理解负反馈放大电路产生自激振荡的原因，了解防止振荡的措施和消除自激振荡的一般方法。

【教学重点】反馈的判断方法及负反馈对放大电路的影响。

【教学难点】负反馈类型的判断、实用负反馈放大电路的分析。

8.1 负反馈概述

8.1.1 反馈的基本概念

将放大电路的输出量（电压或电流）的一部分或全部，通过一定的电路（反馈网络），再送回到输入回路，这一过程称反馈。要识别一个电路是否存在反馈，只要分析放大电路的输出回路与输入回路之间是否存在联系作用的反馈网络。反馈网络通常由一个纯电阻或串联、并联电容元件组成。

实际上，在讨论工作点稳定时，已经用到了反馈的概念。如图 7-11(a) 所示的射极电阻 R_E 就是起反馈作用的。例如，当温度升高使电流 I_C 增加时，增加的电流通过 R_E 反馈到输入回路，利用 R_E 上的电压降的增大迫使 I_B 和 I_C 减少，维持工作点稳定，这个调整过程称为反馈过程。为了加深印象，现将这个过程重新表示如下。

$$T\uparrow \rightarrow I_C\uparrow \rightarrow I_E\uparrow \rightarrow V_E\uparrow \rightarrow U_{BE}\downarrow \rightarrow I_B\downarrow$$
$$I_C\downarrow \leftarrow\underline{\hspace{6cm}}$$

由此可见，在 R_E 阻值一定的情况下，反馈电流 I_E 变化越大，则放大器的工作点就越稳定，因此这种电路的反馈强弱决定于电流 I_E 的大小。

8.1.2 反馈的形式

1. 反馈极性与判断

根据反馈极性的不同，可将反馈分为正反馈和负反馈。如果引入的反馈信号使放大电路的净输入信号增强，使电路的电压放大倍数增加，该反馈称为正反馈；反之，如果引入的反馈信号使放大电路的净输入信号减小，使电路的电压放大倍数降低，则为负反馈。

通常可采用瞬时极性法来判断反馈极性。先假定输入信号在某一瞬时对地的极性，瞬时极性的正负在图中用正、负号表示，分别代表该点瞬时信号的升高或降低，然后根据各级电路输出端与输入信号的相位关系（同相或反相），标出电路各点的瞬时极性，得到反馈信号的极性，最后判断反馈信号的极性是增强还是削弱净输入信号，如果是削弱，便可判定是负反馈，反之则为正反馈。

当输入信号与反馈信号在不同端子引入时，反馈信号与输入信号极性相同，为负反馈；若两者极性相反，为正反馈。如图 8-1(a) 所示电路中，输入信号与反馈信号分别在反相输入端和同相输入端引入，两者极性相反使净输入 u_{id} 增加，故是正反馈。可以证明，当输入信号和反馈信号在同一结点引入时，若两者极性相同，则为正反馈；若两者极性相反，则为负反馈。图 8-1(b) 所示属于负反馈电路。

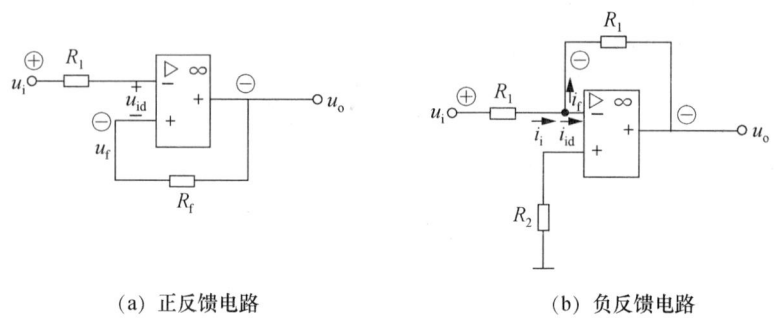

(a) 正反馈电路　　　　　　　　(b) 负反馈电路

图 8-1　用瞬时极性法来判断反馈极性

2. 直流反馈与交流反馈

根据反馈信号的交直流性质，可以分为直流反馈和交流反馈。直流反馈的作用是稳定静态工作点，如具有旁路电容的共射极放大电路的射极电阻。而射极输出器中的射极电阻，除起直流反馈作用外，也起交流反馈作用。各种类型的交流反馈将对放大电路的各项动态性能产生不同的影响，是用以改善电路技术指标的主要手段。

3. 电压反馈和电流反馈

根据反馈采样方式的不同，可以分为电压反馈和电流反馈。若反馈信号取自输出电压，或与输出电压成正比，称为电压反馈，如射极输出器；若反馈信号取自输出电流，或与输出电流成正比，则称为电流反馈，如共射极放大电路。

放大电路中引入电压负反馈，稳定输出电压，其效果是减小了电路的输出电阻；而电流负反馈，稳定输出电流，因而增大了输出电阻。

判断是电压反馈还是电流反馈，一般可以将输出端交流短路，此时若反馈信号不复存在，则为电压反馈，否则就是电流反馈。

4. 串联反馈和并联反馈

根据反馈信号与输入信号在放大电路输入端连接方式的不同，可以分为串联反馈和并联反馈。若反馈信号与输入信号在输入回路中以电压形式相加减（即反馈信号与输入信号串联），则称为串联反馈，这时，反馈信号和输入信号不在同一结点引入；若反馈信号与输入信号在输入回路中以电流形式相加减（即反馈信号与输入信号并联），则称为并联反馈，这时的反馈信号和输入信号通常在同一结点引入。

另外,判断是串联反馈还是并联反馈也可以用输入短路法进行判别,具体做法为:将输入端口短接,若反馈信号被旁路掉,则可确定为并联反馈;否则,为串联反馈。

通常,若放大电路的输入端采用并联负反馈,将使其输入电阻减小;若放大电路的输入端采用串联负反馈,则将使其输入电阻增大。

8.2 负反馈放大电路的分析方法

8.2.1 负反馈放大电路的四种组态

由上述 4 种反馈形式可组合成下列 4 种类型的负反馈:电压串联负反馈、电压并联负反馈、电流串联负反馈、电流并联负反馈,现结合具体的电路来分析它们的特点。

1. 电压串联负反馈

在如图 8-2 所示的电路中,R_L 短路时 $u_o = 0$,反馈电压 $u_f = 0$,故为电压反馈;输入量 u_i 从"+"端引入,u_f 从"−"端引入,u_i 与 u_f 不在同一点引入,故为串联反馈。

根据瞬时极性法,由图 8-2 所标的极性可知,输入信号与反馈信号在不同端子引入,反馈信号与输入信号极性相同,故为负反馈。因此图 8-2 为电压串联负反馈电路。

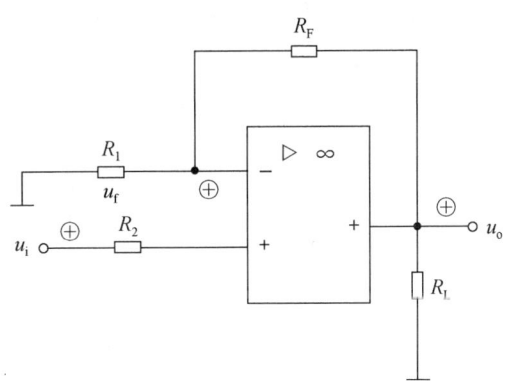

图 8-2 电压串联负反馈电路

电压负反馈有稳定输出电压的作用。设 u_i 为某一固定值时,若负载电阻 R_L 增大,使输出电压 u_o 有上升的趋势,结果将使放大电路的净输入信号 u_{id} 减小,于是 u_o 就随之回到接近原来的数值。上述过程可简单表示如下

$$R_L \uparrow \to u_o \uparrow \to u_f \uparrow \to u_{id} \downarrow \to u_o \downarrow$$

2. 电压并联负反馈

在如图 8-3 所示的电路中,当 $u_o = 0$ 时,反馈电压 $u_f = 0$,故为电压反馈;输入量 u_i 与反馈量 u_f 均从"−"端输入,故为并联反馈;由图中极性可知,为负反馈。因此图 8-3 为电压并联负反馈电路。

3. 电流串联负反馈

在如图 8-4 所示的电路中,当 $u_o = 0$ 时,反馈电压 $u_f \neq 0$,故为电流反馈;输入量与反馈量不在同一结点引入,故为串联反馈;由图中极性可知,当输入量与反馈量在不同端子引入时,反馈信号与输入信号极性相同,为负反馈。因此图 8-4 为电流串联负反馈

电路。

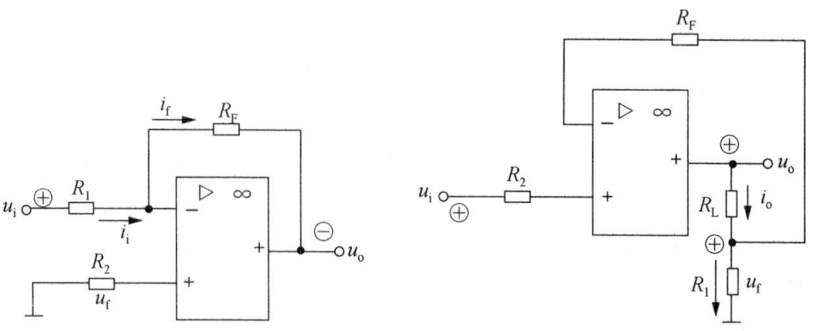

图 8-3 电压并联负反馈电路　　　图 8-4 电流串联负反馈电路

电流负反馈具有稳定输出电流 i_o 的作用。当输出电流 i_o 减小时，通过 u_f 减小，使放大电路的净输入信号 u_{id} 增大，从而使 i_o 得到稳定，其过程为

$$i_o \downarrow \rightarrow u_f \downarrow \rightarrow u_{id} \uparrow \rightarrow i_o \uparrow$$

4. 电流并联负反馈

在如图 8-5 所示电路中，当 $u_o = 0$ 时，反馈电压 $u_f \neq 0$，故为电流反馈；输入量与反馈量在同一结点输入，故为并联反馈；由图中极性可知，为负反馈。因此图 8-5 为电流并联负反馈电路。

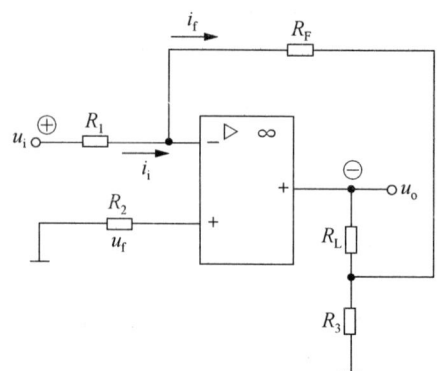

图 8-5 电流并联负反馈电路

8.2.2　反馈放大电路的基本关系式

通过上面的讨论可以看出，无论什么类型的反馈放大电路，也无论采用什么反馈方式，它们都可以简化为如图 8-6 所示的方框图。它主要包括两部分：其中，标有 $\dot{A}$ 的方框称为基本放大电路，它可以是单级也可以是多级；标有 $\dot{F}$ 的方框为反馈网络，它是联系放大电路的输出回路和输入回路的环节，多数由电阻和电容元件组成。$\dot{X}_i$、$\dot{X}_o$、$\dot{X}_f$ 分别表示放大电路的输入信号、输出信号和反馈信号，它们可以是电压也可以是电流。$\dot{X}_d$ 为基本放大电路的净输入信号，即 $\dot{X}_i$ 与 $\dot{X}_f$ 的差值信号。符号 ⊗ 表示比较环节，箭头表示信号的传递方向。

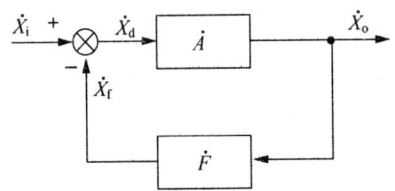

图 8-6 反馈放大电路的方框图

由图 8-6 可知

净输入信号
$$\dot{X}_{id} = \dot{X}_i - \dot{X}_f \tag{8-1}$$

开环放大倍数
$$\dot{A} = \frac{\dot{X}_o}{\dot{X}_{id}} \tag{8-2}$$

反馈系数
$$\dot{F} = \frac{\dot{X}_f}{\dot{X}_o} \tag{8-3}$$

则闭环放大倍数
$$\dot{A}_f = \frac{\dot{X}_o}{\dot{X}_i} = \frac{\dot{X}_o}{\dot{X}_{id} + \dot{X}_f} = \frac{\dot{X}_o}{\dot{X}_{id} + \dot{A}\dot{F}\dot{X}_{id}} = \frac{\dot{A}}{1 + \dot{A}\dot{F}} \tag{8-4}$$

式(8-4)是反馈放大电路的基本关系式。它表明，反馈放大电路的闭环放大倍数是基本放大器开环放大倍数的 $\dfrac{1}{1 + \dot{A}\dot{F}}$ 倍。在后面的讨论中还会发现，负反馈放大电路性能的改善程度多与 $(1 + \dot{A}\dot{F})$ 的值有关。$|1 + \dot{A}\dot{F}|$ 越大，反馈越深，因此它是衡量负反馈程度的一个重要指标，称为反馈深度。

反馈引起的作用可概括为 3 种情况。

(1) 若 $|1 + \dot{A}\dot{F}| > 1$，则 $|\dot{A}_f| < |\dot{A}|$。即加入反馈后，放大倍数变小了，所以为负反馈。

(2) 若 $|1 + \dot{A}\dot{F}| < 1$，则 $|\dot{A}_f| > |\dot{A}|$。即加入反馈后，放大倍数增加了，所以为正反馈。

(3) 若 $|1 + \dot{A}\dot{F}| = 0$，则 $\dot{A}_f \to \infty$。即没有输入信号时，也会有输出信号，这种现象称为自激振荡。对于放大电路来说，自激振荡破坏了正常的工作状态，是应该避免的。

当 $|1 + \dot{A}\dot{F}| \gg 1$ 时，式(8-4)可简化为

$$\dot{A}_f = \frac{\dot{A}}{1 + \dot{A}\dot{F}} \approx \frac{1}{\dot{F}} \tag{8-5}$$

式(8-5)表明，在深度负反馈条件下，闭环放大倍数 $\dot{A}_f$ 与开环放大倍数 $\dot{A}$ 无关，也就是说不受管子参数的影响，仅决定于反馈电路。

8.2.3 负反馈对放大电路性能的影响

为了分析方便，设输入信号处于中频段，反馈网络为纯电阻，以下分析时，有关参数符号均用实数表示。

1. 提高放大倍数的稳定性

放大电路引入负反馈的一个主要目的是提高放大电路工作的稳定性，即提高放大倍数的稳定性。为了定量地说明这一点，我们用放大倍数的相对变化量来比较。由式(8-4) 对 A_f 求导数，可得

$$\frac{\mathrm{d}A_f}{\mathrm{d}A} = \frac{1}{1+AF} - \frac{AF}{(1+AF)^2} = \frac{1}{(1+AF)^2}$$

即

$$\mathrm{d}A_f = \frac{\mathrm{d}A}{(1+AF)^2} \tag{8-6}$$

为了研究 A_f 的相对变化量，用 A_f 除式 (8-6)，可得

$$\frac{\mathrm{d}A_f}{A_f} = \frac{1}{1+AF} \cdot \frac{\mathrm{d}A}{A} \tag{8-7}$$

式(8-7) 表明放大电路闭环放大倍数的相对变化量 $\frac{\mathrm{d}A_f}{A_f}$ 只是开环放大倍数相对变化量 $\frac{\mathrm{d}A}{A}$ 的 $\frac{1}{1+AF}$ 倍，即放大倍数的稳定性提高了 $(1+AF)$ 倍。可见反馈越深，放大电路的增益稳定度越好。

【例8-1】 某一放大电路 $A = 4\,950$，若引入负反馈，反馈系数 $F = 0.02$，试比较引入负反馈前后放大倍数的稳定性。

【解】 由于

$$\frac{1}{1+AF} = \frac{1}{1+4\,950 \times 0.02} = 0.01$$

代入式(8-7) 可得

$$\frac{\mathrm{d}A_f}{A_f} = 0.01 \frac{\mathrm{d}A}{A}$$

由式(8-4) 可得

$$A_f = \frac{A}{1+AF} = \frac{4\,950}{1+4\,950 \times 0.02} \approx 50$$

可见，引入负反馈后的放大倍数相对变化量只是无负反馈时放大倍数相对变化量的 1%，但是，这是以牺牲放大倍数为代价的。因此，为了获得同样的输出，放大电路的输入信号必须加大。

2. 减小非线性失真

由于晶体管是非线性元件，在输入信号较大时，其工作范围可能会进入特性曲线的非线性部分，使输出波形产生非线性失真。

由于放大电路存在非线性元件，因此放大电路不可避免地存在非线性失真。图 8-7(a) 所示为无负反馈时的放大电路，由图可见，若正弦波输入信号放大后的失真波形为前半周幅度大，后半周幅度小；引入负反馈后，如图 8-7(b) 所示，由于反馈量正比于输出量，反馈信号 $\dot{X}_f$ 也是前半周大，后半周小；但它和输入信号 $\dot{X}_i$ 相减后的净输入信号 $\dot{X}_i' = \dot{X}_i - \dot{X}_f$ 则变成了前半周小、后半周大的波形，从而使输出波形趋于对称，这样就改善了输出波形。但输出波形仍然是正半周略大于负半周波形，比无反馈时的差距减小了。

3. 扩展频带

在阻容耦合放大电路中，信号频率在低频区和高频区时，其电压放大倍数均要下降，

由于负反馈放大电路具有稳定放大倍数的作用,因此,放大倍数在高、低频区的下降速率减慢,即相当于通频带展宽。

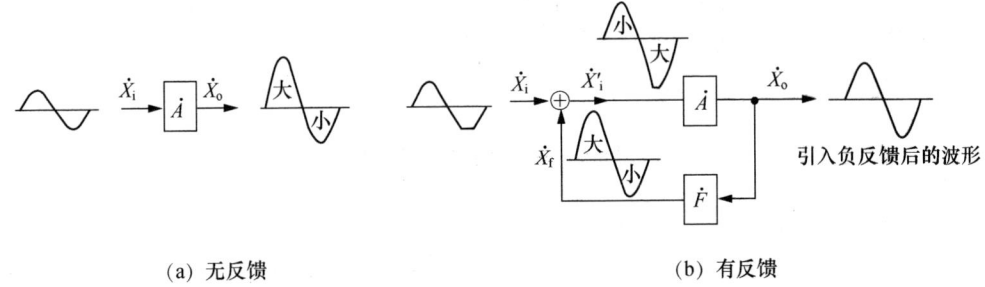

(a) 无反馈　　　　　　　　　　　　　(b) 有反馈

图 8-7　非线性失真的改善

不带反馈时,通频带为 $BW = f_H - f_L$,由于 $f_H \gg f_L$,可近似认为 $BW \approx f_H$,引入负反馈后,可以使放大电路的闭环通频带展宽为开环时的 $(1+AF)$ 倍,即

$$BW_f \approx (1+AF)BW \tag{8-8}$$

4. 改变了输入/输出电阻

放大电路引入不同类型的负反馈后,将对输入、输出电阻产生不同的影响。我们经常以此来满足实际工作中的特定需要。下面将具体分析。

(1) 对输入电阻的影响。

放大电路的输入电阻是从输入端看进去的交流等效电阻。而输入电阻的变化,取决于输入端的负反馈方式(串联或并联),与输出端采用的反馈方式(电流或电压)无关。

① 串联负反馈使输入电阻增大。

串联负反馈电路中,反馈网络与基本放大电路的输入电阻串联,如图 8-8 所示,故串联负反馈放大电路的输入电阻是增加的。这时的输入电阻为

$$R_{if} = \frac{u_i}{i_i} = \frac{u_{id} + u_f}{i_i} = \frac{u_{id} + AFu_{id}}{i_i} = R_i(1+AF) \tag{8-9}$$

其中,R_i 是基本放大电路的输入电阻。

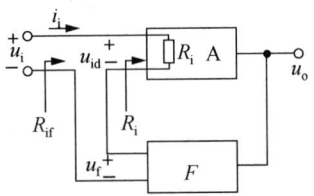

图 8-8　串联负反馈方框图

② 并联负反馈使输入电阻减小。

在并联负反馈电路中,反馈网络与基本放大电路的输入电阻并联,如图 8-9 所示,并联负反馈放大电路的输入电阻是减小的。这时的输入电阻为

$$R_{if} = \frac{u_i}{i_i} = \frac{u_i}{i_{id} + i_f} = \frac{u_i}{i_{id} + AFi_{id}} = \frac{R_i}{1+AF} \tag{8-10}$$

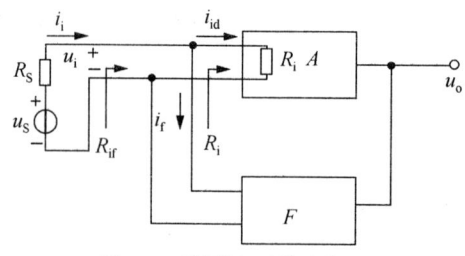

图 8-9 并联负反馈方框图

（2）对输出电阻的影响。

放大电路的输出电阻就是从放大电路的输出端看进去的交流等效电阻。而输出电阻的变化，取决于输出端采用的反馈方式（电流或电压），与输入端采用的反馈方式（串联或并联）无关。

① 电流负反馈使输出电阻增大。

放大电路对输出端而言，可以等效成一个实际的电流源，它的内阻就是放大电路的输出电阻。显然，输出电阻越大，输出电流就越稳定。而电流负反馈可以稳定输出电流，所以，其效果就是增大了电路的输出电阻。可以证明，有电流负反馈时的输出电阻 R_{of} 与无反馈时相比，增大的倍数就是反馈深度 $(1+AF)$。

② 电压负反馈使输出电阻减小。

放大电路对输出端而言，也可以等效成一个实际的电压源，内阻就是放大电路的输出电阻。显然，输出电阻越小，输出电压就越稳定。而电压负反馈可以稳定输出电压，所以，其效果就是减小了电路的输出电阻。可以证明，有电压负反馈时的输出电阻 R_{of}，与无反馈时相比，减小的倍数就是反馈深度 $(1+AF)$。

通过以上分析，可以看出，反馈深度是影响放大电路性能的一个重要指标。反馈深度越大，放大电路的性能改变的程度也越大，但负反馈过深又容易引起自激振荡，因此在设计放大电路时，其反馈深度要适当地选择，既要保证放大电路有良好的工作性能，也要保证不产生自激振荡。

习　　题

一、填空题

1. 直流负反馈是指_____通路中的负反馈；交流负反馈是指_____通路中的负反馈。

2. 为了稳定静态工作点，应引入_____负反馈；为了稳定放大倍数，改善非线性失真等性能，应引入_____负反馈。

3. 欲减小电路从信号源索取的电流，增大带负载能力，应在放大电路中引入_____负反馈；欲从信号源获得更大的电流，并稳定输出电流，应在放大电路中引入_____负反馈。

二、选择题

4. 为了抑制温漂，应引入（　　）。
　A. 直流负反馈　　　B. 交流负反馈　　　C. 直流正反馈　　　D. 交流正反馈

5. 反馈电路的元件（　　）。

A. 只能是电阻、电容等无源元件　　B. 只能是晶体管、集成运放等有源元件
C. 只能是电阻　　　　　　　　　　D. 只能是电容

三、判断题

6. 只要在放大电路中引入反馈，就一定能使其性能得到改善。（　）
7. 放大电路的级数越多，引入的负反馈越强，电路的放大倍数也就越稳定。（　）
8. 反馈量仅仅决定于输出量。（　）
9. 既然电流负反馈稳定输出电流，那么必然稳定输出电压。（　）

四、思考题与计算题

10. 什么是反馈？放大电路中为什么要引入负反馈？
11. 列表说明放大电路的反馈类型、判别方法和对放大电路性能的影响。
12. 判断如图 8-10 所示的电路的反馈组态，并指出电路中的反馈元件。

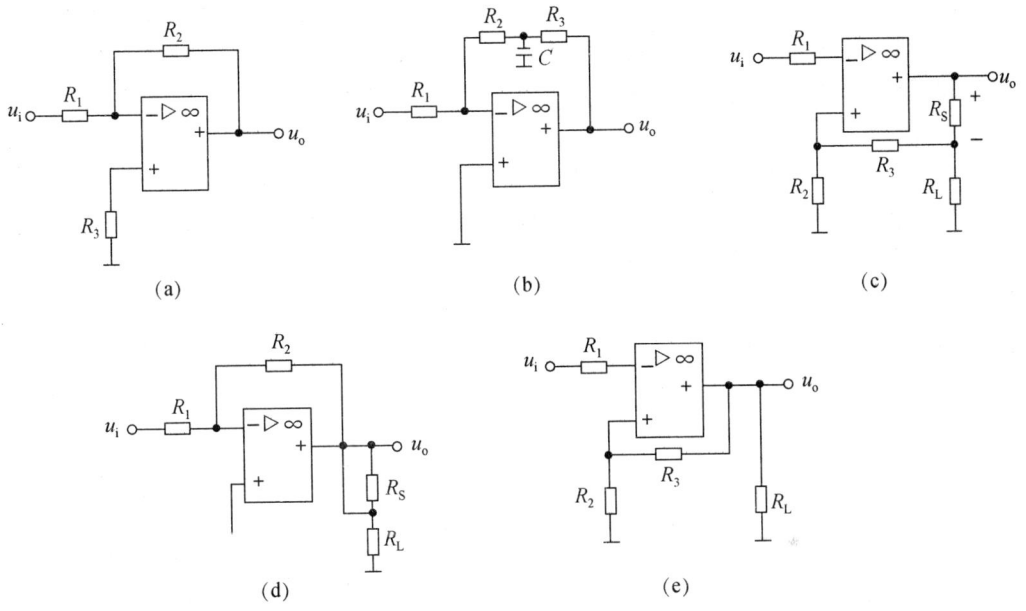

图 8-10　题 12 图

13. 电路如图 8-11 所示。

（1）合理连线，接入信号源和反馈，使电路的输入电阻增大，输出电阻减小。

（2）若 $|\dot{A}_u| = \dfrac{\dot{U}_o}{\dot{U}_i} = 20$，则 R_f 应取多少千欧？

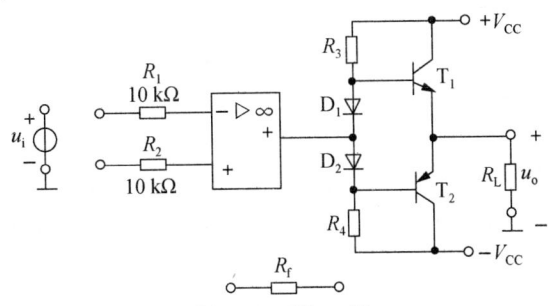

图 8-11　题 13 图

第 9 章 集成运算放大器电路基础

【教学提示】采用半导体制造工艺将管子、电阻、电容等器件及连线制作在一块硅片上，形成一个不可分割的固体组件，称为集成电路。集成电路按其功能可分为模拟集成电路和数字集成电路两大类。模拟集成电路中应用最广泛的是集成运算放大器，目前已广泛应用于信号处理、信号变换及信号发生等各个方面，在控制、测量、仪表等领域中占有重要的地位。集成运算放大器是高增益多级直接耦合放大器，它的品种繁多，但其基本结构相似，因而本章首先介绍集成运放的基本单元电路——差分放大电路。然后，重点介绍几种最基本的运算电路以及集成运放在信号处理及产生方面的应用。

【教学基本要求】熟悉基本差分放大电路结构及性能特点，理解共模信号、差模信号含义及其分解方法；理想运放及主要指标参数的物理意义；熟悉理想集成运放的条件及其"虚短""虚断"和"虚地"等概念；了解线性和非线性工作区特点和运放直流平衡电阻的配置；掌握集成运放的基本运算电路的分析计算；理解集成运放在信号处理方面的运用和常见的非线性应用电路的工作原理。

【教学重点】集成运放的线性与非线性应用电路的工作原理。

【教学难点】信号产生电路工作原理。

9.1 差分放大电路

一个理想的直接耦合放大电路，当输入信号为零时，其输出电压应保持不变。实际上，把直接耦合放大电路的输入端短接，在输出端也会偏离初始值，有一定数值的无规则缓慢变化的电压输出，这种现象称为零点漂移，简称零漂。

引起零点漂移的原因很多，如晶体管参数随温度的变化、电源电压的波动、电路元件参数变化等，其中以温度变化的影响最为严重，所以零点漂移也称温漂。在多级直接耦合放大电路的各级漂移中，又以第一级的漂移影响最为严重。由于直接耦合，第一级的漂移被逐级传输放大，级数越多，放大倍数越高，在输出端产生的零点漂移越严重。由于零点漂移电压和有用信号电压共存于放大电路中，在输入信号较小时，一真一假，互相纠缠在一起，难以分辨。如果当漂移量大到足以和有用信号相比时，放大电路就无法正常工作。因此，减小第一级的零点漂移，成为多级直接耦合放大电路一个至关重要的问题。

9.1.1 基本差分放大器

差分放大电路利用两个型号和特性相同的三极管来实现温度补偿，是直接耦合放大电路中抑制零点漂移最有效的电路结构。由于它在电路和性能等方面具有许多优点，因而被广泛应用于集成电路中。

基本差分放大电路如图9-1所示。T_1、T_2是两只特性相同的三极管，两管的集电极电

阻 R_C、输入回路电阻 R_{B1}、基极偏置电阻 R_{B2}、输入分压电阻分别相等。输入信号加在两管的基极上，输出信号从两管的集电极输出。

静态时，由于电路结构完全对称，集电极电位相等，故输出为零。当温度变化，或电源电压波动，将引起两管集电极电流 I_{C1}、I_{C2} 同时增大或减小，这就是零漂现象，相当于在两管的输入端同时加入一对大小相等、极性相同的信号 u_{i1}、u_{i2}，称为共模输入信号。对于共模输入信号，两管的集电极电位总是相等的。若采用双端输出方式，输出电压为零，或者说，差分放大电路的共模电压放大倍数 $A_a = 0$，即差分放大电路可以有效地抑制零漂，换句话说，差分放大电路对共模信号没有放大作用。

差分放大电路的输入信号一般采用差模方式输入，即加在两个输入端的信号电压大小相等、极性相反，称为差模输入信号，如图9-1所示。若信号 $u_{i1} > 0$，$u_{i2} < 0$。则必有 T_1 集电极的电流增大了 ΔI_{C1}，T_1 的集电极电位因而减低了 ΔV_{C1}；而 u_{i2} 却使 T_2 的集电极电流减小了 ΔI_{C2}，T_2 的集电极电位因而增高了 ΔV_{C2}。这样，两个集电极电位一增一减，呈现异向变化，其差值即为输出电压 u_o。

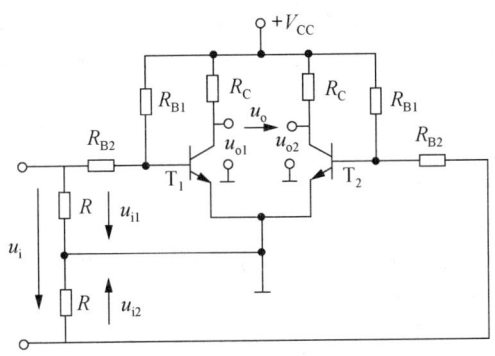

图 9-1 基本差分放大电路

从图9-1可知，当输入端加信号电压 u_i 时，T_1、T_2 两管则获得大小相等、极性相反的差模信号电压，即

$$u_{i1} = \frac{1}{2} u_i, \; u_{i2} = -\frac{1}{2} u_i$$

$$\begin{aligned} u_o &= u_{o1} - u_{o2} \\ &= A_u u_{i1} - A_u u_{i2} \\ &= A_u (u_{i1} - u_{i2}) \end{aligned}$$

由此可见，双端输出放大电路的输出电压是两个单边放大电路输出电压的差值，且对差模信号有放大作用，故称差分放大电路。

9.1.2 典型的差分放大器

上述差分放大电路能抑制零点漂移，是由于电路的对称性。实际上，完全对称的理想情况并不存在，所以单靠提高电路的对称性来抑制零点漂移是有限的。另外，上述差分放大电路的每个管的集电极电位的漂移并未受到抑制，如果采用单端输出，漂移根本无法抑制。为此，常采用的是如图9-2所示的典型的差分放大器电路，在这个电路中多加了电位器、发射极电阻和负电源。

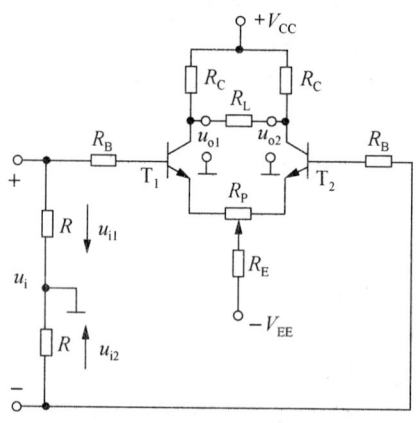

图 9-2 典型的差分放大器电路

从根本上说，要有效地抑制零漂，实质上是要稳定三极管的集电极电流，发射极电阻 R_E 的主要作用就是稳定流过它本身的电流，对共模信号产生强烈的电流负反馈作用，从而限制每个管子的漂移范围，进一步减小零点漂移。例如，当温度升高时，有如下的抑制漂移过程：

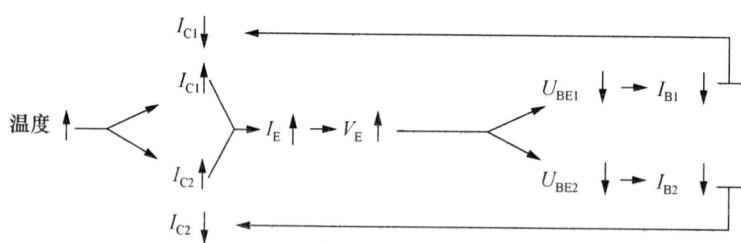

可见，由于 R_E 的电流负反馈作用，使每个管子的漂移又得到了一定程度的抑制，这样，输出端的漂移就进一步减小了。显然，R_E 越大，电流负反馈作用越强，因而抑制每个管子的漂移作用就越显著。这样就进一步增强了差分电路抑制漂移和共模信号的能力。因此 R_E 也称为共模负反馈电阻。

那么 R_E 对要放大的差模信号而言，由于差模信号使两管的集电极电流产生异向变化，一增一减，互相抵消，R_E 上的差模信号压降为零，不起负反馈作用。因此不影响差模信号的放大效果。

由此可见，R_E 能区别对待共模信号与差模信号，这正是我们所期望的。当差分放大电路的两个输入信号中既含有待放大的差模分量，又含有较大的共模分量时，由于 R_E 对共模信号的负反馈作用，稳定了工作点，则使它不进入非线性区；同时，又近于与差模信号无关。这样，既放大了有用信号，又抑制了干扰信号的影响。

虽然，发射极电阻越大，抑制零点漂移的作用越显著；但是，在 V_{CC} 一定时，R_E 过大会使集电极电流过小，静态工作点过低，影响电压放大倍数。为此，接入负电源来补偿 R_E 两端的直流压降，使集电极电流近于不变，从而获得合适的静态工作点，如此可省去偏置电阻 R_{B1}。

调零电位器 R_P 是调平衡用的。因为电路不会完全对称，当 $u_i = 0$ 时，调节 R_P 使 $u_o = 0$。

但电位器对差模信号将起负反馈作用,降低差模放大倍数 A_d,因此阻值不宜过大,一般在几十欧到几百欧之间。

当忽略 R_P 的影响后,典型差放电路的差模电压放大倍数为

$$A_d = \frac{u_o}{u_i} = \frac{u_{o1} - u_{o2}}{u_{i1} - u_{i2}}$$

$$= \frac{2u_{o1}}{2u_{i1}} = A_{u1} = A_{u2}$$

$$= \beta \frac{R_C}{R_B + r_{be}} \qquad (9\text{-}1a)$$

可见,它的差模电压放大倍数与单管放大电路的电压放大倍数相同。当 T_1、T_2 集电极间接负载电阻 R_L 时,差模电压放大倍数为

$$A_d = -\beta \frac{R_L'}{R_B + r_{be}} \qquad (9\text{-}1b)$$

式中,$R_L' = R_C /\!/ R_L/2$。这是因为当输入差模信号时,T_1、T_2 集电极电位,一边增量为正,另一边增量为负,且大小相等。因此,负载电阻 R_L 的中点是交流接地,故差动输入的半边等效电路中,负载电阻是 $R_L/2$。

【例 9-1】 在如图 9-2 所示的电路中,已知三极管 $\beta_1 = \beta_2 = 60$,$r_{be} \approx 2.52 \text{ k}\Omega$,$R_B = 5.1\text{k}\Omega$,$R_C = 3\text{ k}\Omega$,$R_P$ 忽略不计。求:

(1) 差模输入信号 $u_{i1} = 5 \text{ mV}$,$u_{i2} = -5 \text{ mV}$,输出端不接负载电阻 R_L 时的输出电压 u_o。

(2) 输出端接负载电阻 $R_L = 6 \text{ k}\Omega$ 时的差模电压放大倍数 A_d。

【解】 (1) 求输出电压。

由式(9-1a)可知,差模电压放大倍数

$$A_d = \beta \frac{R_C}{R_B + r_{be}}$$

$$= -60 \times \frac{3}{5.1 + 2.52} \approx -23.6$$

输出电压

$$u_o = A_d (u_{i1} - u_{i2})$$

$$= -23.6 \times (5 + 5)$$

$$= -236 \text{ (mV)}$$

(2) 求带负载 R_L 时的 A_d。

等效负载电阻

$$R_L' = R_C /\!/ \frac{R_L}{2} = 3 /\!/ 3 = 1.5 \text{ (k}\Omega\text{)}$$

由式(9-1b)可知,差模电压放大倍数

$$A_d = -\beta \frac{R_L'}{R_B + r_{be}}$$

$$= -60 \times \frac{1.5}{5.1 + 2.52} \approx -11.8$$

此外,如果差分放大电路两输入端作用的信号电压既非共模,又非差模,则出于分析

和处理的方便,可将它们分解为共模信号 u_c 及差模信号 u_d 之和。例如 u_{i1} 和 u_{i2} 是两个极性相同的输入信号,设 $u_{i1} = 6\text{ mV}, u_{i2} = 4\text{ mV}$。可将 u_{i1} 分解为 5 mV 与 1 mV 之和,即 $u_{i1} = 5\text{ mV} + 1\text{ mV}$;而把 u_{i2} 分解为 5 mV 与 1 mV 之差,即 $u_{i2} = 5\text{ mV} - 1\text{ mV}$。如此可认为 5 mV 是共模成分,即 $u_c = 5\text{ mV}$;而 1 mV 是差模成分,即 $u_d = 1\text{ mV}$。于是可得出

$$u_{i1} = u_c + u_d$$
$$u_{i2} = u_c - u_d$$

进而导出

$$u_c = \frac{1}{2}(u_{i1} + u_{i2}) \tag{9-2}$$

$$u_d = \frac{1}{2}(u_{i1} - u_{i2}) \tag{9-3}$$

在共模信号电压作用下,如果差放电路的对称性较差,则两管的集电极电压的变化量将不等,并产生一定的输出电压,我们把这种情况下输出电压与输入电压之比称为共模电压放大倍数,用 A_c 表示。

在差放电路的工程应用中,要求它对差模信号有尽可能大的放大能力,对共模信号有尽可能强的抑制作用。因此,差模电压放大倍数 A_d 与共模电压放大倍数 A_c 之比能够客观地反映出差放的质量,这个比值称为共模抑制比(Common Mode Rejection Ration,CMRR),用 K_{CMR} 表示,即

$$K_{CMR} = \left|\frac{A_d}{A_c}\right|$$

一般 K_{CMR} 的数值很大,为方便起见,用分贝表示,即

$$K_{CMR}\text{(dB)} = 20\lg\frac{A_d}{A_c}$$

差模电压放大倍数 A_d 越大,共模电压放大倍数 A_c 越小,共模抑制比越大,说明差动放大电路越能有效地放大差模信号而抑制共模信号。一般差动放大电路的共模抑制比 K_{CMR} 为 $10^3 \sim 10^6$;在理想对称的情况下,$A_c = 0$,$K_{CMR} = \infty$。

9.1.3 带恒流源的差分放大器

在对如图 9-2 所示的典型的差分放大电路分析中已经指出,R_E 越大抑制零漂的效果越好。但是由于 R_E 上有直流压降,R_E 增大会使静态工作点降低,影响输出的幅度。为维持静态工作点不变,在 R_E 增大的同时,必须相应地增大 V_{EE},来补偿 R_E 上的压降。这样,在增大 R_E 的同时,就需要很大的 V_{EE} 电源,这非但不经济,而且很难实现。于是想到采用交流电阻很大,直流压降却不大的恒流源代替 R_E,这样可以在 V_{EE} 不太大的情况下,获得与采用大阻值 R_E 时相同的效果,这样可大大提高共模抑制比。这种方法在集成电路中广泛应用。

如图 9-3(a)所示,就是一个具有恒流源的差放电路,图中 T_3 和 R_1、R_2、R_{E3}、D_4、D_5 组成恒流源,电阻 R_1、R_2、R_{E3} 用来调整和确定 T_3 的静态工作电流 I_{C3},二极管 D_4、D_5 用作温度补偿。将电流源简化,其电路如图 9-3(b)所示。

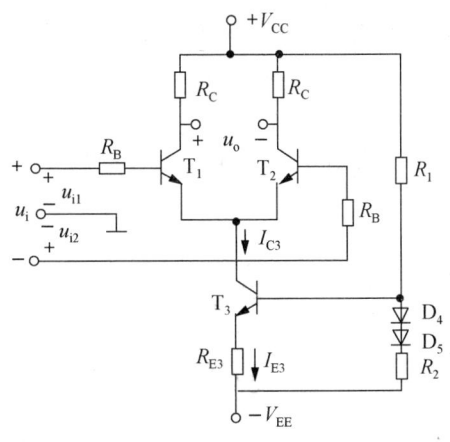 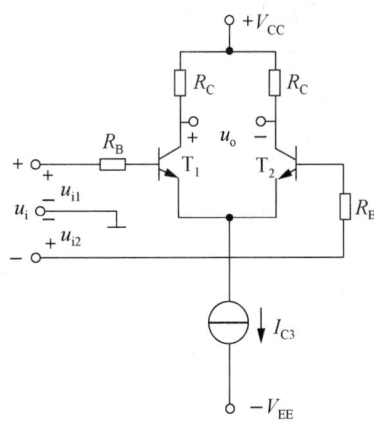

(a) 带恒流源的差放电路　　　　　　(b) 电路的简化表示

图 9-3　带恒流源的差分放大电路

1. 静态分析

(1) 求 I_{E3}。

从恒流源入手先求 U_{B3}，然后求 U_{E3}、I_{E3}。由图 9-3(a) 可知

$$U_{B3} = \frac{R_2}{R_1 + R_2}[V_{CC} - (-V_{EE})] + 2 \times 0.7$$

$$= \frac{R_2}{R_1 + R_2}(V_{CC} + V_{EE}) + 1.4 \tag{9-4}$$

$$U_{E3} = U_{B3} - U_{BE3} \tag{9-5}$$

$$I_{E3} = \frac{U_{E3} - (-V_{EE})}{R_{E3}} = \frac{U_{E3} + V_{EE}}{R_{E3}} \tag{9-6}$$

(2) 求 I_{C1}、I_{C2}。

由于电路对称，故 $I_{E1} = I_{E2} = \frac{1}{2}I_{E3}$，因此

$$I_{C1} = I_{C2} \approx I_{E1} = \frac{1}{2}I_{E3} \tag{9-7}$$

(3) 求 I_{B1}、I_{B2}。

$$I_{B1} = I_{B2} = \frac{I_{C1}}{\beta} = \frac{I_{C2}}{\beta} \tag{9-8}$$

(4) 求 U_{C1}、U_{C2}。

由图 9-3 可知

$$U_{C1} = U_{C2} = V_{CC} - I_{C1}R_C = V_{CC} - I_{C2}R_C \tag{9-9}$$

由于工作点稳定的电路有多种形式，式(9-4) 应根据具体电路作相应修改。若电路中没接 D_4、D_5，则式(9-4) 中没有 "1.4" 这一项；若偏置电阻 R_2 和 D_4、D_5 用稳压管代替，则 U_{B3} 就等于稳压管的稳定电压。

2. 动态分析

恒流源不影响差模输入时放大电路的工作状态。差模放大倍数仍由式(9-1a) 或式(9-1b)

计算，只是要根据具体电路结构对计算公式做相应的修改。

恒流源具有很大的动态电阻（相当于 R_E），因而具有很强的零点漂移抑制能力，共模抑制比更高。

【例 9-2】 在图 9-4 所示电路中，T_1、T_2、T_3 均为 3DG4C，β 为 50，$R_B = 10 \text{ k}\Omega$，$R_C = 30 \text{ k}\Omega$，$R = 510 \text{ }\Omega$，$R_1 = 5 \text{ k}\Omega$，$R_{E3} = 18 \text{ k}\Omega$，$D_4$ 为 2CW15，稳定电压为 $U_Z = 8 \text{ V}$。求：（1）各管的静态工作电压与电流。

（2）差模电压放大倍数。

（3）当输入电压 $u_i = 30 \text{ mV}$ 时的输出电压及 T_1、T_2 管的集电极电压。

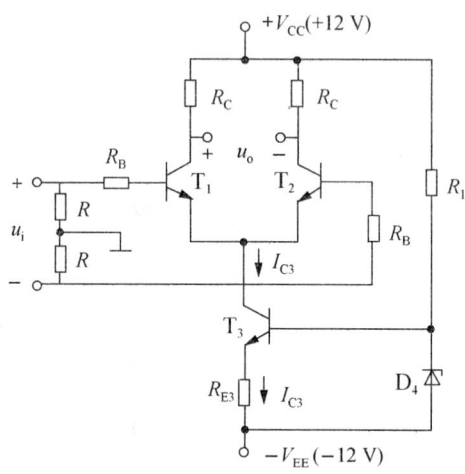

图 9-4 例 9-2 电路图

【解】 （1）求各管的静态工作电压与电流。

由图 9-4 可知

$$U_{E3} = U_{B3} - U_{BE3}$$
$$= U_Z - U_{BE3}$$
$$= 8 - 0.7 = 7.3(\text{V})$$
$$I_{E3} = \frac{U_{E3}}{R_{E3}} = \frac{7.3}{18} \approx 0.4(\text{mA})$$

所以
$$I_{C1} = I_{C2} \approx \frac{1}{2} I_{E3} = 0.2 \text{ mA}$$
$$U_{C1} = U_{C2} = V_{CC} - I_{C2} R_C = 12 - 0.2 \times 30 = 6(\text{V})$$

（2）求差模电压放大倍数。

由于
$$r_{be} = 300 + (1 + \beta) \frac{26}{I_{E1}}$$
$$= 300 + (1 + 50) \times \frac{26}{0.2} = 6.93(\text{k}\Omega)$$

由于输出端开路，所以由式（9-1a）可得

$$A_{ud} = -\beta \frac{R_C}{R_B + r_{be}} = -50 \times \frac{3}{10 + 6.93} \approx -8.86$$

(3) 当 $u_i = 30$ mV 时,由图 9-4 可知,差模输出电压为

$$u_o = A_{ud} \cdot u_i = 8.86 \times 30 \approx 0.27 \text{ (V)}$$

由于差分放大电路对称,故单管输出电压为

$$u_{o1} = u_{o2} = \frac{1}{2}u_o \approx 0.14 \text{ V}$$

又差模输入时,T_1、T_2 集电极电位一升一降,不妨设 u_{C1} 下降,u_{C2} 上升,则

$$u_{C1} = U_{C1} - u_{o1} = 6 - 0.14 = 5.86 \text{ (V)}$$
$$u_{C2} = U_{C2} + u_{o2} = 6 + 0.14 = 6.14 \text{ (V)}$$

9.1.4 差分放大器的输入、输出方式

差放电路有两个输入端和两个输出端,实用中,往往要求放大电路的输入端或输出端有一端接"地",如此便有了差放电路其他的输入、输出方式。

1. 单端输入、单端输出

如图 9-5 所示的电路是单端输入、单端输出的差分放大电路。当输入信号电压 ΔU_i 从 T_1 管基极加入后,T_1 的 I_{B1}、I_{C1}、I_{E1} 均增大,使发射极电位 U_E 升高。由于 T_2 管的基极基本是"地"电位,所以 U_E 的升高将引起 U_{BE2} 减小,进而又使 I_{B2}、I_{C2}、I_{E2} 均减小。此时流过 R_E 上电流为两管电流变化量之差,即 $\Delta I_E = \Delta I_{E1} - \Delta I_{E2}$。$R_E$ 上电压变化量 $\Delta U_E = (\Delta I_{E1} - \Delta I_{E2})R_E$。

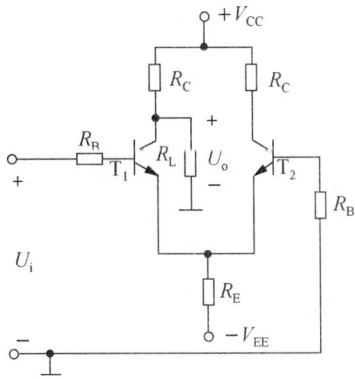

图 9-5 单端输入、单端输出的差分放大电路

当 R_E 足够大时,则发射极电位所产生的某一变化量 ΔU_E 所需的信号电流的差值 $\Delta I_{E1} - \Delta I_{E2}$ 很小。换句话说,R_E 越大,越可认为 ΔI_{E1} 与 ΔI_{E2} 在数量上接近相等。也就是说,U_{BE1} 和 U_{BE2} 的变化量近似相等,但符号相反,即

$$\Delta U_{BE1} = -\Delta U_{BE2} = \Delta U_E$$

因为

$$\Delta U_{BE1} = u_i - \Delta U_E$$

所以

$$\Delta U_{BE1} = \frac{1}{2}u_i, \qquad \Delta U_{BE2} = -\frac{1}{2}u_i$$

即输入信号电压 u_i 一半加在 T_1 管上,另一半加在 T_2 管上,等效为双端输入。可见,在单端输入差放电路中,只要 R_E 足够大,两管所获得的输入信号就是一对差模信号。这里发射极电阻 R_E 起到了将单端输入转换成双端输入的作用。

与双端输入、双端输出差分放大电路比较,输入信号一样,但输出信号只是从一个管子的集电极输出,所以减小了一半,因而电压放大倍数也减小了一半。也就是说,单端输入、单端输出电路的电压放大倍数只是单管电压放大倍数的一半。

2. 单端输入、双端输出

如图 9-6 所示的电路是单端输入、双端输出的差分放大电路,常用在输入级,将单端输入信号转换为双端输出的差模信号,供下一级放大。它的电压放大倍数与双端输入、双端输出的差分放大电路相同。

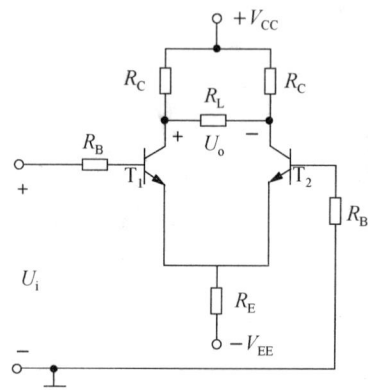

图 9-6　单端输入、双端输出的差分放大电路

3. 双端输入、单端输出

如图 9-7 所示的电路是双端输入、单端输出的差分放大电路,常用在输入端和中间级,将双端输入的差模信号转换为一端接"地"的信号输出,供给下一级放大,这种电路的电压放大倍数与单端输入、单端输出差分放大电路的电压放大倍数相同。

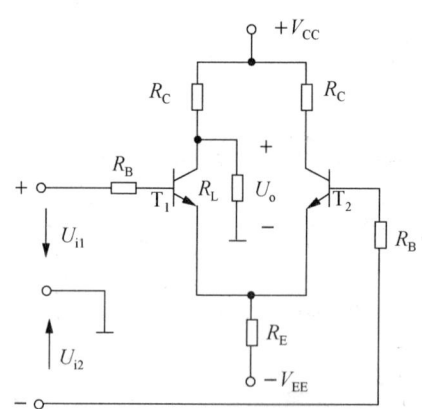

图 9-7　双端输入、单端输出差分放大电路

综上所述,不管信号的输入方式如何,只要输出是单端,它的差模放大倍数就是基本放大电路的放大倍数的一半；若为双端输出，则与基本放大电路相同；不难证明，差放电路的输入电阻 r_i 与输入方式无关，均为 $r_i = 2(R_B + r_{be})$；而输出电阻 r_o 与输出方式有关，双端输出时，$r_o = 2R_C$；单端输出时，$r_o = R_C$。

9.2 集成运算放大器简介

集成运算放大器既可作直流放大器，又可作交流放大器，其主要特征是电压放大倍数高，输入电阻大和输出电阻小。由于集成运算放大器具有体积小、质量轻、价格低、使用可靠、灵活方便、通用性强等优点，在检测、自动控制、信号产生与信号处理等许多方面得到了广泛的应用。

9.2.1 集成运算放大器的基本结构及其特点

1. 集成运算放大器的基本结构

集成运算放大器是模拟集成电子电路中最重要的器件之一。近几年来得到了迅速的发展，它的种类、型号众多，但其基本结构归纳起来通常由输入级、中间级、输出级和偏置电路四部分组成，如图 9-8 所示。

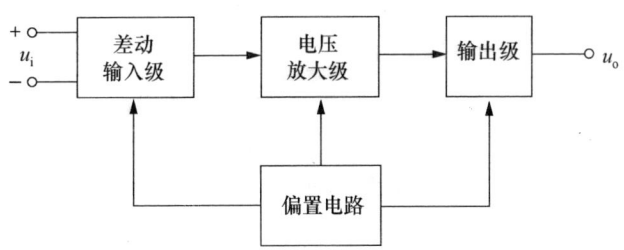

图 9-8 集成运算放大器组成方框图

（1）输入级。

输入级是提高运算放大器质量的关键部分，要求其输入电阻高，为了能减小零点漂移和抑制共模干扰信号，输入级都采用具有恒流源的差动放大电路，也称为差动输入级。

（2）中间级。

中间级的主要作用是提供足够大的电压放大倍数，故而也称为电压放大级。要求中间级本身具有较高的电压增益。

（3）输出级。

输出级的主要作用是输出足够的电流以满足负载的需要，同时还需要有较低的输出电阻和较高的输入电阻，以起到将放大级和负载隔离的作用。

（4）偏置电路。

偏置电路的作用是为各级提供合适的工作电流，一般由各种恒流源电路组成。

集成运算放大器的内部电路是很复杂的，但从使用的角度来说，可将它视为一个完整独立的电子器件，需要掌握集成运算放大器的主要性能及与外部电路的正确接法，故这里对内部电路的分析不做介绍。

2. 集成运算放大器的图形符号和引脚功能

集成运算放大器的外形有双列直插式、扁平式和圆壳式 3 种，如图 9-9 所示。

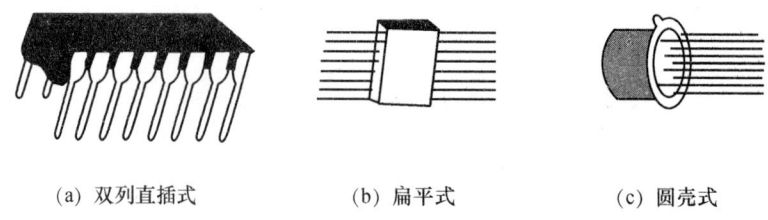

(a) 双列直插式　　　　(b) 扁平式　　　　(c) 圆壳式

图 9-9　常见集成运算放大器的外形

集成运算放大器的图形符号如图 9-10 所示。由图中可见，集成运算放大器有两个输入端和一个输出端，输入端输入方式有 3 种：从 "−" 端输入（u_-）称反相输入，输出电压与输入电压相位相反；从 "+" 端输入（u_+）称同相输入，输出电压与输入电压相位相同；从 "−" "+" 两个端输入称为差分输出（$u_{id} = u_- - u_+$），输出电压与差分输入电压相位相反。

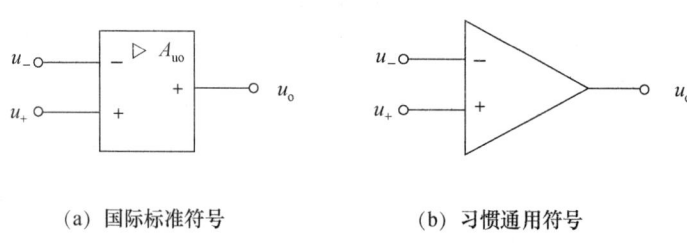

(a) 国际标准符号　　　　(b) 习惯通用符号

图 9-10　集成运算放大器的图形符号

国产 F007（5G24）型集成运算放大器的外形有圆壳式，也有双列直插式。圆壳式的引脚排列及外形引线连接如图 9-11 所示。图 9-11(a) 是 F007 运算放大器的顶视图，图中引脚编号是逆时针排列的。对照图 9-11(b)，各引脚的功能是：1、5 为外接调零电位器（通常为 10 kΩ），2 为反相输入端，3 为同相输入端，4 为外接负电源（−15 V），6 为输出端，7 为外接正电源（+15 V），8 为空脚。

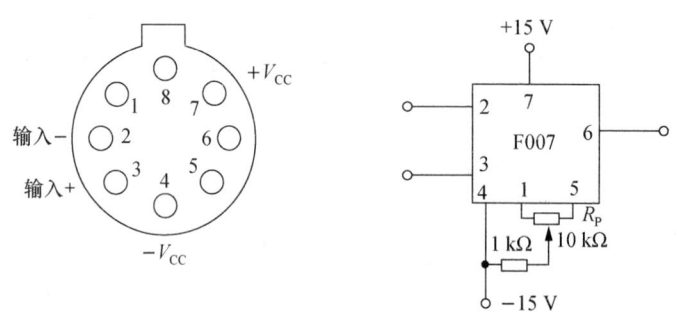

(a) F007运算放大器的顶视图　　(b) F007运算放大器的外引脚图

图 9-11　F007 外形引线连接图

9.2.2 集成运算放大器主要参数的意义

集成运算放大器的性能可用一些参数来表示，为了合理地选用和正确地使用运算放大器，必须了解各主要参数的意义。

1. 开环差模电压放大倍数 A_{uo}

在没有外接反馈电路时测出的差模电压放大倍数，称为开环差模电压放大倍数。如果 A_{uo} 越高，运放的精度高度越高。性能较好的运放，其 A_{uo} 可达 140 dB。

2. 共模抑制比 K_{CMR}

运算放大器的差模电压放大倍数 A_d 与共模电压放大倍数 A_c 之比的绝对值，称为共模抑制比 K_{CMR}。若用分贝为单位，则 $K_{CMR} = 20 \lg \left| \dfrac{A_d}{A_c} \right|$ dB。K_{CMR} 越大，说明运算放大器共模抑制性能越好。F007 的 K_{CMR} 约为 80 dB，目前高质量集成运放的 K_{CMR} 已经高达 160 dB。

3. 开环输入电阻（差模输入电阻）r_{id}

开环输入电阻 r_{id}，是指运算放大器开环时，输入电压的变化与由它引起输入电流的变化之比，即从两个输入端看进去的动态电阻。r_{id} 越大，表明运算放大器由差模信号源输入的电流就越小，精度越高。F007 的 r_{id} 为 $1 \sim 2$ MΩ。若以场效应管做输入级，则 r_{id} 可高达 10^6 MΩ。

4. 开环输出电阻 r_o

开环输出电阻 r_o，是指运算放大器输出级的输出电阻。r_o 越小，运算放大器带负载能力越强。F007 的 r_o 约为 500 Ω，高质量集成运放的 r_o 小于 100 Ω。

5. 输入失调电压 U_{IO}

一个理想的集成运算放大器，当输入电压为 0 时，静态输出电压也应为 0。但实际上，由于制造中元件参数不可能做到完全对称，故当输入电压为 0 时，存在一定的静态输出电压。为使静态输出电压为 0，设想在输入端加一个很小的补偿电压，它就是输入失调电压 U_{IO}。U_{IO} 越大，说明电路的对称程度越差，U_{IO} 一般在几毫伏以下。

6. 最大输出电压 U_{opp}

能使输出电压和输入电压失真不超过允许值时的最大输出电压，称为运算放大器的最大输出电压 U_{opp}，一般用峰-峰值表示，有时也称为动态输出范围，其值不可能超出电源电压值。F007 的 U_{opp} 为 $\pm 12 \sim \pm 13$ V。

运算放大器的技术参数尚有许多，这里不再一一赘述，使用时需参看各种产品的说明书及技术参数表。

9.2.3 理想集成运算放大器的分析方法

集成运算放大器的许多技术指标是相当良好的。如它的开环电压放大倍数很大，可达几十万；它的输入电阻很高，常常在兆欧级；它的输出电阻很小，仅为几十欧。因此，在工程应用中，为了便于分析和计算，常把实际运算放大器看作理想运算放大器来处理，以简化计算。

1. 理想集成运算放大器

把具有理想参数的集成运算放大器称为理想集成运放，图 9-12 为理想集成运放的图形符号，图中的"∞"表示电压放大倍数 $A_{uo} \to \infty$。它有以下主要特点。

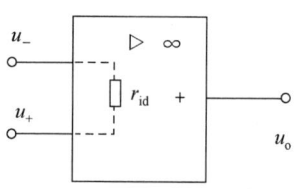

① 开环电压放大倍数 $A_{uo} \to \infty$。
② 输入电阻 $r_{id} \to \infty$。
③ 输出电阻 $r_o \to 0$。
④ 共模抑制比 $K_{CMR} \to \infty$。
⑤ 有无限宽的频带。

图 9-12　理想集成运算放大器的图形符号

2. 集成运算放大器的传输特性

（1）传输特性。

表示输出电压与输入电压之间关系的曲线称为传输特性曲线。图 9-13 所示为运算放大器的传输特性曲线。图中虚线部分为集成运放工作的线性区，实线部分为集成运放工作的非线性区（即饱和区）。由于集成运放的电压放大倍数极高，虚线部分很接近纵轴，在理想情况下，认为虚线与纵轴重合。图 9-13 是反相传输（输入信号接在反相端的情况），若为同相传输（输入信号接在同相端的情况），则传输特性曲线在 Ⅰ、Ⅲ 象限，具有正的斜率。

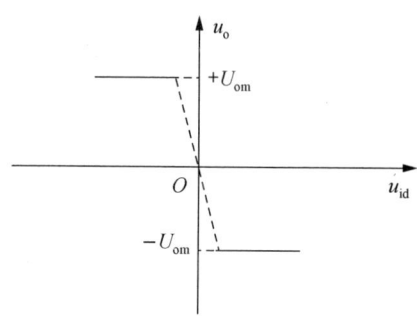

图 9-13　运算放大器的电压传输特性曲线

一般来说，集成运算放大器具体工作在线性区还是非线性区主要取决于其外接反馈电路的性质。只有在深度电压负反馈情况下，运算放大器才工作于线性区，如图 9-14 所示；而在开环或正反馈状态下，运放则工作在非线性区，如图 9-15 所示。

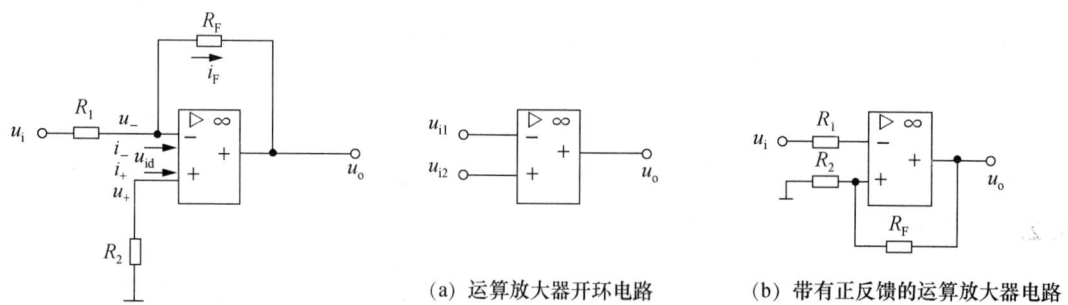

(a) 运算放大器开环电路　　(b) 带有正反馈的运算放大器电路

图 9-14　带有负反馈的线性应用电路　　图 9-15　集成运放的非线性应用电路

（2）工作在线性区的集成运放。

根据上述理想化条件，工作在线性状态的理想集成运放具有两个重要特性。此时，输出电压与两个端电压之差的函数关系是线性的，满足

$$u_o = A_{uo} u_{id} = A_{uo}(u_+ - u_-)$$

由于开环放大倍数 $A_{uo} \to \infty$，u_o 为一有限值，所以
$$u_+ \approx u_- \qquad (9\text{-}10)$$

式(9-10)表明，理想集成运放两输入端间的电压为 0，但又不是短路，故常称为"虚短"。

又由于集成运放的输入电阻 $r_{id} \to \infty$，所以同相端和反相端都不取输入电流，即
$$i_- = i_+ \approx 0 \qquad (9\text{-}11)$$

即理想运算放大器的两个输入端不取电流，但又不是开路，一般称为"虚断"。

式(9-10)和式(9-11)是分析和计算运算放大器的两个重要依据，应用这两个依据，将大大简化运算放大器线性应用电路的分析。

(3) 工作在非线性区的集成运算放大器

对于工作在非线性区的理想集成运算放大器，则有

① 当 $u_+ > u_-$ 时，$u_o = +U_{om}$；

② 当 $u_- > u_+$ 时，$u_o = -U_{om}$。

其中，U_{om} 是集成运算放大器的正向或反向输出电压最大值。

9.3 基本运算电路

用集成运算放大器外接电阻、电容可以实现各种模拟信号的比例、加减、积分和微分的运算电路，称为基本运算电路。此时集成运算放大器工作在线性区。本节主要介绍常用的几种运算电路，对于特殊应用领域所需的运算电路读者可查阅相关的参考文献。

9.3.1 比例运算电路

1. 反相比例运算电路

如图 9-16 所示的是反相比例运算电路。输入信号 u_i 经电阻 R_1 加到集成运放的反相端，同相端经电阻 R_2 接地。为使集成运算放大器工作在线性区，在集成运算放大器的输出端与反相端之间接有反馈电阻 R_F。

根据"虚短"和"虚断"的特点，即
$$u_- \approx u_+$$
$$i_- = i_+ \approx 0$$

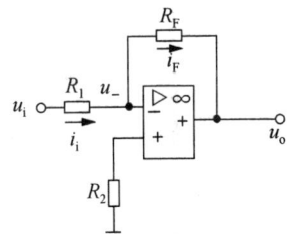

图 9-16 反相比例运算电路

可得，$u_- = 0$，$i_i = i_F$，代入下式

$$\begin{cases} i_i = \dfrac{u_i - u_-}{R_1} = \dfrac{u_i}{R_1} \\ i_F = \dfrac{u_- - u_o}{R_F} \approx -\dfrac{u_o}{R_F} \end{cases}$$

可得
$$\dfrac{u_i}{R_1} = -\dfrac{u_o}{R_F}$$

整理得
$$u_o = -\dfrac{R_F}{R_1} u_i \qquad (9\text{-}12)$$

式(9-12)表明，输出电压 u_o 与输入电压 u_i 之间存在着比例运算关系，比例系数由 R_F

与 R_1 的阻值决定,与集成运放本身参数无关。改变 R_F 与 R_1 的阻值,可获得不同的比例值,从而实现比例运算。

在图 9-16 中,同相输入端电阻 R_2 对运算结果没有影响,只是为了提高集成运算放大器输入级的对称性,使两个输入端电阻保持平衡,以便消除集成运放的偏置电流及其漂移的影响,故习惯上称 R_2 为平衡电阻。通常取 $R_2 = R_1 // R_F$。

由电压放大倍数定义可得

$$A_{uf} = \frac{u_o}{u_i} = -\frac{R_F}{R_1} \tag{9-13}$$

在式(9-13)中,负号表明输出电压 u_o 与输入电压 u_i 的相位总是相反的。

若取 $R_F = R_1$,则

$$u_o = -u_i$$

即输出电压与输入电压大小相等、相位相反。此时,反相比例运算电路称为反相器。

在反相比例运算电路中,同相端接地,$u_+ = 0$,使 $u_- \approx u_+ = 0$,相当于反相端也接"地",这个"地"常称为"虚地"。

2. 同相比例运算电路

如图 9-17(a) 所示是同相比例运算电路。输入信号 u_i 经电阻 R_2 加到集成运算放大器的同相端,而集成运算放大器的反相端经电阻 R_1 接地,为使集成运算放大器工作在线性区,在集成运算放大器的输出端与反相端之间接有反馈电阻 R_F。

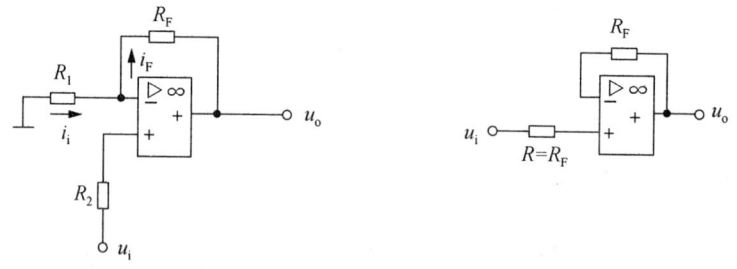

(a) 同相比例运算电路的一般形式　　　　(b) 同相比例运算电路特例

图 9-17　同相比例运算电路

由虚短和虚断性质与图 9-17(a) 可知

$$u_- \approx u_+ = u_i$$
$$i_- = i_+ = 0$$
$$i_i = i_F$$

而

$$i_F = \frac{u_- - u_o}{R_F} = \frac{u_i - u_o}{R_F}$$
$$i_i = -\frac{u_-}{R_1} = -\frac{u_i}{R_1}$$

所以

$$\frac{u_i - u_o}{R_F} = -\frac{u_i}{R_1}$$

整理得

$$u_o = \left(1 + \frac{R_F}{R_1}\right)u_i \tag{9-14}$$

则电压放大倍数为

$$A_{uf} = \frac{u_o}{u_i} = 1 + \frac{R_F}{R_1} \tag{9-15}$$

式(9-15)表明：输出电压 u_o 与输入电压 u_i 之间也存在着比例运算关系，且输出电压与输入电压相位相同。

图9-17(a)中，若去掉 R_1，如图9-17(b)所示，则

$$u_o = u_- = u_+ = u_i$$

即输出电压与输入电压大小相等、相位相同，起到电压跟随作用，故该电路称为电压跟随器，其电压放大倍数为1。

9.3.2 加减运算电路

1. 加法运算电路

在集成运放的反相输入端增加若干个输入信号组成的电路，就构成反相加法运算电路，如图9-18所示为对两个信号的求和电路。

因反相输入端为"虚地"，故得

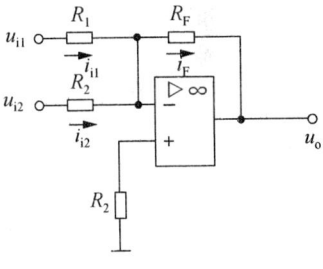

图 9-18 加法运算电路

$$i_{i1} = \frac{u_{i1}}{R_1}$$

$$i_{i2} = \frac{u_{i2}}{R_2}$$

$$i_F = \frac{-u_o}{R_F} = i_{i1} + i_{i2} = \frac{u_{i1}}{R_1} + \frac{u_{i2}}{R_2}$$

于是，输出电压为

$$u_o = -\left(\frac{R_F}{R_1}u_{i1} + \frac{R_F}{R_2}u_{i2}\right) \tag{9-16}$$

当 $R_1 = R_2 = R$ 时，则

$$u_o = -\frac{R_F}{R}(u_{i1} + u_{i2}) \tag{9-17}$$

式(9-16)、式(9-17)表明：加法运算电路的输出电压与各输入电压之间存在着线性组合关系，实现了加法运算。

2. 减法运算电路

在集成运放的两个输入端都加上输入信号，就构成了减法运算电路，如图9-19所示。图中减数 u_{i1} 加到反相输入端，被减数 u_{i2} 经 R_2、R_3 分压后加到同相输入端。

由图9-19可知

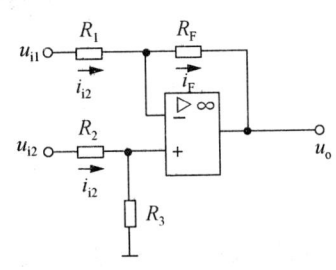

图 9-19 减法运算电路

$$u_- \approx u_+ = \frac{R_3}{R_2 + R_3} u_{i2}$$

$$i_{i1} = \frac{u_{i1} - u_-}{R_1} = i_F = \frac{u_- - u_o}{R_F}$$

故得

$$u_o = \left(1 + \frac{R_F}{R_1}\right) \frac{R_3}{R_2 + R_3} u_{i2} - \frac{R_F}{R_1} u_{i1} \tag{9-18}$$

当 $R_1 = R_2$，$R_3 = R_F$ 时，式（9-18）为

$$u_o = \frac{R_F}{R_1}(u_{i2} - u_{i1}) \tag{9-19}$$

即输出电压与输入电压的差值（$u_{i1} - u_{i2}$）成正比例，从而能进行减法运算。

【例 9-3】 若给定反馈电阻 $R_F = 10\,\text{k}\Omega$，试设计实现 $u_o = u_{i1} - 2u_{i2}$ 的运算电路。

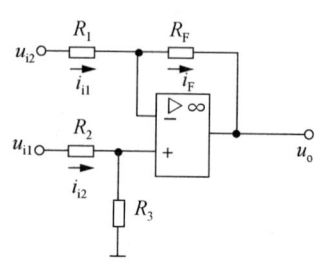

图 9-20 例 9-3 图

【解】 根据题意，对照运算电路的功能可知，可用差分运算电路实现，将 u_{i1} 从同相端输入，u_{i2} 从反相端输入，电路如图 9-20 所示。

根据式（9-18）可求得图 9-20 中输出电压 u_o 的表达式为

$$u_o = \left(1 + \frac{R_F}{R_1}\right) \frac{R_3}{R_2 + R_3} u_{i1} - \frac{R_F}{R_1} u_{i2}$$

将要求实现的 $u_o = u_{i1} - 2u_{i2}$ 与上式比较可得

$$-\frac{R_F}{R_1} = -2 \tag{9-20}$$

$$\left(1 + \frac{R_F}{R_1}\right) \frac{R_3}{R_2 + R_3} = 1 \tag{9-21}$$

因为给定 $R_F = 10\,\text{k}\Omega$，由式(9-20)可得

$$R_1 = 5\,\text{k}\Omega$$

将式(9-20)代入式(9-21)，可得

$$\frac{R_3}{R_2 + R_3} = \frac{1}{3} \tag{9-22}$$

根据输入端直流电阻平衡的要求，由图 9-20 可得

$$R_2 /\!/ R_3 = R_1 /\!/ R_F = \frac{5 \times 10}{5 + 10} = \frac{10}{3}\,(\text{k}\Omega)$$

即

$$\frac{R_2 R_3}{R_2 + R_3} = \frac{10}{3}\,\text{k}\Omega \tag{9-23}$$

联立求解式(9-22)和式(9-23)，可得

$$R_2 = 10\,\text{k}\Omega,\ R_3 = 5\,\text{k}\Omega$$

9.3.3 积分与微分运算电路

1. 积分电路

积分运算是指集成运放的输出电压与输入电压的积分成比例的运算。积分运算电路如

图 9-21 所示。图中,用 C_F 代替 R_F 构成反馈电路。

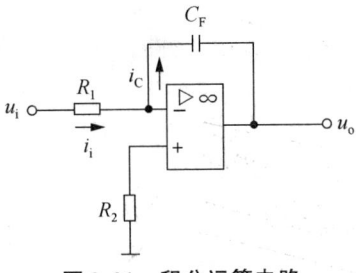

图 9-21 积分运算电路

设电容器 C_F 上初始电压 $U_C(0) = 0$,随着充电过程的进行,电容器 C_F 两端的电压为

$$u_C = \frac{1}{C_F}\int i_C \, dt$$

由图 9-21 可知

$$i_i = \frac{u_i}{R_1} = i_C$$

故

$$u_o = -u_C = -\frac{1}{R_1 C_F}\int u_i dt \tag{9-24}$$

式(9-24)表明:输出电压 u_o 正比于输入电压 u_i 对时间 t 的积分。负号表示输出电压与输入电压相位相反。若输入电压 u_i 是一恒定的直流电压 U_i,则有

$$u_o = \frac{U_i}{RC_F}t$$

这时,输出电压与积分时间成正比。因此,即使输入电压很小,但经过一段时间后输出电压也会积累到一定数值。这种特性在自动调节系统和测量系统中得到了广泛的应用。

2. 微分运算电路

微分运算是积分运算的逆运算。在积分电路中,电阻 R_1 与电容 C_F 的位置对调一下,即得微分电路,电路如图 9-22 所示。

由图 9-22 可知

$$i_C = C_F \frac{du_C}{dt} = C_F \frac{du_i}{dt}$$

$$i_R = -\frac{u_o}{R_1} = i_C$$

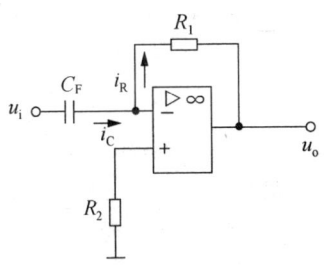

图 9-22 微分运算电路

故

$$u_o = -i_C R_1 = -C_F R_1 \frac{du_i}{dt} \tag{9-25}$$

式(9-25)表明:输出电压 u_o 正比于输入电压 u_i 对时间的微分。若 u_i 是一恒定的直流电压,则 $u_o = 0$。

微分和积分电路常用于实现波形变换,如图 9-23 所示。例如,微分电路可将方波电压变换为尖脉冲电压,如图 9-23(b)所示,积分电路可将方波电压变换为三角波电压,如图 9-23(c)所示。

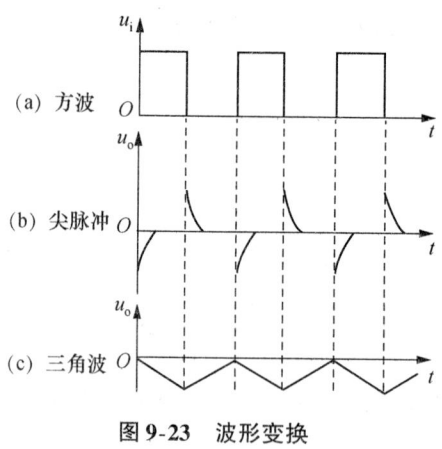

图 9-23 波形变换

9.4 信号处理电路

在自动化系统中,经常需要以下几个方面的信号处理,如信号幅度的比较、信号的采样保持、信号的滤波,以及信号的转换和测量等。下面针对以上几个方面分别进行介绍。

9.4.1 电压比较器

电压比较器的基本功能是能对两个电压进行比较,并判断出哪一个大。这种电路的集成运算放大器工作在非线性区,即在开环状态下运行。因集成运算放大器的开环放大倍数很高,只要在输入端有一个微小的差值信号,就会使输出电压达到极限值,输出高电平或低电平,通常用于越限报警、模拟电路与数字电路接口、波形变换等场合。信号幅度比较电路大致可分为 3 种:电压比较电路、滞回比较电路和窗口比较电路。

1. 电压比较器

电压比较电路如图 9-24(a) 所示,参考电压 U_{REF} 加在同相输入端,输入电压 u_i 加在反相输入端,电路工作在开环状态。

由图 9-24(a) 可知:当 $u_i < U_{REF}$ 时,u_o 输出为高电平 U_{om};当 $u_i > U_{REF}$ 时,u_o 输出为低电平 $-U_{om}$。电压传输特性如图 9-24(b) 所示。

当不接基准电压(即 $U_{REF} = 0$)时,电路如图 9-25(a) 所示,该电路称为过零比较器,电压传输特性如图 9-25(b) 所示。

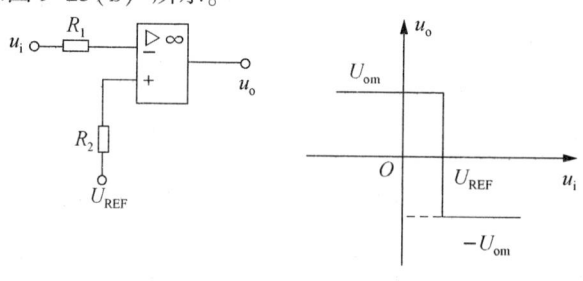

(a) 电路图   (b) 电压传输特性

图 9-24 电压比较器和电压传输特性

为了将输出电压限制在某一特定值,以与接在输出端的数字电路的电平相配合,可在输出端接一个双向稳压管进行限幅,如图 9-26(a) 所示,构成有限幅的过零比较器。其电压传输特性如图 9-26(b) 所示($U_z < U_{om}$)。

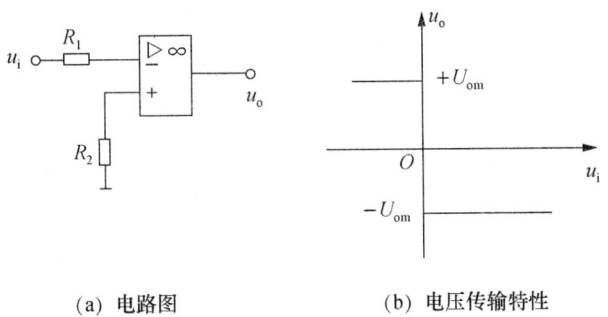

(a) 电路图　　　　(b) 电压传输特性

图 9-25　过零比较器和电压传输特性

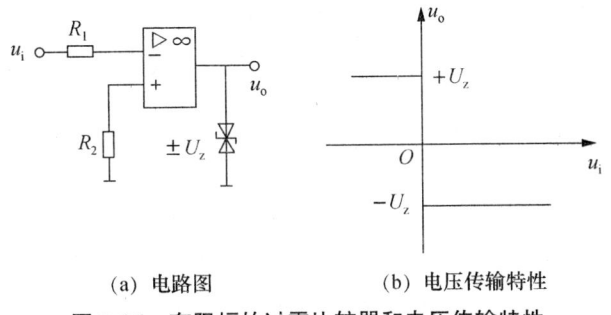

(a) 电路图　　　　(b) 电压传输特性

图 9-26　有限幅的过零比较器和电压传输特性

【例 9-4】　设计一个简单的电压比较器,要求如下:$U_{REF} = 2\,V$;输出低电平约为 $-6\,V$,输出高电平约为 $0.7\,V$;当输入电压大于 $2\,V$ 时,输出为低电平。

【解】　因输入电压大于 $2\,V$ 时,输出为低电平,故输入信号应加在反相输入端,同相输入端加 $2\,V$ 的参考电压。

又因输出低电平约为 $-6\,V$,输出高电平约为 $0.7\,V$,故可采用具有限幅作用的硅稳压管接在输出端,它的稳定电压为 $6\,V$。当输出高电平时,稳压管作普通二极管使用,其导通电压约为 $0.7\,V$,故输出电压为 $0.7\,V$;当输出低电平时,稳压管稳定电压为 $6\,V$,故输出电压为 $-6\,V$。综上所述,满足设计要求的电路如图 9-27 所示。

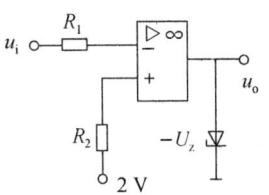

图 9-27　例 9-4 图

实际应用中,常常利用比较器设计出一种监控报警电路,如图 9-28 所示。在生产现场,若需对某一参数(如压力、温度、噪声等)进行监控,可将传感器取得的监控信号 u_i 送给比较器,当 $u_i < U_R$ 时,比较器输出负值电压,三极管 T 截止,指示灯熄灭,表明工作正常。当 $u_i > U_R$ 时,说明被监控的信号超过正常值,使三极管饱和导通,报警器灯亮。电阻 R_3 决定于对三极管基极的驱动强度,其阻值应保证三极管进入饱和状态。二极管 D 起保护作用,在比较器输出负值电压时,三极管 BE 结上加有较高的反向偏压,可能击穿 BE 结,而 D 能把 BE 结的反向电压限制在 $0.7\,V$,从而保护了三极管。

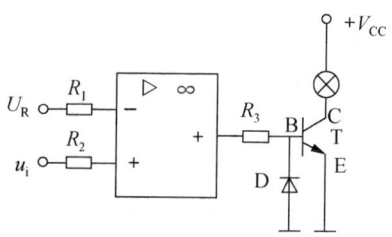

图 9-28 利用比较器设计的监控报警电路

2. 滞回比较器

上述电压比较器的优点是电路简单,缺点是抗干扰能力差。电压比较器只有一个固定的阈值电压,当输入信号值恰好在阈值电压附近,而电路又存在干扰和零漂时,输出信号可能在 $+U_{om}$ 和 $-U_{om}$ 间不断地发生跳动。若利用这种输出电压去控制电机(如风扇电机),电机可能会出现频繁的启停现象,这是不允许的。

为了改善比较器的性能,可在电路中引入正反馈,采用图 9-29(a) 所示的具有滞回特性的比较器。

由图 9-29(a) 可知

$$u_+ = \frac{R_2}{R_2 + R_3} u_o \tag{9-26}$$

由于电路引入了正反馈,运算放大器工作于非线性状态,稳态时 u_o 可以是高电平 U_{OH}(与正电源电压接近)或低电平 U_{OL}(与负电源电压接近),故 u_+ 便有两个相应的值

$$u_{+1} = \frac{R_2}{R_2 + R_3} U_{OH} = U_{th1} \text{(称为上限阈值电压)}$$

$$u_{+2} = \frac{R_2}{R_2 + R_3} U_{OL} = U_{th2} \text{(称为下限阈值电压)}$$

设开始时 $u_o = U_{OH}$,对应的阈值电压为 U_{th1},当 u_i 由负向正变化时,且使 u_i 稍大于 U_{th1} 时,u_o 由 U_{OH} 跳变为 U_{OL},电路输出翻转一次,这时阈值电压立即变为 U_{th2};由于 $U_{th2} < U_{th1}$,因此当 u_i 再继续增加时,u_o 也不会发生跳变。但当 u_i 由正向负的方向减小到 U_{th2} 时,u_o 将从 U_{OL} 向上跳变到 U_{OH},电路输出又翻转一次,因此,电路具有滞回特性。阈值电压随之变为 U_{th1},由于 $U_{th1} > U_{th2}$,故当 u_i 再减小时,u_o 也不会再发生跳变。由此可得出它的电压传输特性如图 9-29(b) 所示。

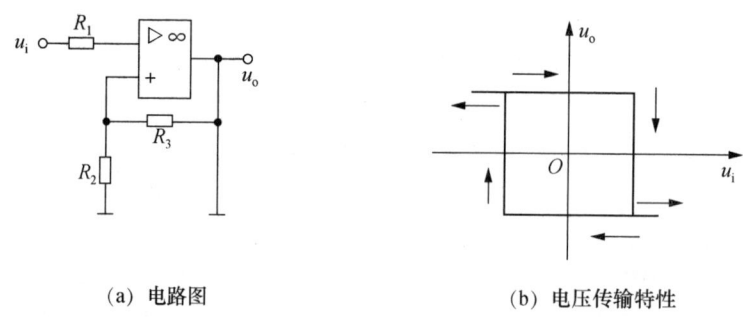

(a) 电路图　　　　　　　　(b) 电压传输特性

图 9-29 滞回比较器和电压传输特性

两个阈值的差称为回差电压，即

$$\Delta U = U_{th2} - U_{th1} \tag{9-27}$$

调节 R_2、R_3 的比值，可改变回差电压值。回差电压大，抗干扰能力强，延时增加。实际应用中，就是通过调整回差电压来改变电路的某些性能的。

还可以在同相端再加一个固定值的参考电压 U_R。此时，回差电压不受影响，改变的只是阈值，在电压传输特性上表现为特性曲线沿 u_i 前后平移。因此，抗干扰能力不受影响，但越限保护电路的门限发生了改变。

【例 9-5】 电路如图 9-30(a) 所示，试求上、下限阈值电压，并画出电压传输特性。

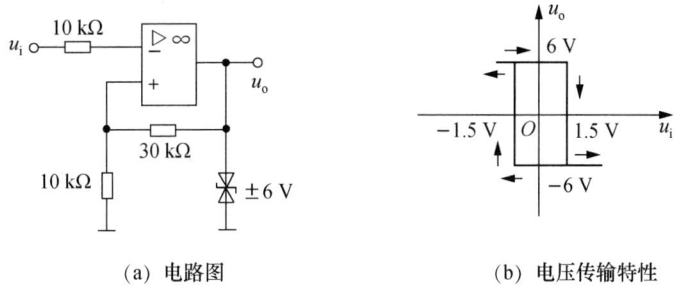

(a) 电路图　　　　　　　　　(b) 电压传输特性

图 9-30　例 9-5 图

【解】　由电路可知，当反相输入端电压低于同相输入端电压时，输出电压被双向稳压管钳位于在高电平 6 V。此时，同相输入端电压即为上限阈值电压

$$U_{th1} = \frac{10}{30+10} \times 6 = 1.5 \text{（V）}$$

当 $u_i > 1.5$ V 时，输出电压由高电平 6 V 跳变为被双向稳压管钳位的低电平 -6 V。此时，同相输入端电压跳变为下限阈值电压

$$U_{th2} = \frac{10}{30+10} \times (-6) = -1.5 \text{（V）}$$

故当反相输入端电压 $u_i < -1.5$ V 时，输出电压由低电平 -6 V 跳变为高电平 6 V。电压传输特性如图 9-30(b) 所示。

3. 窗口比较器

上述各种比较器只能检测信号是否超过某一基准，统属单门限电压比较器，窗口比较器是一种双门限比较器，它的电路图和电压传输特性如图 9-31 所示，设 $U_L < U_H$，当 $u_i < U_L$ 时，D_2 导通、D_1 截止，输出电压 u_o 为高电平 U_{om}；当 $u_i > U_H$ 时，D_1 导通、D_2 截止，输出电压 u_o 仍为高电平 U_{om}。只有当 $U_L < u_i < U_H$ 时，D_1、D_2 均截止，输出电压 u_o 为低电平 0。

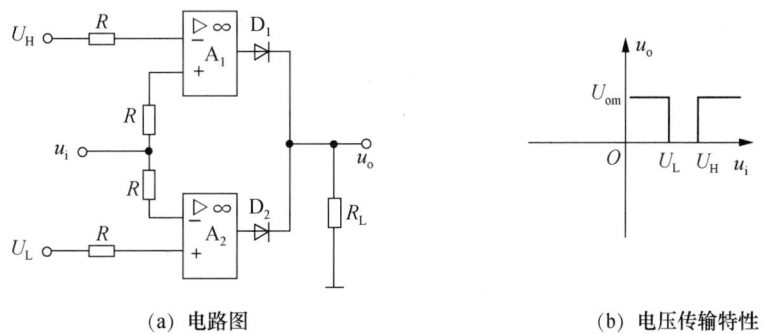

(a) 电路图　　　　　　　　　(b) 电压传输特性

图 9-31　窗口比较器和电压传输特性

该电路主要用来检测输入电压 u_i 是否在两个电平之间。由于其电压传输特性形同一个敞开的窗口,窗口比较器由此得名。

目前,除了由集成运放组成的比较器外,还生产了许多集成电压比较器,所需外接元件极少,使用十分方便,且其输出电平容易与数字集成元件所需的输入电压相配合,常用作模拟与数字电路之间的接口电路。除了直接用于电压的比较和鉴别之外,集成电压比较器还可用于波形发生电路、数字逻辑门电路等场合。集成电压比较器可分为通用型(如 F311)、高速型(如 CJ0710)、精密型(如 J0734 和 ZJ03)等几大类。在同一块集成芯片上,可以是单个比较器(如 F311),也可以是互相独立的两个(如 CJ0393)或 4 个(如 CJ0339)比较器。

9.4.2 有源滤波器

滤波器是一种能够让指定频率范围内的信号通过,而将此频率范围以外的信号衰减的电路。滤波器可以由无源的 R、L、C 等元件组成,也可以由有源的运放加 R、C 等元件组成,前者称为无源滤波器,后者称为有源滤波器。与无源滤波器相比,有源滤波器具有体积小、频率特性好、能起放大作用,且有一定的带负载能力等优点,因而在无线电通信、信号检测和自动控制中,滤波电路广泛应用于信号处理、数据传输和干扰抑制等方面。

1. 基本概念

通常把能够通过的信号频率范围定义为通带,而把受衰减的信号频率范围称为阻带。按照通带和阻带相互不同的位置,滤波器可分为低通滤波器(Low Pass Filter,LPF)、高通滤波器(High Pass Filter,HPF)、带通滤波器(Band Pass Filter,BPF)、带阻滤波器(Band Elimination Filter,BEF)几种类型,它们的理想幅频特性如图 9-32 所示。

低通滤波器可以作为直流电源整流后的滤波电路,以便得到平滑的直流电压;高通滤波器可以作为交流放大电路的耦合电路,隔离直流成分,削弱低频成分,只放大频率高于 f_L 的信号;带通滤波器常用于载波通信或弱信号提取等场合,以提高信噪比;带阻滤波器用于在已知干扰或噪声频率的情况下,阻止其通过。

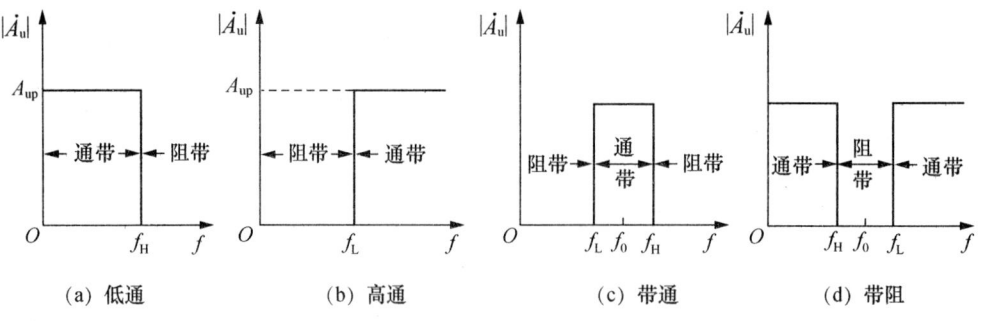

图 9-32 各种滤波器的理想幅频特性

由图 9-32 可见,在通带内,理想滤波器的电压放大倍数为 A_{uf},信号衰减为零。在阻带内，电压放大倍数为 $A_{uf} = 0$，信号衰减为无穷大。实际上理想滤波器是不可能实现的，实用中常采用一些函数来逼近，力求相似。有关这方面内容属于滤波器设计问题，非本课程的要求，故不予讨论。

2. 一阶低通滤波器

一阶低通有源滤波器有如图 9-33 所示的两种基本电路形式。

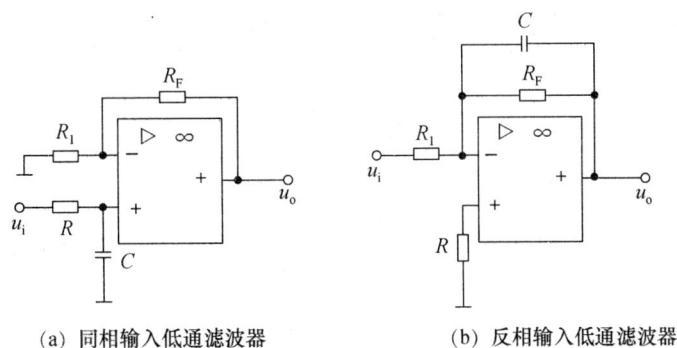

(a) 同相输入低通滤波器　　(b) 反相输入低通滤波器

图 9-33　一阶低通滤波器

该电路的截止频率 f_C 由 RC 决定，即

$$f_C = \frac{1}{2\pi RC} \tag{9-28}$$

从图 9-34 所示的幅频特性曲线可知，当信号频率 $f > f_0$ 以后，曲线按 $-20\text{dB}/$ 十倍频下降。也就是说，将大于 f_0 的高频信号衰减掉，只允许小于 f_0 的低频信号通过，低通滤波器由此得名。

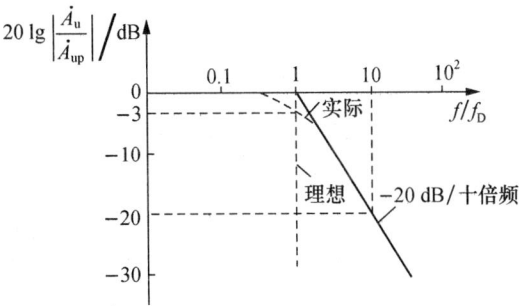

图 9-34　一阶有源低通滤波器幅频特性曲线

9.4.3　信号转换电路

在控制系统中，为了驱动执行机构，如记录仪、继电器等，常需要将电压转换成电流；而在监测系统中，为了数字化显示，又常将电流转换成电压，再接数字电压表。在放大电路中引入合适的反馈，就可以实现上述转换。

1. 电压-电流变换器

根据不同的应用情况，电压-电流变换器可分为接地负载电压-电流变换器和悬浮负载电压-电流变换器。

(1) 接地负载电压-电流变换器。

接地负载电压-电流变换器基本电路如图9-35所示。

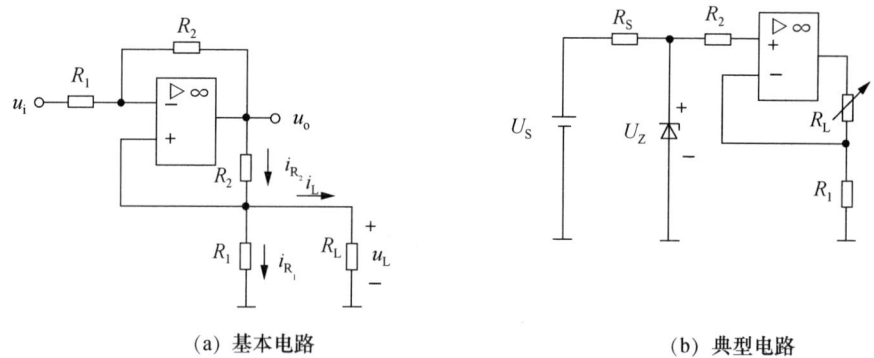

(a) 基本电路　　　　　　　　　(b) 典型电路

图 9-35 接地负载的电压-电流变换电路

对于图9-35(a)，根据"虚短"的概念，由叠加定理可得

$$u_L = u_- = u_i \frac{R_2}{R_1 + R_2} + u_o \frac{R_1}{R_1 + R_2}$$

解得

$$u_o = \frac{R_1 + R_2}{R_1} u_L - \frac{R_2}{R_1} u_i$$

由 KCL 得

$$i_L = i_{R_2} - i_{R_1} = \frac{u_o - u_L}{R_2} - \frac{u_L}{R_1}$$

将 u_o 代入上式，整理得

$$i_L = -\frac{u_i}{R_1} \tag{9-29}$$

由式(9-29)可知，负载电流的大小，只取决于输入电压 u_i 和电阻 R_1，而与负载 R_L 无关。当 R_1 固定不变时，输出电流正比于输入电压，电路完成了电压-电流变换。

另一种典型的电压-电流变换电路如图9-35(b)所示，根据理想集成运放的特点，易得

$$i_L = \frac{U_Z}{R_1} \tag{9-30}$$

即负载电流与负载无关，只取决于稳压管稳定电压和 R_1。

(2) 悬浮负载电压-电流变换器。

悬浮负载电压-电流变换器电路如图9-36所示。图9-36(a)是一个反相电压-电流变换器，它是一个电流并联负反馈电路，它的组成与反相放大器很相似，所不同的是现在的反馈元件（负载）可能是一个继电器绕组或内阻为 R_L 的电流计。流过悬浮负载的电流为

$$i_L = -\frac{u_i}{R_1} \tag{9-31}$$

这个电流与负载电阻 R_L 的值无关，式中的负号是因反相输入而引起的。

图9-36(b)是一个同相电压-电流变换器，它是一个电流串联负反馈电路。该电路的

负载电流为

$$i_L = \frac{u_i}{R_1} \tag{9-32}$$

其数值与式(9-29)相同,只是符号不同。

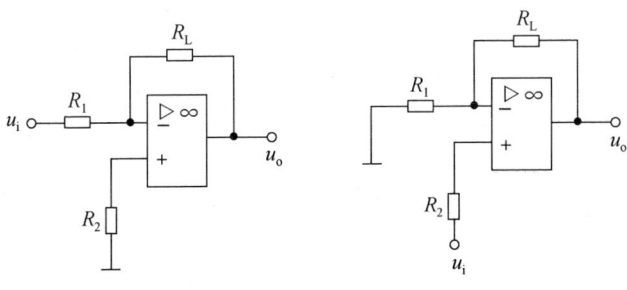

(a) 反相电压-电流变换器　　(b) 同相电压-电流变换器

图 9-36　悬浮负载的电压-电流变换器

2. 电流-电压变换器

电流-电压变换器如图 9-37 所示。这个电路本质上是一个反相放大器,只是没有输入电阻。输入电流直接接到集成运算放大器的反相输入端。

图 9-37(a) 是一个基本的电流-电压变换器,根据集成运算放大器的"虚断"和"虚地"的概念,有 $i_- = 0$ 和 $u_- = 0$,故 $i_F = i_i$,从而有

$$u_o = -i_F R_F = -i_i R_F \tag{9-33}$$

由式(9-33)可知,电路的输出电压与输入电流成正比,实现了从电流到电压的转换。

图 9-37(b) 是一个经常用在光电转换电路中的典型电路。图中 D 是光电二极管,工作于反向偏置状态。当受到光照时,会产生光电流 i_L;不受光照时,电流近似为 0。

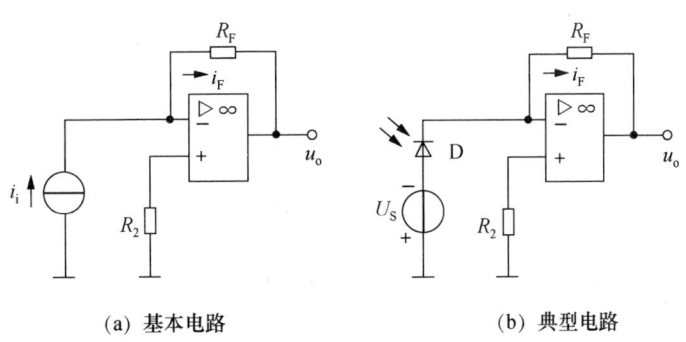

(a) 基本电路　　(b) 典型电路

图 9-37　电流-电压变换器

根据集成运算放大器的"虚断"和"虚地"的概念可得

$$i_F = -i_L$$
$$u_o = -i_F R_F$$

故

$$u_o = i_L R_F \tag{9-34}$$

由式(9-34)可知,输出电压与光照成正比,实现了从光照到电压的转换。

9.4.4 精密仪器放大电路

在电子信息系统中,通过传感器或其他途径所采集的信号往往很小,不能直接进行运算、滤波等处理,必须进行放大。精密仪器放大电路主要特点是将两个输入端电压信号产生的差值信号进行放大,除具备足够大的放大倍数外,还应具有高输入电阻和高共模抑制比。

图 9-38 所示为测量温度的差分测量放大器,它由两个高阻型集成运放 A_1、A_2 和低失调集成运放 A_3 组成。高阻型集成运放指输入电阻很大的集成运放,一般在兆欧数量级以上。低失调集成运放指输入失调电压及温漂很小的集成运放,一般输入失调电压在 1 mV,温漂在 2 μV/℃ 以下。

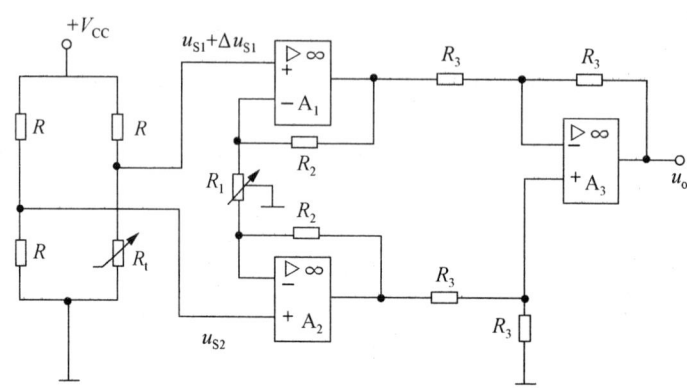

图 9-38 测量放大器

由于 A_1 和 A_2 各自组成同相输入的电压串联负反馈电路,故输入阻抗很高。A_3 是后级差分放大器。

由于 A_1、A_2 的对称结构,R_1 的中点可看成零电位,相当于"虚地",故 A_1、A_2 的输出为

$$u_{o1} = \left(1 + \frac{R_2}{R_1/2}u_{S1}\right)$$

$$u_{o2} = \left(1 + \frac{R_2}{R_1/2}u_{S2}\right)$$

又由于 A_3 的外接电阻均为 R_3,根据叠加原理可得

$$u_o = (u_{o2} - u_{o1})\frac{R_3}{R_3} = (u_{S2} - u_{S1}) \cdot \left(1 + \frac{2R_2}{R_1}\right) \tag{9-35}$$

则电压放大倍数为

$$A_u = \frac{u_o}{u_{S2} - u_{S1}} = \left(1 + \frac{2R_2}{R_1}\right) \tag{9-36}$$

由式 (9-36) 可知,调节 R_1 可改变电路的放大倍数。为了减小误差,要求采用精密电阻,实际应用中,特别是对第二级放大电路 A_3 中的 4 个电阻精密度要求很高。

测量温度的电路,由热敏电阻 R_t 和 R 组成测量电桥。当电桥平衡时 $u_{S1} = u_{S2}$,相当于共模信号,故输出 $u_o = 0$。这表明测量放大器对共模信号有较高的共模抑制比和较小的温漂。若测量桥臂 R_t 感受温度变化后,产生与 ΔR_t 相应的微小信号变化 Δu_{S1},这相当于

差模信号，能进行有效地放大。

测量放大器是数据采集、精密测量、工业自动控制等系统中的重要组成部分，测量放大器的质量对系统的测量或控制精度起着关键的作用。由于测量放大器具有较高的精度和良好的性能，在微弱信号检测中得到了广泛的应用。

9.5 波形产生电路

由集成运放组成的波形产生电路可分为两大类：一类是基于集成运放线性应用的正弦信号产生电路；另一类是基于集成运放非线性应用的非正弦信号产生电路。前者集成运放相当于放大器，后者集成运放相当于一个带门限的电子开关，控制电容的充放电。

9.5.1 正弦信号产生电路

正弦信号产生电路，习惯上称为正弦波振荡器，基本上是由放大器、正反馈、选频电路及限幅器组成。

要使正弦波振荡器能够产生振荡必须具备相位条件和振幅条件。相位条件是指从输出端反馈到输入端的反馈电压相位与原输入电压同相，即引入正反馈；振幅条件是指当闭环放大倍数大于 1 时，电路可以产生振荡。在临界振荡状态时，其闭环放大倍数等于 1。

实际应用中，正弦波振荡器有多种类型，不管哪种类型都是遵循相位条件和振幅条件设计的。振荡电路分析也是依据这两个条件进行的。故障分析时，首先判断起放大作用的元件是否正常工作（判断振幅条件），然后判断选频电路是否正常工作（判断相位条件）。限幅一般借用放大器件的非线性特性来实现，也可以用其他元件或电路来实现。选频电路可以是放大电路的一部分，也可以是反馈电路的一部分。

由集成运放组成的正弦波振荡器的典型实例是 RC 文氏桥振荡器，如图 9-39 所示。该电路的主要特点是采用 RC 串并联电路作为选频和反馈电路，集成运放和 R_F、R_1 构成同相比例放大电路。

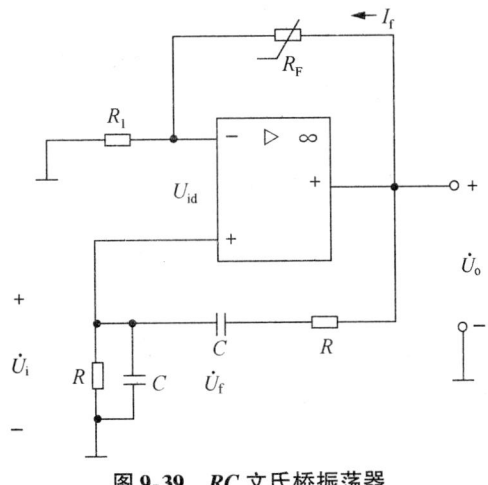

图 9-39 RC 文氏桥振荡器

在图 9-39 中，把 u_o 作为 RC 串并联电路的输入信号电压，把 u_+ 作为 RC 串并联电路的输出信号电压，利用交流电路分析方法可得

$$\dot{F} = \frac{\dot{U}_f}{\dot{U}_o} = \frac{1}{3 + \mathrm{j}\left(\omega RC - \dfrac{1}{\omega RC}\right)} = \frac{1}{3 + \mathrm{j}\left(2\pi fRC - \dfrac{1}{2\pi fRC}\right)}$$

令

$$f_0 = \frac{1}{2\pi RC} \tag{9-37}$$

则

$$\dot{F} = \frac{1}{3 + \mathrm{j}\left(\dfrac{f}{f_0} + \dfrac{f_0}{f}\right)}$$

由此可知：

(1) 当 $f = f_0$ 时，反馈信号与原输入信号同相位，满足相位条件；反馈电路输出电压只有反馈电路输入电压的 $\dfrac{1}{3}$，且最大。因此，集成运放组成的放大电路闭环电压放大倍数略大于 3，即 $1 + \dfrac{R_F}{R_1}$ 略大于 3，R_F 略大于 $2R_1$ 时就能满足振幅条件，从而产生振荡，振荡频率为 f_0。若 $R_F < 2R_1$，电路不能产生振荡；若 $R_F \gg 2R_1$，输出电压 u_o 的波形会产生接近方波失真。

(2) 当 $f \neq f_0$ 时，反馈电路输出信号与输入信号的相位不同相，且反馈到同相输入端的信号电压幅度远小于原来同相输入端的信号电压幅度，故无法进行放大，无 $f \neq f_0$ 的正弦波信号电压输出。

(3) 为产生振荡，$f = f_0$ 的信号电压必须有一个从微弱开始逐渐增大，直至稳定的过程。因此一开始，反馈信号的电压必须大于原来的输入信号电压，这样经放大和反馈后输出信号电压就会不断增高。但这样下去必然会进入集成运放的非线性区，无法得到正弦波信号。为此，在使输出电压逐渐增大过程中，振荡电路中反馈信号电压必须由大于输入信号电压逐渐下降为等于输入信号电压。从而得到稳定的 $f = f_0$ 的正弦波信号电压。这实际上是稳幅过程。实际应用中，常采用改变 $\dfrac{R_F}{R_1}$ 来实现稳幅。例如，选择负温度系数的热敏电阻作反馈电阻 R_F，当输出电压增加使 R_F 的功耗增大，它的温度上升，其负温度系数使它的阻值下降，于是闭环电压放大倍数减小，达到稳幅目的。同理，也可选择正温度系数的热敏电阻作电阻 R_1，实现稳幅。

RC 文氏桥振荡电路结构简单，起振容易，频率调节方便，适用于低频振荡场合，最高振荡频率一般为 10～100 kHz。

【例 9-6】 在图 9-39 中，$R = 10 \sim 100 \text{ k}\Omega$，$C = 100 \text{ nF}$，$R_F = 20 \text{ k}\Omega$，试求：
① 该振荡电路的频率范围？
② R_1 该采用多大的、什么样的电阻才能得到较理想的正弦波输出电压？

【解】 ① 振荡电路的频率范围可由式 $f_0 = \dfrac{1}{2\pi RC}$ 求得

下限频率为

$$f_{01} = \frac{1}{2\pi RC} \approx \frac{1}{2 \times 3.14 \times 100 \times 10^3 \times 100 \times 10^{-9}} \approx 15.9 \text{ (Hz)}$$

上限频率为

$$f_{02} = \frac{1}{2\pi RC} \approx \frac{1}{2 \times 3.14 \times 10 \times 10^3 \times 100 \times 10^{-9}} \approx 159 \text{ (Hz)}$$

② 电阻 R_1 由同相比例运算电路的放大倍数为3，求得

因为
$$A_{uf} = 1 + \frac{R_F}{R_1} = 3$$

故
$$R_1 = \frac{R_F}{3-1} = \frac{20}{2} = 10 \text{ (k}\Omega\text{)}$$

为实现稳幅，R_1 应采用正温度系数的热敏电阻。

9.5.2 非正弦信号产生电路

非正弦信号产生电路，按输出波形可分为方波发生器和三角波发生器等。

1. 方波发生器

最基本的方波发生器电路如图 9-40(a) 所示，由一个滞回比较器和 $R_F C$ 负反馈网络组成，输出端接有由稳压管 D_Z 组成的双向限幅器。将输出电压的最大幅度限定为 $+U_Z$ 或 $-U_Z$。故比较器的两个阈值电压为

$$U_{B1} = U_{th1} = \frac{R_2}{R_1 + R_2} U_Z$$

$$U_{B2} = U_{th2} = -\frac{R_2}{R_1 + R_2} U_Z$$

$R_F C$ 组成一个负反馈网络，u_o 通过 R_F 对电容 C 充电，或电容通过 R_F 放电，于是电容 C 上的电压 u_C 的波形便按指数规律变化。运算放大器作为比较器，将 u_C 与 U_B 进行比较，根据比较结果决定输出状态：当 $u_C > U_B$ 时，$u_o = -U_Z$ 为负值；当 $u_C < U_B$ 时，$u_o = +U_Z$ 为正值。$u_o = U_Z$，于是阈值电压为 U_{th1}。输出电压 u_o 经电阻 R_F 向电容 C 充电，充电电流方向如图 9-40(a) 中实线箭头所示，u_C 按指数规律增长。当 $u_C = U_{th1}$ 时，输出电压便由 $+U_Z$ 向 $-U_Z$ 跳变，u_o 跃变为 $-U_Z$，阈值电压则变为 U_{th2}。此时电容 C 经 R_F 放电 [放电电流方向如图 9-40(a) 中虚线箭头所示]，u_C 按指数规律逐渐下降。当 u_C 降到 U_{th2} 值时，输出电压 u_o 再一次由 $-U_Z$ 翻转到 $+U_Z$，电容 C 又开始充电，u_C 由 U_{th2} 按指数规律向 U_{th1} 值上升。如此周而复始，在输出端获得一个方波电压 u_o，如图 9-40(b) 所示。

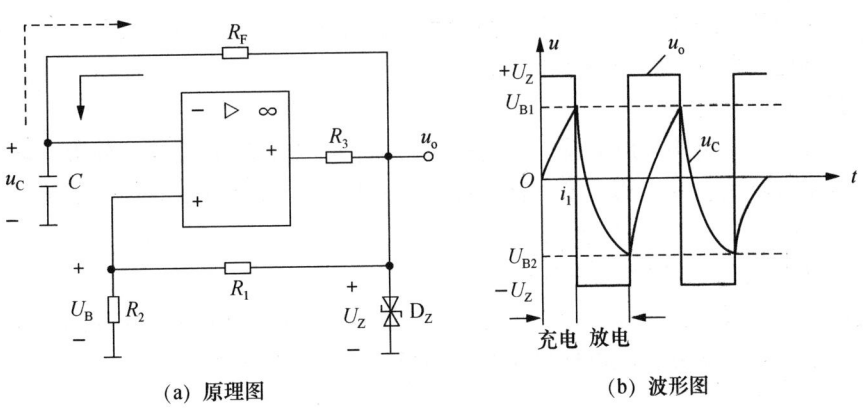

(a) 原理图　　　　　　　　　　(b) 波形图

图 9-40　方波发生器

方波的频率为

$$f = \frac{1}{T} = \frac{1}{2R_F C \ln\left(1 + \dfrac{2R_2}{R_1}\right)}$$

上式表明,方波的频率仅与 R_F、C 和 R_2/R_1 有关,而与输出电压幅度 U_Z 无关,因此在实际应用中,通常改变 R_F 阻值的大小来调节频率 f 的大小。

2. 方波与三角波发生电路

前面说过,若在积分器的输入端接一方波,则其输出就是一个三角波。若在上述方波发生器的输出端加一级积分器,如图9-41(a) 所示,则成为既可输出方波又可输出三角波的波形发生电路。与图9-40(a) 所示方波发生器电路不同的是,此处将 u_{o2} 通过 R_1 反馈到 A_1 的同相端,而 A_1 的反相端则接地。于是由 R_1 引回到 A_1 同相端的信号就是负反馈信号。这样,由 A_1 输出方波,由 A_2 输出三角波,如图9-41(b) 所示。方波的幅值为 U_Z,三角波的幅值为 $\pm\dfrac{R_1}{R_3}U_Z$。它们的振荡频率 $f = \dfrac{R_1}{4R_1R_2C}$。

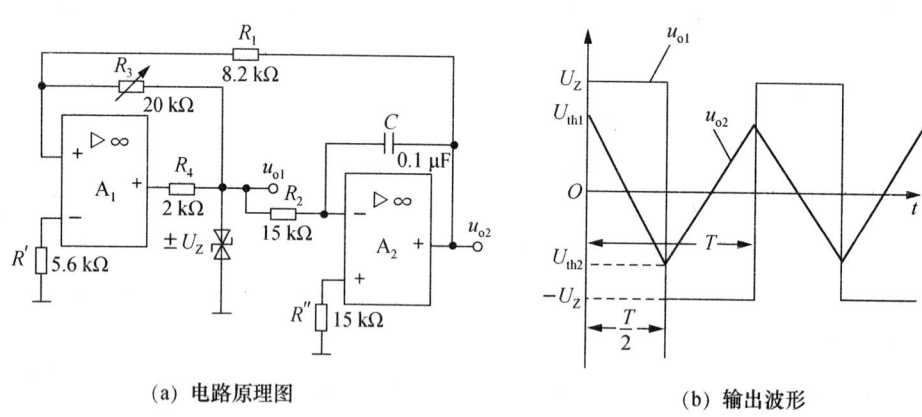

(a) 电路原理图　　　　　　　　　(b) 输出波形

图 9-41　方波与三角波发生电路

9.6　集成运放使用中的问题

目前集成运放应用很广,在选型、使用和调试时应注意下列一些问题,以达到使用要求及精度,避免在调试过程中损坏器件。

1. 选用集成运放型号

根据9.2.2节介绍的集成运算放大器性能指标,集成运算放大器可分为高放大倍数的通用型,高输入阻抗、低漂移、低功耗、高速、高压、大功率和电压比较器等专用型。在具体应用时,应结合性能要求选用。

2. 在使用集成运放时应熟悉引脚的功能

集成运放类型很多,而每一种集成运放的引脚数,每一引脚的功能和作用均不相同。因此,在使用前必须充分查阅该型号器件的资料,熟悉其使用方法。

3. 集成运算放大器的消振与调零

(1) 自激振荡的消除。

常用的集成运放大多数内部已设置消除自激振荡的补偿网络，如 μA741（F007）等。但还有一些集成运算放大器，如 F004 等，仍需外接消振补偿网络才能使用，如图 9-42（a）中的 R_2C。

(2) 电路的调零。

集成运放在使用时，要求零输入时为零输出。为此，除了要求运放的同相和反相两输入端的外接直流通路等效电阻保持平衡之外，还应采用调零电位器进行调节，如图 9-42（a）、(b) 所示的 F004 和 F007 运放有专用的引脚接调零电位器 R_P。具体措施是在输入端接地状态下，调节 R_P 使输出 u_o 为 0。

对于没有专用调零引脚的集成运算放大器，可在输入端采取外接调零电路措施实现调零，如图 9-43 所示。这种措施实际上是在集成运放的反相或同相输入端，外加输入失调电压使之在零输入时，输出电压也为零，采用这种方法调零时，应注意对电压传输特性和输入电阻的影响。

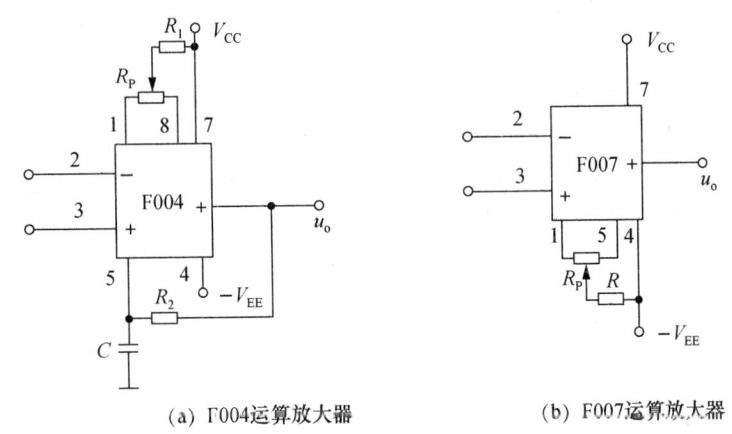

(a) F004运算放大器　　　(b) F007运算放大器

图 9-42　集成运算放大器的调零

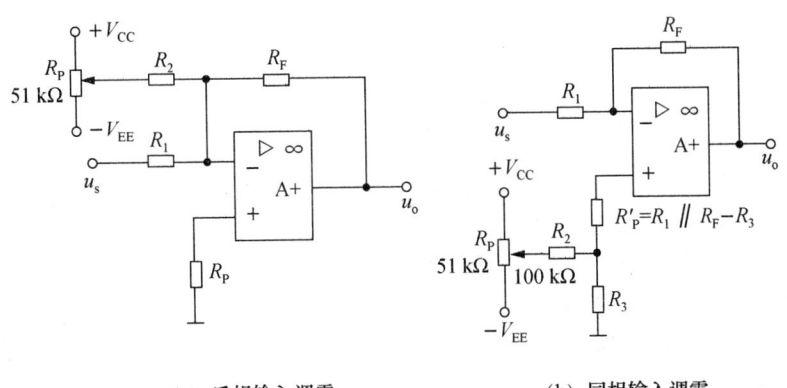

(a) 反相输入调零　　　(b) 同相输入调零

图 9-43　输入端外接调零电路

若在调零过程中，输出端电压始终偏向电源某一端电压，这样无法调零，其原因可能是接线有错或有虚焊，集成运放工作在开环状态。若外部因素排除后，仍不能调零，则有可能是器件损坏。

4. 集成运放的保护措施

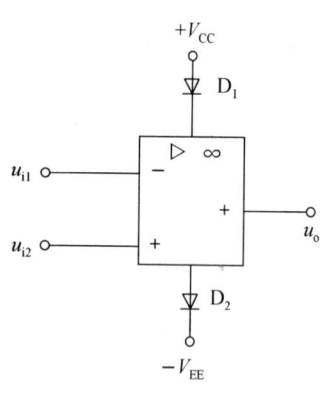

为了保证运算放大器的安全，防止因电源极性接反、输入电压过大、输出端短路或错接外部电压等情况而造成运算放大器损坏，可分别采取如下的保护措施。

（1）电源极性接错保护。

为了防止正、负电源极性接反而损坏运算放大器组件，可利用二极管来保护。如图9-44所示，将两只二极管 D_1 和 D_2 分别串联在运算放大器的正、负电源电路中，如果电源极性接错，则二极管将不导通，隔断了接错极性的电源，因而不会损坏运算放大器组件。

（2）输入保护。

图 9-44 电源极性接错的保护

当运放输入信号电压过大时，会引起集成运放输入级的损坏。另外，当集成运算放大器受到强干扰信号或同相输入时，共模信号过大，会使输入级三极管的集电结处于正偏，形成集电极与基极信号极性相同，通过外电路形成正反馈，使输出电压突然骤增至正电源或负电源电压值，产生自锁现象。这时集成运算放大器出现信号加不进去或不能调零的现象，在集成运算放大器尚未损坏时，暂时切断电源，重新通电后可恢复正常工作。但自锁严重时，也会损坏集成运算放大器。为此，可在集成运算放大器输入端加限幅保护，如图9-45所示。其中，图9-45（a）用于反相输入差模信号过大的限幅保护；图9-45（b）用于同相输入共模信号过大的限幅保护。

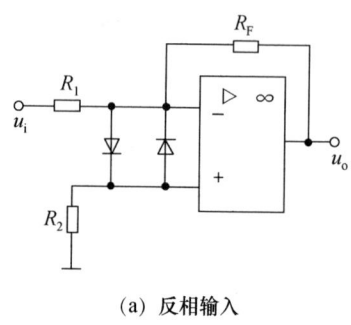

(a) 反相输入

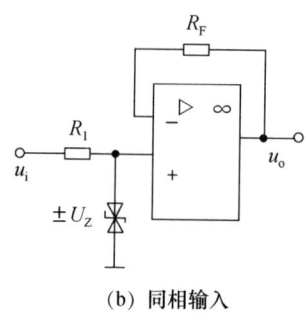

(b) 同相输入

图 9-45 输入保护电路

（3）输出保护。

为了防止输出电压过大，可利用稳压管来保护。如图9-46所示，将两个稳压管反向串联再并接于反馈电阻 R_F 的两端。从而把输出电压限制在 $\pm(U_Z + U_D)$ 的范围内。在选择稳压管时，应尽量选择反向特性好、漏电流小的元件，以免破坏运算放大器输入与输出的线性关系。

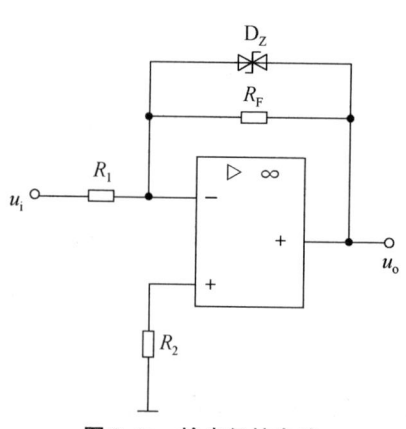

5. 集成运放电路外接电阻值的选取

一般集成运放的最大输出电流 i_{om} 为 ±（5～

图 9-46 输出保护电路

10) mA,从图 9-47 可知,流过反馈电阻 R_F 的电流 i_F 应满足下列要求

$$i_F = \left| \frac{-u_o}{R_F} \right| \leq i_{om} \tag{9-38}$$

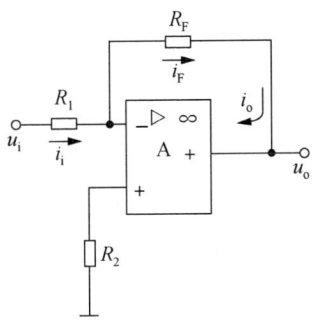

图 9-47 信号电流与输出电流关系

由于 u_o 大小一般为伏级,故 R_F 至少取千欧的数量级,常选用几千欧至几百千欧。

6. 调试过程中应注意的问题

在调试过程中处理不当,极易损坏集成运放,下列问题应引起注意。

(1) 必须在切断电源情况下更换元件。在集成运放接通电源时,更换元件,易使集成运放工作不正常而损坏。

(2) 在加信号前应先进行消振和调零,若器件内部有补偿网络,则不需再消振。

(3) 当输出端信号出现干扰时,应采用抗干扰措施或加有源滤波消除。

习　　题

一、填空题

1. 集成运放的输入级采用差分放大电路是为了_____。

2. 由集成运放组成的电压比较器,其关键参数的阈值电压是指输出电压发生_____时的_____电压值。当只有一个阈值电压的比较器称为_____比较器,而具有两个阈值电压的比较器称为_____比较器或称为_____。

二、选择题

3. 欲将正弦波电压叠加上一个直流量,应选用(　　);欲将方波电压转换成三角波电压,应选用(　　);欲将方波电压转换成尖顶波电压,应选用(　　)。

　　A. 反相比例运算电路　　B. 同相比例运算电路　　C. 积分运算电路
　　D. 微分运算电路　　　　E. 加法运算电路

4. 从输入信号中取出低于 2 kHz 的信号,应选用(　　);抑制频率为 100 kHz 以上的高频干扰,应选用(　　);已知输入信号的频率为 10～12 kHz,为了防止干扰信号的混入,应选用(　　);抑制 50 Hz 交流电源的干扰,应选用(　　);处理具有 1 Hz 固定频率的有用信号,应选用(　　)。

　　A. 低通滤波电路　　　　B. 高通滤波电路
　　C. 带通滤波电路　　　　D. 带阻滤波电路

三、判断题

5. 运算电路中一般均引入负反馈。　　　　　　　　　　　　　　　　　（　）
6. 各种滤波电路的通带放大倍数的数值均大于1。　　　　　　　　　　（　）
7. 单限比较器比滞回比较器抗干扰能力强，而滞回比较器比单限比较器灵敏度高。
　　　　　　　　　　　　　　　　　　　　　　　　　　　　　　　　（　）
8. 一般情况下，在电压比较器中，集成运算放大器工作在开环状态，或是引入了正反馈。　　　　　　　　　　　　　　　　　　　　　　　　　　　　　　（　）

四、思考题与计算题

9. 什么是差模信号？什么是共模信号？如果差分放大电路的两个输入端输入信号分别为 1.1 V 和 1 V，则差模信号、共模信号各为多少？

10. 什么是共模抑制比？双端输出与单端输出差分放大电路的抑制零点漂移的能力哪个强？并分别说明其抑制零漂的机制。

11. 如图 9-48 所示电路参数理想对称，晶体管的 β 均为 50，硅管。试计算：
（1） R_P 滑动端在中点时静态电流 I_{EQ}。
（2） 画出对差模信号的微变等效电路，计算电压放大倍数。设 $r_{be1} = r_{be2} = 5.18\ \mathrm{k\Omega}$。

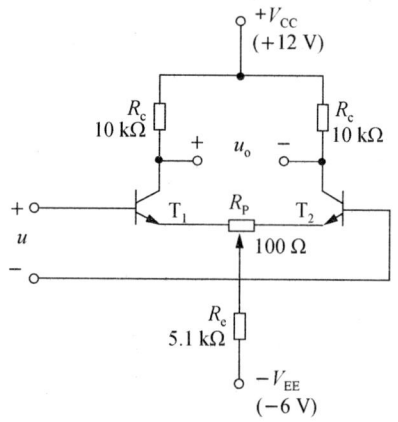

图 9-48　题 11 图

12. 如图 9-49 所示为恒流源电路，已知稳压管工作在稳压状态，试求负载电阻中的电流。

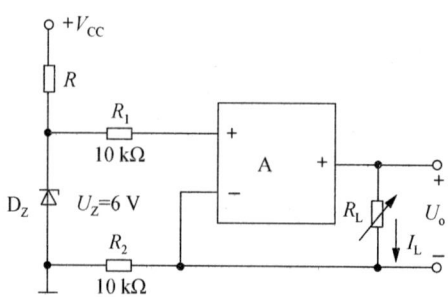

图 9-49　题 12 图

13. 用铜和康铜热电偶将温度变为电压的温度传感器。两个端组之间有 1℃ 温差时，便可产生 40 μV 左右的电压。试画出一个温差为 10℃，输出电压为 40 mV 的反相比例运算电路，R_1 取 10 kΩ。

14. 一硅类电池当光照射到硅光电池时，它产生 0.6 V 的电压；当无光照射时，电压为 0 V。试画出一个用相同比例运算电路组成一输出电压为 6 V 的测量电路，并求当 R_F = 91 kΩ 时 R_1 的电阻值。

15. 如图 9-50 所示的电路，假设运放是理想的，试写出电路输出电压 u_o 的值。

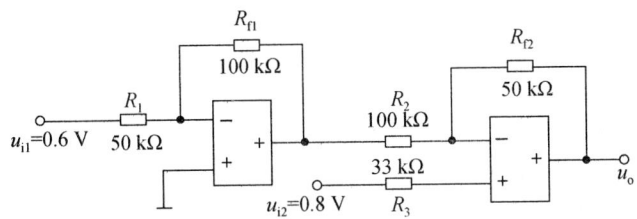

图 9-50 题 15 图

16. 在如图 9-51（a）所示的电路中，已知输入电压 u_i 的波形如图 9-51（b）所示，当 $t=0$ 时，$u_o=0$。试画出输出电压 u_o 的波形。

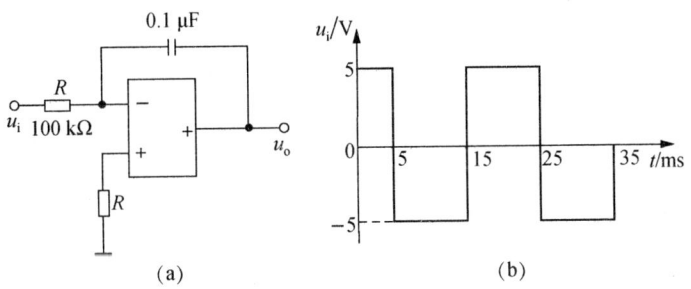

图 9-51 题 16 图

17. 如图 9-52 所示为用集成运放组成的直流电压表，表头满刻度为 5 V，500 μA，电压表量程有 0.5 V、1 V、5 V、10 V、50 V 这 5 挡。试求 $R_{11} \sim R_{15}$ 的阻值。

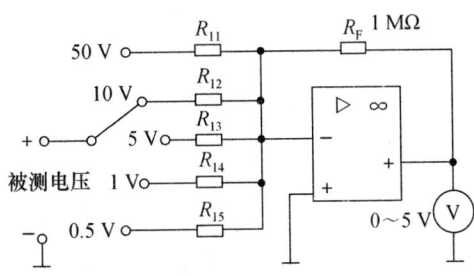

图 9-52 题 17 图

18. 如图 9-53 所示为测量小电流的原理电路，所用表头同第 17 题。试求 $R_{F1} \sim R_{F5}$ 的阻值。

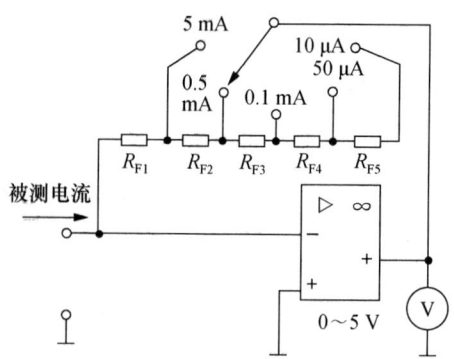

图 9-53 题 18 图

19. 如图 9-54 所示为测量电阻的原理图，所用表头同第 17 题。当电压表指示为 5 V 时，试求被测量电阻 R_x 的值。

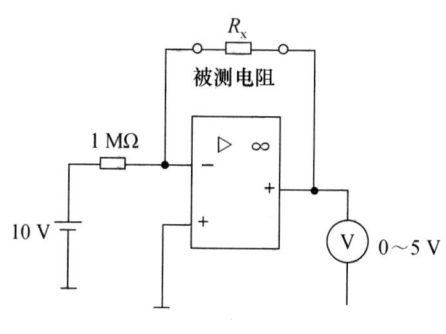

图 9-54 题 19 图

20. 试分别求出如图 9-55 所示各电路的电压传输特性。

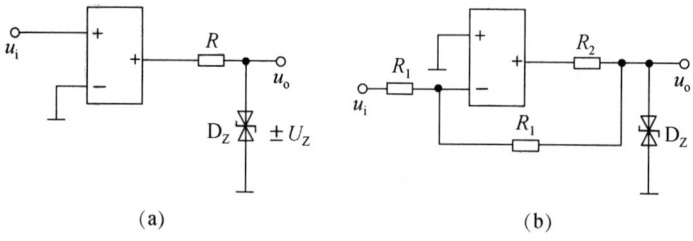

图 9-55 题 20 图

21. 试分析集成运放构成电压比较器的电路结构与一般线性运算电路的结构有什么区别？如何判断它们？

22. 无论何种形式的电压比较器电路，使输出电压反翻转的唯一条件是什么？

23. 为了检测三极管的 β 值，可采用如图 9-56 所示的窗口比较器进行检测。将 β 值在 50～100 作为一挡，这时发光二极管不亮。β 在此值之外，发光二极管发光。

（1）试分析该比较器工作原理。在 $u_i < 2.5$ V、$2.5\ \text{V} \leqslant u_i \leqslant 5$ V、$u_i > 5$ V 时的值 u_o。

设 $U_{om} = \pm 5$ V，二极管正向压降不计。

（2）画出该窗口比较器的传输特性。

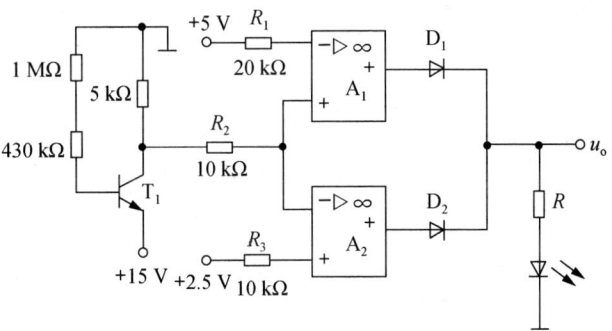

图 9-56　题 23 图

第 10 章 直流稳压电源

【教学提示】电子设备和自动控制装置中都需要稳定的直流电源供电。直流电源可以由直流发电机和干电池提供，但一般情况都是采用由交流电网供电，经"整流""滤波""稳压"后获得。随着集成电路技术的发展，集成电路在直流稳压电源中得到了广泛的应用，如小功率直流稳压电源中三端集成稳压器，大功率开关直流稳压电源中的调整模块等。本章着重介绍单相桥式整流电路、电容滤波电路、串联型稳压电路、二极管稳压电路、集成稳压器、开关型稳压电路的原理和应用。

【教学基本要求】掌握直流电源的组成部分和各部分的工作原理，会估算整流输出电流的平均值及电容滤波电路的输出电压平均值；能够合理选择二极管稳压电路的调节范围；熟悉常用的集成稳压器及使用方法；了解开关型稳压电源的工作原理及特点。

【教学重点】串联型稳压电路的工作原理。

【教学难点】串联型稳压电路的原理及相关的计算。

10.1 整流和滤波电路

10.1.1 桥式整流电路

1. 电路组成

整流电路的形式有半波整流电路、全波整流电路、桥式整流电路，其中，桥式整流电路应用最为广泛。单相桥式整流电路如图 10-1(a) 所示，它由 4 只整流二极管接成电桥形式，图 10-1(b) 所示是其简化电路。

图中有一只二极管断开时，整流电路输出电压会减少一半；有一只二极管接反时，会引起短路，烧坏电源变压器。实际应用中，一定要在电源输入端串接有过流保护作用的熔断器（保险丝），并且在电路安装完毕后，通电前一定要检查电路安装是否正确。

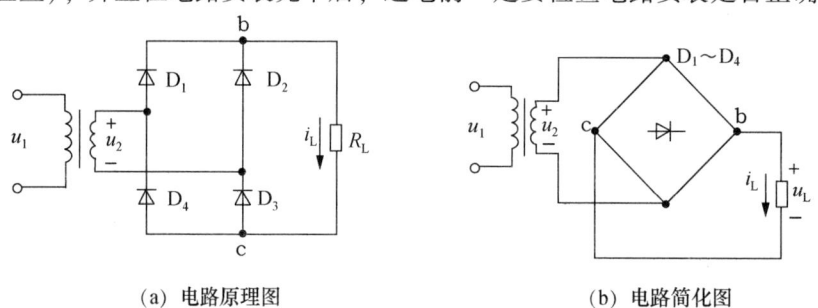

(a) 电路原理图　　　　　　　　　　　(b) 电路简化图

图 10-1　单相桥式整流电路

2. 工作原理

设整流变压器次级绕组电压为 $u_2(t) = \sqrt{2}\,U_2\sin\omega t$ V。当 $u_2(t)$ 为正半周时，D_1、D_3 正偏而导通，D_2、D_4 反偏而截止。电流经 $D_1 \to R_L \to D_3$ 形成回路，R_L 上输出电压波形与 $u_2(t)$ 的正半周波形相同，电流 i_L 从 b 流向 c。

当 $u_2(t)$ 为负半周时，D_1、D_3 截止，D_2、D_4 导通，电流经 $D_2 \to R_L \to D_4$ 形成回路，R_L 上输出电压波形是 $u_2(t)$ 的负半周波形倒相，电流 i_L 仍从 b 流向 c。所以无论 $u_2(t)$ 为正半周还是负半周，流过 R_L 的电流方向是一致的。单相桥式整流电路输出波形如图 10-2 所示。

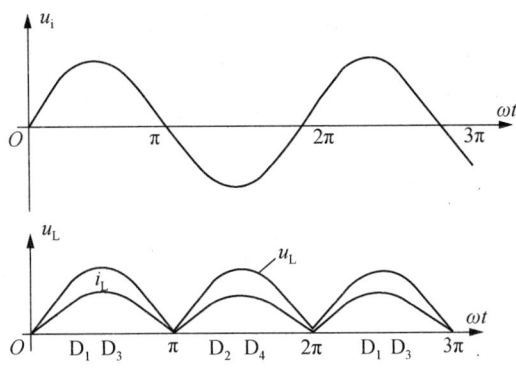

图 10-2　单相桥式整流电路输出波形

3. 参数估算

单相桥式整流电路输出直流电压 U_L 为 $u_2(t)$ 在交流电压一个周期内的平均值。由图 10-2 可知

$$U_L = \frac{2}{T}\int_0^{\frac{T}{2}} \sqrt{2}\,U_2\sin\omega t\,dt = \frac{2}{\pi}\sqrt{2}\,U_2 = 0.9U_2 \tag{10-1}$$

式中，U_2 为整流变压器次级绕组电压有效值。

负载上的直流电流 I_L 为

$$I_L = \frac{U_L}{R_L} = 0.9\frac{U_2}{R_L} \tag{10-2}$$

由于每只二极管只在半个周期内导通，因此流过每只二极管的电流为

$$I_D = \frac{1}{2}I_L \tag{10-3}$$

在单相桥式整流电路中，二极管导通时压降几乎为零，而二极管截止时，$u_2(t)$ 的峰值电压加在了它上面，即二极管截止时承受的最大反向电压为

$$U_{RM} = \sqrt{2}\,U_2 \tag{10-4}$$

因此，在单相桥式整流电路中，对二极管的要求是最大整流电流 I_F 为

$$I_F \geq \frac{1}{2}I_L \tag{10-5}$$

最高反向工作电压 U_{RM} 为

$$U_{RM} \geq \sqrt{2}\,U_2 \tag{10-6}$$

【例10-1】 某光电检测仪的光码盘电机,采用如图10-1所示的单相桥式整流电路,若要求在负载上得到24 V的直流电压,100 mA的直流电流,求整流变压器次级电压 U_2,并选出整流二极管。

【解】 由式(10-1)可得

$$U_2 = \frac{U_L}{0.9} = \frac{24}{0.9} \approx 26.7 \text{ (V)}$$

由式(10-5)与式(10-6)可得二极管的最大整流电流和最高反向工作电压分别为

$$I_F = \frac{1}{2} I_L = 50 \text{ mA}$$

$$U_{RM} = \sqrt{2}\, U_2 \approx 37.7 \text{ V}$$

根据上述数据,查表可选出最大整流电流为 100 mA,最高反向工作电压为 50 V 的整流二极管 2CZ52B。

目前,已广泛使用封装成一个整体的硅桥式整流器,简称"桥堆"。这种整流桥堆给使用者带来了极大的方便,其外形如图10-3所示。它有4个接线端,两端接交流电源(图中"~"端),两端接负载(图中" + "" - "端)。" + "" - "标志表示整流输出电压的极性。根据需要可在手册中选用不同型号及规格的整流桥堆。

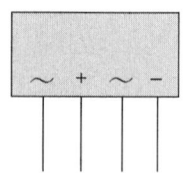

图 10-3 整流桥堆

10.1.2 滤波电路

前面分析的整流电路输出的电压是单向脉冲电压,其中含有直流和交流分量,这样的直流电压作为电镀和蓄电池充电还是允许的,但作为大多数电子设备的电源将会产生不良的影响,甚至不能正常工作。在整流电路之后,需要加滤波电路,尽量减小输出电压中的交流分量,使之接近理想的直流电压。

滤波电路的主要元件是电容和电感,利用它可构成电容滤波电路、电感滤波电路,电阻电容 π 型(RC-π 型)滤波电路、电感电容 Γ 型(LC-T 型)滤波电路和电感电容 π 型(LC-π 型)滤波电路等,其中以电容滤波电路最常用。电容滤波电路如图10-4(a)所示,图中滤波电容器并接在负载两端。

1. 工作原理

从信号角度分析,因桥式整流电路输出电压和电流都是正弦半波,可将它们按傅里叶级数分解成直流分量和交流分量的叠加。因为电容有隔直流的作用,所以电流中的直流分量全部流入负载电阻,而交流分量由电容和负载电阻分流。由于电容器的容量足够大,即容抗足够小,电流中的交流分量主要流过电容,滤波后负载上的交流分量比整流后要减少许多,输出的直流电压和电流变得更平稳、更光滑。

从电路角度分析,电容滤波电路输出波形如图10-4(b)所示。设 $t=0$ 时电路接通电源。电路中电容两端电压 u_C 从零开始增大,电流分成两路:一路流向 R_L,一路向电容器 C 充电。由于桥式整流电路中二极管导通时的内阻和整流变压器次级绕组的直流电阻都很小,因此充电时间常数 t_1 很小,充电速度很快,$u_C(t)$ 可跟随 $u_2(t)$ 变化。当 $u_2(t)$ 达到 $\sqrt{2}\, U_2$ 时,$u_C(t)$ 也达到 $\sqrt{2}\, U_2$。$u_2(t)$ 达到最大值后开始下降,$u_C(t)$ 由于放电也逐渐下降,当 $u_2(t) < u_C(t)$ 时,电桥中二极管截止,电容器 C 经 R_L 放电,这个回路的放电时间常数 t_2 较大,因此 $u_C(t)$ 下降比较缓慢。t_2 越大,$u_C(t)$ 下降越缓慢,输出电压波形就

越平滑。当下一个正弦半波来到时,对电容器 C 又开始充电,充至最大值后再次通过放电向 R_L 供电。如此周而复始地进行下去,就得到图 10-4(b) 所示的平滑波形。

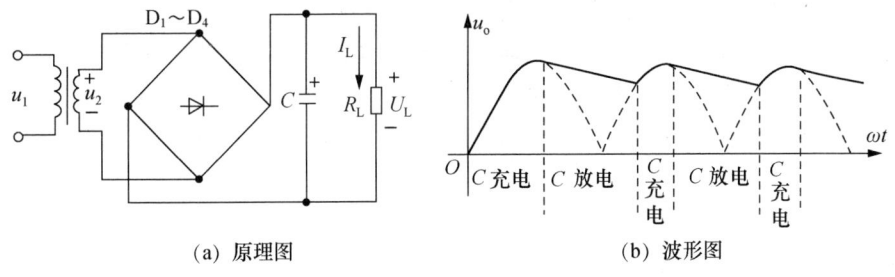

(a) 原理图　　　　　　　　　　(b) 波形图

图 10-4　电容滤波电路

2. 参数估算

根据以上分析,单相桥式整流电容滤波电路的输出直流电压可由式(10-7) 计算

$$U_L \approx 1.2 U_2 \tag{10-7}$$

滤波电容器的电容量通常取 $R_L C \gg \dfrac{T}{2}$,一般取

$$C \geqslant (3 \sim 5) \frac{T}{2 R_L} \tag{10-8}$$

式中,T 为电网交流电压的周期。

滤波电容器的额定工作电压(又称耐压)应大于 $u_2(t)$ 的峰值,通常取

$$U_C \geqslant (1.5 \sim 2) U_2 \tag{10-9}$$

【例 10-2】　某收录机采用单相桥式整流电容滤波电路如图 10-4(a) 所示。要求 $U_L = 12\text{ V}$,$I_L = 100\text{ mA}$,电网工作频率为 50 Hz。试计算整流变压器次级电压有效值 U_2,并计算 R_L 和 C 的值。

【解】　根据式(10-7) 可得

$$U_2 \approx \frac{U_L}{1.2} = \frac{12}{1.2} = 10(\text{V})$$

因为

$$I_L = \frac{U_L}{R_L}$$

所以

$$R_L = \frac{U_L}{I_L} = \frac{12}{10} = 1.2(\text{k}\Omega)$$

由式(10-8) 可得

$$C \geqslant (3 \sim 5) \frac{T}{2 R_L} = (3 \sim 5) \frac{0.02}{2 \times 1.2 \times 10^3}(\text{F}) \approx (25 \sim 41.7)\ \mu\text{F}$$

取 C 为 47 μF,其耐压为

$$U_C \geqslant (1.5 \sim 2) U_2 = (15 \sim 20)\ \text{V}$$

取

$$U_C = 25\ \text{V}$$

故整流变压器次级电压有效值为 10 V,负载 R_L 为 1.2 kΩ,滤波电容器的参数为 47 μF/25 V。

3. 电容滤波的特点

(1) 滤波后的输出电压中直流分量提高了,交流分量降低了。

(2) 电容滤波适用于负载电流较小的场合。因为 $R_L C$ 较大时滤波效果好,而选用较

大的 R_L，必然使负载电流减小。

（3）存在浪涌电流。当电路接入电源的瞬间，$u_2(t)$ 若不为零，由于充电电阻较小，会产生很大的充电电流，即浪涌电流，有可能烧坏整流二极管。实际应用中，采用每只整流二极管两端并接一只 0.01 μF 的电容器来防止浪涌电流烧坏整流二极管。

（4）$R_L C$ 值的改变可以影响输出直流电压的大小。R_L 开路时，输出 U_L 约为 $1.4 U_2$；C 开路时，输出 U_L 约为 $0.9 U_2$；若 C 的容量减小，则输出 U_L 小于 $1.2 U_2$。这些典型数值有助于电路故障的判断。

其他形式的滤波电路如图 10-5 所示。其基本原理都是利用电容"隔直流、通交流"和电感"通直流、隔交流"的特性，因此电容器在电路中接成并联形式，而电感器接成串联形式。

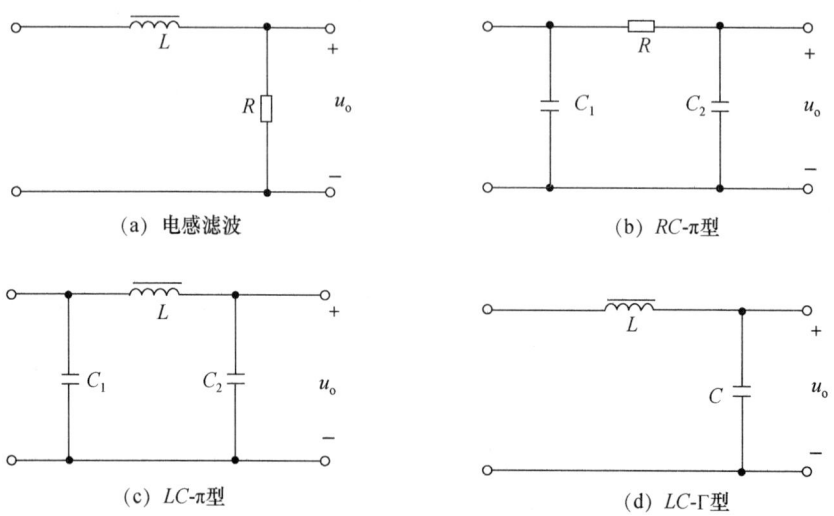

图 10-5　其他形式滤波电路

在有电感滤波的电路中，由于电感电动势的作用使流过二极管的峰值电流减小，外特性好，带负载能力较强。但电感量较大的绕组因匝数较多，体积大，比较笨重，电阻也较大，因而其上有一定的直流压降，造成输出电压的下降，电感滤波电路输出电压平均值为 $0.9 U_2$。如果要求输出电流大、输出电压脉动很小时则可采用 L、C 组成的混合滤波电路。

10.2　稳压电路

整流滤波后所得的直流电压虽然脉动较小，但是当电网电压波动或者负载变动时，输出的直流电压也跟着变动。实际工作中，电网电压的波动及负载的变动是客观存在的，因此，负载两端的电压是不稳定的。

当用一个不稳定的电压对负载进行供电时，会引起负载工作不稳定，甚至不能正常工作。特别是一些精密测量仪器、计算机、自动控制设备等都要求有很稳定的直流电源。为了得到稳定的直流输出电压，在整流滤波电路之后需要增加稳压电路，其作用是当交流电源电压波动，负载或温度变化时，保持输出直流电压稳定。

稳压电路按所用器件可分为分立元件直流稳压电路和集成直流稳压电路；按电路结构

可分为并联型直流稳压电路和串联型直流稳压电路;按电压调整单元的工作方式则可分为线性直流稳压电路和开关型直流稳压电路。

10.2.1 硅稳压管稳压电路

硅稳压管直流稳压电路如图10-6所示。R 是限流电阻;D_Z 是硅稳压管,它与负载 R_L 并联,工作在反向击穿区。当稳压管击穿时,通过它的电流在很大的范围内变化,而管子两端的电压却基本不变,起到了稳压的作用。

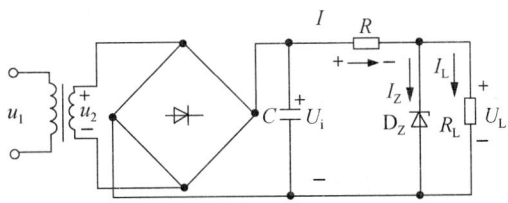

图 10-6 硅稳压管直流稳压电路

设 U_i 为整流电路的输出电压,也是稳压电路的输入电压,其稳压过程分析如下。

当交流电网波动而 R_L 未变动时,若电网电压上升,则

$$U_i \uparrow \to U_L \uparrow \to U_Z \uparrow \to I_Z \uparrow \to I \uparrow \to U_R \uparrow \to U_L \downarrow$$

当电网未波动而负载 R_L 变动时,若 R_L 减小,则

$$I_L \uparrow \to I \uparrow \to U_R \uparrow \to U_L \downarrow \to U_Z \downarrow \to I_Z \downarrow \to I \downarrow \to U_R \downarrow \to U_L \uparrow$$

总之,无论是电网波动还是负载变动,负载两端电压经稳压管自动调整后(与限流电阻 R 配合)都能基本上维持稳定。

假设输入电压的范围为 $U_{imin} \sim U_{imax}$,负载电流 I_L 由 $I_{Lmin} = 0$ 变到满载 I_{Lmax}。为了保证在此条件下,稳压电路仍能正常工作,则限流电阻应按下式取值

$$\frac{U_{imin} - U_L}{I_Z + I_{Lmax}} \geqslant R \geqslant \frac{U_{imax} - U_L}{I_{Zmax}} \tag{10-10}$$

式中,U_L 为稳压管两端的稳定电压 U_Z,I_Z 为稳压管的稳定电流,I_{Zmax} 为稳压管的最大工作电流,它们均可从相关的电路手册中查得。

选择稳压管时,一般可按式(10-11)估算

$$\begin{cases} U_Z = U_L \\ I_{Zmax} = (1.5 \sim 3) I_{Lmax} \\ U_i = (2 \sim 3) U_Z \end{cases} \tag{10-11}$$

硅稳压管稳压电路结构简单,但受稳压管最大电流限制,又不能任意调节输出电压,所以只适用于输出电压不需调节、负载电流小、要求不太高的场合。

【例 10-3】 设电网波动引起整流滤波电路的输出电压变化为 ±10%,$R_L = 1\text{ k}\Omega$,要求 $U_L = 10\text{ V}$,试确定图10-6中稳压电路元件的参数。

【解】 (1)根据 $U_Z = U_L = 10\text{ V}$

得 $I_L = \dfrac{U_L}{R_L} = \dfrac{10}{1} = 10\text{ (mA)} = I_{Lmax}$

由式(10-11)可查相关的电路手册选择2CW17稳压管,其参数为 $U_Z = (9 \sim 10.5)\text{ V}$,

$I_Z = 5$ mA,$P_Z = 250$ mW,$I_{Zmax} = 23$ mA,$R_Z = 25\ \Omega$。

（2）由式（10-11）取 $U_i = 25$ V，U_i 变化 $\pm 10\%$ 时可算得

$$U_{imax} = 27.5\ \text{V}$$
$$U_{imin} = 22.5\ \text{V}$$

（3）由式（10-10）求出限流电阻

$$R_{min} \geqslant \frac{U_{imax} - U_L}{I_{Zmax}} = \frac{27.5 - 10}{23} \approx 0.76(\text{k}\Omega)$$

$$R_{max} \leqslant \frac{U_{imin} - U_L}{I_Z + I_{Lmax}} = \frac{22.5 - 10}{5 + 10} \approx 0.83(\text{k}\Omega)$$

所以 R 的取值范围为 $0.76\ \text{k}\Omega \leqslant R \leqslant 0.83\ \text{k}\Omega$，其功率为

$$P_R = \frac{U_R^2}{R} = \frac{(U_{imax} - U_L)^2}{R_{min}} = \frac{(27.5 - 10)^2}{760} \approx 0.4(\text{W})$$

故可选择标称值为 820 Ω/0.5 W 的电阻器。

10.2.2 串联型稳压电路

1. 电路组成

串联型稳压电路由采样单元、基准单元、放大单元和调整单元四部分组成，如图10-7所示。

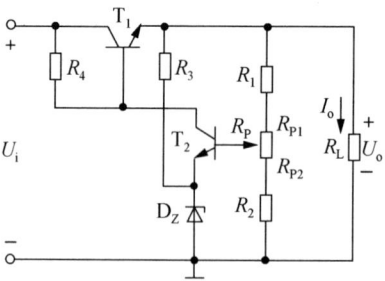

图 10-7 串联型稳压电路

（1）采样单元。

采样单元由 R_1、R_2 和 R_P 组成，与负载 R_L 并联，通过它可以反映输出电压 U_o 的变化。反馈电压 U_f 与输出电压 U_o 有关，即

$$U_f = \frac{R_2 + R_{P2}}{R_1 + R_2 + R_P}U_o \qquad (10\text{-}12)$$

反馈电压 U_f 取出后送到放大单元。改变电位器 R_P 的滑动端子可以调节输出电压 U_o 的高低。

（2）基准单元。

基准单元由限流电阻 R_3 与稳压管 D_Z 组成。D_Z 两端电压 U_Z 作为整个稳压电路自动调整和比较的基准电压。

（3）放大单元。

放大单元由三极管 T_2 组成。它将采样所得的反馈电压 U_f 与基准电压 U_Z 比较后加到 T_2 的输入端，即 $U_{BE2} = U_f - U_Z$ 经 T_2 管放大后控制调整管 T_1 基极的电位。R_4 是调整管 T_2

的集电极负载电阻，同时也是调整管 T_1 的偏置电阻。

(4) 调整单元。

调整单元由三极管 T_1 组成，它是串联型稳压电路的核心元件。T_1 的基极电位就是 T_2 的集电极电位。T_2 的输出反映了整个稳压电路的输出电压 U_o 的变动，该输出又经 T_1 放大后，自动调整 U_o 的值，使其维持稳定。若 T_1 用复合管，则可提供更大的负载电流。

由于 T_1 的管压降和电流都较大，必须选择大功率三极管，且按规定要求加装散热片。实际应用中，串联型稳压电路的故障大多由 T_1 引起。

2. 工作原理

串联型稳压电路的自动稳压过程按电网波动和负载电阻变动两种情况分述如下。

$U_i \uparrow \to U_o \uparrow \to U_f \uparrow \to U_{BE2} \uparrow \to I_{B2} \uparrow \to I_{C2} \uparrow \to U_{CE2} \downarrow \to U_{BE1} \downarrow \to I_{B1} \downarrow \to U_{CE1} \uparrow \to U_o \downarrow$

$R_L \downarrow \to U_o \downarrow \to U_f \downarrow \to U_{BE2} \downarrow \to I_{B2} \downarrow \to I_{C2} \downarrow \to U_{CE2} \uparrow \to U_{BE1} \uparrow \to I_{B1} \uparrow \to U_{CE1} \downarrow \to U_o \uparrow$

当 $U_i \downarrow$ 或 $R_L \uparrow$ 时的调整过程与上述相反。

由以上分析可知，这是一个负反馈系统。正因为电路内有深度电压串联负反馈，所以才能使输出电压稳定。

在图 10-7 中，若忽略 T_2 的 U_{BE2}，T_2 的基极电位可写为

$$U_{B2} = U_Z + U_{BE2} \approx U_Z + \frac{R_2 + R_{P2}}{R_1 + R_2 + R_P} U_o$$

即

$$U_o = \frac{R_1 + R_2 + R_P}{R_2 + R_{P2}} U_Z \tag{10-13}$$

可见，串联型稳压电路的输出电压 U_o 由采样单元的分压比和基准电压的乘积决定。因此调节电位器 R_P 的滑动端子，可调节输出电压 U_o 的大小。U_o 的调节范围为

$$\begin{cases} U_{omax} = \dfrac{R_1 + R_2 + R_P}{R_2} U_Z \\ U_{omin} = \dfrac{R_1 + R_2 + R_P}{R_2 + R_P} U_Z \end{cases} \tag{10-14}$$

【例 10-4】 在图 10-7 中，设稳压管工作电压 $U_Z = 6$ V，采样单元中 $R_1 = R_2 = R_P$，试估算输出电压的调节范围。

【解】 由式(10-14) 可估算出

$$U_{omax} = \frac{R_1 + R_2 + R_P}{R_2} U_Z = 3 \times 6 = 18 \text{(V)}$$

$$U_{omin} = \frac{R_1 + R_2 + R_P}{R_2 + R_P} U_Z = \frac{3}{2} \times 6 = 9 \text{(V)}$$

故该串联型稳压电路的输出电压可在 9～18 V 之间调节。

串联型稳压电路中的放大单元也可由集成运放组成，如图 10-8 所示。图中用复合管代替了 T_1，以便扩大输出电流；基准电压 U_Z 和采样反馈电压 U_f 分别接于集成运放的同相和反相输入端。其稳压过程为

$U_o \uparrow \to U_f \uparrow \to (U_Z - U_f) \downarrow \to U_{B2} \downarrow \to U_{B1} \downarrow \to U_o \downarrow$

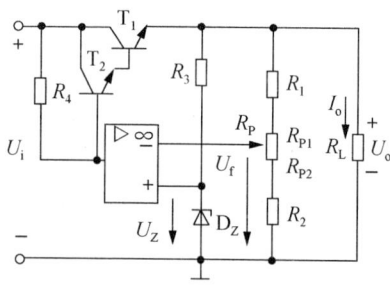

图 10-8　采用集成运放和复合调整管的串联型稳压电路

10.3　三端集成稳压器

随着半导体工艺的发展，稳压电路也制成了集成器件。它的内部电路结构就是在串联型稳压电路的基础上，增加了一些保护电路。尽管具体电路有所改进，但基本工作原理相同。目前，集成稳压器已达百余种，并且成为模拟集成电路的一个重要分支。它具有输出电流大、输出电压高、体积小、安装调试方便、可靠性高等优点，在电子电路中应用十分广泛。

集成稳压器有三端及多端（引出脚多于 3 只）两种外部结构形式。输出电压有可调和固定两种形式：固定式输出电压为标准值，使用时不能再调节；可调式输出电压可通过外接元件，在较大范围内调节输出电压。此外，还有输出正电压和输出负电压的集成稳压器。

作为小功率的稳压电源，以三端集成稳压器的应用最为普遍。三端集成稳压器的型号也有多种，常用的输出为固定正电压的型号有 W78×× 系列，输出为固定负电压的型号有 W79×× 系列，输出为可调正电压的型号有 W317 系列，输出为可调负电压的型号有 W337 系列。

10.3.1　固定输出的三端集成稳压器

1. 外形及使用要求

固定输出的三端集成稳压器的三端是指输入端、输出端及公共端 3 个引出端，封装形式有金属封装和塑料封装两种，其外形及符号如图 10-9 所示。固定输出的三端集成稳压器 W78×× 系列和 W79×× 系列各有 7 个品种，输出电压分别为 ±5 V、±6 V、±9 V、±12 V、±15 V、±18 V、±24 V；最大输出电流可达 1.5 A；公共端的静态电流为 8 mA。型号后两位数字为输出电压值，如 W7815 表示输出电压 $U_o = +15$ V。在根据稳定电压值选择稳压器的型号时，要求经整流滤波后的电压要高于三端集成稳压器的输出电压 2～3 V（输出负电压时要低于 2～3 V），但不宜过大。因为输入与输出电压之差等于加在调整管上的 U_{CE}，如果过小，则调整管容易工作在饱和区，降低稳压效果，甚至失去稳压作用；若过大，则功耗过大。

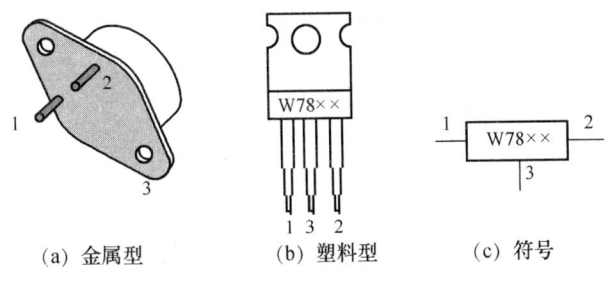

(a) 金属型　　　(b) 塑料型　　　(c) 符号

图 10-9　固定输出三端集成稳压器的外形及符号

2. 典型应用线路系统

（1）基本应用电路。

固定输出三端集成稳压器的基本应用电路如图 10-10 所示。图中，C_1 用以抑制过电压，抵消因输入线过长产生的电感效应并消除自激振荡；C_2 用以改善负载的瞬态响应，即瞬时增减负载电流时不致引起输出电压有较大的波动。C_1、C_2 容量为几个微法之内。安装时，两电容应直接与三端集成稳压器的引脚根部相连。

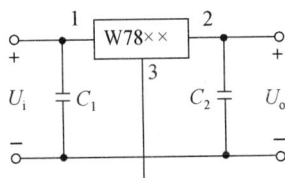

图 10-10　固定输出三端集成稳压器基本应用电路

（2）扩展输出电压的应用电路。

如果需要电压高于三端集成稳压器的输出电压，可采用如图 10-11 所示的升压电路。图中三端集成稳压器工作在悬浮状态，稳压电路的输出电压为

$$U_\text{o} = \left(1 + \frac{R_2}{R_1}\right)U_{\times\times} + I_\text{Q}R_2 \tag{10-15}$$

式中，$U_{\times\times}$ 为三端集成稳压器 W78×× 的标称输出电压；R_1 上的电压为 $U_{\times\times}$，产生的电流为 I_{R_1}，在 R_1、R_2 串联电路上产生的压降为 $\left(1 + \frac{R_2}{R_1}\right)U_{\times\times}$；$I_\text{Q}R_2$ 为三端集成稳压器静态电流在 R_2 上产生的压降。一般 R_1 上流过的电流 I_{R_1} 应大于 $5I_\text{Q}$，若 R_1、R_2 阻值较小，则可忽略 $I_\text{Q}R_2$，于是

$$U_\text{o} = \left(1 + \frac{R_2}{R_1}\right)U_{\times\times}$$

图 10-11 所示电路的缺点是，当稳压电路输入电压 U_i 变化时，I_Q 也发生变化，这将影响稳压电路的稳压精度，特别是 R_2 较大时这种影响更明显。为此，可引入集成运放，利用集成运放高输入电阻、低输出电阻的特性来克服三端集成稳压器静态电流变化的影响。

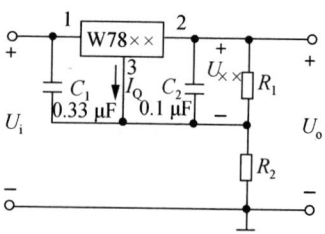

图 10-11　提高输出电压电路

图 10-12 所示电路是用 W78×× 和 μA741 组成的输出电压可调的稳压电路。图中集成运放作为电压跟随器使用，它的电源借助于三端集成稳压器的输入直流电压。

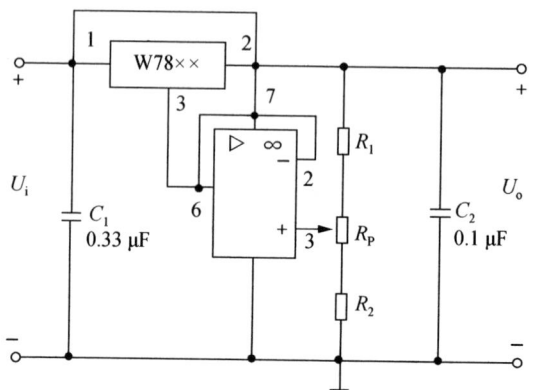

图 10-12　输出电压可调电路

由图 10-12 可知，当电位器滑动端在最上端时，可得最大输出电压

$$U_{omax} = \frac{R_1 + R_2 + R_P}{R_1}U_{××}$$

当电位器滑动端在最下端时，可得最小输出电压

$$U_{omin} = \frac{R_1 + R_2 + R_P}{R_1 + R_P}U_{××}$$

故输出电压调节范围为

$$\frac{R_1 + R_2 + R_P}{R_1 + R_P}U_{××} \leqslant U_o \leqslant \frac{R_1 + R_2 + R_P}{R_1}U_{××} \tag{10-16}$$

【例 10-5】　在图 10-12 中，若选用三端集成稳压器 W7815，已知 $R_P = 500 \ \Omega$，欲使输出电压调节范围为 20～45 V，求 R_1 和 R_2 的电阻值。

【解】　由式(10-16) 可得

$$45 = \frac{R_1 + R_2 + 500}{R_1} \times 15$$

$$20 = \frac{R_1 + R_2 + 500}{R_1 + 500} \times 15$$

解得 $R_1 = 400 \ \Omega$，$R_2 = 300 \ \Omega$。

(3) 扩展输出电流的应用电路。

扩展输出电流的应用电路如图 10-13 所示。由图可知,输出电压 U_o 仍由集成稳压器电路的输出值来决定($U_o = U_{xx} - U_{BE1}$),而输出电流 I_o 则是稳压电路输出电流的 β 倍(β 为三极管 T_1 的电流放大系数)。二极管 D_2 用来补偿三极管 T_1 的 U_{BE1} 因温度变化对输出的影响。

三极管 T_1 是一只大功率管,其极限参数按下式选择

$$\begin{cases} P_{CM} > (U_{imax} - U_o)I_{omax} = P_{Vmax} \\ I_{CM} > I_{omax} = I_{Cmax} \\ U_{(BR)CEO} > U_{imax} > U_{CEmax} \end{cases} \tag{10-17}$$

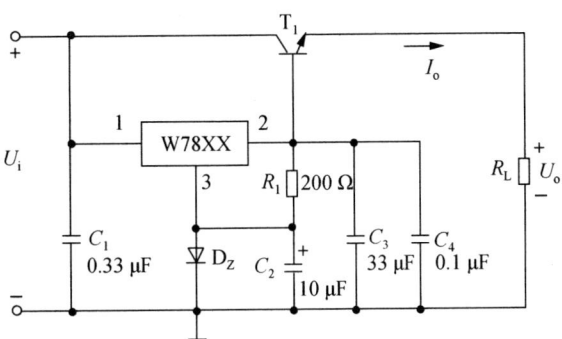

图 10-13 扩大输出电流的应用电路

(4) 恒流源应用电路。

恒流源应用电路如图 10-14 所示。由图可知,R 两端为三端集成稳压器的输出,只要 R 元件精确,通过它的电流 I_R 也是稳定的。负载中的电流为

$$I_L = I_o = I_R + I_Q = \frac{U_{xx}}{R} + I_Q \tag{10-18}$$

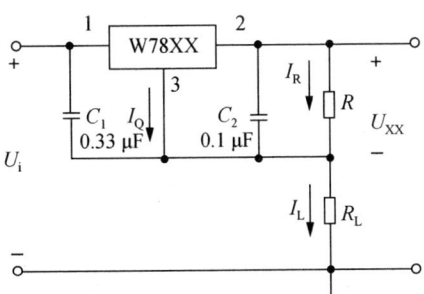

图 10-14 恒流源应用电路

式(10-18) 表明:负载电流 I_L 不受 R_L 变动的影响。实际应用中,一般选择输出电压低的三端集成稳压器,如 W7805,这主要是为了提高效率。

10.3.2 可调输出的三端集成稳压器

1. 概述

可调输出的三端集成稳压器 W317（正输出）、W337（负输出）是近几年较新的产品，它既保持了三端的简单结构，又实现了输出电压连续可调，故有第二代三端集成稳压器之称。它可以以一种通用化、标准化稳压器的形式用于各种电子设备的电源中。

W317、W337 与 W78×× 固定式三端集成稳压器比较，它们没有接地（公共）端，只有输入、输出和调整 3 个端子，是悬浮式电路结构。W317、W337 三端集成稳压器内部设置了过流保护、短路保护、调整管安全区保护及稳压器芯片过热保护等电路，因此使用十分安全可靠。W317、W337 输出电压为 1.2～35 V（或 −35～−1.2 V）连续可调，输出电流为 0.5～1.5 A，最小负载电流为 5 mA，输出端与调整端之间基准电压为 1.25 V，调整端静态电流为 50 μA。其外形及符号如图 10-15 所示。由于不同系列的 W317、W337 引脚功能不同，选用时一定要查阅说明书。

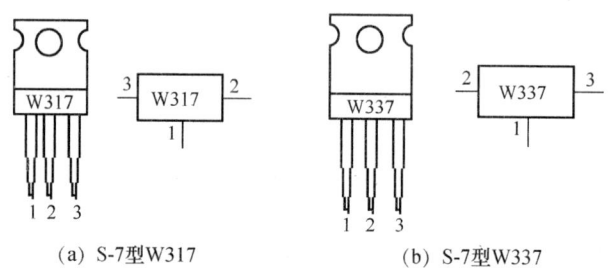

图 10-15 可调输出的三端集成稳压器

2. 基本应用电路

图 10-16 所示是 W317 可调输出的三端集成稳压器的基本应用电路。图中，最大输入电压不超过 40 V；固定电阻 R_1（240 Ω）接在三端集成稳压器输出端至调整端之间，其两端电压为 1.2 V，调节可变电阻 R_P（0～6.8 kΩ），就可以从输出端获得 1.2～35 V 连续可调的输出电压。

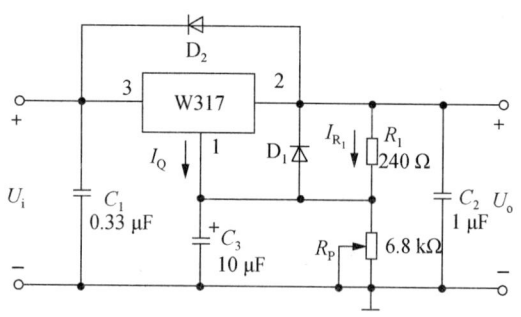

图 10-16 W317 基本应用电路

由于三端集成稳压器有维持电压不变的能力，因此 R_1 上流过的是一个恒流，其值为 $I_{R_1} = 1.2\text{V}/240\,\Omega = 5\text{ mA}$。W317 最小负载电流为 5 mA，所以 240 Ω 是电阻 R_1 的最大值。

流过 R_P 的电流是 I_{R_1} 和三端集成稳压器调整端输出的静态电流 I_Q 之和，因此调节可变电阻 R_P 能改变输出电压。由图可知，输出电压为

$$U_o = 1.2\left(1 + \frac{R_P}{R_1}\right) + 50 \ \mu A \cdot R_P \tag{10-19}$$

图 10-16 中 D_1 是为了防止输入短路，C_3 放电损坏三端集成稳压器内部调整管发射结而接入的。如果输入不会短路、输出电压低于 7 V，那么 D_1 可不接。D_2 是为了防止输入短路时，C_2 放电损坏三端集成稳压器中放大管发射结而接入的。如果 R_P 上电压低于 7V 或 C_2 容量小于 1 μF，那么 D_2 也可省略不接。

W317 是依靠外接电阻给定输出电压的，所以 R_1 应紧接在稳压器输出端和调整端之间；否则，输出端电流大时，将产生附加压降，影响输出精度。R_P 的接地点应与负载电流返回点的接地点相同。同时，R_1、R_P 应选择同种材料做的电阻，精度尽量高一些。输出端电容 C_2 应采用钽电容或采用 33 μF 的电解电容。

图 10-17 所示是 W337 可调负电压输出的三端集成稳压器应用电路。图 10-17(a) 所示是基本用法，它与 W317 可调正电压输出的三端集成稳压器用法相同，只是输入端与输出端的引脚排列不同，以及电容器和二极管的极性接法不同而已。图 10-17(b) 所示是接入保护二极管的负电源，输出电压为 $-U_o$。

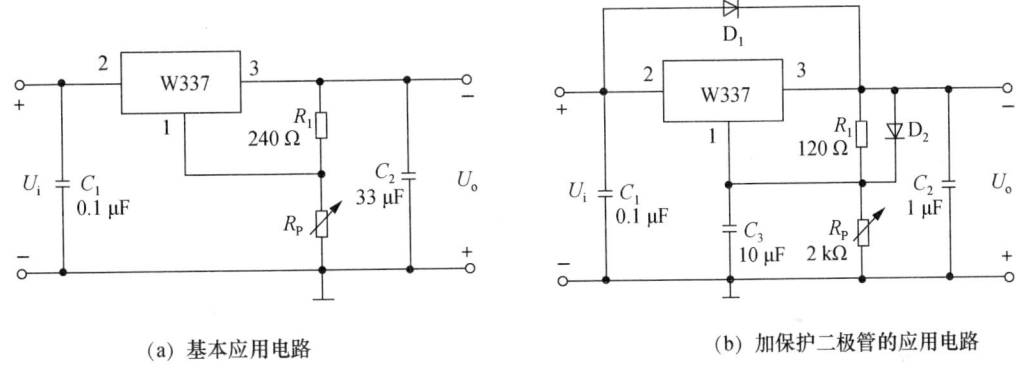

(a) 基本应用电路　　　　　　　　　(b) 加保护二极管的应用电路

图 10-17　W337 的应用电路

10.4　开关型稳压电路

10.4.1　开关型稳压电路的特点和类型

串联型稳压电路虽具有输出稳定度高、电路简单、工作可靠等优点，但调整管必须工作在放大状态，当负载电流较大时，调整管会产生很大的功耗，这不仅降低了电路的转换效率，对节约能源也不利，而且为解决散热问题，必须增大散热片，增加了电源的体积和质量。为降低调整管的管耗，可使调整管工作在开关状态。这样调整管只有在由饱和导通转换到截止或由截止转换到饱和导通的瞬间，才进入放大区而消耗一定的能量。这种调整管工作在开关状态的稳压电路称为开关稳压电路，习惯上称这里的调整管为开关调整管或开关管。开关稳压电路效率高，但也有不足之处，主要表现在输出电压波动较大，控制调

整管不断通断的高频开关信号对电子设备造成一定的干扰,加之控制电路复杂,对元器件要求较高,因此价格较串联型稳压电路高。

开关型稳压电路种类繁多,主要有以下几种分类。

(1) 按开关信号产生的方式划分有自激式和他激式。自激式由开关内部电路来启动开关调整管,他激式由开关稳压电路外的激励信号来启动开关调整管。

(2) 按开关电路与负载的连接方式划分有串联型和并联型。串联型开关稳压电路中开关调整管与负载串联连接,输出端通过调整管及整流二极管与电网相连,电网隔离性差,且只有一路电压输出。并联型开关稳压电路中输出端与电网间由开关变压器进行电气上的隔离,安全性好,通过开关变压器的次级可以做到多路电压输出,但电路复杂,对开关调整管要求高。

(3) 按控制方式划分有脉宽调制(PWM)和脉频调制(PFM)。脉宽调制利用加到开关调整管脉冲宽度的不同,控制开关调整管的导通时间,达到稳定输出的目的。脉频调制通过控制开关调整管通断(又称振荡)周期,达到稳定输出的目的。

由于开关型稳压电路输出功率一般较大,尽管开关调整管相对功耗较小,但绝对功耗仍较大,因此实际应用中必须加装散热片。

10.4.2 开关稳压电路的工作原理

1. 脉宽调制式串联型开关稳压电路

脉宽调制式串联型开关稳压电路的基本电路如图 10-18 所示。图中,U_i 为开关稳压电路的输入电压,是电网电压经整流滤波后的输出电压;R_1、R_2 组成取样单元,取样电压即反馈电压 U_F;A_1 为比较放大器,同相输入端接基准电压 U_R,反相输入端接 U_F,它将两者差值进行放大;A_2 为脉宽调制式电压比较器,同相端接 A_1 的输出电压 u_{o1},反相端与三角波发生器输出电压 u_T 相连,A_2 输出的矩形波电压 u_{o2} 就是驱动调整管通断的开关信号;T_1 是开关调整管;L、C 为 Γ 型滤波器,D_2 为续流二极管;R_L 为负载,U_o 为稳压电路输出电压。

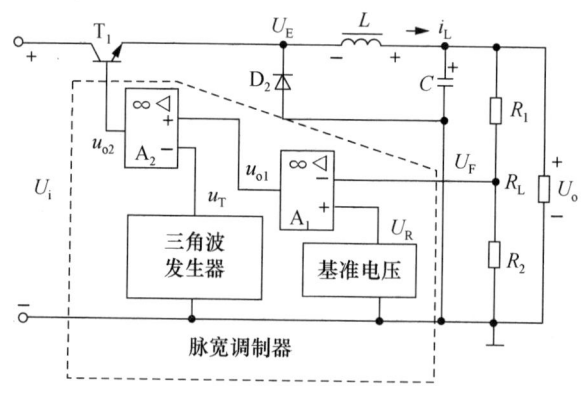

图 10-18 脉宽调制式串联型开关稳压电路

(1) 工作过程。

由电压比较器的特点可知,当 $u_{o1} > u_T$ 时,$u_+ > u_-$,u_{o2} 为高电平;反之,u_{o2} 为低电平。

当 u_{o2} 为高电平时，T_1 饱和导通，输入电压 U_i 经滤波电感 L 加在滤波电容 C 和负载 R_L 两端，此时，i_L 增长，L 和 C 储存能量，D_2 因反偏而截止。当 u_{o2} 为低电平时，T_1 由饱和导通转换为截止，由于电感电流 i_L 不能突变，i_L 经 R_L 和续流二极管衰减而释放能量，此时滤波电容 C 也向 R_L 放电，因而 R_L 两端仍能获得连续的输出电压。当开关调整管在 u_{o2} 的作用下又进入饱和导通，L、C 再一次充电，以后 T_1 又截止，L、C 又放电，如此循环不止。

输出电压 U_o 与输入电压 U_i 的关系为

$$U_o = \frac{t_o}{T_H} U_i \tag{10-20}$$

式中，t_o 为开关调整管导通时间；T_H 为重复周期，由三角波发生器电压 u_T 的周期决定。

(2) 稳压原理。

当输入的交流电源电压波动或负载电流发生改变时，都将引起输出电压 U_o 的改变，由于负反馈作用，电路能自动调整而使 U_o 基本上维持稳定不变。稳压过程如下。

若 $U_o \uparrow \to U_F \uparrow$ ($U_F > U_R$) $\to u_{o1}$ 为负值 $\to u_{o2}$，输出高电平变窄 $t_o \downarrow \to U_o \downarrow$，从而使输出电压基本不变。

反之，若 $U_o \downarrow \to U_F \downarrow$ ($U_R > U_F$) $\to u_{o1}$ 为正值 $\to u_{o2}$，输出高电平变宽 $t_o \uparrow \to U_o \uparrow$，同样使输出电压基本不变。

稳压过程的波形分析如图 10-19 所示。

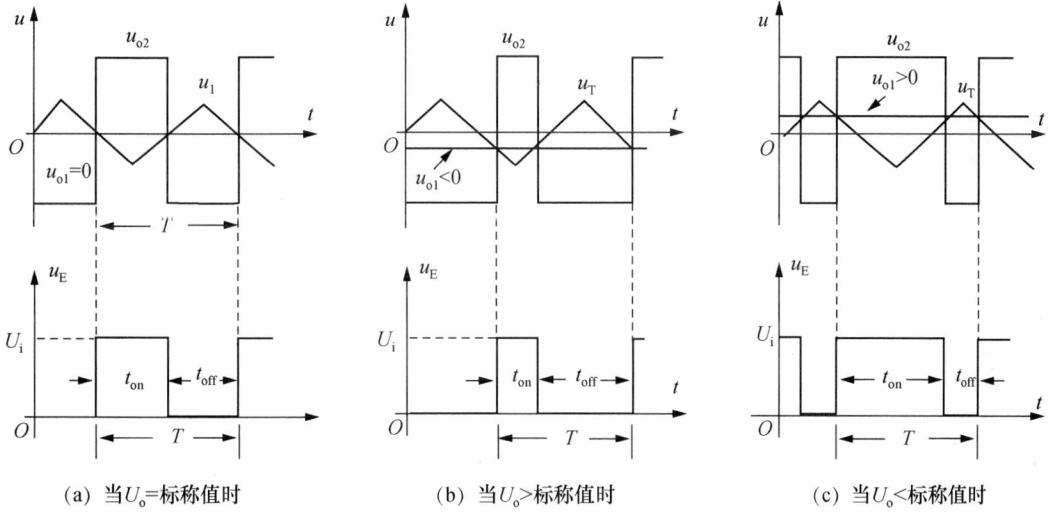

图 10-19 U_o 变动引起的自动调整过程

2. 脉宽调制式并联型开关稳压电路

脉宽调制式并联型开关稳压电路的基本电路如图 10-20 所示。图中，U_i 为开关稳压电路的输入电压，是电网电压经整流滤波后的输出电压；T_1 为开关调整管；L_1 为开关变压器的初级绕组，L_2、L_3、L_4 为开关变压器的次级绕组；D_2 为输出电压整流二极管；C 为滤波电容；R_L 为负载电阻；U_o 为开关电源的输出电压。

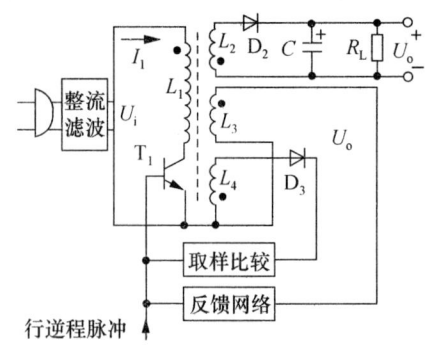

图 10-20 脉宽调制式并联型开关稳压电路

(1) 工作过程。

在触发脉冲作用下，T_1 工作于开关状态，当 T_1 基极电压为正时，T_1 饱和导通，300 V 的直流电压 U_i 通过 L_1、T_1 的集电极、发射极构成回路，形成电流 I_1，此时 L_1 储存能量；L_1 中产生上正下负的自感电动势，通过开关变压器在 L_2 中产生下正上负的电动势，当 T_1 基极为负时，T_1 截止，L_1、L_2 中的感应电动势立即翻转极性，L_2 绕组中的感应电动势通过二极管 T_2 向电容 C 充电，形成输出直流电压。输入电压 U_i 与输出电压 U_o 之间的关系为

$$U_o = \frac{t_o}{T_H} \cdot \frac{n_2}{n_1} \cdot U_i \tag{10-21}$$

式中，t_o 为三极管 T_1 的导通时间；T_H 为三极管 T_1 的通断周期，即振荡周期；$\frac{n_2}{n_1}$ 为开关变压器匝数比。

式(10-21) 表明，开关稳压电路输出的直流电压 U_o 与输入电压 U_i、开关变压器的匝数比、开关振荡周期及开关调整管的导通时间有关。所以电路的输出电压和输入电压在一定范围内可以任意选择，而输出电压的稳定，可以靠控制三极管的导通时间和振荡周期来实现。在显示器中，通常采用行逆程脉冲来控制开关调整管振荡周期，保持 T_H 不变，通过脉宽控制方式（即 PWM）实现输出电压的调节和稳定。

(2) 稳压原理。

当输入的交流电源电压波动或负载电流发生变化，引起输出电压 U_o 变化时，通过取样比较电路组成的控制电路去改变开关调整管的导通与截止时间，使输出电压得以稳定。开关管导通时间 t_o 增大时，输出电压升高；反之，导通时间 t_o 减小时，输出电压就降低。当由于某种原因使输出电压升高时，通过取样比较电路使 T_1 提前截止，引起 $t_o \downarrow \rightarrow U_o \downarrow$，使输出电压保持稳定。

10.4.3 集成单片脉宽调制式开关稳压电源 CW3524

采用集成控制器是开关稳压电源发展趋势的一个重要方面，它使电路简化、使用方便、工作可靠、性能提高。我国已经系列生产了用于开关电源的集成控制器，它将基准电压源、三角波发生器、比较放大器和脉宽调制式电压比较器等电路集成在一块芯片上。集成控制器又称为脉宽调制器，产品型号有 SW3520、SW3420、CW3524、CW2524、W2019、

W2018 等。图 10-21 所示是采用 CW3524 集成控制器组成的脉宽调制式串联型开关稳压电源实用电路,该稳压电源输出电压 $U_o = 5$ V,输出电流 $I_o = 1$ A。

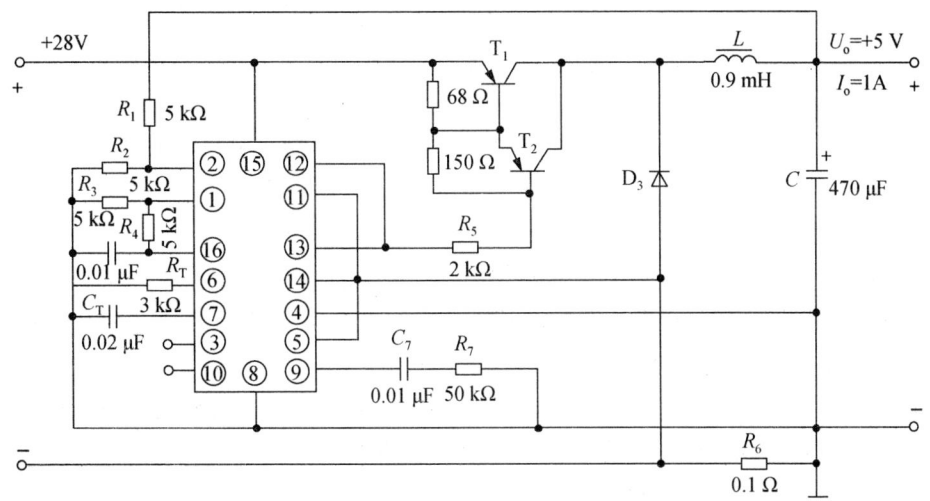

图 10-21　采用 CW3524 的开关稳压电源实用电路

1. 电路结构

(1) CW3524 集成控制器。

CW3524 芯片共有 16 只引脚,其内部电路包含基准电压、比较放大器、三角波振荡器、脉宽调制电压比较器、限流保护等主要单元。振荡器的振荡频率由外接元件的参数来确定。CW3524 各引脚功能如图 10-22 所示,其中 8、15 引脚分别接输入电压 U_i 的正、负端;11、12 和 13、14 引脚为驱动开关调整管基极的开关信号的两个输出端(即脉宽调制式电压比较器输出信号 u_{o2}),两个输出端可单独使用,也可并联使用,连接时一端接开关调整管基极,另一端接地;1、2 引脚分别为比较放大器 A_1 的反相和同相输入端;16 引脚为基准电压源输出端;6、7 引脚分别为三角波振荡器外接振荡元件 R_T 和 C_T 的连接端,9 引脚为防止自激的相位校正元件 R_7 和 C_7 的连接端。

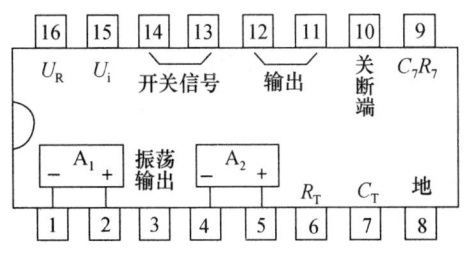

图 10-22　CW3524 引脚图

(2) 外电路。

开关调整管 T_1、T_2 均为 PNP 型硅功率管,T_1 选 3CD15,T_2 选 3CG14;D_3 为续流二极管;L 和 C 组成 LC 型滤波电路,$L = 0.9$ mH,$C = 470$ μF;R_1 和 R_2 组成采样分压器电路;R_3 和 R_4 是基准电压源的分压电路;R_5 为限流电阻,R_6 为过载保护取样电阻。

R_T 一般在 $1.8 \sim 100$ kΩ 之间选取,C_T 一般在 $0.1 \sim 1000$ μF 之间选取。控制器的最

高频率为 300 kHz，工作时一般取 100 kHz 以下。

2. 工作原理及稳压过程

CW3524 内部的基准电压源 $U_R = 5$ V，由 16 引脚引出，通过 R_3 和 R_4（都是 5 kΩ）分压，以 $\frac{U_R}{2} = 2.5$ V 加在比较放大器的反相输入端（1 引脚）；输出电压 U_o 通过 R_1 和 R_2（都是 5 kΩ）分压，以 $\frac{U_o}{2} = 2.5$ V 加在比较放大器的同相输入端（2 引脚），此时，比较放大器因 $u_+ = u_-$，其输出 $u_{o1} = 0$。调整管在集成控制器作用下，开关稳压电路输入电压 $U_i = 28$ V 时，输出电压为稳定值 5 V。

当输出电压因输入电压（电网波动引起）或负载变化引起变动时，若 $U_o \uparrow \to u_{o1}$ 为正，u_{o2} 高电平脉宽变宽（12 引脚输出高电平脉宽变宽）→开关调整管（PNP）导通时间变短 $t_o \downarrow \to U_o \downarrow$，$U_o$ 维持不变。

此电路中开关调整管采用的是 PNP 型管，因此比较放大器的反相输入端和同相输入端的输入信号及极性与图 10-18 虚框中所示的应该对调；另外，u_{o2} 高电平脉宽变宽时，PNP 型管导通时间反而变短，分析时应予以注意。

习　　题

一、填空题

1. 在整流电路的输出端并联一个电容，利用电容的_____特性可以使脉动电压变得较平稳，这个电容的作用称为_____。

2. 在单相半波整流电路中，整流输入端交流电压的有效值为 10 V，则负载上的半波脉动直流电压平均值为_____；若为单相全波整流电路，则负载上的全波脉动直流电压平均值为_____。

3. 利用单向导电元件，将正弦交流电压变成单向脉动电压的电路为_____。

4. 滤波电路将单向脉动电压中的_____滤掉。

5. 桥式整流电路中，需用_____个整流二极管。

6. 电容滤波只适合负载电流_____的场合。

7. W7805 输出电压为_____V，而 W7912 输出电压为_____V。

8. 串联型稳压电源调整管工作在_____状态，开关电源调整管工作在_____状态。

9. 开关型稳压电路有_____调制型、_____调制型。

二、选择题

10. 整流的目的是（　　）。
　　A. 将交流变为直流　　　　B. 将高频变为低频
　　C. 将正弦波变为方波　　　D. 将正弦波变为脉冲波

11. 滤波电路应选用（　　）。
　　A. 高通滤波电路　　　　　B. 低通滤波电路
　　C. 带通滤波电路　　　　　D. 带阻滤波器

12. 串联型稳压电路中的放大环节所放大的对象是（　　）。

A. 基准电压 B. 取样电压
C. 基准电压与取样电压之差 D. 取样电压与基准电压之差

13. 开关型直流电源比线性直流电源效率高的原因是（　　）。
A. 调整管工作在开关状态 B. 输出端有 LC 滤波电路
C. 可以不用电源变压器 D. 工作频率高

14. 桥式整流电路中，流过每个整流管子的电流为（　　）。
A. $4I_0$ B. I_0
C. $1/2I_0$ D. $1/4I_0$

三、判断题

15. 直流电源是一种将正弦信号转换为直流信号的波形变换电路。（　　）
16. 直流电源是一种能量转换电路，它将交流能量转换为直流能量。（　　）
17. 在变压器副边电压和负载电阻相同的情况下，桥式整流电路的输出电流是半波整流电路输出电流的 2 倍。（　　）
18. 若 U_2 为电源变压器副边电压的有效值，则半波整流电容滤波电路和全波整流电容滤波电路在空载时的输出电压均为 $\sqrt{2}U_2$。（　　）
19. 当输入电压 U_I 和负载电流 I_L 变化时，稳压电路的输出电压是绝对不变的。（　　）
20. 一般情况下，开关型稳压电路比线性稳压电路效率高。（　　）
21. 线性直流电源中的调整管工作在放大状态，开关型直流电源中的调整管工作在开关状态。（　　）
22. 由于串联型稳压电路中引入了深度负反馈，因此也可能产生自激荡。（　　）
23. 在稳压管稳压电路中，稳压管的最大稳定电流必须大于最大负载电流。（　　）

四、思考题与计算题

24. 图 10-23 所示的直流稳电压源是否有错误？如果有错，请加以改正。

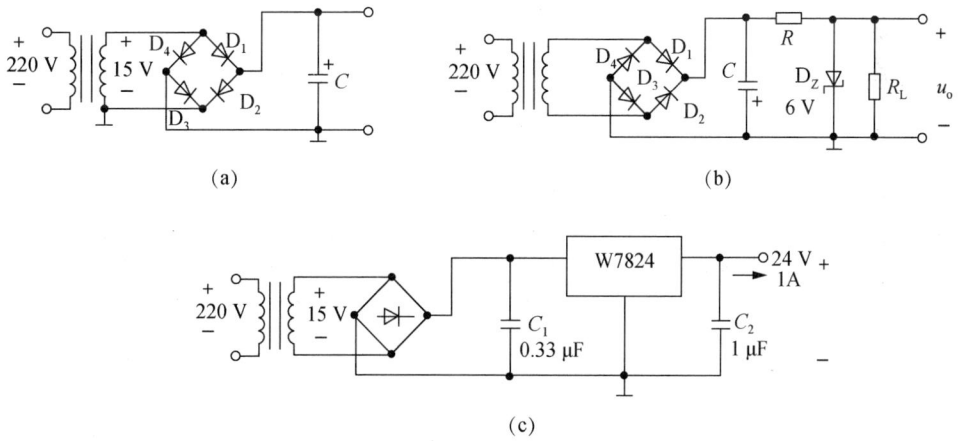

图 10-23　题 24 图

25. 桥式整流滤波电路如图 10-24 所示，已知 $U_{21} = 20 \times 1.414\sin\omega t$ V。在下列情况时，说明 U_o 端对应的直流电压平均值应为多少。

（1）电容 C 因虚焊未接上。

(2) 有电容但 R_L 开路。

(3) 整流桥中有一个二极管因虚焊断路，有电容 C，$R_L = \infty$。

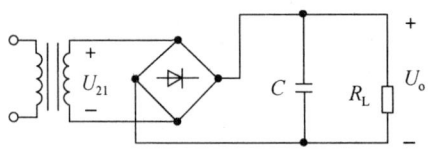

图 10-24　题 25 图

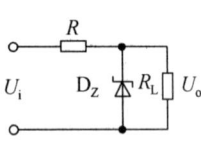

图 10-25　题 26 图

26. 稳压电路如图 10-25 所示，现用两只硅稳压管 D_{Z1} 和 D_{Z2}，通过它们的不同接法去代替图中的 D_Z。已知 D_{Z1}、D_{Z2} 两管特性相同，稳定电压均为 6V。若 D_{Z1}、D_{Z2} 的动态电阻可以忽略，设 U_i 足够高。试问该稳压电路有哪几种不同的输出电压（画出相应的 D_{Z1}、D_{Z2} 连接图）？

27. 在图 10-26 所示稳压电路中，已知稳压管的稳定电压 U_Z 为 6 V；最小稳定电流 I_{Zmin} 为 5 mA，最大稳定电流 I_{Zmax} 为 40 mA；输入电压 U_i 为 15 V，波动范围为 $\pm 10\%$；限流电阻 R 为 200 Ω。

(1) 电路是否能空载？为什么？

(2) 作为稳压电路的指标，负载电流 I_L 的范围为多少？

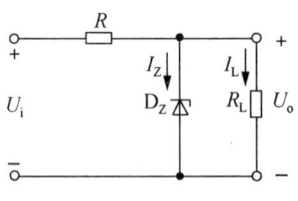

图 10-26　题 27 图

28. 电路如图 10-27 所示。合理连线，构成 5 V 的直流电源。

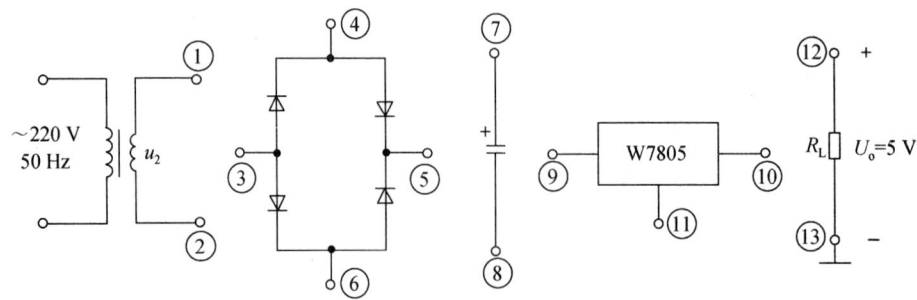

图 10-27　题 28 图

29. 开关型稳压电源中的调整管工作在何种工作状态？调整管是如何实现稳定输出电压的？如果输出电压偏低，经稳压电路调节后，应使调整管的导通时间变长还是变短？它与调整管是 PNP 型还是 NPN 型是否有关系？

30. 已知单相桥式整流电路如图 10-28 所示，$u_2 = \sqrt{2} \times 12 \sin\omega t$ V，求负载电压 U_L，

并选择整流二极管。

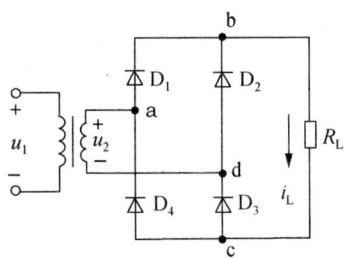

图 10-28　题 30 图

31. 已知单相桥式整流滤波电路有 $R_L C = (3 \sim 5)\dfrac{T}{2}$，$f = 50\text{ Hz}$，$u_2 = 25\sin\omega t\text{ V}$。

（1）画出电路图，标出滤波电容 C 上的电压极性。

（2）估算负载电压 U_L，如果 R_L 断开时，输出电压为多少？

（3）滤波电容 C 开路时，U_L 为多少？

（4）整流器中有一只二极管虚焊，滤波电容 C 开路时，U_L 为多少？如果正负极接反，将产生什么后果？

（5）如果整流器中有一只二极管正负极接反了，将产生什么后果？

32. 在如图 10-29 所示的电路中，已知三端集成稳压器的型号为 W78××。若 $R_1 = 400\ \Omega$，$R_2 = 200\ \Omega$，试求输出电压 U_o 的值。

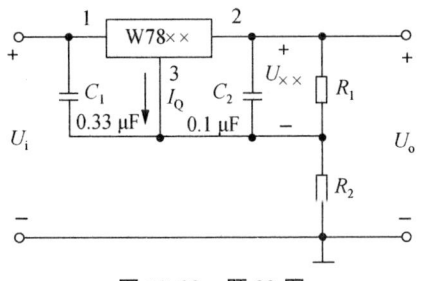

图 10-29　题 32 图

33. 试求如图 10-30 所示电路的 U_o 的可调范围。

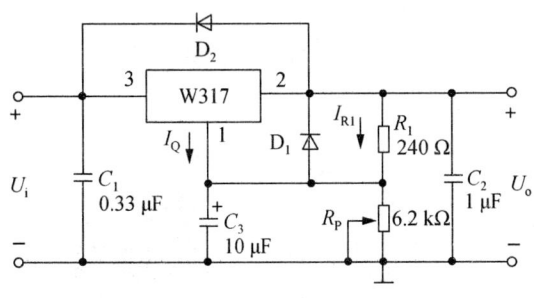

图 10-30　题 33 图

第 11 章　晶闸管及其应用

【教学提示】晶闸管是硅晶体闸流管的简称，是一种大功率的可控整流元件。利用晶闸管，只要用很小的功率就可以对大功率（电流为几百安，电压为数百伏）的电源进行控制和变换。由于晶闸管具有体积小、质量轻、效率高、控制灵敏、容量大等优点，越来越多地应用于整流、逆变、直流开关、交流开关等方面。目前，晶闸管已成为 PLC 标配输出口之一。晶闸管的种类很多，有普通型、双向型、快速型、可关断型和光控型等，其中以可关断型和光控型发展速度最快。考虑到专业特点，本章只介绍普通晶闸管及其简单应用。

【教学基本要求】掌握晶闸管的结构和特性；熟悉单相可控整流电路的组成和工作原理；然后能够对其应用实例进行分析；了解单向全控桥式整流电路的工作原理；理解单结晶体管的结构、特性，了解单结晶体管振荡的工作原理；了解单结晶体管触发电路的工作原理。

【教学重点】掌握晶闸管的结构和特性。

【教学难点】单相可控整流电路的工作原理分析。

11.1　晶闸管

11.1.1　晶闸管结构及其特性

1．晶闸管结构

晶闸管是由 3 个 PN 结组成的半导体器件，其内部结构如图 11-1(a) 所示。它有 3 个电极：由外层 P 区引出的电极为阳极 A、外层 N 区引出的电极为阴极 K、中间 P 区引出的电极为控制极（又称门极）G。图 11-1(b) 为玻璃金属外壳密封的螺旋型结构晶闸管的外形，螺旋的一端是阳极引出端，利用它与散热器固定。图 11-1(c) 是一种平板型晶闸管，图 11-1(d) 为晶闸管电路符号。

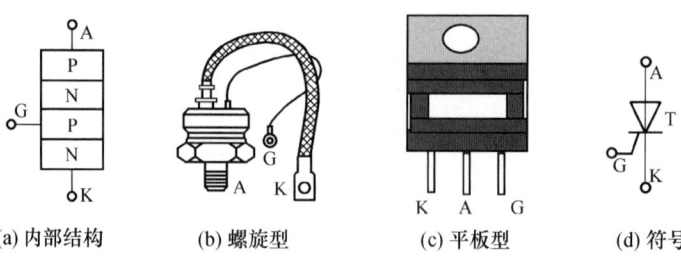

(a) 内部结构　　(b) 螺旋型　　(c) 平板型　　(d) 符号

图 11-1　晶闸管的内部结构、外形及符号

2. 晶闸管的工作原理

为了更清楚地说明工作原理，晶闸管可以看作是由 NPN（T_1）三极管和 PNP（T_2）三极管组合而成的，电路模型如图 11-2(a) 所示。

设在阳极和阴极之间接入电源 U_A，在控制极和阴极之间接入电源 U_G，如图 11-2(b) 所示。

(1) 晶闸管加阳极负电压 $-U_A$ 时（即阳极接电源负极，阴极接电源正极），因为至少有一个 PN 结反偏截止，只能通过很小的反向漏电流，故晶闸管截止。此时，晶闸管的状态称为反向阻断状态。

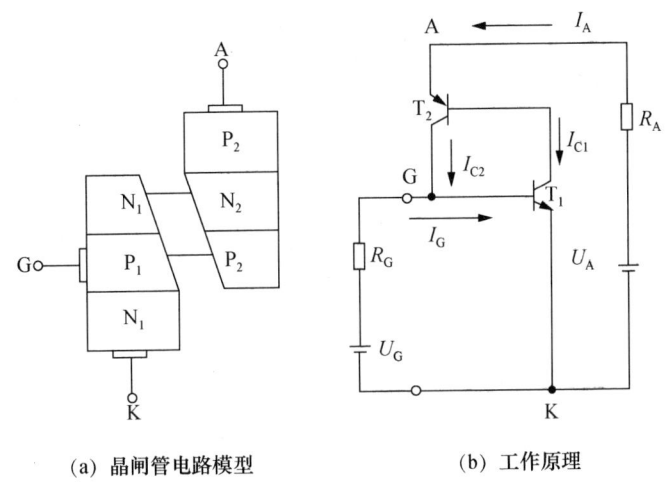

(a) 晶闸管电路模型　　　　(b) 工作原理

图 11-2　晶闸管电路模型及工作原理

(2) 晶闸管加阳极正电压 U_A 时（即阳极接电源正极，阴极接电源负极），若控制极不加电压，仍有一个 PN 结反偏截止，只有很小的正向漏电流，故晶闸管仍然截止。此时，晶闸管的状态称为正向阻断状态。

(3) 晶闸管加阳极正电压 $+U_A$，同时也加控制极正电压 $+U_G$（即控制极接电源的正极，阴极接电源的负极），则 T_1、T_2 两个三极管都满足放大条件。在 U_G 的作用下，产生控制极电流 I_G，为 T_1 管提供基极电流 I_{B1}，I_{B1} 经 T_1 放大后形成集电极电流 $I_{C1} = \beta_1 I_{B1} = \beta_1 I_G$；$I_{C1}$ 就是 T_2 管的基极电流 I_{B2}，I_{B2} 经 T_2 管放大后，产生较大的集电极电流 I_{C2}，$I_{C2} = \beta_2 I_{B2} = \beta_1 \beta_2 I_G$，这个电流又流回 T_1 管的基极，再进行放大。这个正反馈过程如此循环往复，使 T_1 和 T_2 的电流迅速增大，从而进入饱和导通状态，即晶闸管由截止状态转变为导通状态。晶闸管导通后，如果撤掉控制极电压，由于 I_{C2} 远大于 I_G，故 T_1 仍有较大的基极电流进入放大循环，使晶闸管继续导通。因此，U_G 只起触发作用，一经触发后，晶闸管就不受 U_G 控制。

控制极电压 U_G 称为触发电压。一般选用正脉冲电压作触发电压，它必须有足够的电压、电流值和脉冲宽度，才能保证可靠触发。

晶闸管导通时，管压降约为 1 V。晶闸管导通后，性能与二极管相同。

(4) 要使导通的晶闸管截止，必须将阳极电压降至零或为负，使晶闸管阳极电流降至维持电流 I_H 以下。维持电流是指维持上述正反馈过程所需的最小电流，具体定义见晶闸管的主要参数。

综上所述，可得到如下结论。

① 晶闸管与硅整流二极管相似，都具有反向阻断能力，但晶闸管还具有正向阻断能力，即晶闸管正向导通必须具有一定的条件：阳极加正向电压，同时控制极也加正向触发电压。

② 晶闸管一旦导通，控制极即失去控制作用。要使晶闸管重新关断，必须做到以下两点之一：一是将阳极电流减小到小于维持电流 I_H；二是将阳极电压减小到零或使之反向。

3. 晶闸管电压电流特性

晶闸管的导通和截止是由阳极电压 U_A、阳极电流 I_A 及控制极电压 U_G（电流 I_G）等决定的，在实际应用中常用实验曲线来表示它们之间的关系，这条曲线称为晶闸管的电压电流特性曲线，如图 11-3 所示。

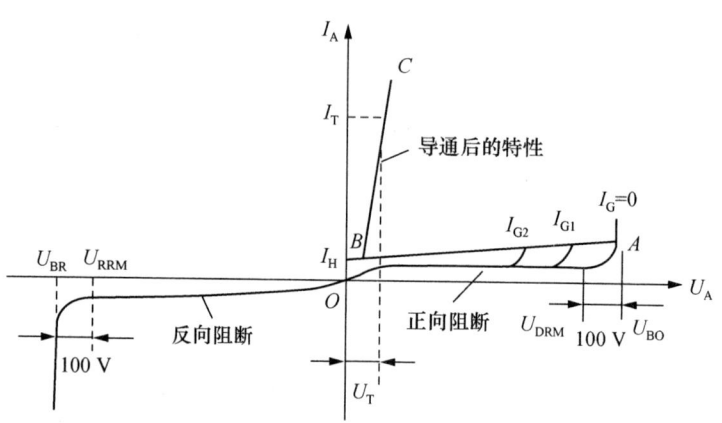

图 11-3 晶闸管电压电流特性曲线

曲线表明：在控制极电流 $I_G = 0$ 的情况下，阳极正向电压小于某一数值范围时，阳极电流一直很小，这个电流就是正向漏电流，这时晶闸管处于正向阻断状态。当正向漏电流突然增大，晶闸管由正向阻断状态突然转化为导通，这时的正向电压称为正向转折电压 U_{BO}，这样的导通称为晶闸管硬导通，这种导通方法易造成晶闸管损坏，正常情况下是不允许的。

当控制极加上正向电压后，即 $I_G > 0$ 时，晶闸管仍有一定的正向阻断特性，但此时使晶闸管从正向阻断转化为正向导通所对应的阳极电压比 U_{BO} 要低，且 I_G 越大，相应的阳极电压低得越多。也就是说，当晶闸管的阳极加上一定的正向电压时，在其控制极再加一适当的触发电压，晶闸管就会导通，这正是能实现可控的原因。

晶闸管导通后可以通过很大的电流，而它本身的压降只有 1 V 左右，所以这一段特性曲线（BC 段）靠近纵轴而且陡直，与二极管正向特性曲线相似。

晶闸管的反向特性与一般二极管相似，当反向电压在某一数值以下时，只有很小的反向漏电流，晶闸管处于反向阻断状态。当反向电压增加到某一值时，反向漏电流急剧增大，使晶闸管反向击穿，这时所对应的电压称为反向转折电压 U_{BR}，晶闸管一旦反向击穿就永久损坏，在实际应用中应避免。

11.1.2 晶闸管的主要参数

1. 电压参数

(1) 正向阻断峰值电压 U_{DRM}。

正向阻断峰值电压 U_{DRM}（又称为断态重复峰值电压），是指控制极断开时，允许重复加在晶闸管两端的正向峰值电压，一般有 $U_{DRM} = U_{BO} \times 80\%$。

(2) 反向阻断峰值电压 U_{RRM}。

反向阻断峰值电压 U_{RRM}（又称为反向重复峰值电压），是指允许重复加在晶闸管上的反向峰值电压，一般有 $U_{RRM} = U_{BR} \times 80\%$。

(3) 额定电压 U_D。

通常把 U_{DRM} 和 U_{RRM} 中较小的一个值称为晶闸管的额定电压。

(4) 通态平均电压 $U_{T(AV)}$。

通态平均电压 $U_{T(AV)}$，是指在规定的环境温度和标准散热条件下，当晶闸管通过正弦半波额定电流时，阳极与阴极间的电压在一个周期内的平均值，习惯上称为导通时的管压降。这个电压当然越小越好，一般为 0.4~1.2 V。

2. 电流参数

(1) 通态平均电流 $I_{T(AV)}$。

通态平均电流 $I_{T(AV)}$ 简称"正向电流"，是指在标准散热条件和规定环境温度下（不超过40℃），允许连续通过晶闸管的工频（50 Hz）正弦半波电流在一个周期内的平均值。

(2) 维持电流 I_H。

维持电流 I_H，是指在规定的环境温度和控制极断路的情况下，维持晶闸管继续导通时需要的最小阳极电流。它是晶闸管由通转断的临界电流，要使导通的晶闸管关断，必须使它的正向电流小于 I_H。

11.2 单相可控整流电路

11.2.1 单相半波可控整流电路

用晶闸管代替半波整流电路中的二极管，就可成为单相半波可控整流电路，晶闸管的特点在于它的输出电压在一定的范围内可以任意调节，下面分析这种可控整流电路在接电阻性负载和电感性负载时的工作情况。

1. 电阻性负载

图 11-4 所示为单相半波可控整流电路，变压器的作用是变换电压和隔离，VT 为可控器件晶闸管，输入为单相交流电，故该电路为单相半波可控整流电路。电阻负载电路中电压与电流成正比，两者波形相同，如图 11-5 所示为单相半波可控整流电路的波形。现进行工作原理及波形分析。

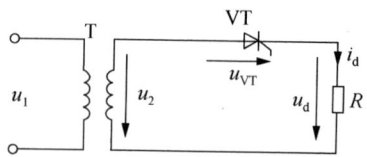

图 11-4　单相半波可控整流电路

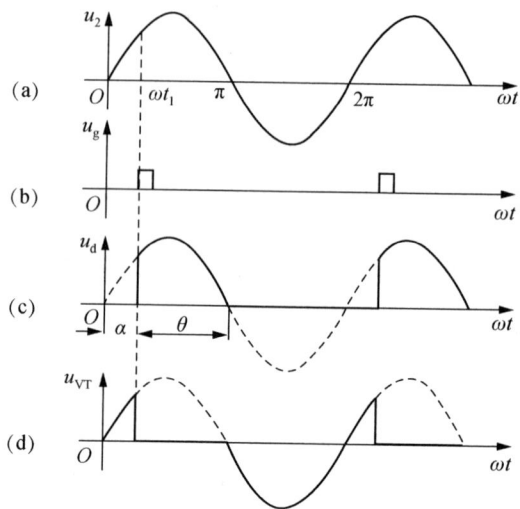

图 11-5　单相半波可控整流电路的波形

由图 11-5 可知,当输入交流电压 u_2 在负半周时,晶闸管 VT 承受的是反向电压,因而处于截止状态,负载 R_L 上没有电压。在交流电压的正半周时,即使晶闸管承受的是正向电压。如果控制极上没有加上正向电压,晶闸管仍然处于关断状态,负载 R_L 上也没有电压。这就是晶闸管整流电路与二极管整流电路的不同之处。

如果在某一时刻,如图 11-5(b) 所示,当 $\alpha=45°$ 时,给控制极加上一定幅度的正向触发脉冲电压 u_g,晶闸管立即导通,负载 R_L 上就可得到电压。当晶闸管导通后,控制极就失去控制作用,这时触发电压消失后,晶闸管依然导通,且一直导通到正半周结束。当交流电压 u_2 下降到接近零值时,通过晶闸管的电流因小于维持电流而自动关断,直到下一个周期再经 α 角出现触发脉冲电压 u_g 作用时,晶闸管才又一次导通。由于晶闸管在每一个周期内只能导通 135°,即 $\theta=135°$,因此负载上得到的平均电压就比较低,如果在输入交流电压 u_2 的正半周开始时,即 $\alpha=0°$ 时,就加入触发脉冲电压 u_g,这样晶闸管在正半周一直导通,这时负载上得到的平均电压最大。图 11-5(c) 中 u_d 为脉动直流,波形只在 u_2 正半周内出现,故该电路为单相半波可控整流电路。

由上述可知,通过改变控制角 α 的大小就可控制负载 R_L 上平均电压的大小。所以称 α 为控制角,而 $\theta=180°-\alpha$ 是晶闸管导通的角度,所以称 θ 为导通角。显然,α 角越小,θ 角越大,负载上得到的电压也就越高。

电阻负载的特点:电压与电流成正比,两者波形相同。

在一个周期内直流输出电压的平均值为

$$U_d = \frac{1}{2\pi}\int_t^\pi \sqrt{2}U_2\sin\omega t\,d(\omega t) = \frac{\sqrt{2}U_2}{2\pi}(1+\cos\alpha) \approx 0.45U_2\frac{1+\cos\alpha}{2} \qquad (11\text{-}1)$$

VT 的 α 移相范围为 180°。这种通过控制触发脉冲的相位来控制直流输出电压大小的方式称为相位控制方式，简称"相控方式"。

直流回路的平均电流为

$$I_d = \frac{U_d}{R} = 0.45 \times \frac{U_2}{R} \times \frac{1+\cos\alpha}{2} \qquad (11\text{-}2)$$

晶闸管中流过的电流平均值

$$I_T = I_d \qquad (11\text{-}3)$$

【例 11-1】 单相半波可控整流电路，电阻负载，由 220 V 交流电源直接供电。负载要求的最高平均电压为 60 V，相应的平均电流为 20 A，试计算晶闸管的导通角、晶闸管承受的最大正、反向电压。

【解】 （1）求出最大输出时的控制角 α，根据式（11-1）可得

$$\cos\alpha = \frac{2U_d}{0.45U_2} - 1 = \frac{2\times 60}{0.45\times 220} - 1 \approx 0.212$$

$$\alpha \approx 77.8°$$

（2）求晶闸管两端承受的正、反向峰值电压 U_m

$$U_m = \sqrt{2}U_2 \approx 311\text{ V}$$

2. 电感性负载

在实际生产中，使用较多的是电感性负载，如交、直流电动机的绕组、电磁离合器的绕组等。电感性负载可以用一个纯电感元件 L 和电阻元件 R 的串联电路等效，如图 11-6 所示。

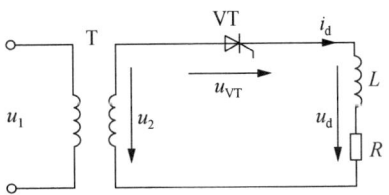

图 11-6 电感性负载单相半波整流电路

在如图 11-7(a) 所示的波形中，交流输入电压在正半周，当 $\alpha = 45°$ 时，如图 11-7(b) 所示，给控制极加上正向触发脉冲电压 u_g，晶闸管导通，u_2 加到负载上。由于电感绕组中感应电动势的作用，电感绕组中的电流是不能跃变的，负载电流 i_d 只能从零开始上升，当其中的电流增大变化时，电感绕组中便产生自感电动势阻碍电流的增大；当电流减小时，电感绕组又产生一个与电流方向相同的自感电动势，以阻碍电流的减小。所以电流滞后于电压。交流电压由零变负之后，晶闸管仍导通，它就会把电源的负向电压传导到负载上，使负载两端出现了负向电压，直到电路中的电流小于晶闸管的维持电流时，晶闸管才自动关断，由电源到负载的负向电压才被切断；负载上的电压也就降为零值，如图 11-7(c) 所示。由于输出电压出现了负向值，因此负载上的平均电压也就变低，而且也不是单纯的直流电压了。

由于负载中电感的存在，使负载电压波形出现了负值，晶闸管的导通角 θ 变大，且负

载中 L 越大，θ 越大，输出电压的平均值越小，在大电感负载中，负载中的平均电压有可能等于 0。

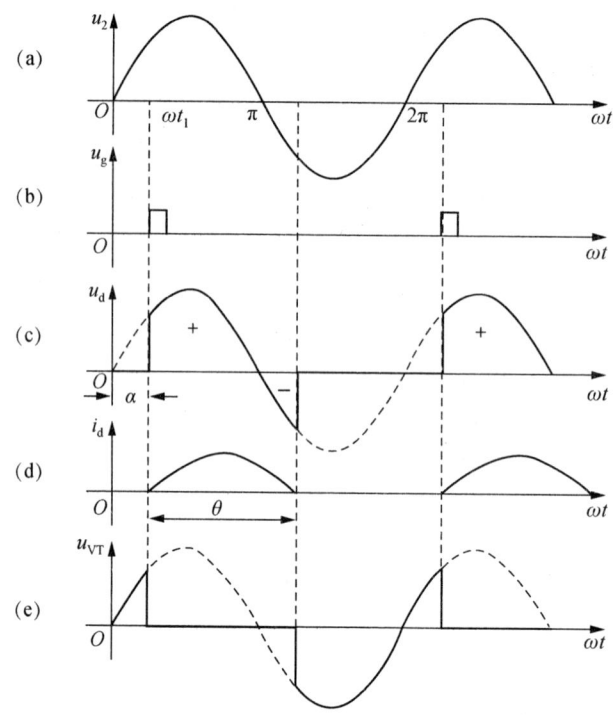

图 11-7　电感性负载单相半波电路的波形

假如在交流电压接近零值变化时，及时使电感绕组短路，防止电感绕组的电流通过晶闸管，晶闸管就能及时关断，电源的负向电压就不能出现在负载上。这种使绕组两端短路的作用，可以在负载绕组的两端并联一个二极管来达到，如图 11-8 所示，但要注意的是二极管 D 应采取反向电压的连接，即二极管的阴极应该接在整流输出电压的正极端。

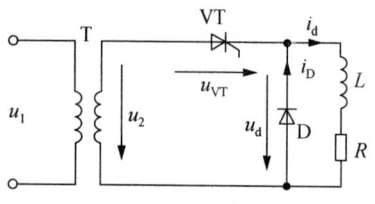

图 11-8　续流二极管的作用

并联二极管之所以能消除负载的负向电压，是因为交流电压在正半周变化，趋向零值减小时，电感绕组中自感电动势的方向与绕组中电流的方向是相同的，这时，二极管 D 承受的电压是绕组的自感电动势，二极管因承受正向电压而导通，二极管的导通使电感性负载处于短路状态，负载两端的电压趋于零值；同时，负载中由于自感作用而维持的电流经二极管形成回路，可以避免电流通过晶闸管，使晶闸管及时关断。

由此可见，在晶闸管导通期间，负载电流由晶闸管导通供给；在晶闸管关断期间，电流由电感性负载经二极管 D 继续供给，所以称此二极管为续流二极管。这样，负载两端的电压波形就不会再出现负向电压。

单相半波可控整流电路的特点是电路简单,但输出脉动大,变压器二次侧电流中含直流分量,造成变压器铁芯直流磁化,实际上很少应用此种电路。分析该电路的主要目的在于利用其简单易学的特点,建立起整流电路的基本概念。

11.2.2 单相全控桥式整流电路

单相整流电路中应用较多的是电阻性负载,其电路组成及波形分析如图 11-9 所示。电路与普通二极管桥式整流电路相似,用4个晶闸管来代替4个二极管,组成了全控桥式整流电路。

VT_1 和 VT_4 组成一对桥臂,在 u_2 正半周同时承受正向电压 u_2,如果此时控制极无触发信号 u_g,则两个晶闸管处于正向阻断状态,负载上电压 $u_d = 0$。当 $\omega t = \alpha$ 时,VT_1 和 VT_4 同时得到触发脉冲立即导通,电压 u_2 通过 VT_1 和 VT_4 加在负载电阻 R_d 上;当交流电压 u_2 下降到接近零值时,通过晶闸管的电流因小于维持电流而自动关断。在交流电压 u_2 正半周,VT_2 和 VT_3 均承受反向电压处于截止状态。

VT_2 和 VT_3 组成另一对桥臂,在交流电压 u_2 负半周时,VT_2 和 VT_3 承受正向电压,当 $\omega t = \pi + \alpha$ 时,VT_2 和 VT_3 同时得到触发脉冲 u_g 立即导通,在负载两端得到与 u_2 正半周相同的电压和电流,当交流电压 u_2 接近零值时关断。

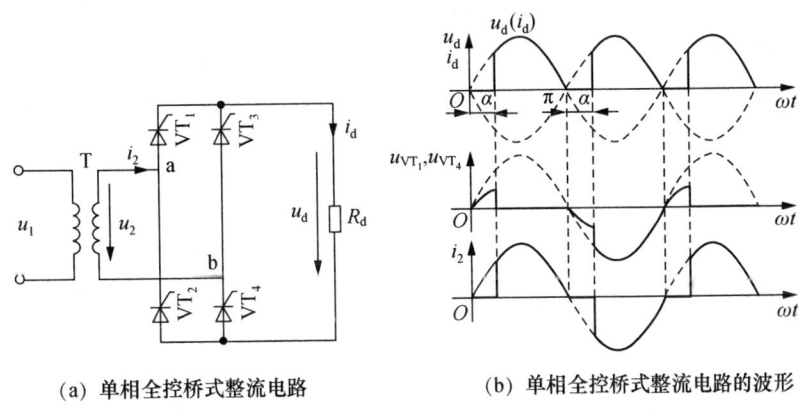

(a) 单相全控桥式整流电路　　(b) 单相全控桥式整流电路的波形

图 11-9　单相全控桥式带电阻负载时的电路及波形

由上述分析可知,在交流电压 u_2 的正、负半周中,VT_1、VT_4 和 VT_2、VT_3 两组晶闸管轮流触发导通。将交流电变成脉动的直流电,改变触发脉冲的出现时刻,即改变触发角 α 的大小,负载电压 u_d 和负载电流 i_d 的大小随之改变,波形如图 11-9(b) 所示。可见,单相全控桥式整流负载电压的平均值要比半波整流大一倍。

整流输出电压的平均值可按式 (11-4) 计算

$$u_d = \frac{1}{\pi}\int_0^\pi \sqrt{2}U_2\sin\omega t\,d(\omega t) = \frac{2\sqrt{2}U_2}{\pi} \times \frac{1+\cos\alpha}{2} \approx 0.9U_2\frac{1+\cos\alpha}{2} \quad (11-4)$$

式中,u_d 为最小值时,α 角的移相范围为 180°;u_d 为最大值时,$\alpha = 0°$。所以单相全控桥式整流电路带电阻性负载时,α 角的移相范围为 0°~180°。

整流输出电流的平均值可按式(11-5) 计算

$$i_d = \frac{u_d}{R} = \frac{2\sqrt{2}U_2}{\pi R} \times \frac{1+\cos\alpha}{2} \approx 0.9\frac{U_2}{R} \times \frac{1+\cos\alpha}{2} \tag{11-5}$$

式中，U_2 为整流变压器副边电压的有效值；α 为控制角。

11.3 晶闸管触发电路

11.3.1 触发电路

对触发电路的要求，除了必须有足够的功率和脉冲宽度外，还应该有足够的控制角 α 的调节范围，并易于与主电路电压同步。产生触发信号的电路有许多种类，这里只介绍应用较广泛的单结晶体管触发电路。

1. 单结晶体管结构

单结晶体管也是一种半导体器件。它的外形和普通三极管相似，同样有 3 个电极，但在结构上却只有一个 PN 结，两个基极，故称为"单结管"或双基极管。

单结晶体管结构如图 11-10(a) 所示，它是在一块低掺杂（高电阻率）的 N 型硅基片一侧的两端各引出一个电极，称为第一基极 B_1 和第二基极 B_2。而在硅片的另一侧较靠近 B_2 处利用半导体工艺掺入 P 型杂质，形成一个 PN 结，引出的电极称为发射极 E。单结晶体管的发射极与任一基极之间都存在着单向导电性。这样，可将单结晶体管看成是一个二极管 D 和两个电阻 R_{B_1}、R_{B_2} 的等效电路。其中 R_{B_1} 和 R_{B_2} 分别为两个基极至 PN 结之间的电阻。两基极之间的电阻 $R_{BB} = R_{B_1} + R_{B_2}$，一般为 2～15 kΩ。其符号和等效电路分别如图 11-10(b) 和图 11-10(c) 所示。

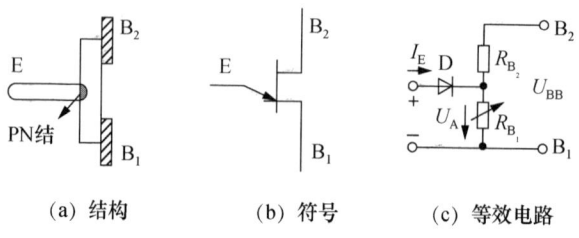

(a) 结构　　(b) 符号　　(c) 等效电路

图 11-10　单结晶体管结构、符号和等效电路

2. 工作特性

单结晶体管工作时，需要在两个基极间加直流电压 U_{BB}，且 B_2 接正极，B_1 接负极。在发射极不加电压时，如图 11-10(c) 所示，R_{B_1} 两端的电压可由下式计算

$$U_A = \frac{R_{B_1}}{R_{B_1}+R_{B_2}}U_{BB} = \frac{R_{B_1}}{R_{BB}}U_{BB} \tag{11-6}$$

式中，R_{B_1}/R_{BB} 称为单结晶体管的分压比，用 η 表示，所以 $U_A = \eta U_{BB}$。分压比 η 是单结晶体管的一个重要参数，其值与管子结构有关，一般为 0.5～0.9。

在基极电源电压 U_{BB} 一定时，单结晶体管的电压电流特性可用发射极电流 I_E 和发射极与第一基极 B_1 之间的电压 U_{BE1} 的关系曲线来表示，该曲线又称为单结管伏安特性，如图 11-11 所示。

由图 11-11 可知，单结管的电压电流关系曲线可分为 3 个区域：截止区、负阻区、饱和区。

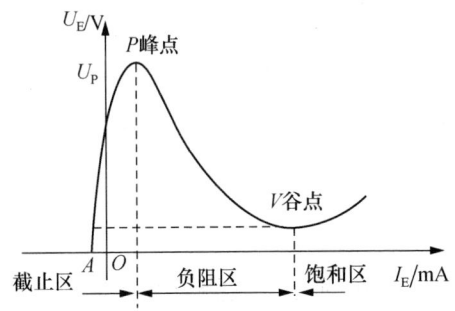

图 11-11　单结管的电压电流特性

（1）截止区。

截止区对应曲线中的起始段（AP）。调节 R_{B_1}，使 U_A 从零开始逐渐增加。当 $U_E < U_A + U_D$（U_D 为等效二极管正向压降）时，单结晶体管内的 PN 结处于反向偏置，E 和 B_1 之间不能导通，故单结晶体管处于截止状态。电流 I_E 极小，E 和 B_1 两电极间呈现高阻。

（2）负阻区。

负阻区对应曲线中的 PV 段。当 $U_E > U_D + U_A$ 时，单结晶体管内的 PN 结便承受正向电压而导通，发射极电流突然增大。这一使 E、B_1 极之间由截止突然变为导通所需的控制电压称为单结晶体管的峰点电压，用 U_P 表示。这时，P 区的空穴不断注入 N 区，使 R_{B_1} 迅速减小，从而使 U_A 也迅速减小，I_E 进一步增大；I_E 增大又进一步促使 R_{B_1} 减小。当 R_{B_1} 的减小作用超过 I_E 的增大作用时，从 E、B_1 两端看，U_E 随 I_E 的增大而减小，即具有负阻特性，这是单结管特有的。

（3）饱和区。

饱和区对应曲线中的 V 点以后段，过 V 点后 I_E 再继续增大，注入 N 区的空穴增大到一定程度，部分空穴来不及与基区电子复合，出现空穴剩余，阻碍空穴继续注入。这相当于 R_{B_1} 变大，使 PN 结再次反偏时，单结晶体管才由导通突然变为截止。这种使单结晶体管从导通变为截止的控制电压称为单结晶体管的谷点电压，用 U_V 表示。

3 个区域的分界点是 P（称为峰点）和 V（称为谷点）。U_P、I_P 分别称为峰点电压和峰点电流；U_V、I_V 分别称为谷点电压和谷点电流。

由图 11-10（c）可知

$$U_P = U_D + U_A \approx U_A = \frac{R_{B_1}}{R_{B_1} + R_{B_2}} U_{BB} = \eta U_B \tag{11-7}$$

上式表明峰点电压随基极电压的改变而改变，实用中应注意这一点。

3. 单结晶体管的特点

（1）单结晶体管相当于一个开关。当发射极电压等于峰点电压 U_P 时，单结晶体管可由截止突变为导通。导通之后，当发射极电压小于谷点电压 U_V 时，单结晶体管就又突然恢复截止。

(2) 不同的单结晶体管,它们有不同的 U_P 和 U_V。同一单结晶体管,若所加的 U_{BB} 不同,它的 U_P 和 U_V 也有所不同。例如,型号为 BT33B 的单结晶体管,若 $U_{BB} = 20\text{ V}$,则 U_P 约等于 12.8 V,U_V 约等于 3 V。若 $U_{BB} = 10\text{ V}$,则 U_P 约等于 6.7 V,U_V 约等于 2.6 V。

(3) 单结晶体管的发射极与第一基极之间的电阻 R_B 是一个随发射极电流而改变的电阻。在单结晶体管未导通时,发射极电流很小,R_{B_1} 是一个高电阻。导通后,随着发射极电流的增大,R_{B_1} 急剧下降。而 R_{B_2} 则是一个与发射极电流无关的电阻。所以,在单结晶体管的等效电路中,R_{B_1} 用可变电阻表示。

11.3.2 单结管振荡电路

单结管振荡电路如图 11-12(a) 所示,它能产生一系列脉冲,用来触发晶闸管。

当合上开关 S 后,电源通过 R_1、R_2 加到单结管的两个基极上,同时又通过 R、R_P 向电容器 C 充电,u_C 按指数规律上升。在 u_C($u_C = u_E$)< U_P 时,单结管截止,R_1 两端输出电压近似为 0。当 u_C 达到峰点电压 U_P 时,单结管的 E、B_1 极之间突然导通,电阻 R_{B_1} 急剧减小,电容上的电压通过 R_{B_1}、R_1 放电,由于 R_{B_1}、R_1 都很小,放电很快,放电电流在 R_1 上形成一个脉冲电压 u_o。当 u_C 下降到谷点电压 U_V 时,E、B_1 极之间恢复阻断状态,单结管从导通跳变到截止,输出电压 u_o 下降到零,完成一次振荡。

当 E、B_1 极之间截止后,电源又对 C 充电,并重复上述过程,结果在 R_1 上得到一个周期性尖脉冲输出电压,如图 11-12(b) 所示。

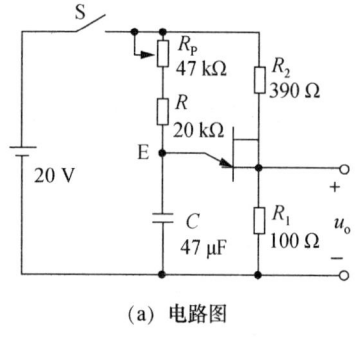 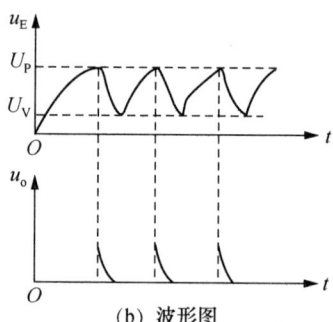

(a) 电路图 (b) 波形图

图 11-12 单结管振荡电路及波形

上述电路的工作过程是利用了单结管负阻特性和 RC 充放电特性,如果改变 R_P,便可改变电容充放电的快慢,使输出的脉冲前移或后移,从而改变控制角 α,控制了晶闸管触发导通的时刻。

11.4 应用实例

11.4.1 交流开关

图 11-13(a) 所示是用两只普通晶闸管 VT_1 和 VT_2 反向并联而组成的交流调压电路,其调压原理如下。

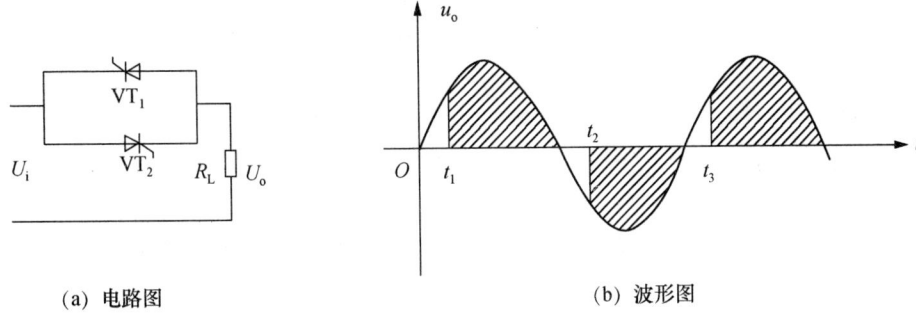

(a) 电路图　　　　　　　　　　　　(b) 波形图

图 11-13　晶闸管交流调压

（1）电源电压 u 的正半周，在 t_1 时刻（$\omega t_1 = \alpha$，α 又称控制角）将触发脉冲加到 VT_2 管的控制极，VT_2 管被触发导通，此时 VT_1 管承受反向电压而截止。当电源电压 u 过零时，VT_2 管自然关断。

（2）电源电压 u 的负半周，在 t_2 时刻（$\omega t_2 = 180° + \alpha$）将触发脉冲加到 VT_1 管的控制极，VT_1 管被触发导通，此时 VT_2 管承受反向电压而截止。当电源电压 u 过零时，VT_1 管自然关断，负载上获得的电压波形如图 11-13(b) 所示，调节控制角 α 便可实现交流调压。

当控制角 $\alpha = 0°$ 时，即为交流开关。

11.4.2　声控彩灯电路

声控彩灯电路原理图如图 11-14 所示。图中话筒将信号源（如录放机等音响设备）提供的声音信号转换成电信号，加到三极管 T_1 的基极，进行放大，再经三极管 T_2 放大，作为触发信号加到晶闸管 VT 的控制极上。彩灯 $L_1 \sim L_n$ 串联在电源回路中，当声音较强时，VT 导通，彩灯中通过电流，使灯的亮度更高；声音较弱时，VT 截止或微导通，彩灯中没有电流或电流较小，则灯暗一些。电位器 R_P 用来调节灵敏度，使彩灯工作在最佳状态，话筒可采用压电陶瓷片或微型话筒，VT 最好采用高灵敏度晶闸管，其触发电流为几十微安至 200 μA。在本电路中，触发电路由三极管组成。

在家庭、舞会等场合，有时需要用声音的强弱来控制灯泡的亮度，形成优美的音乐彩灯，采用图 11-14 即可实现这种功能。若将灯泡负载换成继电器，也可构成音乐喷泉等设施。

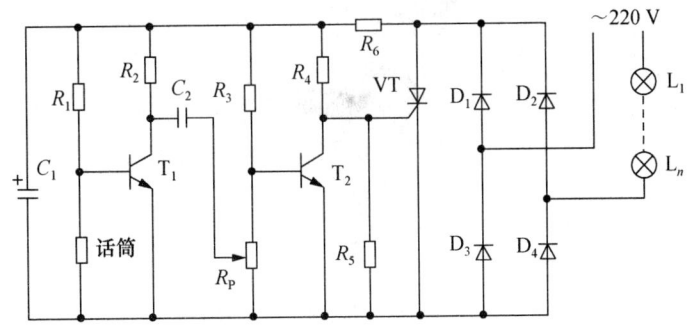

图 11-14　声控彩灯电路原理图

习 题

一、填空题

1. 普通晶闸管内部有_____PN 结,外部有 3 个电极,分别是_____极、_____极和_____极。
2. 晶闸管在其阳极与阴极之间加上_____电压的同时,控制极上加上_____电压,晶闸管就导通。
3. 晶闸管的工作状态有正向_____状态,正向_____状态和反向_____状态。
4. 只有当阳极电流小于_____电流时,晶闸管才会由导通转为截止。
5. 当增大晶闸管可控整流的控制角 α,负载上得到的直流电压平均值会_____。
6. 晶闸管整流电路的特点在于_____。
7. 单结晶体管的内部一共有_____个 PN 结,外部一共有 3 个电极,它们分别是_____极、_____极和_____极。
8. 单结管的电压电流关系曲线可分为 3 个区域:_____、_____和_____。
9. 单相半波可控整流电路的特点是_____。

二、选择题

10. 普通晶闸管外部有 3 个电极,分别是 (　　)。
    A. 第一基极、第二基极、发射极　　　B. 基极、发射极和集电极
    C. 阳极、阴极、控制极　　　　　　　D. 漏极、栅极、源极
11. 增大晶闸管整流装置的控制角 α,输出直流电压的平均值会 (　　)。
    A. 增大　　　　B. 减小　　　　C. 不变
12. 晶闸管的正常导通条件是 (　　)。
    A. 只需阳极和阴极间加正向电压
    B. 阳极和阴极间加正向电压、控制极和阴极间加正向触发电压
    C. 阳极和阴极间加正向电压、控制极和阴极间加触发电压
    D. 阳极和阴极间加正向电压、控制极和阴极间加反向触发电压

三、判断题

13. 普通晶闸管内部有两个 PN 结。　　　　　　　　　　　　　　　　　　　(　　)
14. 普通晶闸管外部有 3 个电极,分别是基极、发射极和集电极。　　　　　　(　　)
15. 只要让加在晶闸管两端的电压减小为零,晶闸管就会关断。　　　　　　　(　　)
16. 只要给控制极加上触发电压,晶闸管就导通。　　　　　　　　　　　　　(　　)
17. 晶闸管加上阳极电压后,不给控制极加触发电压,晶闸管也会导通。　　　(　　)
18. 加在晶闸管控制极上的触发电压,最高不得超过 100 V。　　　　　　　　 (　　)
19. 增大晶闸管整流装置的控制角 α,输出直流电压的平均值会增大。　　　　(　　)
20. 电路中接入单结晶体管时,可以把 b_1、b_2 互换。　　　　　　　　　　　(　　)
21. 单结管具有负阻特性。　　　　　　　　　　　　　　　　　　　　　　　(　　)

四、思考题与计算题

22. 比较晶闸管和整流二极管的区别。
23. 晶闸管的正常导通条件是什么?晶闸管的关断条件是什么?如何实现?

24. 单结晶体管的特点是什么？

25. 单相半波可控整流电路，电阻性负载。要求输出的直流平均电压为 50～92 V 之间连续可调，最大输出直流电流为 30 A，由交流 220 V 供电，求晶闸管控制角应有的调整范围为多少？

26. 单相全控桥式整流电路中，已知变压器次级 $U_2 = 220$ V，晶闸管控制角 $\alpha = 45°$，负载 $R_L = 10\ \Omega$。计算负载两端的直流电压平均值、负载中电流平均值。

第 12 章　电路与模拟电子技术实验

　　电路与模拟电子技术是应用最广泛的学科之一。实验的目的是进一步巩固电路与模拟电子技术课程的基本理论，能够灵活应用所学知识设计一些实用电路，分析和处理实验中遇到的一些问题，熟悉常用电子仪表的使用方法，拓宽学生的知识面，培养学生观察和分析问题的能力。

　　实验报告是对实验的全面总结，要求实验报告能完整真实地反映实验结果。实验报告要求书写工整、语句通顺、数据准确、图表清晰，并能通过对实验过程的观察和测试，发现问题并加以分析和讨论。实验报告的主要内容应包括实验名称、实验目的、实验原理、实验器材、实验内容及步骤、实验总结、思考题解答。

12.1　电阻、电容的识别与检测及万用表的使用

1. 实验目的
 (1) 熟悉电阻器、电容器的外形、型号命名法。
 (2) 学习用万用表检测电阻器、电容器的方法。
 (3) 学习使用万用表。

2. 实验器材
 万用表 1 只；不同型号的电阻器、电容器若干只。

3. 实验内容及步骤
 (1) 电阻器的识别和检测，将结果填入表 12-1 中。

表 12-1　电阻器的识别和检测

序号	标志	识别				量程		合格否
		材料	阻值	允许误差	功率	测量	阻值	

 (2) 色环电阻器的识别和检测，将结果填入表 12-2 中。

表 12-2　色环电阻器的识别和检测

序号	色环颜色（按顺序填写）	识别			测量		合格否
		阻值	允许误差	功率	量程	阻值	

 (3) 电容器的识别和检测，将结果填入表 12-3 中。

表 12-3 电容器的识别和检测

序号	标志	识别			测量漏电电阻		是否合格
		材料	容量	耐压	量程	阻值	

（4）万用表的使用。

① 将万用表的功能转换开关旋至交流电压挡，按要求测试三相交流电源线电压、相电压值，将结果填入表 12-4 中。

表 12-4 三相交流电源的电压

挡位 \ 项目	线电压			相电压		
	u_{UV}	u_{VW}	u_{WU}	u_{UN}	u_{VN}	u_{WN}
500 V						
250 V						

② 测量直流电压和电流。按图 12-1 所示的电路连好线，测试电源电压、电阻 R 的电压及回路中的电流。将结果填入表 12-5 中。

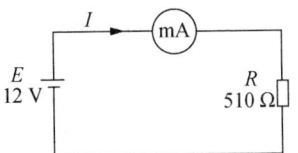

图 12-1 直流电压和电流测量电路

表 12-5 直流电压和电流的测量

电源电压		电阻电压		电流	
挡位	测量值	挡位	测量值	挡位	测量值

4. 报告要求

（1）画出测试电路。
（2）整理表中的测试数据。
（3）总结万用表的使用方法及注意事项。

12.2 基尔霍夫定律和叠加定理的验证

1. 实验目的

（1）练习电路接线，学习电压表、电流表和稳压电源的使用方法。
（2）加深对基尔霍夫定律（KCL、KVL）和叠加定理的理解。
（3）加深对电压、电流参考方向的理解。

2. 实验器材

直流稳压电源：30 V 可调，1 台。

电阻器：20 Ω、50 Ω、100 Ω±5%/1 W，各 1 只。

直流毫安表：0～500 mA，2 只；0～50～100 mA，1 只。

直流电压表：0～15～30 V，1 只。

3. 实验内容及步骤

（1）验证基尔霍夫定律。

① 电路如图 12-2 所示，（开关 S_1、S_2 均断开）经教师检查无误后，方可进行下一步。

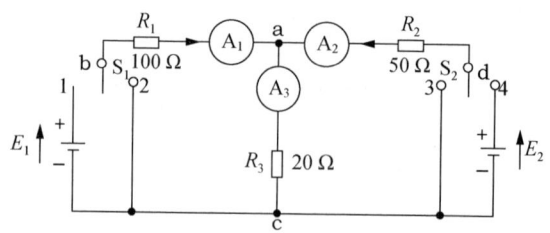

图 12-2 验证基尔霍夫定律电路图

② 调节稳压电源第一组的输出为 12 V 作为 E_1，第二组的输出电压为 3 V 作为 E_2，把 S_1、S_2 分别合向点 1 和点 4。

③ 将各电流表读数填入表 12-6 中的测量值栏内，并验算 a 点电流的代数和 $\Sigma I = 0$。

④ 用电压表分别测量各元件电压 U_{ab}、U_{bc}、U_{cd} 及 U_{da}，记录于表 12-7 中。并验算回路 abcda 及 abca 的电压代数和。

注意：在电路中串联电流表时，电流表的极性应按图 12-2 所标的电流参考方向去接，若表针反偏，则应将电流表"+""−"接线柱上的导线对换，但其读数应记作负值，这就是参考方向的实际意义。测量电压时也有同样的情况。

表 12-6 电流数据记录表

项目 电量及有关数值	数值			验算
	I_1/mA	I_2/mA	I_3/mA	结点 a 电流的代数和 $\Sigma I = 0$？
理论计算值				
测量值				

表 12-7 电压数据记录表

项目 电量及有关数值	数值				验算	
	U_{ab}	U_{bc}	U_{cd}	U_{da}	U_{ca}	回路 abcda	回路 abca $\Sigma U = 0$？
理论计算值						
测量值						

（2）验证叠加定理。

① 验证电路如图 12-2 所示。将开关 S_1 合到点 1，开关 S_2 合到点 4，即电压源 E_1、E_2 共同作用在电路的情况，将电流表测出的电流值及电压表测出的电压值填入表 12-8 中。

② 将开关 S_1 合到点 1，开关 S_2 合到点 3，即电压源 E_1 单独作用于电路的情况，将电流表测出的电流值及电压表测出的电压值填入表 12-8 中。

③ 将开关 S_1 合到点 2，开关 S_2 合到点 4，即电压源 E_2 单独作用于电路中，也将所测得的电流值和电压值填入表 12-8 中。

表 12-8　数据记录表

电量及数值 作用情况	电流			电压		
	I_1/mA	I_2/mA	I_3/mA	U_{ac}/V	U_{ba}/V	U_{da}/V
E_1、E_2 共同作用						
E_1 单独作用						
E_2 单独作用						

注意：接线时，必须将电源 E_1 和 E_2 关掉，以免稳压电源因输出端短路而烧坏。

4. 报告要求

（1）画出验证电路图，简述实验过程。

（2）将各理论计算值及各实测值列表说明。

（3）用表 12-6～表 12-8 中的数据，分别验证基尔霍夫定律和叠加定理的正确性。

12.3　日光灯照明电路及功率因数的提高

1. 实验目的

（1）熟悉日光灯照明电路的接线，了解日光灯的工作原理。

（2）了解提高功率因数的意义和方法。

（3）学习用实验的方法求线圈的参数。

（4）学习使用功率表。

2. 实验器材

日光灯（40 W）照明电路接线板 1 块；万用表（MF-47）1 块；交流毫安表（0～500 mA）3 块；多量程功率表 1 块。

3. 实验技术知识

（1）日光灯电路的组成。

日光灯电路由灯管、镇流器、启辉器三部分组成。图 12-3(a) 为日光灯电路，图中 1 是灯管，2 是镇流器，3 是启辉器。

灯管是一根细长的玻璃管，内壁均匀涂有荧光粉，管内充有水银蒸气和稀薄的惰性气体。在灯管的两端装有灯丝，在灯丝上涂有受热后易发射电子的氧化物。镇流器是一个带有铁芯的电感线圈。启辉器的内部结构如图 12-3(b) 所示，其中 1 是圆柱形外壳，2 是辉光管，3 是辉光管内部的倒 U 形双金属片，4 是固定触点。通常情况下，双金属片和固定触点是分开的，5 是小容量的电容器，6 是插头。

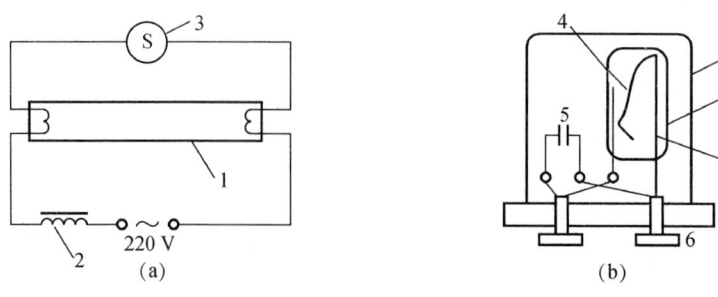

图 12-3 日光灯电路及启辉器的内部结构

（2）日光灯的启辉过程。

当接通电源以后，日光灯没有点亮，电源电压全部加在启辉器的两端，使辉光管内两个电极放电，放电产生的热量使双金属片受热趋向伸直，与固定触点接通。这时日光灯的灯丝与辉光管的电极及镇流器构成一个回路。灯丝因通过电流而发热，从而使氧化物发射电子。同时，辉光管内两个电极接通时电极之间的电压为零，辉光放电停止。双金属片因温度下降而复原，两电极脱离。在电极脱开的瞬间，回路中的电流因突然切断，立即使镇流器两端感应电压比电源电压高得多。这个感应电压连同电源电压一起加在灯管两端，使灯管内惰性气体分子电离而产生弧光放电，灯管内温度逐渐升高，水银蒸气游离，并猛烈地撞击惰性气体分子而放电。同时，辐射出不可见的紫外线，而紫外线激发灯管壁的荧光物质发出可见光。

日光灯点亮后两端电压较低，灯管两端的电压不足以使启辉器辉光放电。因此，启辉器只在日光灯启辉时起作用。一旦荧光灯点亮，启辉器处于断开状态。此时镇流器、灯管构成一个电流通路，由于镇流器与灯管串联并且感抗很大，因此可以限制和稳定电路的工作电流。

（3）多量程功率表的使用。

功率表的电压线圈：电流线圈标有"＊"的一端是同极性端，连线时要连在电源的同一侧。功率表的正确接线如图 12-4 所示。

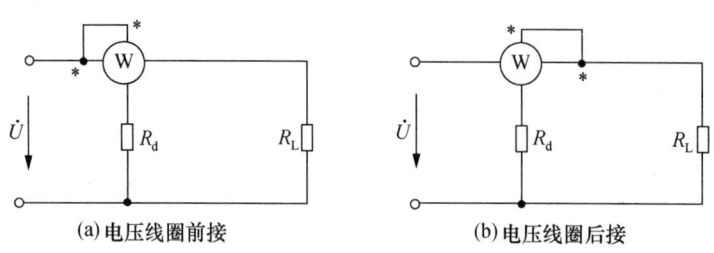

(a) 电压线圈前接　　　　　　　(b) 电压线圈后接

图 12-4 功率表的两种接法

读数方法：功率表上不注明瓦数，只标出分格数，每分格代表的功率值由电压、电流量限 U_N 和 I_N 确定，即分格常数 C 为

$$C = \frac{U_N I_N}{\alpha_m}$$

功率表的指示值 $P = C\alpha$（α 为指针所指的格数）。

注意：在功率表电路中，功率表电流线圈的电流、电压线圈的电压都不能超过所选的量限 I_N 和 U_N。

4. 实验内容及步骤

(1) 日光灯电路参数的测量。

按照图 12-5 所示的电路连好线。

断开电容支路的开关 S，点燃日光灯，测量电源电压 U、总电流 I、灯管两端的电压 U_R、镇流器两端的电压 U_{rL}、I_1、功率表的指示值 P 等，将结果记录于表 12-9 中，并计算功率因数 $\cos\varphi$、日光灯电阻 R、电感 L 及线圈电阻 r。

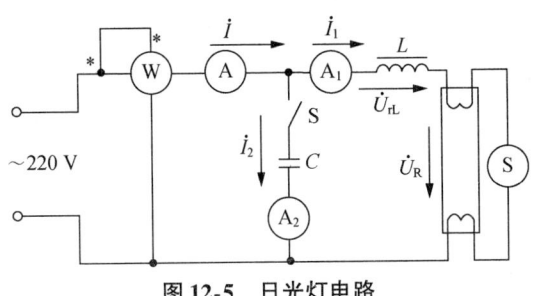

图 12-5 日光灯电路

表 12-9 日光灯电路参数的测量数据记录表

测量值					计算值			
U	U_{rL}	U_R	I	P	$\cos\varphi$	R	r	L

(2) 改善日光灯电路的功率因数。

合上电容支路的开关 S，将电容从零开始增加，使电路从感性变成容性，每改变电容一次，测出日光灯支路的电流 I_1，电容支路的电流 I_2，总电流 I，电路的功率 P，将其结果填入表 12-10 中，并计算功率因数 $\cos\varphi$ 和无功功率 Q。

表 12-10 改善日光灯电路的功率因数后的数据记录表

项目	给定		测量值				计算值	
	U/V	$C/\mu F$	I	I_1	I_2	P	$\cos\varphi$	Q
1	220	1						
2	220	2						
3	220	3						
4	220	4						
5	220	5						

5. 报告要求

(1) 完成表格中的计算值。

(2) 画出 $I = f(C)$ 曲线，功率因数曲线 $\cos\varphi = f(C)$。

(3) 说明功率因数提高的原因和意义。

12.4 三相交流电路

1. 实验目的
(1) 学习三相负载的星形连接和三角形连接方法。
(2) 掌握线电压与相电压、线电流与相电流的关系。
(3) 了解中线的均压作用。

2. 实验器材
三相四线交流电源（线电压380 V）；万用表1只；交流毫安表（500 mA）3只；白炽灯（15 W）6盏。

3. 实验内容及步骤
(1) 用试电笔找出三相四线制电源的相线与中线，并用万用表的交流电压挡测量其线电压、相电压的有效值。
(2) 按图12-6所示将三相负载按星形进行连接，检查无误后，合上开关QS接通电源。

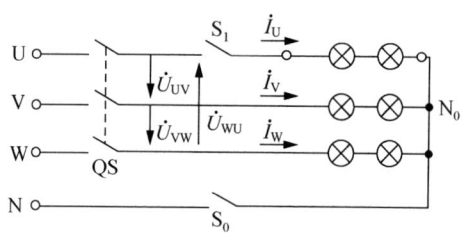

图 12-6　三相负载的星形连接

① 分别测量负载对称（S_1 闭合）有中线（S_0 闭合）和无中线（S_0 断开）两种情况下的线电压、相电压、中点电压及相电流、中线电流。将测量结果填入表12-11中。

② 负载不对称（S_1 仍闭合）情况，将 U 相负载取走一盏灯泡，使三相负载不对称。分别测量有中线（S_0 闭合）和无中线（S_0 断开）两种情况下的线电压、相电压、中点电压及相电流、中线电流。将测量结果填入表12-11中。

③ 故障情形。将 U 相负载断开（S_1 断开），分别测量有中线（S_0 闭合）和无中线（S_0 断开）两种情况下的线电压、相电压、中点电压及相电流、中线电流。将测量结果填入表12-11中。

④ 将 U 相负载短路，注意：一定要断开中线（S_0 断开），测量线电压、相电压、中点电压及相电流。将测量结果填入表12-11中。

表 12-11　三相负载星形连接时的数据记录表

	工作情况	线电压			相电压			中点电压	相电流			中线电流
		U_{UV}	U_{VW}	U_{WU}	U_{UNO}	U_{VNO}	U_{WNO}	U_{NNO}	I_U	I_V	I_W	I_N
负载对称	有中线											
	无中线											

续表

工作情况		线电压			相电压			中点电压	相电流			中线电流
		U_{UV}	U_{VW}	U_{WU}	U_{UNO}	U_{VNO}	U_{WNO}	U_{NNO}	I_U	I_V	I_W	I_N
负载不对称	有中线											
	无中线											
故障	U 相开路有中线											
	U 相开路无中线											
	U 相短路无中线											

（3）负载按图 12-7 接成三角形连接。

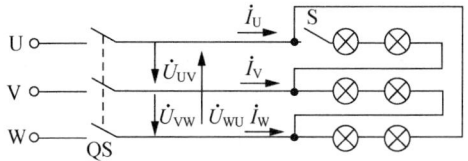

图 12-7 三相负载的三角形连接

① 测量负载对称时，各线电压、相电压、相电流、线电流。

② 测量 UV 相开路（S 断开）时，各线电压、线电流、相电流、相电压，将测量结果填入表 12-12 中。

表 12-12 三相负载三角形连接时的数据记录表

工作情况	线电压			线电流			相电流			相电压		
	U_{UV}	U_{VW}	U_{WU}	I_U	I_V	I_W	I_{UV}	I_{VW}	I_{WU}	U_V	U_W	U_U
对称												
UV 相开路												

4．报告要求

（1）整理所测数据并归纳所观察到的现象。

（2）根据测量数据，验证对称负载星形连接和三角形连接时有关电压和电流的 $\sqrt{3}$ 倍关系。

12.5 常用电子仪器的使用

1．实验目的

（1）熟悉示波器、低频信号发生器和晶体管毫伏表等常用电子仪器面板、控制旋钮的名称、功能及使用方法。

（2）初步掌握用示波器观察波形和测量波形参数的方法。

2. 实验原理

（1）信号发生器的使用。

信号发生器是一个能产生正弦电压的信号源，输出信号的频率、电压连续可调，供各种测量使用。

信号频率的调节：拨动面板左下方"频率范围"波段开关，配合调节3个"频率调节"旋钮（注：XD11型"功能"旋钮要拨到正弦波挡），可以输出一定频率的正弦信号，根据"频率范围"旋钮指示的波段和"频率调节"旋钮指示的刻度，就可读出频率的数值。

信号输出幅度的调节："正弦波幅度"旋钮是用来调节输出幅度的，"输出衰减"旋钮的具体衰减后的输出幅值可用晶体管毫伏表测得。

（2）晶体管毫伏表的使用。

晶体管毫伏表是一种用于测量正弦电压有效值的电子仪器，它有输入阻抗高、灵敏度高及可使用频率高等优点。

在用晶体管毫伏表测量电压时，为避免接入被测信号后使表头过载，应先将毫伏表"量程"旋钮置于大量程挡，接入被测电压后，再逐次向小量程挡旋动，为了达到读数精确，一般要求指针指示在满刻度的1/3以上。

（3）示波器的使用。

示波器是用来观察电路中信号的波形、测量其参数的电子仪器。示波器在显示波形时，波形的亮度要适中；线条要细、清晰；波形应居中，便于观察。

使用示波器时，先接通电源，在加入被测信号前，首先应调节"辉度""聚焦"和"辅助聚焦"等旋钮，使屏幕上显示一条细而清晰的扫描基线，调节"X轴位移"和"Y轴位移"旋钮，使基线位于屏幕中央，然后将信号发生器的输出电压接入示波器，调节示波器的有关旋钮（幅度"VOLTS/DIV"、触发电压旋钮"LEVEL"、频率"TIME/DIV"等），使屏幕上出现完整的正弦波形。如果要测量所显示波形的电压，从波形的正峰至负峰，根据坐标刻度（单位：cm）读出Y轴偏转距离，根据Y轴灵敏度"V/cm"开关所置的位置，每厘米偏转电压乘以峰-峰之间的Y轴偏转距离，再乘以所用探极的衰减因数，即得到实际的峰-峰值电压，可用公式转换成有效值电压。如果要测量信号周期和频率，根据坐标刻度（单位：cm）读出屏幕上所显示的一个周期的波形在X轴向偏转距离，用X轴向偏转距离乘以扫描"t/cm"开关所置位置标度的每厘米时间值，再除以"扩展"开关所对应的倍数，即为所测量的信号周期。

3. 实验器材

信号发生器1台；直流稳压电源1台；示波器1台；毫伏表1块；万用表1块。

4. 实验内容及步骤

（1）练习万用表和直流稳压电源的使用。

万用表：用来测量电阻、直流电流、交（直）流电压。

直流稳压电源：输出直流电压，把直流电源开关打开，将V、A开关置于V，调出下列电压值，用万用表校正（注意万用表的极性）。说明测量此电压时万用表应该选在哪挡，填入表12-13中。

表 12-13 万用表数据测量

被测电压	3	10	18	21	28
万用表应选挡位					

（2）用示波器测量信号电压。

使信号发生器输出信号的频率固定在 10 kHz，并保持输出为 5 V（在 0 dB 时），幅度旋钮不动，将示波器输入"选择"开关置于"AC"位置，"灵敏度"的微调旋钮置于"校准"位置，被测信号经探极接入 Y 轴输入端，调节相关旋钮，使屏幕上出现完整的波形。根据波形测量出输入信号的电压值，将结果填入表 12-14 中。

表 12-14 示波器数据测量

信号发生器"输出衰减"旋钮所置位置/dB	0	20	40	60
输入灵敏度/（V/cm）开关所置位置/（V/cm）				
正峰至负峰波形高度/cm				
峰–峰值电压 U_{PP}/V				
有效值电压 U/V				

（3）用毫伏表测量电压。

将信号源输出衰减放在 0 dB，调节输出细调旋钮，使电压为 2 V，频率调到 1 000 Hz，用毫伏表测量，然后改变衰减倍数，分别测出输出电压，计算衰减倍数并填入表 12-15 中。

表 12-15 毫伏表数据测量

信号源衰减数/dB	0	10	20	40	60
毫伏表指示					
电压衰减倍数					

（4）用示波器显示波形。

将信号源输出调到 0.1 V，分别将频率调到 100 Hz、560 Hz、1 000 Hz、16 kHz、120 kHz，用示波器观察不同频率的波形并分别画出来。信号源的频率范围应选在哪挡，频率调节 ×1、×0.1、×0.01 这 3 个旋钮放在什么位置，填入表 12-16 中。

表 12-16 示波器显示波形数据

信号源频率	100 Hz	560 Hz	1 000 Hz	16 kHz	120 kHz
频率范围挡位					
频率调节 ×1					
频率调节 ×0.1					
频率调节 ×0.01					
波形图					

（5）用示波器测量信号周期和频率。

使信号发生器的输出信号固定为 3 V，根据坐标刻度（cm）读出屏幕上所显示的一个周期的波形在 X 轴向偏转距离，用 X 轴向偏转距离乘以扫描 "t/cm" 开关所置位置标度的每厘米时间值，再除以 "扩展" 开关所对应的倍数，即为所测量的信号周期，测量数据填入表 12-17 中。

注意：扫描微调应置于 "校准" 位置。

表 12-17 示波器测量周期和频率

信号源输出信号频率 f_0/kHz	5	25	50	100	1000
示波器扫描速率开关所置位置（t/div）					
被测波信号一个周期的 X 轴偏转距离/cm					
测得的信号周期 T/μs					
测得的信号频率 f/kHz					

5. 思考题

（1）用交流电压表测量交流电压时，信号频率的高低对读数有无影响？

（2）用示波器观察波形时，要达到如下要求，应调节哪些旋钮？

① 波形清晰。

② 波形稳定。

③ 亮度及波形在屏幕上位置适中。

④ 改变波形个数。

⑤ 改变波形高度。

（3）用示波器观察正弦波时，若屏幕上出现如图 12-8 所示的现象时，是哪些开关和旋钮位置不对？如何调节？

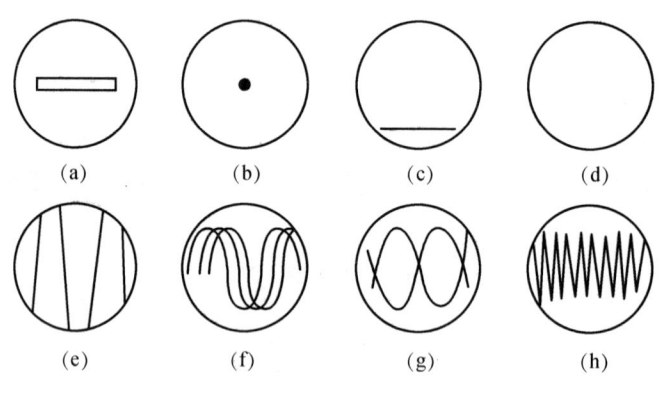

图 12-8 显示波形

12.6 二极管、三极管的识别和检测

1. 实验目的

（1）熟悉二极管、三极管的外形及引脚识别方法。

（2）学习使用万用表检测二极管、三极管。

2. 实验原理

晶体二极管、三极管的测试主要包括判别晶体管的引脚及其类型，并对晶体管的参数进行估算。判别引脚和类型时，使用万用表的电阻挡测试。万用表的 $R\times 10\ \text{k}\Omega$ 挡的电源电压较高，一般为 $E_0=15\ \text{V}$，采用该挡测试时，易损坏晶体管；万用表其他电阻挡的电源电压一般为 $E_0=1.5\ \text{V}$，测试小功率晶体管时一般选择 $R\times 1\ \text{k}\Omega$ 或 $R\times 100\ \Omega$ 挡。

（1）用万用表测试二极管的方法。

将万用表置于 $R\times 1\ \text{k}\Omega$ 或 $R\times 100\ \Omega$ 挡，调零后用表笔分别正向、反向接于二极管的两个引脚，分别测得大、小两个电阻值。其中较大的是二极管的反向阻值，较小的是二极管的正向阻值。测得正向阻值时，与黑表笔相连的是二极管的正极（万用表置欧姆挡时，黑表笔连接表内电池正极，红表笔连接表内电池负极），与红表笔相连的是二极管的负极。正向电阻越小、反向电阻越大的二极管的质量越好。如果一个二极管正反向电阻相差不大，则必为劣质管。如果正、反向电阻值都是无穷大或零，则二极管已损坏，即二极管内部已断路或已被击穿短路。

（2）用万用表测试三极管的方法。

① 基极及管型的判断。

根据 PN 结单向导电性原理，首先假定 3 个电极中的某一电极为基极，用万用表的欧姆挡（$R\times 100\ \Omega$ 或 $R\times 1\ \text{k}\Omega$），黑表笔接假设的基极，红表笔分别去搭试另外两个电极，若测出两次的阻值都很小（或很大）；反之，表笔位置交换，测出两次的阻值都很大（或很小），说明这个假定的基极是正确的。前者是 NPN 型的，后者（括号中的）是 PNP 型的，如果不是这种对称的结果，必须重新假设基极。3 个电极都假设完毕，也得不到这种结果，说明这个管子是坏的。

② 集电极和发射极的判断。

确定了管型（如 NPN）和基极之后，根据放大原理，再假定余下的两个电极中的一个为集电极，用黑表笔接假设的集电极，红表笔去碰另一个电极（假定的发射极），如图 12-9 所示。

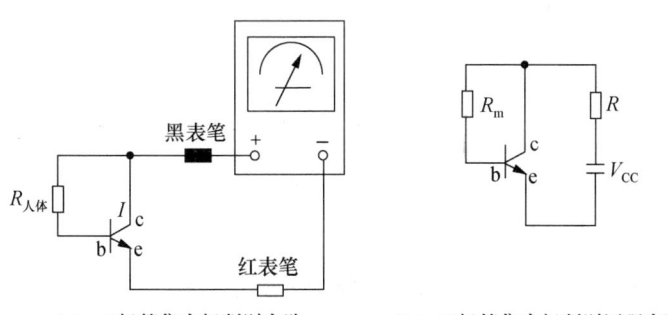

(a) 三极管集电极判别电路　　(b) 三极管集电极判别原理电路

图 12-9　判别三极管 c、e 电极原理图

这就相当于在 c 与 e 之间加上反向偏置，再用手捏住 b 与 c，这就相当于在 c、b 之间加上一个偏置电阻，根据放大原理，在输出回路就有很大的电流通过，万用表指针偏转很大（阻值很小）。反之再假设另一个电极为集电极，重复上述过程，如果指针偏转很小，则说明前一次假定是正确的。

③ 判断晶体三极管的好坏。

在已知管子类型和引脚的基础上,若分别测量两个 PN 结正向电阻及反向电阻都很大或指针基本不动,则说明 PN 结开路;若两个 PN 结正向电阻及反向电阻都很小或趋零,说明 PN 结短路,这两种情况都说明管子已损坏。

3. 实验器材

直流稳压电源 1 台;万用表 1 块;二极管、三极管若干;1 kΩ 电阻 1 只。

4. 实验内容及步骤

(1) 用万用表判别二极管极性及好坏。

用万用表的 $R \times 1\ \text{k}\Omega$ 或 $R \times 100\ \Omega$ 挡,测量二极管的正、反向电阻,判断二极管的好坏,判别二极管的正、负极。

(2) 用万用表判别三极管的引脚、管型(NPN 型和 PNP 型)及好坏。

① 用万用表的 $R \times 1\ \text{k}\Omega$ 或 $R \times 100\ \Omega$ 挡先判别三极管的基极和管型。

② 判别出集电极 c 和发射极 e。

③ 用万用表测试三极管的好坏。

(3) 将所测数据填入自拟表格中。

5. 注意事项

(1) 注意电源和万用表的极性不要接错。

(2) 测量管子时引脚不要从根部移开,从距引脚 1/2 处移开,防止从根部断开造成损坏。

(3) 万用表用完后放回到电压挡最大量程上。

6. 思考题

(1) 为什么用万用表不同电阻挡测二极管的正向(或反向)电阻值时,测得的阻值不同?

(2) 用万用表测得的二极管的正、反向电阻是直流电阻还是交流电阻?

(3) 二极管的反向电阻阻值较大,有人在测量二极管的反向电阻时,为了使表笔与引脚接触良好,用两手分别把两个接触处捏紧,结果发现管子的反向电阻比实际值小得多,为什么?

12.7 晶体管共发射极放大电路的调试与性能测试

1. 实验目的

(1) 掌握电路的连接方法。

(2) 掌握晶体管放大电路静态工作点的测试方法,了解静态工作点的设置对非线性失真的影响。

(3) 掌握晶体管放大电路动态指标的测试方法。

2. 实验原理

如图 12-10 所示为电阻分压式共发射极单管放大电路。

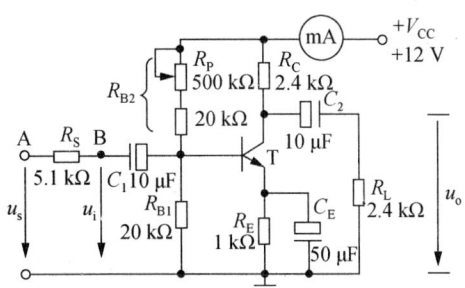

图 12-10　共发射极单管放大电路

（1）放大器静态工作点的测量与调试。

① 静态工作点的测量。

测量放大器的静态工作点，应在输入信号 $u_i = 0$ 的情况下进行，即将放大器输入端与地短接，然后选用量程合适的直流毫安表和直流电压表，分别测量晶体管的集电极电流 I_C 及各电极对地的电位 U_B、U_C、U_E。一般实验中，为了避免断开集电极，采用测量 U_E 或 U_C，然后算出 I_C 的方法。例如，只要测出 U_E，即可用 $I_C \approx I_E = \dfrac{U_E}{R_E}$ 算出 I_C，同时也能算出 $U_{BE} = U_B - U_E$。

② 静态工作点的调试。

改变电路参数 U_{CC}、R_C、R_B（R_{B1}、R_{B2}）都会引起静态工作点的变化。通常多采用调节偏置电阻 R_{B2} 的方法来改变静态工作点。

（2）放大器动态指标测试。

① 电压放大倍数 A_u 的测量。

调整放大器到合适的静态工作点，然后加入输入电压 u_i，在输出电压 u_o 不失真的情况下，用交流毫伏表测出 u_i 和 u_o 的有效值 U_i 和 U_o，则 $A_u = \dfrac{U_o}{U_i}$。

② 输入电阻 R_i 的测量。

为了测量放大器的输入电阻，按如图 12-11 所示电路，在被测放大器的输入端与信号源之间串入一个已知电阻 R，在放大器正常工作的情况下，用交流毫伏表测出 U_S 和 U_i，根据输入电阻的定义可得

$$R_i = \dfrac{U_i}{I_i} = \dfrac{U_i}{\dfrac{U_R}{R}} = \dfrac{U_i}{U_S - U_i} R$$

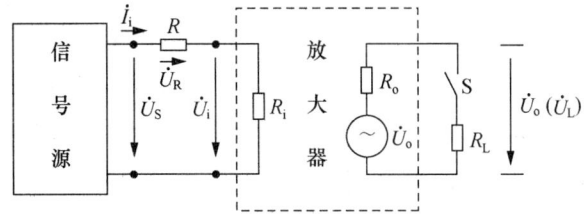

图 12-11　输入、输出电阻测量电路

(3) 输出电阻 R_o 的测量。

按图 12-11 电路，在放大器正常工作的条件下，测出输出端不接负载 R_L 的输出电压 U_o 和接入负载后的输出电压 U_L，根据 $R_o = \left(\dfrac{U_o}{U_L} - 1\right) R_L$，即可求出 R_o。

在测试时，要保证 R_L 接入前后输入信号的大小不变。

(4) 最大不失真输出电压 U_{opp} 的测量。

为了得到最大动态范围，应将静态工作点调在交流负载线的中点。在放大器正常工作时，逐步增大输入信号的幅度，并同时调节 R_p，用示波器观察 u_o，当输出波形同时出现削底和缩顶现象时，说明静态工作点已调在交流负载线的中点。然后反复调整输入信号，使波形输出幅度最大，且无明显失真时，由示波器直接读出 U_{opp}，或者用毫伏表测出 U_o，则动态范围等于 $2\sqrt{2}U_o$。

3. 实验器材

信号发生器 1 台；毫伏表 1 块；万用表 1 块；直流稳压电源 1 台；示波器 1 台；晶体三极管 3DG6 1 只；电阻、电容若干；电位器 1 只。

4. 实验内容及步骤

(1) 调试静态工作点。

按图 12-10 连接电路，接通电源前，先将 R_p 调至最大，令 $u_i = 0$，接通 +12 V 直流电源，用万用表校正，然后加到电路上（上正下负）。调整 R_p，使 $U_E = 2$ V，测此时 U_B、U_C、U_E、R_{B2}，将数据填入表 12-18 中。

表 12-18 静态工作点测量

测量值				计算值		
U_B/V	U_E/V	U_C/V	$R_{B2}/\text{k}\Omega$	U_{BE}/V	U_{CE}/V	I_C/mA

(2) 测量电压放大倍数。

在放大器输入端加入 $f = 1000$ Hz，$U_i = 10$ mV 的信号，用示波器观察放大器输出电压 u_o 的波形，在波形不失真的条件下，用毫伏表测出 u_o 的有效值，计算电压放大倍数 A_u，并用双踪示波器观察 u_o 和 u_i 的相位关系，将测量结果填入表 12-19 中。

表 12-19 电压放大倍数测量

$R_C/\text{k}\Omega$	$R_L/\text{k}\Omega$	U_o/V	A_u	观察记录一组 u_o 和 u_i 的波形
2.4	∞			
1.2	∞			
2.4	2.4			

(3) 观察静态工作点对输出波形的影响。

置 $R_C = 2.4$ kΩ，$R_L = 2.4$ kΩ，$u_i = 0$，调节 R_p 使 $U_E = 2$ V，测出 U_{CE} 值。再逐步加大输入信号，使输出电压足够大但不失真，然后保持输入信号不变，分别增大和减小 R_p，使波形出现失真，绘出 u_o 波形，并且测出失真时的 I_C 和 U_{CE} 的值，分析失真原因，并填入表 12-20 中。测 I_C 和 U_{CE} 时，要将信号源的旋钮旋至零。

表 12-20　静态工作点对波形影响

U_{CE}/V	I_C/mA	u_o 波形	失真情况	管子工作状态

（4）测量输入电阻和输出电阻。

调整 R_p，使 $U_E = 2\text{ V}$，在输出电压 u_o 不失真的条件下，用毫伏表测出 u_s、u_i、u_L 的有效值。保持 u_s 不变，断开 R_L，测量输出电压 u_o 有效值。计算 R_i、R_o 的值，并将数据填入表 12-21 中。

表 12-21　输入、输出电阻测量

u_s/mV	u_i/mV	$R_i/k\Omega$		u_L/V	u_o/V	$R_o/k\Omega$	
		测量值	计算值			测量值	计算值

（5）测量最大不失真输出电压。

同时调节电位器 R_p 和输入信号幅度，用示波器观察输出电压 u_o 的波形，当 u_o 同时出现削底和缩顶现象时，用示波器直接读出 U_{opp} 的值，或者用交流毫伏表测出 U_o，则动态范围等于 $2\sqrt{2}U_o$，并记录。

5. 注意事项

（1）不要带电接线，更换元件。

（2）静态测试时，$u_i = 0$；动态测试时，要注意公共接地端。

6. 思考题

（1）讨论 R_B 的变化对静态工作点 Q、放大倍数 A_u 及输出波形失真的影响，说明静态工作点的意义。

（2）改变静态工作点对放大器的输入电阻 R_i 有无影响？改变外接电阻 R_L 对输出电阻有无影响？

（3）外接电阻 R_L 的改变对放大器电压放大倍数 A_u 有无影响？

（4）图 12-12 所示的 3 种波形是什么失真，怎样引起的？如何解决？

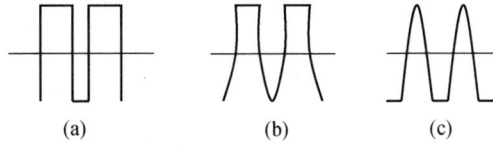

图 12-12　3 种波形

12.8 晶体管共集电极放大电路的调试与性能测试

1. 实验目的
(1) 掌握共集电极放大电路的特点和性能。
(2) 进一步熟悉放大电路各项指标的测试方法。
(3) 理解射极跟随器电压跟随范围的意义。
2. 实验原理
图 12-13 所示为晶体管共集电极放大电路。

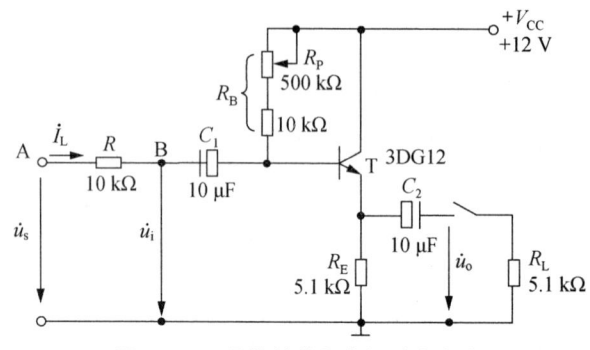

图 12-13　晶体管共集电极放大电路

(1) 输入电阻 R_i、输出电阻 R_o、电压放大倍数 A_u 的测试方法与共射极晶体管放大电路的测试方法相同，见实验 12.7 中的放大器动态指标测试。
(2) 电压跟随范围。
电压跟随范围是指射极跟随器的输出电压跟随输入电压做线性变化的区域。当 u_i 超过一定范围时，u_o 便不能跟随 u_i 做线性变化，即 u_o 的波形产生了失真。为了使输出电压 u_o 波形的正、负半周对称，并充分利用电压跟随范围，静态工作点应选在交流负载线中点，测量时直接读取 u_o 的峰-峰值，即为电压跟随范围。
3. 实验器材
示波器 1 台；信号发生器 1 台；万用表 1 块；毫伏表 1 块；直流稳压电源 1 台；三极管 3DG12 1 只；电位器 1 只；电阻、电容若干。
4. 实验内容及步骤
(1) 接线。
按图 12-13 连接共集电极放大电路，检查无误后，接通电源。
(2) 调整静态工作点。
接通 +12 V 直流电源，令 $u_i = 0$，调节电位器 R_P，使 $U_E = 7.5$ V，$I_E = 1.5$ mA，测量静态工作点参数，并填入表 12-22 中。

表 12-22　调整静态工作点

U_B/V	U_C/V	U_E/V	U_{BE}/V	U_{CE}/V	I_C/mA	I_B/mA	β

(3) 动态指标测量。

① 在图 12-13 所示电路中的 A 点加入 $f=1\ \text{kHz}$、有效值为 1 V 的正弦信号，用示波器的通道 1 观察 u_i 的波形、通道 2 观察 u_o 的波形。画出 u_i 和 u_o 的波形，比较它们的相位关系和幅值大小，并填入表 12-23 中。

表 12-23 波形测量

测量量	u_i	u_o
波形		
幅值/V		
相位关系		

② 电压放大倍数 A_u。

在图 12-13 所示电路中的 B 点加入 $f=1\ \text{kHz}$ 的正弦信号，调节输入信号幅度，用示波器观察输出波形 u_o，在输出不失真的情况下，测量输出电压 u_o 和输入电压 u_i 的有效值，计算电压放大倍数 A_u。

③ 输入电阻 R_i。

在图 12-13 所示电路中的 A 点加入 $f=1\ \text{kHz}$ 的正弦信号 U_S，用示波器观察输出波形，在不失真的情况下，分别测出 A、B 两点对地的电位 U_S、U_i，即可计算出输入电阻 R_i 的大小。

④ 输出电阻 R_o。

断开负载 R_L，测量负载开路时的输出电压 U_o，然后接上负载 R_L，再次测量输出电压 U_L，计算输出电阻 R_o。

(4) 电压跟随范围

保持输入信号为 1 kHz，逐渐增大输入信号 u_i 的幅度，用示波器观察输出波形直至输出波形达到最大不失真，记录此时的 u_i 和 u_o 的值，得出电压跟随范围。

5. 注意事项

测量 R_i、R_o 和 A_u 时，应在输出不失真的情况下进行。若输出波形失真，可适当降低输入信号的大小。

6. 思考题

(1) R_B 电阻的选择对提高放大器输入电阻有何影响？
(2) 根据实验结果说明 R_E 的大小应如何选择。
(3) 说明工作电流 I_E 为什么大一些为好？
(4) 为什么有时称射极跟随器为阻抗变换器？

12.9 场效应管放大器的安装与测试

1. 实验目的

(1) 了解共源极场效应管放大器的特点、性能。
(2) 掌握共源极场效应管放大器的安装、调试与性能指标的测试方法。

2. 实验原理

共源极场效应管放大电路如图 12-14 所示。
场效应管 3DJ6F 的转移特性曲线如图 12-15 所示。

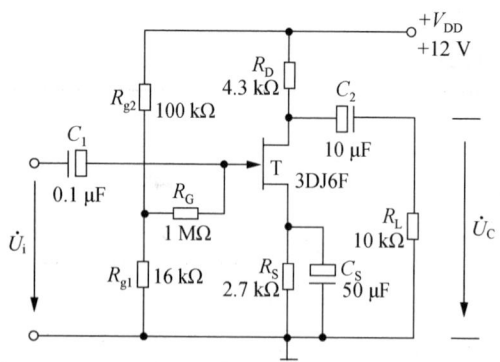
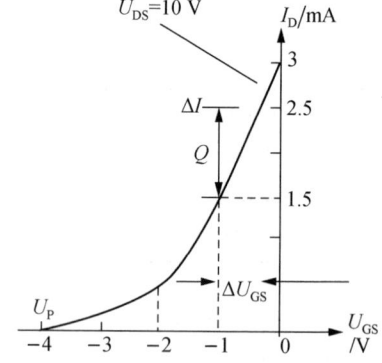

图 12-14　结型场效应管共源极放大器电路　　　图 12-15　3DJ6F 的转移特性曲线

场效应管放大器的静态工作点、电压放大倍数和输出电阻的测量方法，与晶体管放大器的测量方法相同。但由于场效应管的输入电阻比较大，若也采用晶体管放大器输入电阻的测量方法，则会有较大误差。为了减小误差，常用被测放大器的隔离作用，通过测量输出电压 U_o 来计算输入电阻，测量电路如图 12-16 所示。

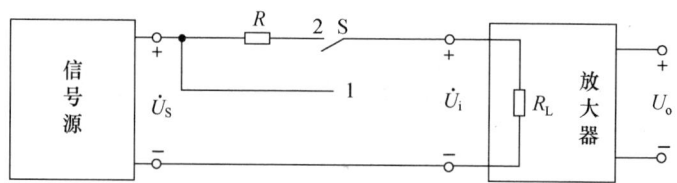

图 12-16　输入电阻测量电路

在放大器的输入端串入电阻 R，把开关 S 置于位置 1（即使 $R=0$），测量放大器的输出电压 $U_{o1} = A_u U_S$；保持 U_S 不变，再把 S 置于位置 2（即接入 R），测量放大器的输出电压 U_{o2}。由于两次测量中 A_u 和 U_S 保持不变，因此

$$U_{o2} = A_u U_i = \frac{R_i}{R+R_i} U_S A_u$$

由此可以求出

$$R_i = \frac{U_{o2}}{U_{o1} - U_{o2}} R$$

式中，R 和 R_i 不要相差太大，本实验可取 $R = 100 \sim 200 \text{ k}\Omega$。

3. 实验器材

场效应管 3DJ6F 1 只；+12V 稳压电源 1 台；万用表 1 块；1 kΩ 电位器 1 只；毫伏表 1 块；电阻、电容若干。

4. 实验内容及步骤

（1）按图 12-16 安装和连接电路。

令 $u_i = 0$，接通 +12 V 电源，用万用表的直流电压挡分别测量 U_D、U_G、U_S。检查静态工作点是否在特性曲线放大区的中间部分，如果合适，则把结果填入表 12-24 中；若不合适，则适当调整 R_{g2} 和 R_S 后，再测量 U_D、U_G、U_S，并填入表 12-24 中。

表 12-24　静态工作点的测量

测量值						计算值		
U_G/V	U_S/V	U_D/V	U_{DS}/V	U_{GS}/V	I_D/(mA)	U_{DS}/V	U_{GS}/V	I_D/mA

（2）电压放大倍数 A_u、输入电阻 R_i 和输出电阻 R_o 的测量。

① 电压放大倍数和输出电阻的测量。

在放大器的输入端加入 $f = 1$ kHz 的正弦信号 u_i（为 50～100 mV），并用示波器监视输出电压 u_o 的波形。在输出电压 u_o 没有失真的条件下，用毫伏表分别测量 $R_L = \infty$，$R_L = 10$ kΩ 时的输出电压 U_o（注意：保持 u_i 的幅度不变）；同时，用示波器观察 u_i 和 u_o 的波形，并填入表 12-25 中。

表 12-25　电压放大倍数及输出电阻测量

测量值					计算值		u_i 和 u_o 的波形
R_L/kΩ	U_i/V	U_o/V	A_u	R_o/kΩ	A_u	R_o/kΩ	
$R_L = \infty$							
$R_L = 10$ kΩ							

② 输入电阻的测量。

按图 12-16 连接实验电路，选择合适大小的输入电压 U_S（50～100 mV），将开关 S 置于 1，测出 $R = 0$ 时的输出电压 U_{o1}；然后将开关置于 2（接入 R），保持 U_S 不变，再测出 U_{o2}。根据公式 $R_i = \dfrac{U_{o2}}{U_{o1} - U_{o2}} R$ 求出 R_i，并填入表 12-26 中。

表 12-26　输入电阻测量

测量值			计算值
U_{o1}/V	U_{o2}/V	R_i/kΩ	R_i/kΩ

5. 思考题

（1）如何用万用表判别结型场效应管引脚？
（2）如何用万用表判别结型场效应管的好坏？
（3）与晶体管放大器相比，场效应管放大器输入回路的电容 C_1 为什么可以取得小一些？

12.10　多级放大器的性能测试

1. 实验目的

（1）掌握两级阻容耦合放大器静态工作点的调整方法。
（2）学会计算多级放大器放大倍数。

2. 实验原理

图 12-17 所示为两级阻容耦合放大电路，两级都为共发射极基本放大电路。

3. 实验器材

信号发生器 1 台；毫伏表 1 块；直流稳压电源 1 台；万用表 1 块；示波器 1 台；晶体三极管 3DG6 2 只；电阻、电容若干。

4. 实验内容及步骤

（1）测量静态工作点。

按图 12-17 连接实验电路，取 V_{CC} = +12 V，加到电路中，上正下负，$U_i = 0$ V，分别调整 R_{B1}、R_{B2}，使 $U_{ce1} = U_{ce2} = 2$ V，用电压表分别测量第一级、第二级的静态工作点，填入表 12-27 中。

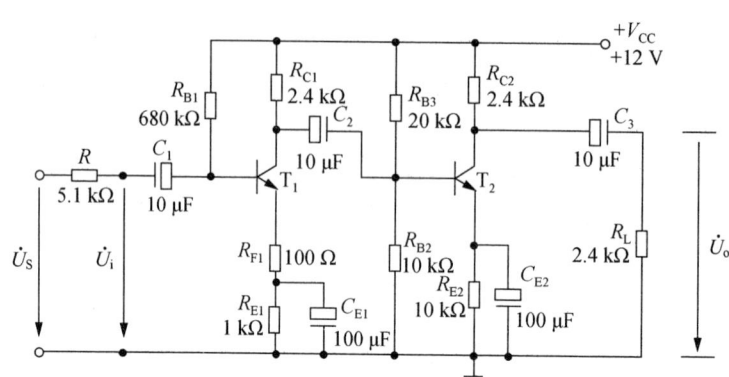

图 12-17 两级阻容耦合放大器

表 12-27 放大器静态工作点测量

静态工作点	U_B/V	U_E/V	U_C/V	I_C/mA
第一级				
第二级				

（2）测试两级放大器的各项性能指标。

将信号发生器调整到 $f = 1\,000$ Hz，$U = 10$ mV 加到放大器输入端，观察输出波形，如有失真，反复调节 R_{B2}、R_{B1}，使输出波形不失真（需要确定两管都处于放大状态）。测出此时的 U_o、U_{o1}、U_{o2}，计算放大倍数 A_u、A_{u1}、A_{u2}，填入表 12-28 中。

表 12-28 两级放大器各项性能指标测量

U_o/V	U_{o1}/V	U_{o2}/V	A_u	A_{u1}	A_{u2}

将两级放大器分开（从 C_2 断开），测出 U_{o1}、U_{o2}，分别计算放大倍数 A_{u1}、A_{u2}。

5. 思考题

（1）为什么阻容耦合放大电路的各级静态工作点是相互独立的？

（2）讨论说明两级放大器连接在一起和分别独立时所测得放大倍数有何不同？

12.11 集成功率放大器应用实践

1. 实验目的

(1) 熟悉集成功率放大器 LM386 的功能及其应用。
(2) 掌握集成功率放大器应用电路的调整与测试方法。

2. 实验原理

集成功率放大器应用电路如图 12-18 所示。

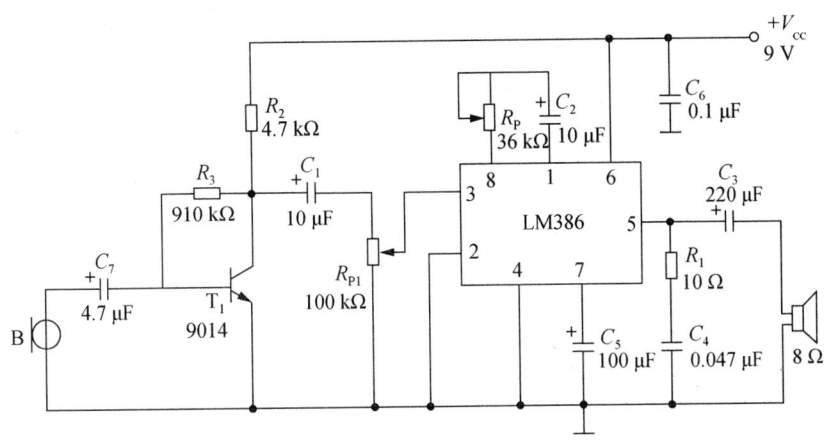

图 12-18　集成功率放大器应用电路

3. 实验器材

万用表 1 块；示波器 1 台；信号发生器 1 台；直流稳压电源 1 台；毫伏表 1 台；面包板 1 块；LM386 1 块；驻极体话筒 1 个；8Ω 扬声器 1 个；电阻、电容若干。

4. 实验内容及步骤

(1) 按图 12-18 连接实验电路（注意：驻极体话筒暂时不要接入电路），音量电位器 R_{P1} 调整在中间的位置，功放增益调节电位器 R_P 调整在阻值最大的位置，经检查接线无误后，接通 9 V 直流电源。

(2) 将万用表调至直流电压挡，测量三极管 T_1 的直流工作点以及 LM386 各引脚的电位，填入自拟表格中。

(3) 调整信号发生器，使其产生一个 1 000 Hz、10 mV 的正弦波信号，并输入到实验电路的输入端（C_1 电容器的正端），这时扬声器中即有音频信号声音发出，当调节 R_{P1} 时，声音的强弱将随之变化。

(4) 调节 R_{P1} 使声音最大，并用示波器测量实验电路输出端 5 脚的波形，然后再调节 R_P 使功率放大器的放大倍数逐步提高，同时观察示波器上的波形不能有失真出现（如果出现失真，应该停止调节 R_P，并向相反方向调回一点）。

(5) 在保证输出信号不失真的前提下，使输出的幅度最大，即扬声器中的声音好听又最大，然后用毫伏表测量实验电路的电压增益，即 $A_u = U_o / U_i$。

(6) 将函数信号发生器产生的信号去掉，在实验电路的输入端接上驻极体话筒，检验一下该扩音电路的功率放大效果。

5. 注意事项

(1) 电源电压不允许超过极限值,不允许极性接反,否则集成块会损坏。

(2) 电路工作时绝对避免负载短路,否则将烧毁集成块。

(3) 接通电源后,要时刻注意集成块温度,有时未加输入信号集成块就过热,同时直流毫安表指示出较大电流及示波器显示输出幅度较大、频率较高的波形,说明电路有自激现象,应立刻关机;然后进行故障分析、处理,待自激振荡消除后,才能重新实验。

(4) 输入信号不要过大。

6. 思考题

(1) 若无输入信号时,从接在输出端的示波器上观察到频率较高的波形,是否正常?如何消除?

(2) 在图 12-18 所示电路中,元件 R_1、C_4 的作用是什么?

(3) 在图 12-18 所示电路中,调整哪一个元件可以改变 LM386 的电压放大倍数?

12.12 差动式放大器性能测试

1. 实验目的

(1) 熟悉差动放大器的特性。

(2) 掌握差动放大器各项技术指标的测试方法。

2. 实验原理

图 12-19 所示为差动放大器的实验电路。

3. 实验器材

示波器 1 台;信号发生器 1 台;毫伏表 1 块;万用表 1 块;直流稳压电源 1 台;三极管 3DG6 2 个;电阻、电容若干。

4. 实验内容及步骤

按图 12-19 连接实验电路,开关拨到左边构成典型差动放大器。

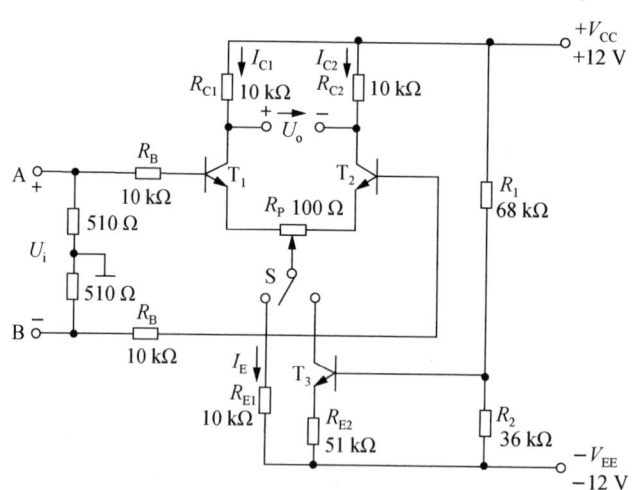

图 12-19 差动放大器电路

(1) 测量静态工作点。

① 调节放大器零点,信号源不接入。将 A、B 与地短接,接通 +12 V 直流电源,用电

压表测量输出电压 U_o，调节调零电位器 R_P，使 $U_o=0$。调节要仔细，力求准确。

② 测量静态工作点，将数据填入表 12-29 中。

表 12-29 差动放大器静态工作点测量

	U_{C_1}/V	U_{B1}/V	U_{E1}/V	U_{C2}/V	U_{B2}/V	U_{E2}/V	U_{RE}/V
测量值							
计算值	I_C/mA			I_B/mA		U_{CE}/V	

（2）动态测试。

① 测量双端输入双端输出的差模电压放大倍数 A_d，用示波器观察 U_o、U_{o1}、U_{o2} 的波形，并比较 U_{o1}、U_{o2} 的相位，将所测数据填入表 12-30 中。

表 12-30 动态参数测量

内容电路	波形			输出电压			电压放大倍数		
双端输入	U_{o1}	U_{o2}	U_o	U_{o1}	U_{o2}	U_o	A_{d1}	A_{d2}	A_d
双端输出									

注：$U_i=100$ mV，$f=1$ kHz 的正弦波。

② 测量单端输入单端输出的差模电压放大倍数 A_d，测试条件同上，将测试数据填入自拟的表格中。（选作）

注意：单端输入时，将其中一个输入端与地短接。

（3）共模抑制比 K_{CMRR} 的测量。

① 将两输入端短接为一端，输入共模信号：$U_i=40$ mV，$f=1$ kHz 的正弦波，先分别测出 U_{o1} 和 U_{o2}，然后利用 $U_o=|U_{o1}|-|U_{o2}|$ 算出 U_o。

② 用示波器观察输出波形 U_{o1}、U_{o2}，并比较相位（若观察波形时，幅度不够大，可适当增大 U_i）。

将图 12-19 电路中开关 S 拨向右边，构成具有恒流源的差动放大电路，重复动态测试内容，将测试数据填入自拟的表格中。

5. 思考题

（1）调零时，应该用万用表还是用毫伏表来指示放大器的输出电压？为什么？

（2）差动放大器为什么具有高的共模抑制比？

（3）实验中怎样获得双端和单端输入差模信号？怎样获得共模信号？画出 A、B 端与信号源之间的连接图。

12.13 基本运算电路的应用与测试

1. 实验目的

（1）了解集成运算放大器的外形特征、引脚设置及其基本外围电路的连接。

（2）通过反向比例运算电路、加法运算电路及减法运算电路输出、输入之间关系的测试，了解集成运算放大器基本运算电路的功能。

（3）了解集成运算放大器在实际应用时应考虑的问题。

2. 实验原理

集成运算放大器是一种高放大倍数、高输入阻抗、低输出阻抗的直接耦合多级放大器，具有两个输入端和一个输出端，可对直流信号和交流信号进行放大。本实验采用的 LM741 集成运算放大器的引脚排列及符号如图 12-20 所示。它有 8 个引脚，各引脚功能如图注所示。

集成运算放大器依外接元件连接的不同，可以构成比例放大、加法、减法、微分、积分等多种数学运算电路，本实验采用反相比例运算、反相加法运算和减法运算，电路如图 12-21（a）、(b)、(c) 所示。

由于集成运算放大器一般都存在失调电压和失调电流，因而会影响运算精度。如上述反相比例运算电路中，输入电压 $U_i = 0$ 时，输出电压 U_o 不为 0，而是一个很小的非零数。此时调整 1、5 脚连接的调零电位器 R_P，可使输出电压变为零。这个过程就是集成运算放大器的调零。调零之后再进行各种运算电路的测量，测量结果才会准确。

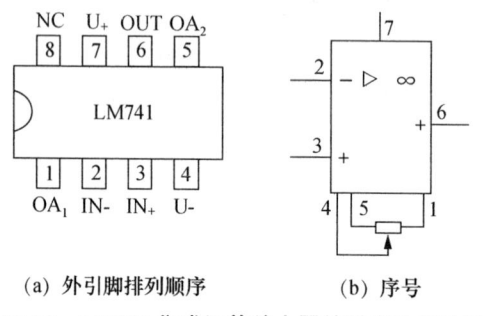

(a) 外引脚排列顺序　　(b) 序号

图 12-20　LM741 集成运算放大器的引脚排列及序号

1、5—调零端；2—反相输入端；3—同相输入端；4—电源电压负端；6—输出端；7—电源电压正端；8—未用

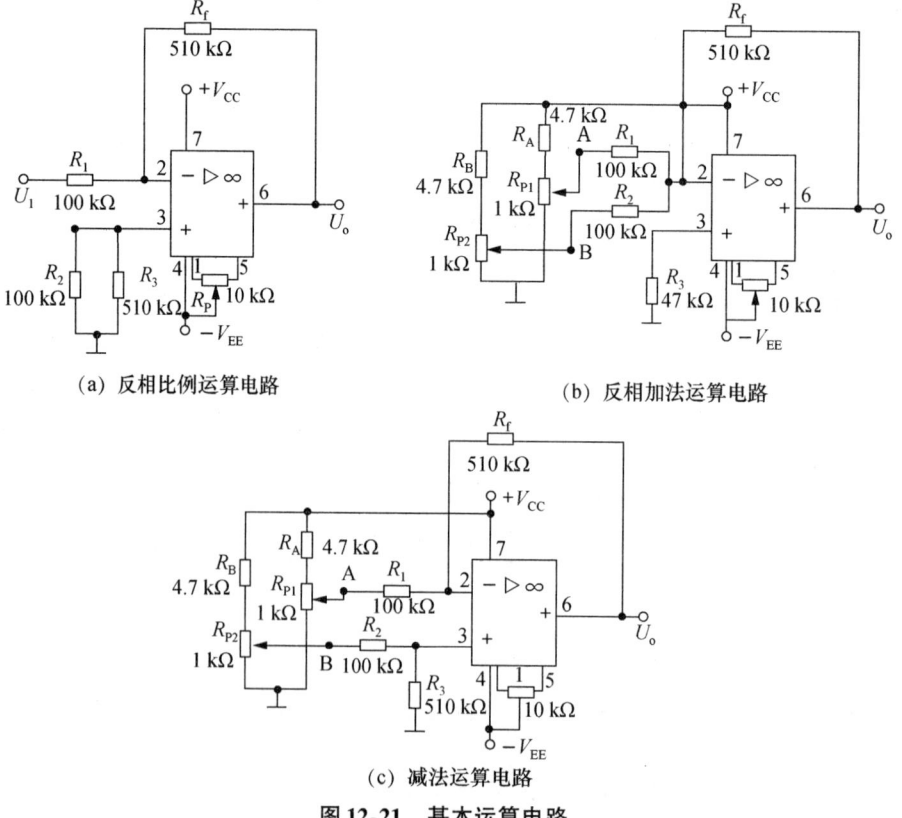

(a) 反相比例运算电路　　(b) 反相加法运算电路

(c) 减法运算电路

图 12-21　基本运算电路

3. 实验器材

示波器 1 台；信号发生器 1 台；毫伏表 1 块；万用表 1 块；LM741 1 块；10 kΩ 电位器 1 只；电阻、电容若干；面包板 1 块。

4. 实验内容及步骤

(1) 反相比例运算电路测试。

按图 12-21 (a) 连接电路，确定无误后，接入 ±15 V 直流稳压电源。首先对运放电路进行调零，即令 $U_i = 0$，再调整调零电位器 R_P，使输出电压 $U_o = 0$。

① 按表 12-31 指定的电压值输入不同的直流信号 U_i，分别测量对应的输出电压 U_o，并计算出电压放大倍数。

② 将输入信号改为 $f = 1$ kHz、$U_i = 200$ mV 的正弦交流信号，用示波器观察输入、输出信号波形，分析其是否满足上述反相比例关系。

③ 把 R_1、R_2 换成 51 kΩ，其余条件不变，重复上述①、②步的内容。

④ 把 R_1、R_2、R_3 均接成 100 kΩ，其余条件不变，重复上述①、②步的内容。

表 12-31 反相比例运算电路数据测量

U_i/mV	$R_1 = 100$ kΩ			$R_1 = 51$ kΩ			$R_1 = R_f = 100$ kΩ		
	U_o 计算值	U_o 测量值	A_u 测量值	U_o 计算值	U_o 测量值	A_u 测量值	U_o 计算值	U_o 测量值	A_u 测量值
100									
200									
300									
-100									

(2) 反相加法运算电路测试。

按图 12-21 (b) 连接电路，先调零，后调节 R_{P1}、R_{P2}，使 U_A、U_B 为表 12-32 中数值，分别测量对应的输出电压 U_o。

表 12-32 反相加法运算电路数据测量

U_A/mV	50	100	200	300
U_B/mV	80	200	400	500
U_o 计算值				
U_o 测量值				

(3) 减法运算电路测试。

按图 12-21 (c) 连接电路，先调零，后调节 R_{P1}、R_{P2}，使 U_A、U_B 为表 12-33 中数值，分别测量对应的输出电压 U_o。

表 12-33 减法运算电路数据测量

U_A/mV	50	100	200	800
U_B/mV	180	200	300	1200
U_o 计算值				
U_o 测量值				

5. 思考题

（1）运放两个输入端为什么要平衡？

（2）在集成运放的运算电路中，为什么其输出、输入之间关系仅由外接元件决定，而与运放本身的参数无关。

12.14　集成运算放大器单级负反馈放大电路的测试

1. 实验目的

（1）熟悉两种电压负反馈电路输入端的不同接法。

（2）掌握深度负反馈条件下电压放大倍数、输入电阻、输出电阻的测试方法。

（3）加深理解引入负反馈对放大器主要性能的影响。

2. 实验原理

本实验仅对电压串联及电压并联负反馈放大电路的放大倍数、输入输出电阻及上下限截止频率进行测试。

（1）电压并联负反馈电路。

电压并联负反馈电路如图 12-22 所示。

它是一个反相比例运算电路，输出与输入反相，集成运放的反相输入端为虚地，其共模输入电压近似为 0，这种电路对运放的 K_{CMR} 要求低。由于是并联反馈，因此输入电阻低，$R_i = R_1$。又因为是电压负反馈，所以输出电阻小，$R_o \approx 0$，带负载能力强。

（2）电压串联负反馈电路。

电压串联负反馈电路如图 12-23 所示。

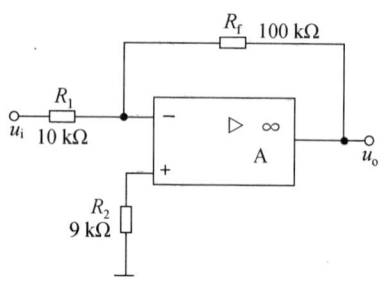
图 12-22　电压并联负反馈电路

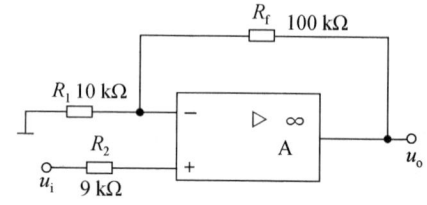
图 12-23　电压串联负反馈电路

它是一个同相比例运算电路，输出与输入同相，集成运放的共模电压等于输入电压，对该运放的 K_{CMR} 要求较高，由于是串联负反馈，因此输入电阻很大，输出电阻小，带负载能力强。

3. 实验器材

毫伏表 1 块；信号发生器 1 台；直流稳压电源 1 台；万用表 1 块；示波器 1 台；LM741 1 块；电阻若干；面包板 1 块。

4. 实验内容及步骤

（1）电压并联负反馈电路测试。

① 按图 12-22 连接电路。

② 测量电路的电压放大倍数 A_{uf}。

a. 消振，将电路的输入端接地，即 $u_i = 0$，接通电源，用示波器观察是否有自激振荡。若有，则应在 R_f 上并联电容 C_f，消除自激振荡，C_f 取值为 100 pF～1 μF。

b. 使 $R_1 = 10\ \text{k}\Omega$，$R_L = 100\ \text{k}\Omega$，$R_L = \infty$，在反相端加入 $f = 500\ \text{Hz}$ 的正弦信号 u_i，用示波器观察 u_o，在 u_o 不失真的条件下，用毫伏表测量 U_i 和 U_o，计算 A_{uf} 并与理论估算式比较。

③ 测量电路的输入电阻 R_{if}。

在 R_1 前串联一个电阻 R_S（R_S 可取 10 kΩ），在输出波形不失真的情况下，用毫伏表分别测量出 U_S 与 U_i 的值，则 $R_{if} = \dfrac{U_i}{U_S - U_i} R_1$。

④ 测量电路的输出电阻 R_{of}，观察电压负反馈的稳压作用。

a. 取 $R_1 = 10\ \text{k}\Omega$，$R_f = 100\ \text{k}\Omega$，输入 500 Hz，$U_i = 200\ \text{mV}$ 的正弦信号。改变 R_L，使之分别为 ∞、10 kΩ、5.1 kΩ、100 Ω，测量并记录 $R_f = 100\ \text{k}\Omega$ 所对应的每个 U_o 值，观测 U_L 的变化，说明电压负反馈电路稳定输出电压的作用。

b. 用毫伏表测出输出端开路电压 U_o 和 $R_L = 100\ \Omega$ 时的输出电压 U_L，由公式

$$R_{of} = \left(\dfrac{U_o}{U_L} - 1\right) R_L$$

计算输出电阻 R_{of}。

（2）电压串联负反馈电路测试。

① 按图 12-23 连接电路。

② 参照电压并联负反馈电路的测量方法，分别测试电压放大倍数 A_{uf}、输入电阻 R_{if}、输出电阻 R_{of}。记录分析实验结果。

③ 测量电路的上限截止频率 f_h。取 $R_1 = R_2 = 10\ \text{k}\Omega$，$R_f = 100\ \text{k}\Omega$，信号发生器输入 0.5 V、100 Hz 的正弦信号，测量此时的输出值 U_o，然后保持输入信号幅度不变，用信号发生器 100 kHz 频率挡调高输入频率 f，直至示波器上的波形缩小为原来幅值的 70% 时，此时的输入信号频率即为 f_h，并与运放的开环上限截止频率比较，观察频率展宽了多少？

（3）用示波器观察。

当输入信号增大时：

① 无反馈，观察输出信号的情况。

② 加上反馈支路后，观察输出信号的情况。

观察两种情况下的波形幅度变化。

5. 注意事项

（1）连接电路时，应检查插线是否良好导通。

（2）实验中如出现任何异常情况，都要先切断电源，再视情况加以处理。

6. 思考题

（1）结合本实验分析电压串联负反馈及电压并联负反馈对放大电路的电压放大倍数、输入电阻、输出电阻的影响。

（2）如果输入信号存在失真，能否用负反馈来改善？

12.15 集成运放波形产生电路的应用实践

1. 实验目的

(1) 了解用集成运放构成正弦波、方波和三角波发生器的方法。
(2) 掌握波形发生器的调整和主要性能指标的测试方法。

2. 实验原理

由集成运放构成的正弦波、方波和三角波发生器有很多种形式，本实验选用较常用且线路比较简单的几种电路加以分析。

(1) RC 桥式正弦波振荡器（文氏电桥振荡器）。

实验电路如图 12-24 所示。调整反馈电阻 R_f（调 R_P），使电路起振，且波形失真最小。如果不能起振，则说明负反馈太强，应适当加大 R_f。如果波形失真严重，则应适当减小 R_f。

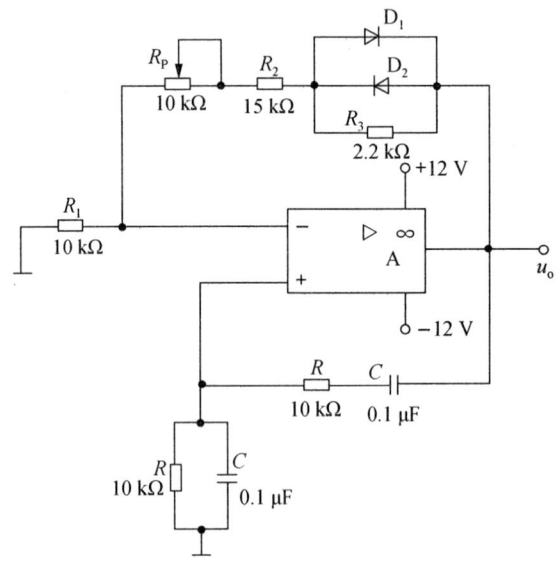

图 12-24 文氏电桥正弦波发生器

改变选频网络的参数 C 或 R，即可调节振荡频率。一般采用改变电容 C 作为频率量程切换，而调节 R 作为量程内的频率细调。

(2) 方波发生器。

图 12-25 所示电路为由滞回比较器及简单 RC 积分电路组成的方波发生器，通过改变 R_f（或 C_f）可以实现振荡频率的调节。

(3) 三角波和方波发生器。

若把滞回比较器和积分器首尾相接形成正反馈闭环系统，如图 12-26 所示，则比较器输出的方波经积分器可得到三角波，三角波又触发比较器，自动翻转形成方波，这样即可构成三角波、方波发生器。由于采用运放组成的积分电路，因此可实现恒流充电，使三角波线性大大改善。

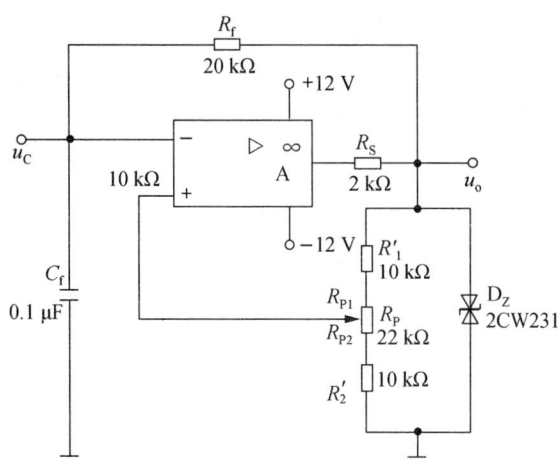

图 12-25 方波发生器原理图

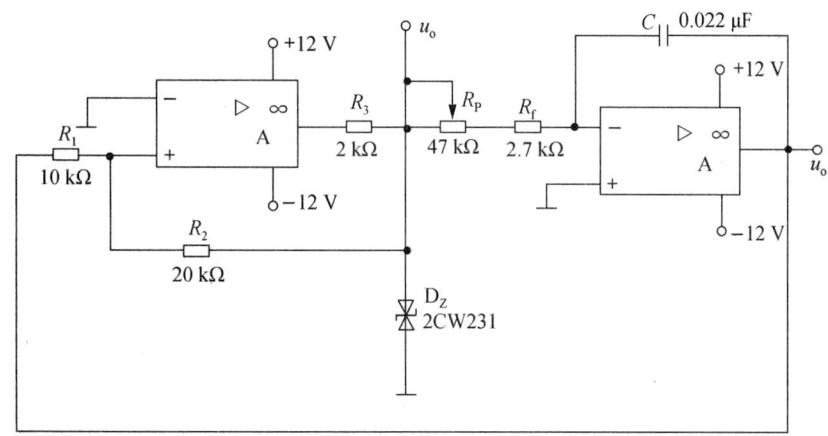

图 12-26 方波-三角波发生器

3. 实验器材

±12 V 直流电源 1 台；示波器 1 台；毫伏表 1 块；频率计 1 块；LM741、2CP 各 2 块；2DW7X1 1 块；电阻、电容若干；面包板 1 块。

4. 实验内容及步骤

（1） RC 桥式正弦波振荡器。

按图 12-24 连接实验电路，输出端接示波器。

① 接通 ±12 V 电源，调节电位器 R_P，使输出波形从无到有，从正弦波到出现失真。描绘 u_o 的波形，记下临界起振、正弦波输出及失真情况下的 R_P 值，分析负反馈强弱对实验电路谐振条件及输出波形的影响。

② 调节电位器 R_P，使输出电压 u_o 幅值最大且不失真，用毫伏表分别测量输出电压 U_o、反馈电压 U_+ 和 U_-，分析研究振荡的幅值条件。

（2）方波发生器。

按图 12-25 连接实验电路。

① 将电位器 R_P 调至中心位置，用双踪示波器观察并描绘方波 u_o 的波形（注意对应关系），测量其幅值及频率并记录。

② 调节电位器 R_P，观察 u_o、u_c 幅值及频率变化情况，把 R_P 调至最上端和最下端，测出频率范围并记录。

③ 将 R_P 恢复至中心位置，将一只稳压管短接，观察 u_o 的波形，分析 D_Z 的限幅作用。

(3) 三角波和方波发生器。

按图 12-26 连接实验电路。

① 将电位器调至合适位置，用双踪示波器观察并描绘三角波输出 u_o 及方波输出 u_o'，测量其幅值、频率及 R_P 值并记录。

② 改变 R_P 的位置，观察对 u_o、u_o' 幅值及频率的影响。

③ 改变 R_1（或 R_2），观察对 u_o、u_o' 幅值及频率的影响。

5. 思考题

(1) 复习有关 RC 正弦波振荡器、三角波及方波发生器的工作原理，并估算图 12-24～图 12-26 电路的振荡频率。

(2) 设计实验表格。

(3) 为什么要在 RC 正弦波振荡电路中引入负反馈支路？为什么要增加二极管 D_1 和 D_2？它们是怎样稳幅的？

(4) 电路参数变化对图 12-25、图 12-26 产生的方波和三角波频率及电压幅值有什么影响（或者怎样改变电路中方波及三角波的频率及幅值）？

12.16　RC 电路的频率特性

1. 实验目的

(1) 加深理解 RC 正弦波振荡器的组成、振荡条件及其工作原理。

(2) 学会测量、调试振荡器。

2. 实验原理

本实验采用 RC 串并联网络（文氏电桥）振荡器，它可以方便地连续改变振荡频率，便于加负反馈稳幅，容易得到良好的振荡波形。基本 RC 串并联网络振荡器电路如图 12-27 所示。

图 12-28 所示为两级共射极分立元件组成的 RC 串并联选频网络振荡器。

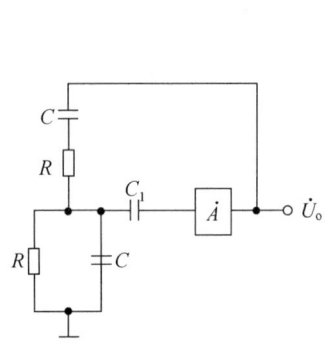

图 12-27　RC 串并联网络振荡器电路

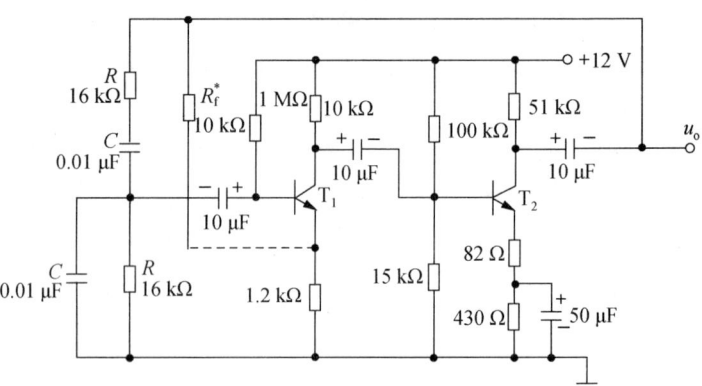

图 12-28　RC 串并联选频网络振荡器

3. 实验器材

示波器 1 台；万用表 1 块；毫伏表 1 块；信号发生器 1 台；频率计 1 块；晶体三极管 3DG6 2 只；电阻、电容若干；电位器 1 只。

4. 实验内容及步骤

（1）按图 12-28 连接电路。

（2）断开 RC 串并联网络，测量放大器静态工作点及电压放大倍数。

（3）接通 RC 串并联网络，并使电路起振，用示波器观测输出电压 u_o 波形，调节 R_f 使 u_o 获得满意的正弦信号，记录波形及参数。

（4）测量振荡频率，并与计算值进行比较。

（5）改变 R 和 C 值，观察振荡频率变化情况。

（6）RC 串并联网络幅频特性的观察。

将 RC 串并联网络与放大器断开，用信号发生器的正弦信号注入 RC 串并联网络，保持输入信号的幅度不变（3 V），频率由低到高变化，RC 串并联网络输出幅值将随之变化，当信号源达到某一频率时，RC 串并联网络的输出将达到最大值（1 V），且输入、输出同相位，此时信号源频率为 $f = f_0 = \dfrac{1}{2\pi RC}$。

（7）将实验数据填入自拟表格中。

5. 思考题

（1）如何用示波器测量振荡电路的频率？

（2）分析实验中误差产生的原因。

12.17 整流与滤波电路的连接与测试

1. 实验目的

（1）熟悉单相整流、滤波电路的测试方法。

（2）加深理解整流、滤波电路的作用和特性。

2. 实验器材

二极管（1N4007）4 只；电容器（470 μF/35 V）1 只；电阻器（510 Ω/1 W）1 只；电位器（4.7 kΩ/1 W）1 只；示波器 1 台；万用表 1 只。

3. 实验内容及步骤

（1）按图 12-29 连接电路，检查无误后进行通电测试，将万用表测出的电压值记录于表 12-34 中，示波器观测到的波形绘于图 12-30 中。

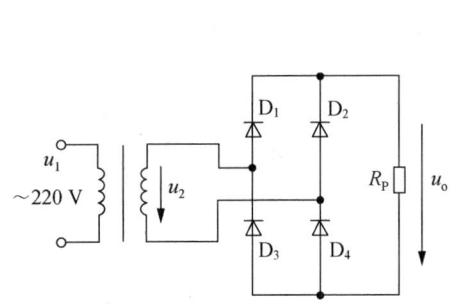

图 12-29 桥式整流电路

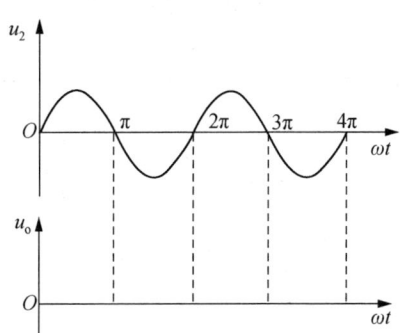

图 12-30 输入/输出电压波形

表 12-34　桥式整流电路测试值

变压器输出电压 u_2/V	整流输出电压 u_o/V	
	估算值	测量值

（2）按图 12-31 所示连接整流滤波电路，检查无误后，通电测试。测试滤波输出电压 U_o，变压器副边电压 u_2，记录于表 12-35 中，将观察到的波形绘制下来。

表 12-35　整流滤波电路测试值

变压器输出电压 u_2/V	滤波输出电压 u_o/V	
	估算值	测量值

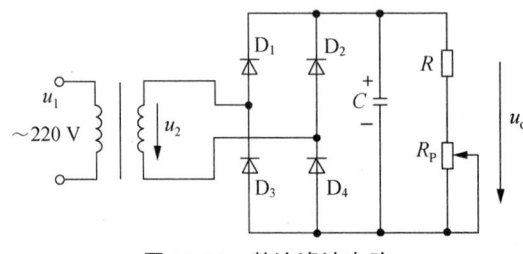

图 12-31　整流滤波电路

4. 报告要求

（1）整理各项测试数据，记录观察到的波形图。
（2）分析估算值与测量值产生误差的原因。

12.18　稳压电路的测试与应用实践

1. 实验目的
（1）了解单相桥式整流、电容滤波电路的特性。
（2）掌握串联型晶体管稳压电源主要技术指标的测试方法。

2. 实验原理
图 12-32 所示是由分立元件组成的串联型稳压电源的电路图。

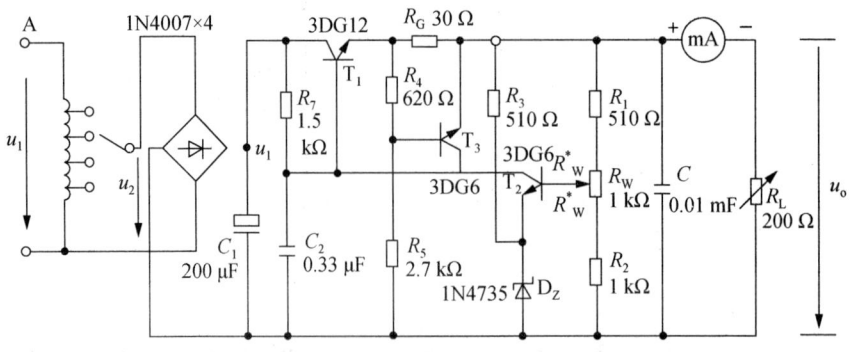

图 12-32　串联型稳压电源实验电路

3. 实验器材

可调工频电源 1 台；示波器 1 台；毫伏表 1 块；直流电压表 1 块；直流毫安表 1 只；晶体三极管 3DG6（9011）2 只；晶体三极管 3DG12（9013）1 只；晶体二极管 1N4007 4 只；稳压管 1N4735 1 只；电阻、电容若干。

4. 实验内容及步骤

（1）整流滤波电路测试。

按图 12-33 所示连接实验电路，取 16 V、50 Hz 交流信号作为整流电路输入电压 u_2。

① 取 $R_L = 240\ \Omega$ 不加滤波电容，测量直流输出电压 U_L 及纹波电压 $\tilde{U}_L$，并用示波器观察 u_2 和 u_L 波形，记入表 12-36 中。

② 取 $R_L = 240\ \Omega$，$C = 470\ \mu\text{F}$，重复内容①的要求，记入表 12-36 中。

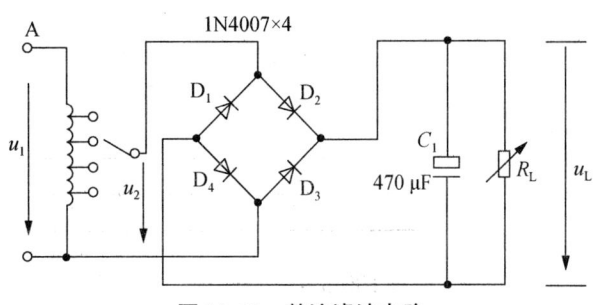

图 12-33　整流滤波电路

表 12-36　整波滤波电路数据测量

电路形式		U_L/V	$\tilde{U}_L/\text{V}$	u_L 波形
$R_L = 240\ \Omega$				
$R_L = 240\ \Omega$ $C = 470\ \mu\text{F}$				
$R_L = 120\ \Omega$ $C = 470\ \mu\text{F}$				

其中，$U_2 = 16$ V。

（2）串联型稳压电源性能测试。

切断电源，按图 12-32 连接实验电路。

① 初测。

稳压器输出端负载开路，断开保护电路，接通 16 V、50 Hz 电源，调节电位器 R_W，观察 U_o 的大小和变化情况，如果 U_o 能跟随 R_W 线性变化，这说明稳压电路各反馈环路工作基本正常。否则，说明稳压电路有故障，因为稳压器是一个深负反馈的闭环系统，只要环路中任一个环节出现故障（某管截止或饱和），稳压器就会失去自动调节作用。此时可分别检查基准电压 U_Z、输入电压 U_i、输出电压 U_o，以及比较放大器和调整管各电极的电位（主要是 U_{BE} 和 U_{CE}），分析它们的工作状态是否都处在线性区，从而找出不能正常工作的原因。排除故障以后就可以进行下一步测试。

② 测量输出电压可调范围。

接入负载 R_L（可调变阻器），并调节 R_L，使输出电流 $I_o \approx 100$ mA。再调节电位器 R_W，测量输出电压可调范围 $U_{omin} \sim U_{omax}$。且使 R_W 动点在中间位置附近时 $U_o = 12$ V。若不满足要求，可适当调整 R_1、R_2 的阻值。

③ 测量各级静态工作点。

调节输出电压 $U_o = 12$ V，输出电流 $I_o = 100$ mA，测量各级静态工作点，记入表 12-37 中。

表 12-37 稳压电源静态工作点测量

测量量	T_1	T_2	T_3
U_B/V			
U_C/V			
U_E/V			

其中，$U_2 = 16$ V，$U_o = 12$ V，$I_o = 100$ mA。

④ 测量稳压系数 S。

取 $I_o = 100$ mA，按表 12-38 改变整流电路输入电压 U_2，分别测出相应的稳压器输入电压 U_i 及输出直流电压 U_o，记入表 12-38 中。

表 12-38 稳压系数数据测量

测量值			计算值
U_2/V	U_i/V	U_o/V	S
14			$S_{12} =$
16		12	
18			

其中，$I_o = 100$ mA。

⑤ 测量输出电阻 R_o。

取 $U_2 = 16$ V，改变可调变阻器位置，使 I_o 为空载、50 mA 和 100 mA，测量相应的 U_o 值，记入表 12-39 中。

表 12-39 输出电阻测量

测量值		计算值
I_o/mA	U_o/V	R_o/Ω
空载		$R_{o12} =$
50	12	
100		$R_{o23} =$

其中，$U_2 = 16$ V。

⑥ 测量输出纹波电压。

取 $U_2 = 16$ V，$U_o = 12$ V，$I_o = 100$ mA，测量输出纹波电压 $\tilde{U}_o$，记录之。

5. 注意事项

(1) 每次连接电路时，必须切断工频电源。

(2) 在观察输出电压 u_L 波形的过程中，"Y 轴灵敏度" 旋钮位置调好以后，不要再变动，否则将无法比较各波形的脉动情况。

6. 思考题

(1) 在桥式整流电路实验中，能否用双踪示波器同时观察 u_2 和 u_L 的波形，为什么？

(2) 在桥式整流电路中，如果某个二极管发生开路、短路或反接 3 种情况，将会出现什么问题？

(3) 为了使稳压电源的输出电压 $U_o = 12$ V，则其输入电压的最小值 U_{imin} 应等于多少？交流输入电压 U_{2min} 又怎样确定？

(4) 当稳压电源输出不正常，或输出电压 U_o 不随取样电位器 R_W 而变化时，应如何进行检查找出故障所在？

12.19 三端集成稳压器的应用实践

1. 实验目的

(1) 熟悉整流、滤波、稳压电路的工作原理。

(2) 熟悉集成稳压器 78XX 系列的使用方法。

(3) 掌握直流稳压源几项主要技术指标的测试方法。

2. 实验原理

图 12-34 所示为三端稳压器 W7812 构成的单电源电压输出串联型稳压电源的实验电路。

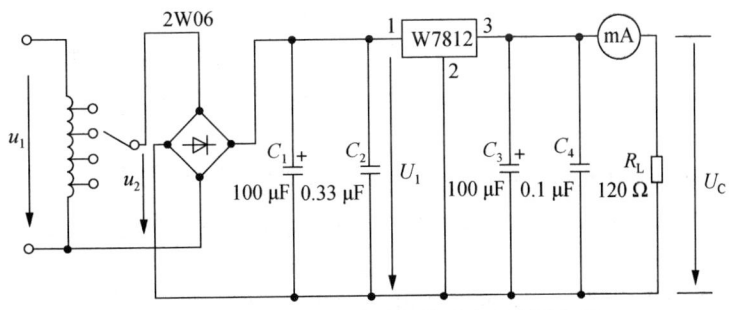

图 12-34 W7812 构成的串联型稳压电源电路

三端稳压器 W7812 的主要参数有：输出直流电压 $U_o = +12$ V，输出电流 $I_o = 0.1 \sim 0.5$ A，电压调整率 10 mV/V，输出电阻 $R_o = 0.15$ Ω，输入电压 U_i 的范围为 15～17 V。

图 12-34 中整流部分采用了 2W06 桥堆构成，滤波电容 C_1、C_2 一般取几百微法到几千微法。当稳压器距离整流滤波电路较远时，在输入端必须接入电容器 C_3，以抵消线路的电感效应，防止产生自激振荡，C_4 用以滤除输出端的高频信号，改善电路的暂态响应。

3. 实验器材

可调工频电源 1 台；示波器 1 台；万用表 1 块；毫伏表 1 块；三端稳压器 W78121 个；桥堆 2W06（或 KBP306）1 个；电阻、电容若干。

4. 实验内容及步骤

（1）整流滤波电路测试。

按图 12-35 连接实验电路，取可调工频电源 14 V 电压作为整流电路输入电压 u_2。接通工频电源，测量输出端直流电压 U_L 及纹波电压 $\tilde{U}_L$，用示波器观察 u_2、u_L 的波形，把数据及波形记入表 12-40。

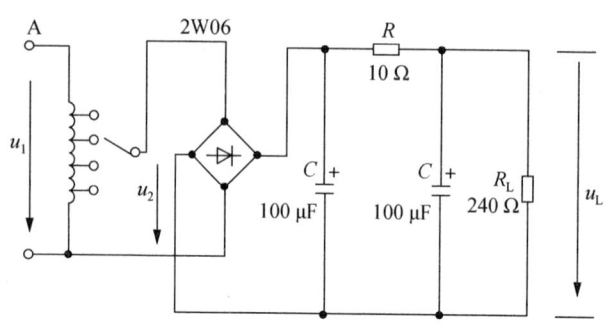

图 12-35　整流滤波电路

表 12-40　滤波电路数据测量

测量量	测量值	波形
u_2/V		
u_L/V		

（2）集成稳压器性能测试。

断开工频电源，按图 12-34 连接电路，取负载电阻 $R_L = 120\ \Omega$。

① 初测。

接通工频 14 V 电源，测量 U_2、U_i、U_o 的值，它们的数值应与理论值大致相同；否则，说明电路出现故障。查找故障并排除后，才能进行各项指标的测试。

② 各项性能指标的测试。

在输出端接负载电阻 $R_L = 120\ \Omega$，测 U_o、I_{omix} 的值。

测量稳压系数 S、输出电阻 R_o、输出纹波电压的值，测试方法与 12.18 节相同。

5. 注意事项

（1）每次连接电路时，必须切断工频电源。

（2）在观察输出电压 u_L 波形的过程中，"Y 轴灵敏度"旋钮位置调好以后，不要再变动，否则将无法比较各波形的脉动情况。

6. 思考题

（1）分析图 12-34 电路中，元件 C_3、C_4 的作用。

（2）W7800 系列和 W7900 系列三端稳压器的功能有什么差别？

12.20 单相可控整流电路的实践

1. 实验目的

(1) 了解单结晶体管和晶闸管的简易测试方法。

(2) 了解单结晶体管触发电路(阻容移相桥触发电路)的工作原理及调试方法。

(3) 掌握用单结晶体管触发电路控制晶闸管调压电路的方法。

2. 实验原理

图 12-36 所示为单相半控桥式整流实验电路。改变晶闸管 VT_1 的导通角，可调节主电路的可控输出整流电压（或电流）的数值，由灯泡的亮度变化可以看出，晶闸管导通角的大小决定于触发脉冲的频率 f，由公式 $f = \dfrac{1}{RC} \ln \left(\dfrac{1}{1-\eta} \right)$ 可知，当单结晶体管的分压比 η（一般为 $0.5 \sim 0.8$）及电容 C 值固定时，则频率 f 大小由 R 决定，因此，通过调节电位器 R_W，可以改变触发脉冲频率，主电路的输出电压也随之改变，从而达到可控调压的目的。

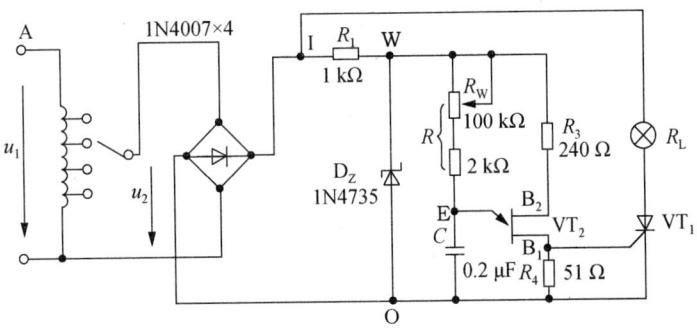

图 12-36 单相半控桥式整流实验电路

好的单结晶体管 PN 结正向电阻 R_{EB1}、R_{EB2} 均较小，且 R_{EB1} 稍大于 R_{EB2}，PN 结的反向电阻 R_{B1E}、R_{B2E} 均应很大，根据所测阻值，即可判断出各引脚及管子的质量优劣。用万用表的电阻挡（或用数字万用表二极管挡）可以对单结晶体管和晶闸管进行简易测试。

3. 实验器材

$\pm 5\,V$、$\pm 12\,V$ 直流电源各 1 台；可调工频电源 1 台；万用表 1 块；示波器 1 台；毫伏表 1 块；直流电压表 1 块；晶闸管 3CT3A 1 只；单结晶体管 BT33 1 只；二极管 1N4007 4 只；稳压管 1N4735 1 只；灯泡 12V/0.1A 1 只。

4. 实验内容及步骤

(1) 单结晶体管的简易测试。

用万用表 $R \times 10\,\Omega$ 挡分别测量 EB_1、EB_2 间正、反向电阻，记入表 12-41 中。

表 12-41 单结晶体管

R_{EB1}/Ω	R_{EB2}/Ω	$R_{B1E}/k\Omega$	$R_{B2E}/k\Omega$	结论

（2）晶闸管的简易测试。

用万用表 $R\times 1\ \text{k}\Omega$ 挡分别测量 A～K、A～G 间正、反向电阻；用 $R\times 10\ \Omega$ 挡测量 G～K 间正、反向电阻，记入表 12-42 中。

表 12-42　晶闸管测试

$R_{AK}/\text{k}\Omega$	$R_{KA}/\text{k}\Omega$	$R_{AG}/\text{k}\Omega$	$R_{GA}/\text{k}\Omega$	$R_{GK}/\text{k}\Omega$	$R_{KG}/\text{k}\Omega$	结论

（3）晶闸管导通、关断条件测试。

断开 $\pm 12\ \text{V}$、$\pm 5\ \text{V}$ 直流电源，按图 12-37 所示的电路连接实验电路。

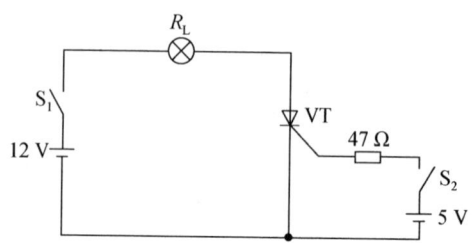

图 12-37　晶闸管导通、关断条件测试

① 晶闸管阳极加 12 V 正向电压，门极开路；加 5 V 正向电压，观察管子是否导通（导通时灯泡亮，关断时灯泡熄灭）。管子导通后，去掉 +5 V 门极电压或者反接门极电压（接 -5 V），观察管子是否继续导通。

② 晶闸管导通后，去掉 +12 V 阳极电压；反接阳极电压（接 -12 V），观察管子是否关断。记录结果。

（4）晶闸管可控整流电路。

按图 12-36 连接实验电路，取可调工频电源 14 V 电压作为整流电路输入电压 u_2，电位器 R_W 置中间位置。

① 单结晶体管触发电路。

a. 断开主电路（把灯泡取下），接通工频电源，测量 u_2 值。用示波器依次观察并记录交流电压 u_2、整流输出电压 u_1(I—O)、削波电压 u_W(W—O)、锯齿波电压 u_E（E—O）、触发输出电压 u_{B1}（B_1—O）。记录波形时，注意各波形间对应关系，并标出电压幅度及时间。记入表 12-43 中。

b. 改变移相电位器 R_W 阻值，观察 u_E 及 u_{B1} 的移相范围，记入表 12-43 中。

表 12-43　单结晶体管触发电路测试

u_2	u_1	u_W	u_E	u_{B1}	移相范围

② 可控整流电路。

断开工频电源，接入负载灯泡 R_L，再接通工频电源，调节电位器 R_W，使电灯由暗到亮，用示波器观察晶闸管两端电压 u_{T1}、负载两端电压 u_L，并测量负载直流电压 U_L 及工

频电源电压 U_2 有效值，记入表 12-44 中。

表 12-44 可控整流电路测试

测量量	暗	较亮	最亮
u_L 波形			
u_{T1} 波形			
导通角 θ			
U_L/V			
U_2/V			

5. 思考题

（1）可否用万用表 $R \times 10 \, k\Omega$ 挡测试管子，为什么？

（2）可以采取哪些措施改变触发信号的幅度和移相范围。

（3）为什么可控整流电路必须保证触发电路与主电路同步？本实验是如何实现同步的？

附录 电阻器与电容器的识别与检测

一、电阻器的简单识别与测试

1. 电阻器的阻值与误差

电阻器是电子线路中应用最广泛的一种元件，其主要作用是稳定和调节电路中的电流和电压。此外，电阻器还可以作为分流器、分压器和消耗电能的负载等。

电阻器的阻值和误差，一般都用数字标印在电阻器上，但体积很小的电阻器和一些合成电阻器的阻值和误差常用色环表示，它是在靠近电阻体的一端画有四道或五道（精密电阻）色环。一般电阻的色环颜色的意义如附表 1 所示，其中第一道色环、第二道色环以及精密电阻的第三道色环都表示其相应位数的数字，其后的一道色环表示前面数字的倍乘数，最后一道色环表示阻值的容许误差。阻值和误差的色环标记如附图 1 所示。

附表 1 一般电阻的色环颜色的意义

颜色	第一位有效数字	第二位有效数字	倍乘数	允许误差/(%)
棕	1	1	10^1	±1
红	2	2	10^2	±2
橙	3	3	10^3	—
黄	4	4	10^4	—
绿	5	5	10^5	±0.5
蓝	6	6	10^6	±0.25
紫	7	7	10^7	±0.1
灰	8	8	10^8	—
白	9	9	10^9	—
黑	0	0	10^0	—
金	—	—	10^{-1}	±5
银	—	—	10^{-2}	±10

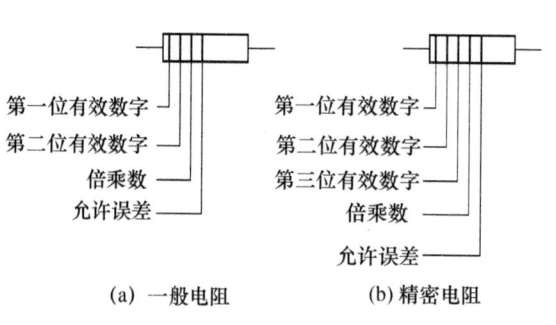

附图 1 阻值和误差的色环标记

2. 电阻器的简单测试

首先将万用表的功能转换开关置"Ω"挡,量程转换开关置合适挡。将两根测试笔短接,表头指针应在刻度线零点,若不在零点,则要调节"Ω"旋钮(零欧姆调整电位器)回零。调回零后,即可将被测电阻串接于两根测试笔之间,此时表头指针偏转,待稳定后可从刻度线上直接读出所示数值。然后,再乘以事先所选择的量程,即可得到被测电阻的阻值。当另换一个量程时,必须再次短接两根测试笔,重新调零。

需要注意的是,在测电阻时,不能用双手同时捏电阻或测试笔,否则人体电阻将与被测电阻并联,表头上的指示值就不仅仅表示被测电阻的阻值。当测量精度要求较高时,采用电阻电桥来测电阻。

二、电容器的简单识别与测试

电容器是一种储能元件,在电路中用于调谐、滤波、耦合、旁路、能量转换和延时等。

1. 电容容量的标注方法

电容容量的标注方法有以下四种。

(1)直标法。

直标法是指直接在器件上标明容量的大小。

(2)字母标注法。

采用字母标注电容容量时,将容量的整数部分写在容量单位符号的前面,小数部分放在容量单位符号的后面。例如,0.68 pF 的电容容量标注为 p68,3.3 pF 的电容容量标注为 3p3,6 800 pF 的电容容量标注为 6n8。

(3)数字表示法。

在采用数字标注容量时,通常采用三位数字表示。其中,前两位表示有效数字,第三位表示有效数字乘以 10 的幂次,单位为 pF。如"223"表示该电容器的容量为 22 000pF。需要注意的是,当第三位数为 9 时是个特例,如"339"表示的容量不是 33×10^9 pF,而是 33×10^{-1} pF。

(4)色标法。

电容器的色标法原则上与电阻器的色标法相同,单位为 pF。

2. 误差的标注方法

误差的标注方法一般有以下三种。

(1)将容量的允许误差直接标在电容器上。

(2)用罗马数字 Ⅰ、Ⅱ 和 Ⅲ 分别表示 ±5%、±10% 和 ±20%。

(3)用英文字母表示误差等级。用 J、K、M 和 N 分别表示 ±5%、±10%、±20% 和 ±30%,用 D、F 和 G 分别表示 ±0.5%、±1% 和 ±2%,用 P、S 和 Z 分别表示 +100%~0%、±50%~ -20% 和 ±80%~ -20%。

3. 电容器质量优劣的简单测试

用万用表的电阻挡(R×100 Ω 或 R×1 kΩ 挡),将表的测试笔接触电容器的两个引线。当刚搭上时,表头指针发生摆动,然后逐渐返回趋向 $R = \infty$,这就是电容器充放电现象(对 0.1 μF 以下的电容观察不到此现象),说明该电容器正常。若表针指指到或靠近欧姆零点,则说明电容器内部短路;若表指针不动,始终指向 ∞ 处,则说明电容器内部开路或失效。

参 考 文 献

[1] 童诗白，华成英. 模拟电子技术基础 [M]. 3 版. 北京：高等教育出版社，2001.
[2] 清华大学教研组. 模拟电子技术基础简明教程 [M]. 北京：高等教育出版社，1985.
[3] 王瑞清，马宏革. 电工与电子技术 [M]. 2 版. 北京：机械工业出版社，2006.
[4] 殷瑞祥. 电路与模拟电子技术 [M]. 2 版. 北京：高等教育出版社，2009.
[5] 林平勇，高嵩. 电工电子技术 [M]. 2 版. 北京：高等教育出版社，2004.
[6] 李源生，李艳新. 电路与模拟电子技术 [M]. 3 版. 北京：电子工业出版社，2013.
[7] 周良权，傅恩锡，李世馨. 模拟电子技术基础 [M]. 3 版. 北京：高等教育出版社，2005.
[8] 郭根芳，卜新华. 电路与模拟电子技术 [M]. 北京：北京邮电大学出版社，2013.
[9] 刘蕴陶. 电工学（下册）[M]. 北京：中央广播电视大学出版社，1994.
[10] 吕国泰，吴项. 电子技术 [M]. 2 版. 北京：高等教育出版社，2001.
[11] 申凤琴. 电工电子技术及应用 [M]. 北京：机械工业出版社，2004.
[12] 席时达. 电工技术 [M]. 2 版. 北京：高等教育出版社，2000.